Fokus

Mathematik

Gymnasium Klasse 7
Bayern

herausgegeben durch:
Brigitte Distel, Spardorf
Klaus Schuster, Würzburg

unter Mitarbeit von:
Johannes Almer, Prien am Chiemsee
Dr. Gerd Birner, Straubing
Sabine Fischer, Augsburg
Carina Freytag, Ingolstadt
Katharina Hammer-Schneider, München
Dr. Luzia Hofer, München
Fritz Kammermeyer, Nürnberg
Kerstin Kreß, Nürnberg
Kristina Kurz, Würzburg
Erika Landwehr, Würzburg

Cornelsen

Fokus
Mathematik

Autoren Johannes Almer, Dr. Gerd Birner, Jan Block, Dr. Norbert Christmann, Brigitte Distel, Jochen Dörr, Rainer Feuerlein, Sabine Fischer, Carina Freytag, Wolfgang Göbels, Silke Göttge-Pillers, Katharina Hammer-Schneider, Rosemarie Härtinger, Gaby Heintz, Andreas Herz, Petra Hobrecht, Dr. Luzia Hofer, Katrin Höffken, Fritz Kammermeyer, Christoph Kastner, Markus Krysmalski, Kerstin Kreß, Christina Kurz, Erika Landwehr, Jochen Leßmann, Micha Liebendörfer, Renatus Lütticken, Reinhard Oselies, Hans-Ulrich Rübesamen, Bernhard Sauermann, Dr. Uwe Schleypen, Dietmar Scholz, Dr. Michael Sinzinger, Isa Topac, Ingeborg Tuffner-Denker, Claudia Uhl, Jürgen Zechel

Herausgeber Brigitte Distel, Klaus Schuster
Redaktion Gudrun Schaeper, Romy Möller
Illustration Thomas Hartmann, Reutlingen
Grafik Martin Frech (medienfrech.de), Christian Böhning (S. 71, 82, 86, 100), Christian Görke (S. 193)
Umschlaggestaltung finedesign – Büro für Gestaltung, Berlin
Layoutkonzept Wladimir Perlin, Berlin
Layout und technische Umsetzung Arge Bildungsmedien (medienfrech.de)

Begleitmaterialien zum Lehrwerk

für Schülerinnen und Schüler

Lösungen Klasse 7	978-3-06-041056-9
Intensivierungsheft mit Lösungen Klasse 7	978-3-06-041527-4

für Lehrerinnen und Lehrer

Handreichungen für den Unterricht Klasse 7	978-3-06-041070-5
Begleitmaterial auf USB-Stick Klasse 7	978-3-06-040459-9

www.cornelsen.de

1. Auflage, 1. Druck 2019

Alle Drucke dieser Auflage sind inhaltlich unverändert und können im Unterricht nebeneinander verwendet werden.

Druck: APPL, aprinta Druck, Wemding

ISBN 978-3-06-041498-7 (Schülerbuch)

ISBN 978-3-06-041534-2 (E-Book)

PEFC
PEFC/04-32-0928

PEFC zertifiziert
Dieses Produkt stammt aus nachhaltig bewirtschafteten Wäldern und kontrollierten Quellen.

www.pefc.de

Inhalt

Liebe Schülerin, lieber Schüler,

dieses Buch will dich einladen, Mathematik anhand von interessanten Situationen zu lernen, denen du jeden Tag begegnen kannst.

Wiederholung

Zu Beginn jedes Kapitels findest du eine kurze Wiederholung mit passenden Aufgaben. Damit kannst du deine Kenntnisse aus der Vergangenheit auffrischen und dich selbst mit den Aufgaben überprüfen.
Lösungen zu den Aufgaben findest du im Anhang.

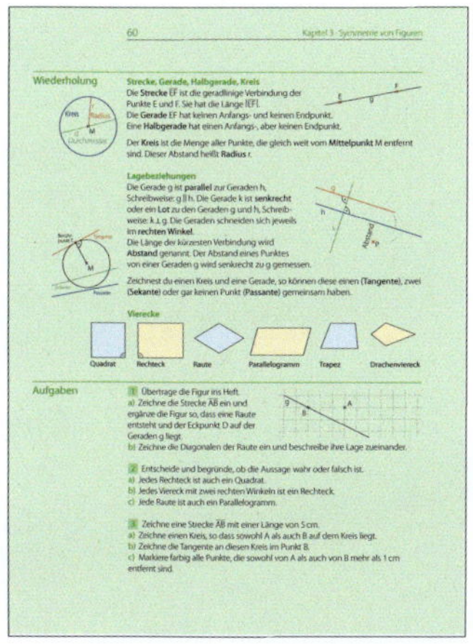

Einstieg und Wissen

Am Beginn eines jeden Abschnittes findest du einen Einstieg in ein neues Thema. Hier sollst du etwas herausfinden, indem du geschickt probierst und deine Kenntnisse anwendest.
Im anschließenden Wissen wird der neue Stoff erklärt und mit Beispielen veranschaulicht. Manchmal werden in den Beispielen besondere Tricks, Spezialfälle oder Ausnahmen vorgerechnet. In den Merkkästen findest du die wichtigsten Formeln und Gesetze.

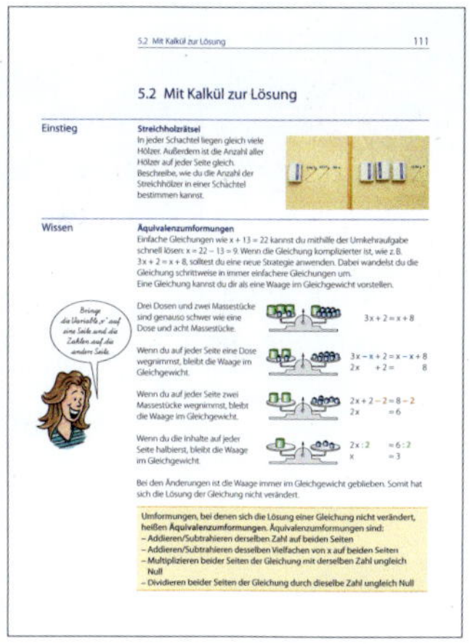

Aufgaben

Der Aufgabenteil ist dreigeteilt:
Beim „Trainieren" übst du die Rechentechniken.
Beim „Vertiefen" nutzt du diese Rechentechniken in anderen Zusammenhängen.
In der „Herausforderung" findest du Knobelaufgaben und anspruchsvolle Anwendungen. Nur für Profis!
Im „Noch fit?" findest du Aufgaben zur Wiederholung.
In den Kapiteln findest du sehr viele Aufgaben, damit du genug üben kannst. Im Unterricht wirst du bestimmt nur einen Teil der Aufgaben lösen.

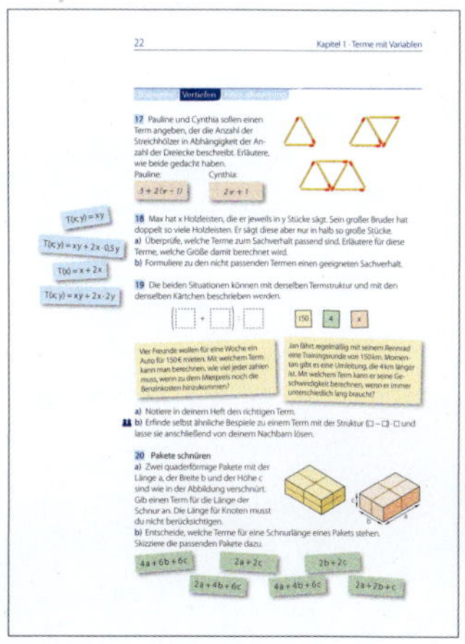

Themen und Methoden

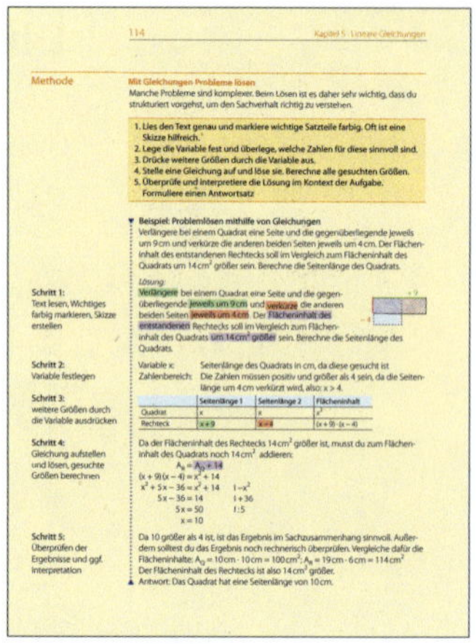

Die Zeichen  und  bei Aufgaben zeigen dir, dass du auf der Methodenseite nachlesen kannst, um die Aufgabe lösen zu können. Themen- oder Methodenseiten erklären zum Beispiel die Anwendung der Mathematik im Alltag, den geschichtlichen Hintergrund oder besondere Strategien beim Lösen von Aufgaben.
Hier findest du sowohl Anregungen für die Arbeit im Unterricht als auch für eine selbstständige Präsentation bei einem Referat.

Check up

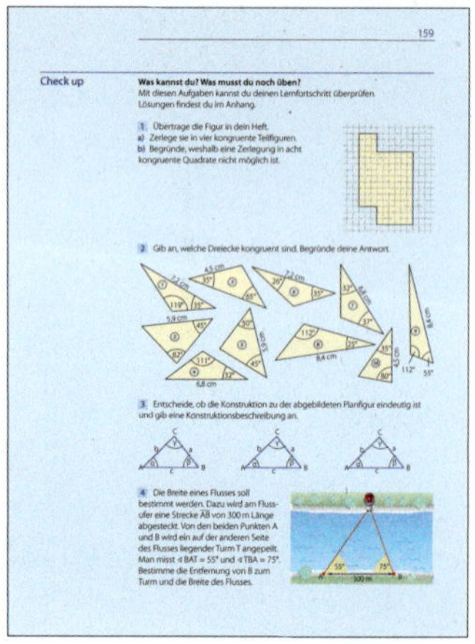

Am Ende des Kapitels kannst du beim „Check up" selbst überprüfen, ob du das Wichtigste aus dem Kapitel gelernt hast und es jetzt anwenden kannst. Die Lösungen zu den Check ups findest du im Anhang am Ende des Buches.

Auf einen Blick

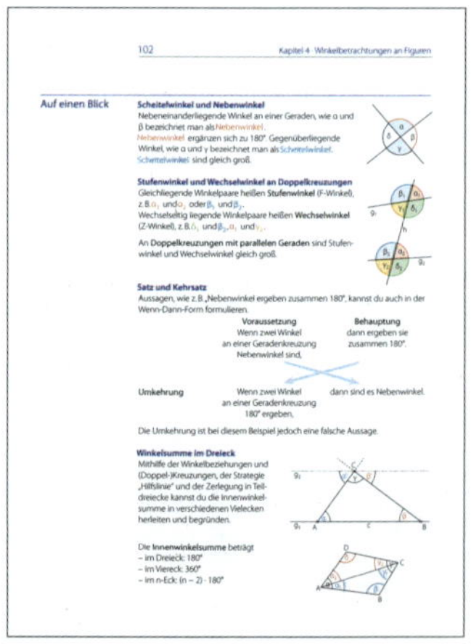

Am Ende eines jeden Kapitels findest du die Seite „Auf einen Blick". Hier werden die wichtigsten Inhalte des Kapitels übersichtlich zusammengefasst und mit Beispielen verdeutlicht.

Kapitel 1

Terme mit Variablen

Ein Tagesticket für das Schwimmbad oder doch ein Stundenticket – welches Angebot ist das bessere? Manchmal hängt eine Entscheidung von einer unbekannten Größe ab.
Um einen solchen Sachverhalt allgemein zu beschreiben, kannst du Variablen verwenden. Die Variable ist zunächst ein Platzhalter. Du kannst dann später hierfür einen konkreten Zahlenwert einsetzen.
In diesem Kapitel lernst du, wie du solche Terme aufstellst und wie du die Werte von Termen berechnest. Das Untersuchen von Abhängigkeiten anhand von Termen kann dir helfen, Probleme zu lösen und Regelmäßigkeiten in verschiedenen Bereichen auf die Spur zu kommen.

Wiederholung

Terme darstellen und Werte berechnen

Rechenausdrücke, die zum Beispiel aus Zahlen, Rechenzeichen und Klammern bestehen, werden Terme genannt. Du kannst sie unterschiedlich darstellen und damit die Struktur des Terms leicht erfassen oder den Termwert gut berechnen. Diejenige Rechenoperation, die bei der Berechnung zuletzt ausgeführt wird, bestimmt dabei die **Art des Terms**.

Term	Wortform	Gliederungsbaum	Rechenbaum
$\left[-\frac{3}{2}-(-0{,}8)\right]:\frac{7}{9}$	Der Term ist ein Quotient. Der Dividend ist eine Differenz aus $-\frac{3}{2}$ und $-0{,}8$. Der Divisor ist $\frac{7}{9}$.	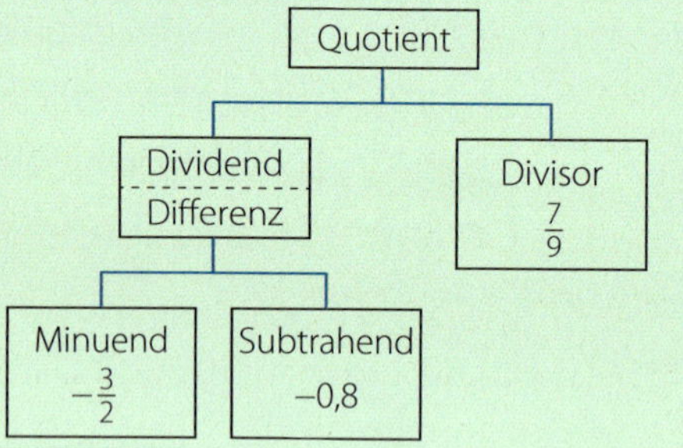	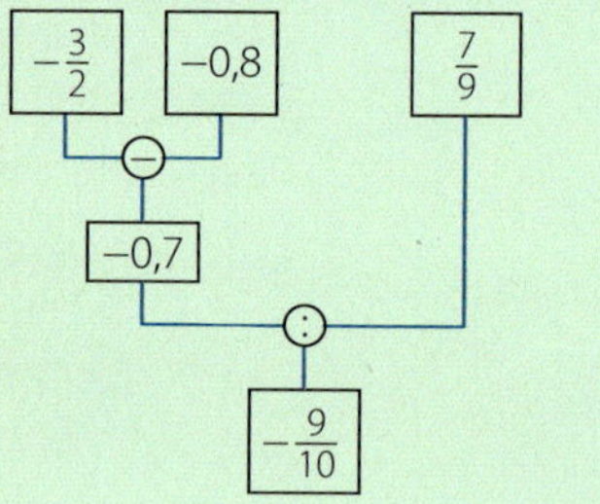

▼ **Beispiel 1: Termwert berechnen**

Berechne den Wert des Terms $\left(-\frac{1}{6}-\frac{2}{3}\right)^2 : 3^{-2}$ und gib die Termart an.

Lösung:

Beginne mit der Klammer. Erweitere hierfür auf den Hauptnenner.

$\left(-\frac{1}{6}-\frac{2}{3}\right)^2 : 3^{-2} = \left(-\frac{1}{6}-\frac{4}{6}\right)^2 : 3^{-2}$

$= \left(-\frac{5}{6}\right)^2 : 3^{-2}$

Berechne nun die Potenzen. Bilde bei einem negativen Exponenten den Kehrbruch.

$= \frac{25}{36} : \frac{1}{3^2}$

$= \frac{25}{36} : \frac{1}{9}$

Berechne nun das Endergebnis.

$= \frac{25}{36} \cdot \frac{9}{1}$

Kürze vollständig.

$= \frac{25}{4} = 6\frac{1}{4}$

▲ Der Term ist ein Quotient.

Aufgaben

1 Ermittle den Wert des Terms und gib die Termart an.
Ein Gliederungsbaum kann dir dabei helfen.

a) $[156-(-46-2):2]\cdot(-3)$

b) $\left(-3^3+(-6)^{-2}\right):(4-3)$

c) $\frac{2}{3}-\left[\frac{1}{6}+(-3):(-9)\right]$

d) $\left(1-\frac{3}{8}\cdot\frac{4}{9}\right):\left(-\frac{5}{6}\right)$

e) $0{,}1^2\cdot(27{,}8-37{,}9+0{,}1)$

f) $0{,}5\cdot 0{,}8-2\cdot(-1{,}5+0{,}3)^2$

2 Erstelle für den Term jeweils einen Rechenbaum und gib die Termart an.

a) $-12:\left(3+2^2\cdot 7\right)$

b) $-12:\left[\left(3+2^2\right)\cdot 7\right]$

3 Gib einen passenden Term an. Bestimme den Termwert.

a) Subtrahiere von der Summe aus 218 und −38 den Quotienten aus 105 und 7.

b) Multipliziere ein Drittel von 54 mit $\frac{1}{6}$ und subtrahiere davon die Differenz aus $\frac{1}{5}$ und $\frac{1}{10}$.

c) Dividiere die Summe aus 3,06 und −0,5 durch die Differenz aus −2,5 und −0,9.

1.1 Terme und Termwerte

Einstieg

Zahlenrätsel

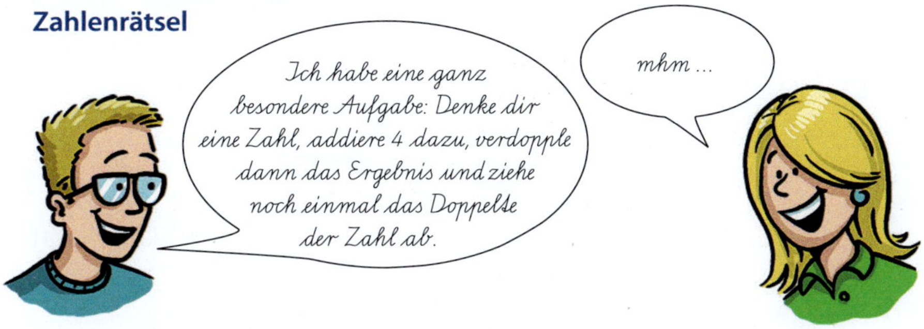

a) Löse die Aufgabe für fünf verschiedene Zahlen. Erläutere, weshalb Max die Aufgabe als „ganz besonders" bezeichnet.
b) Schreibe die Aufgabe allgemein auf.

Wissen

Terme mit Variablen

Wenn du bei einer Rechnung eine Zahl nicht kennst, kannst du die Rechnung allgemein aufschreiben und für diese Zahl dann einen Platzhalter verwenden.
Du kennst dies auch schon aus den letzten Schuljahren, z. B. für den Umfang eines Rechtecks mit den Seiten a und b: $2 \cdot a + 2 \cdot b$

Platzhalter, für die du verschiedene Zahlenwerte einsetzen kannst, heißen Variablen. Man nutzt hierfür meist Buchstaben, wie x, y, z oder a, b, c und n. Terme können neben Zahlen, Rechenzeichen und Klammern auch Variablen enthalten, z. B. $2 \cdot x + 5$.

Beispiel 1: Terme allgemein aufschreiben

Stelle jeweils den entsprechenden Term auf.
a) Von einer natürlichen Zahl wird ihr Nachfolger subtrahiert.
b) Das Fünffache einer x-beliebigen Zahl wird um 7 vermehrt.

Lösung:

a) Notiere für die unbekannte Zahl eine Variable: n
Der Nachfolger ist um 1 größer als die Zahl: $n + 1$
Damit du n + 1 subtrahierst, musst du Klammern setzen: $n - (n + 1)$

b) Notiere für die unbekannte Zahl eine Variable: x
Das „Fünffache" bedeutet, dass du multiplizieren musst: $5 \cdot x$
„vermehrt" bedeutet, dass du addieren musst: $5x + 7$

Beachte
Bei der Multiplikation mit Variablen kann zur Vereinfachung der Malpunkt weggelassen werden .

Info
T(x) (sprich: „T von x")
T(a; b) (sprich: „T von a und b")

Ein Term wird in der Regel mit einem Großbuchstaben bezeichnet. Außerdem notiert man in Klammern, von welcher Variable der Term abhängt.
Den Term aus Beispiel 1 a notierst du dann so: $T(n) = n - (n + 1)$.
Ein Term kann auch von mehreren Variablen abhängen, z. B. $T(a; b) = 2a + 2b$.

Berechnung von Termwerten

Da die Variable ein „Platzhalter“ für eine Zahl ist, kannst du dort eine beliebige Zahl einsetzen und dann wie gewohnt rechnen.

Setzt du in einem Term für die Variablen konkrete Zahlenwerte ein, so kannst du den zugehörigen Termwert berechnen.

Beispiel 2: Termwerte berechnen

Berechne jeweils den Termwert.

a) $T(x) = 2x - x^2$ für $x = 0{,}5$

b) $T(x) = \frac{1}{4}x^2 + x^{-2}$ für $x = -2$

c) $T(a; b) = 4ab - (b - a)$ für $a = -2$ und $b = 3$

Lösung:

a) Wenn die Variable mehrmals im Term vorkommt, musst du stets denselben Zahlenwert einsetzen.

$$T(x) = 2x - x^2$$
$$T(0{,}5) = 2 \cdot 0{,}5 - 0{,}5^2$$
$$= 1 - 0{,}25 = 0{,}75$$

b) Manchmal musst du beim Einsetzen Klammern setzen, z. B. bei der Potenz, damit bei der Berechnung die Reihenfolge beachtet wird.

$$T(x) = \frac{1}{4} \cdot x^2 + x^{-2}$$
$$T(-2) = \frac{1}{4} \cdot (-2)^2 + (-2)^{-2}$$
$$= \frac{1}{4} \cdot 4 + \frac{1}{(-2)^2}$$
$$= 1 + \frac{1}{4} = 1\frac{1}{4}$$

c) Wenn im Term verschiedene Variablen enthalten sind, musst du jeweils die entsprechende Zahl einsetzen.

$$T(a; b) = 4ab - (b - a)$$
$$T(-2; 3) = 4 \cdot (-2) \cdot 3 - (3 - (-2))$$
$$= -24 - 5$$
$$= -29$$

Berechnest du für einen Term mehrere Termwerte, kannst du diese in einer **Wertetabelle** übersichtlich notieren, z. B. für den Term $T(x) = 2x - x^2$.

x	-1	0	$0{,}5$	1
$T(x) = 2x - x^2$	-3	0	$0{,}75$	1

Du kannst Termwerte auch mit einer **Tabellenkalkulation** berechnen.

Um zum Beispiel die Termwerte der Terme $T_1(x) = x + 30$ und $T_2(x) = x^2$ in Abhängigkeit von x miteinander zu vergleichen, kannst du eine Tabelle erstellen. Notiere in der Spalte A verschiedene Zahlenwerte für x. Berechne dann in den beiden Spalten daneben mithilfe der Formeln „=A2+30“ und „=A2^2“ die entsprechenden Termwerte.

	A	B	C
1	x	$T_1(x) = x + 30$	$T_2(x) = x^2$
2	1	31	1
3	2	32	4
4	3	33	9
5	4	34	16
6	5	35	25
7	6	36	36
8	7	37	49
9	8	38	64

Info

Um Terme in der Bezeichnung unterscheiden zu können, kannst du hinter dem Großbuchstaben eine kleine Ziffer (Index) notieren, z. B. T_1.

Du kannst die restlichen Termwerte leicht bestimmen, indem du B2 bzw. C2 markierst und den Rahmen an der Ecke unten rechts nach unten ziehst. Die Formel wird automatisch kopiert.
Du siehst schnell, dass die Termwerte für $x = 6$ gleich groß sind. Für die anderen Termwerte gilt:

- Für $x < 6$ ist $T_1(x)$ größer als $T_2(x)$.
- Für $x > 6$ ist $T_1(x)$ kleiner als $T_2(x)$.

Der Vergleich der Terme $T_1(x) = x + 30$ und $T_2(x) = x^2$ mithilfe des Tabellenkalkulationsprogramms zeigt dir, dass Termwerte für bestimmte Zahlenwerte gleich groß sein können, auch wenn die Terme unterschiedlich sind.

> Zwei Terme heißen **gleichwertig** oder **äquivalent über einer Menge**, wenn sich beim Einsetzen **aller** Werte aus der vorgegebenen Menge jeweils die gleichen Termwerte ergeben.

Nach dieser Definition sind die Terme $T_1(x) = x + 30$ und $T_2(x) = x^2$ bezüglich der Menge $\{1; 2; \ldots; 8\}$ nicht äquivalent, da die Termwerte nur für $x = 6$ gleich groß sind.

Beachte
Mit dieser Methode kannst du nur die Äquivalenz bezüglich einer endlichen Menge überprüfen, aber nicht zum Beispiel für die Menge der natürlichen Zahlen.

Beispiel 3: Äquivalente Terme
Entscheide, ob die Terme $T_1(x) = (x + 3)(x - 3)$ und $T_2(x) = x^2 - 9$ bezüglich der Menge $\{-3; 4; 6\}$ äquivalent sind. Begründe deine Antwort.

Lösung:

x	-3	4	6
$T_1(x) = (x+3)(x-3)$	0	7	27
$T_2(x) = x^2 - 9$	0	7	27

Da die Termwerte für alle Zahlen der vorgegebenen Menge übereinstimmen, sind die beiden Terme bezüglich der Menge äquivalent.

Terme gliedern

Auch Terme mit Variablen kannst du auf verschiedene Arten darstellen.

Term	Wortform	Gliederungsbaum	Rechenbaum
$(x+1)(y-4)$	Der Term ist ein Produkt. Der erste Faktor ist die Summe von x und der Zahl 1. Der zweite Faktor ist die Differenz von y und der Zahl 4.	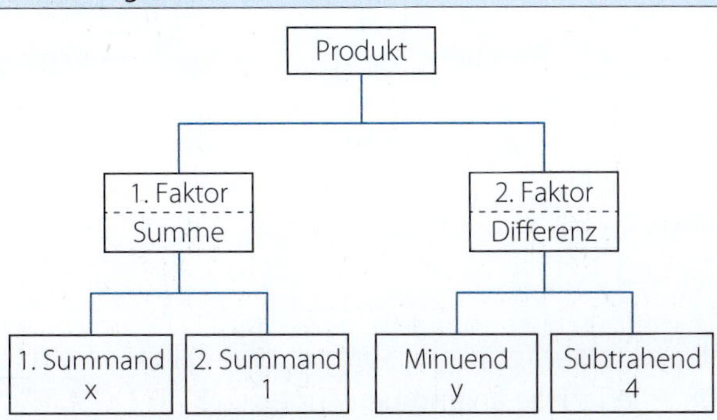	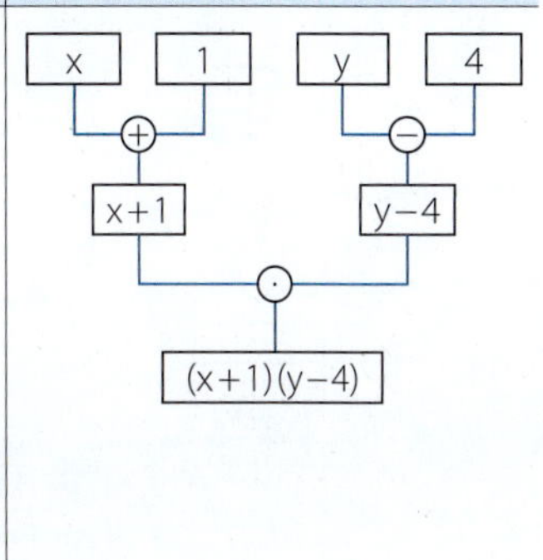

Aufgaben

Trainieren | Vertiefen | Herausforderung

Terme mit Variablen

1 Schreibe die Anweisung als Term auf.
a) Addiere das Fünffache einer Zahl zum Dreifachen dieser Zahl.
b) Subtrahiere 5 von einer Zahl und multipliziere das Ergebnis mit 2.
c) Multipliziere eine natürliche Zahl mit ihrem Nachfolger.
d) Quadriere eine Zahl und subtrahiere anschließend das Doppelte der Zahl.

2 Entscheide und begründe, welche Terme „die Hälfte einer Zahl" bedeuten.

$a \cdot 0{,}5$ | $a - \frac{1}{2}$ | $a : 2$ | $a : \frac{1}{2}$ | $\frac{a}{2}$ | $\frac{1}{2} - a$

3 Mikel, Tim und Alex haben zu der folgenden Aufgabe einen Term aufgestellt: „Denke dir eine Zahl und vermehre sie um 7, verdopple das Ergebnis, subtrahiere das Dreifache der gedachten Zahl und addiere die Gegenzahl von 14."
Überprüfe, ob die Terme richtig sind. Erläutere gegebenenfalls Fehler.

Mikel: $x + 7 \cdot 2 - 3 \cdot x + (-14)$
Tim: $(x + 7) \cdot 2 - 3x + (-14)$
Alex: $(x + 7) \cdot 2 - 3 \cdot x + 14$

4 Schreibe zum Term eine mögliche Anweisung auf.
a) $x + 3x$ b) $x + x : 3$ c) $x \cdot (0{,}5x + 3)$

5 Erläutere, warum man $(a \cdot 7 \cdot b) - (x \cdot 3)$ auch als $7ab - 3x$ schreiben kann.

Berechnung von Termwerten

Tipp
Achte auf die richtige Schreibweise mit Klammern.
Für $T(x) = 1 - x$ gilt:
$T(-2) = 1 - (-2) = 3$
Für $T(z) = z^2$ gilt:
$T(-3) = (-3)^2 = 9$

6 Berechne den Wert des Terms für $x = 2$; $0{,}5$ und -3.
a) $5 + x$ c) $3x + 2{,}5$ e) $100 - 30x$
b) $4 - x$ d) $-2x + 3$ f) $3 - x^2$

7 Berechne den Wert des Terms für $x = -5$; $\frac{1}{2}$ und 2.
a) $(x - 2) \cdot (4x + 3)$ c) $(-x) \cdot (x - 1)$ e) $x^2 - 5x + 3$
b) $(x + 3) \cdot (2x - 1)$ d) $-x + 8 \cdot (x - 1)$ f) $10x + x^2$

B2 ▼		=1/5*A2^(−2)
	A	B
1	x	T(x)
2	−1	0,2
3	0,5	0,8
4	−0,2	5
5	0	#DIV/0!

8 Anton hat für den Term $T(x) = \frac{1}{5}x^{-2}$ einige Termwerte mithilfe einer Tabellenkalkulation berechnet.
a) Erläutere, wie er vorgegangen ist und welche Vorteile das Programm hat.
b) Erkläre den Eintrag in der Zelle B2.
c) Ermittle für die Terme $T_1(x) = \frac{2}{3} \cdot x^{-1} - x^2$ und $T_2(x) = \frac{1}{(5x^{-2})}$ die Termwerte für $x = -1$, $\frac{1}{2}$ und $-\frac{1}{5}$.

9 Gib an, ob der Term eine Summe, eine Differenz, ein Produkt oder ein Quotient ist. Lege eine Tabelle an und berechne $T(2; 3)$, $T(2; -3)$, $T\left(\frac{1}{3}; -\frac{1}{6}\right)$, $T(-0{,}6; -0{,}8)$.
a) $T(x; y) = x - 2y$ b) $T(x; y) = 3(x + 2y)$ c) $T(x; y) = x^2 + y^2$

10 Bei einer Termmauer berechnet sich der Termwert eines Steines aus den beiden darunterliegenden. Der linke Stein steht für die Variable a, der rechte Stein für die Variable b. Übernimm die Termmauer in dein Heft und fülle sie aus.

a) $T_1(a; b) = 2ab \cdot \frac{1}{6}$

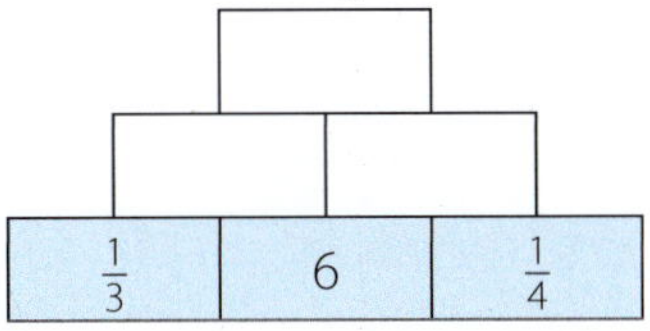

b) $T_2(a; b) = 2a + b$

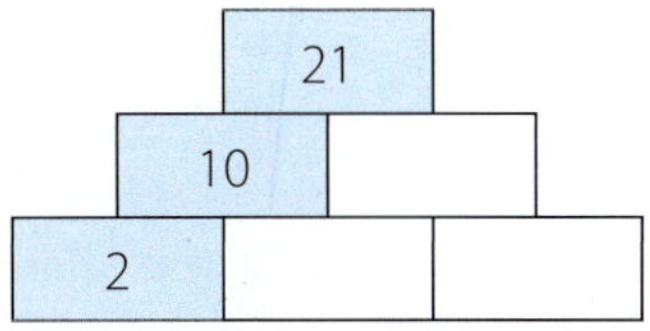

11 Lara war sich bei den Hausaufgaben ein wenig unsicher. Überprüfe ihre Lösungen und erläutere gegebenenfalls Fehler.

a) $T(x) = 4x + 3 \cdot \frac{1}{4}$ für $x = 2$ — *$T(2) = 42 + 3 \cdot \frac{1}{4} = 42 + \frac{3}{4} = 42{,}75$*

b) $T(n) = n + n^2$ für $n = 2; \frac{1}{4}$ — *$T\left(2; \frac{1}{4}\right) = 2 + \left(\frac{1}{4}\right)^2 = 2\frac{1}{16}$*

c) $T(a; b) = 3a - b$ für $a = 2, b = -2$ — *$T(a, b) = 3 \cdot 2 - 2 = 4$*

d) $T(a) = 3a \cdot a^2$ für $a = -\frac{1}{3}$ — *$T(a) = 3 - \frac{1}{3} \cdot - \frac{1^2}{3} = 3 - \frac{1}{3} \cdot - \frac{1}{3} = 3 \cdot \left(-\frac{1}{9}\right) = 3\frac{1}{9}$*

e) $T(y) = \frac{2y}{y-3}$ für $y = 3$ — *$T(3) = \frac{2 \cdot 3}{3 - 3} = 6$*

12 Entscheidet, ob die Aussage wahr oder falsch ist. Begründet eure Antwort.

a) Für jede natürliche Zahl x ist der Termwert von $45 - x$ eine natürliche Zahl.

b) Im Term $2x - y$ ist der Minuend immer größer als der Subtrahend.

c) Der Wert des Terms $2x + 4$ ist für $x \in \mathbb{N}$ immer eine positive, gerade Zahl.

d) Es gibt eine natürliche Zahl x, für die der Term $3x - 1$ den Wert 13 annimmt.

13 Gegeben ist der Term $T(x) = -x + 8$.

a) Setze für x eine Zahl ein und berechne. Setze das Ergebnis wieder ein und berechne erneut. Beschreibe, was du dabei feststellst. Überprüfe deine Vermutung mit mehreren Zahlen.

b) Untersuche, ob es eine Zahl gibt, die diese Eigenschaft schon beim einmaligen Einsetzen hat.

c) Gib andere Terme an, welche die gleiche Eigenschaft haben. Notiere auch jeweils die besondere Zahl von Aufgabe b).

14 Ordne der Tabelle den richtigen Term zu und begründe deine Entscheidung.

a)

x	−1	0	1
T(x)	1	−3	1

$4x^2 - 3$ | $(4x)^2 - 3$ | $-4x^2 - 3$

b)

x	−2	1	0
T(x)	19	12	5

$7x - 5$ | $5 + 7x$ | $5 - 7x$

15 In der Hausaufgabe soll Paula prüfen, ob die Terme $T_1(x) = x^3 - x^2$ und $T_2(x) = 2x$ bezüglich der Menge $\left\{-1; 0; 2; \frac{2}{3}\right\}$ äquivalent sind. Überprüfe ihre Lösung.

x	*−1*	*0*	*2*
$T_1(x) = x^3 - x^2$	*−2*	*0*	*4*
$T_2(x) = 2x$	*−2*	*0*	*4*

16 Überprüfe, ob die Terme T_1 und T_2 bezüglich der angegebenen Zahlen äquivalent sind. Erläutere, ob die Verwendung eines Tabellenkalkulationsprogramms jeweils sinnvoll wäre.

a) $T_1(n) = n^2 + 2n + 1$ $\quad T_2(n) = (n + 1)^2$ $\quad$ Für $n = -2; -0{,}5; 1$.

b) $T_1(x) = \frac{(9 - x^2)^2}{2}$ $\quad T_2(x) = \left(\frac{9 - x^2}{2}\right)^2$ $\quad$ Für $x = -3; 3; \frac{1}{3}$.

c) $T_1(a; b) = (a + b)(a - b)$ $\quad T_2(a; b) = a^2 - b^2$ $\quad$ Für $(a, b) = (-3; -1); (-1; 0); \left(\frac{1}{2}; \frac{1}{3}\right)$.

Terme gliedern

17 Notiere zum folgenden Baum jeweils den vollständigen Term und die Rechenanweisung in Worten. Berechne die Termwerte für $x = 0{,}4; -2; \frac{1}{2}$.

a)

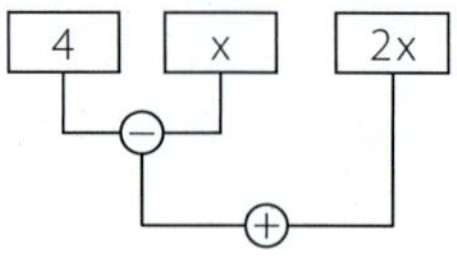

b)

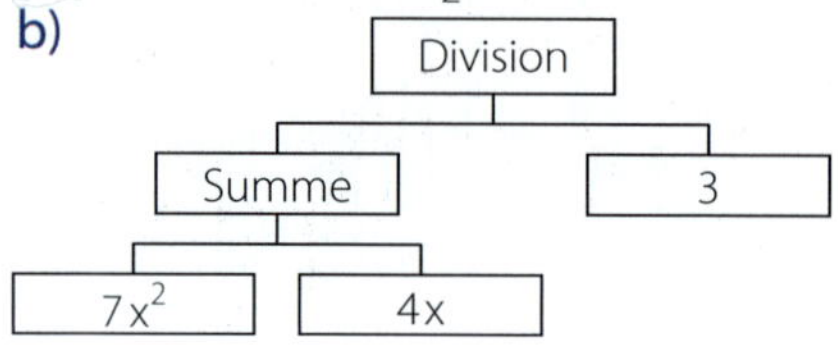

18 Zeichne den zur Rechenanweisung gehörenden Gliederungsbaum und gib den Term und dessen Termart an.

a) Subtrahiere vom dritten Teil einer Zahl das Doppelte der Zahl.

b) Multipliziere die Summe von zwei Zahlen mit der doppelten Differenz der Zahlen.

c) Dividiere die Summe von zwei Zahlen durch das Zehnfache der ersten Zahl.

19 Beim Term $T(x) = 3x + 7 : x - x^2$ wurden die Klammern vergessen. Ergänze den Term so mit Klammern, dass er die angegebene Termart hat.

a) Summe $\quad$ b) Quotient $\quad$ c) Produkt $\quad$ d) Potenz

Noch fit?

I Ein Walmdach fällt nach allen Seiten schräg ab. Das abgebildete Walmdach soll neu eingedeckt werden. Gegenüberliegende Dachflächen haben dieselben Abmessungen. Berechne den Flächeninhalt der gesamten Dachfläche.

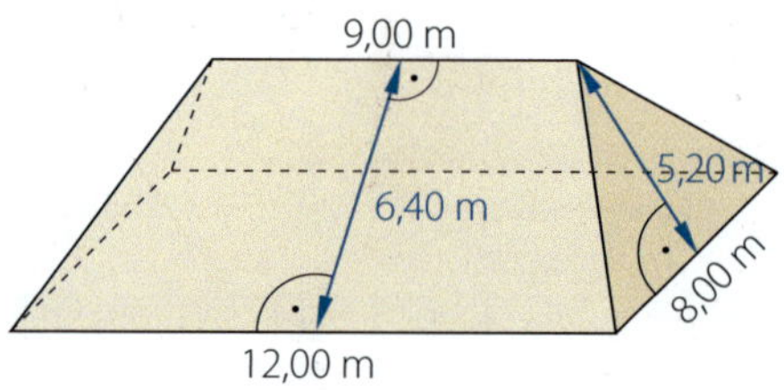

Trainieren | **Vertiefen** | Herausforderung

20 Gib einen Term an, der zu den Termwerten in der Tabelle passt. Beschreibe dein Vorgehen und ermittle außerdem die fehlenden Werte.

a)

a	−2	−1	0	1	3	
T(a)	−5	−4		−2	0	4

b)

b	−1	1	2	3	5	
T(b)	3	−3	−6		−15	−45

21 Für die Variablen wurden aufeinanderfolgende Zahlen eingesetzt. Finde jeweils mindestens drei verschiedene Terme, die zu den Ergebnissen passen.

a)

n			
T(n)	7	9	11

b)

a			
T(a)	−5	−1,5	2

22 Termsuche

a) Suche einen Term T(x; y), für den T(1; 2) = T(2; 4) = T(4; 8) = T(8; 16) = … = 0 ist.

b) Suche „symmetrische" Terme T(x; y), d. h. Terme, die beim Vertauschen der Werte für x und y den gleichen Wert ergeben.

c) Suche Terme, die beim Vertauschen der Werte für x und y die Gegenzahl liefern.

d) Vergleiche mit den Termen deines Nachbarn. Beschreibt, was euch auffällt.

23 Maximum

a) Bestimme mithilfe einer Tabellenkalkulation den ganzzahligen Wert für x, bei dem der Term $(100 - x) \cdot x$ den größten Wert annimmt.

b) Tausche im Term die Zahl 100 gegen andere Zahlen aus. Bestimme dann den Wert für x so, dass der Termwert maximal wird. Stelle eine allgemeine Vermutung auf.

24 Bei welchem der Terme steigt der Wert jeweils am schnellsten an? Notiere als erstes deine Vermutung und überprüfe diese dann mithilfe eines Tabellenkalkulationsprogrammes.

a) $T_1(a) = 0{,}5\,a + 2$ $\quad T_2(a) = 2\,a - 5$ $\quad T_3(a) = 2{,}5 + a$

b) $T_1(b) = 2{,}5\,b - 2{,}5$ $\quad T_2(b) = 4 - b^2$ $\quad T_3(b) = b + 2$

c) $T_1(c) = 0{,}25\,c + 2$ $\quad T_2(c) = -2\,c + 4$ $\quad T_3(c) = 2 - c$

25 Erläutere jeweils, welchen Wert die Variable annehmen muss, um den entsprechenden Termwert zu erhalten.

(1) Für $x \in \mathbb{Z}$ wird der Termwert von $T(x) = x^2 - 1$ minimal.

(2) Für $n \in \mathbb{N}$ wird der Termwert von $T(n) = \frac{20}{n}$ maximal.

(3) Für $n \in \mathbb{N}$ wird der Termwert von $T(n) = 20 - (1 - n)$ minimal.

Erläutere, weshalb du für (1) und (3) keinen maximalen Termwert und für (2) keinen minimalen Termwert finden kannst.

Hinweis
Du kannst ein Tabellenkalkulationsprogramm als Hilfe verwenden.

Trainieren | Vertiefen | **Herausforderung**

26 Erläutere, ob es für a und b Zahlen gibt, sodass das Produkt der beiden Zahlen 5000 und

a) die Summe 633 ergibt.

b) die Differenz 1236 ergibt.

27 Berechne den entsprechenden Termwert.

a) $T_1(x) = 2{,}45 : (2 + x) - x \cdot \left(1\tfrac{1}{6} - (2 - x)\right)$ für $x = 1{,}5$

b) $T_2(a; b) = \left(2 + 2\,a : \tfrac{3}{4}\right)^2 - (a - 1{,}15) : \tfrac{0{,}007}{b}$ für $a = 2{,}\overline{3}$ und $b = 0{,}5$

c) $T_3(a; b; c) = \left(\tfrac{a}{b} + \tfrac{b}{a} : \tfrac{1}{5}\right) \cdot c - (c - 0{,}\overline{4}) : \tfrac{1}{b}$ für $a = 3{,}2$; $b = 0{,}6$ und $c = \tfrac{4}{7}$

1.2 Aufstellen und Interpretieren von Termen

Einstieg

Geometrische Figuren

Die Terme lassen sich entweder durch den Flächeninhalt oder den Umfang der abgebildeten Figuren veranschaulichen. Ordne richtig zu und begründe.

$2a + 2c + 2a$ | $a \cdot c$ | $2a + 2c$ | $2a \cdot b$

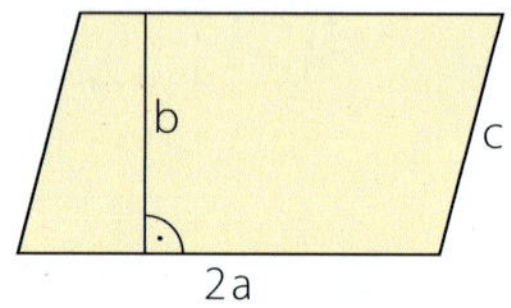

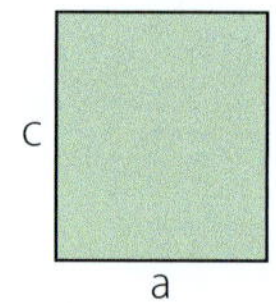

Wissen

Terme in geometrischen Zusammenhängen

Du kennst Terme bereits von den Formeln aus der Geometrie. Dort können die Variablen und Terme als Strecken, Flächen oder auch als Volumen interpretiert werden. Dies hängt immer von der Rechenoperation ab. Zum Beispiel ist der Term für den Umfang der abgebildeten Figur: $a + b + (a - 2) + 2 + 2 + (b - 2)$.

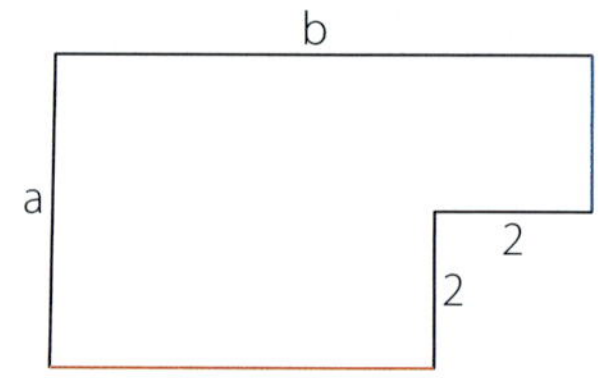

▼ **Beispiel 1: Terme geometrisch interpretieren**

Erläutere, weshalb die Figur den Term $A(b) = 24 - b^2$ veranschaulicht.

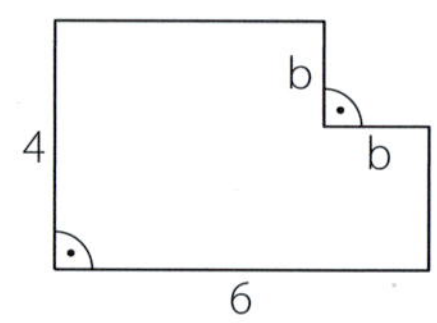

Lösung:

Ergänzt du die Figur mit einem Quadrat, entsteht ein Rechteck mit den Seitenlängen 4 und 6. Somit steht die 24 für den Flächeninhalt des entstandenen Rechtecks. Der Flächeninhalt b^2 des ergänzten Quadrats muss dann noch subtrahiert werden, also $-b^2$. ▲

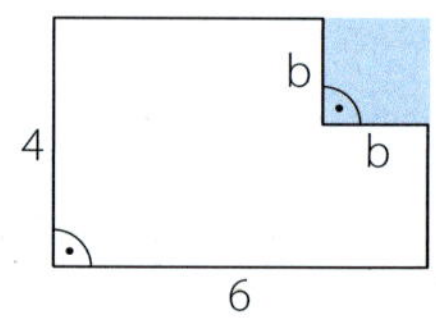

▼ **Beispiel 2: Terme veranschaulichen**

Erläutere, durch welche Größen des Prismas die Terme veranschaulicht werden.

$2a + b$ | $2a + 2c$ | $\frac{1}{2}a \cdot a$ | $ac + bc + ac$

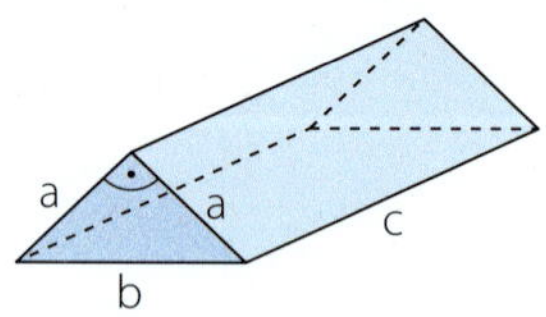

Lösung:

Da bei $2a + b$ und $2a + 2c$ Längen addiert werden, werden die Terme durch Strecken veranschaulicht. Der erste Term ist der Umfang der Grundfläche, der zweite Term ist der Umfang der Seitenfläche mit den Längen a und c. $\frac{1}{2}a \cdot a$ steht für den Flächeninhalt der Grundfläche, da zwei Längen miteinander multipliziert werden. $ac + bc + ac$ wird durch den Flächeninhalt der Mantelfläche veranschaulicht, da hier die Flächeninhalte der drei Seitenflächen addiert werden. ▲

Terme in Sachzusammenhängen

Manchmal kennst du schon den Term. Damit du ihn dann im Sachzusammenhang richtig verstehst, musst du die Bedeutung der Variablen kennen.

Beispiel 3: Terme im Sachkontext verstehen

Max möchte einen Raum für seine Geburtstagsfeier mieten. Er hat verschiedene Angebote erhalten. Je nach Anzahl der Stunden x entstehen andere Kosten (in €). Erkläre, wie sich die Kosten der Angebote zusammensetzen.

1. Angebot:	2. Angebot:	3. Angebot:
$15x$	$50 + 10x$	$20 \cdot 4 + 5 \cdot (x - 4)$

Lösung:

Jede Stunde kostet 15 €.	Es gibt einen Festbetrag von 50 € und jede Stunde kostet 10 €.	Die ersten 4 Stunden kosten jeweils 20 € und die folgenden nur noch 5 €.

Wenn du selbst einen Term im Sachzusammenhang aufstellen musst, kannst du Strategien verwenden, die du bereits in der Jahrgangsstufe 5 kennen gelernt hast. Wichtig ist auch hier, dass du genau festlegst, wofür die Variable steht.

Beispiel 4: Veranschaulichung mithilfe einer Zeichnung

In einer Klasse gibt es Mädchen und Jungen. Stelle einen Term T(x) auf, der die Anzahl der Kinder in Abhängigkeit von der Anzahl der Mädchen beschreibt, wenn

a) doppelt so viele Jungen wie Mädchen zur Klasse gehören,
b) doppelt so viele Mädchen wie Jungen zur Klasse gehören,
c) 25 % aller Kinder Mädchen sind.

Lösung:

Lege zunächst die Variable fest: x steht für die Anzahl der Mädchen.
Mithilfe von Strecken kannst du die Anzahl der Mädchen x sowie die zugehörige Anzahl der Jungen veranschaulichen und damit den gesuchten Term leichter finden.

a)
Es sind doppelt so viele Jungen, also eine doppelt so lange Strecke wie für die Mädchen.

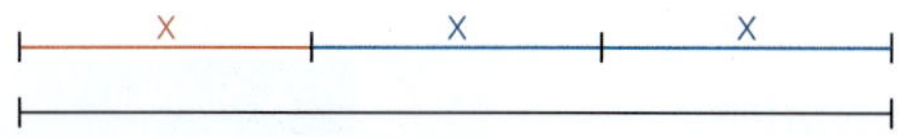

$T(x) = x + x + x$ oder $T(x) = 3x$

b)
Es sind doppelt so viele Mädchen wie Jungen, also ist die Strecke für die Jungen nur halb so lang.

$T(x) = x + \frac{1}{2}x$

c)
25 % $\left(= \frac{1}{4}\right)$ der Kinder sind Mädchen. Zerlege also die Gesamtstrecke in vier Teile. Ein Teil entspricht der Anzahl der Mädchen.

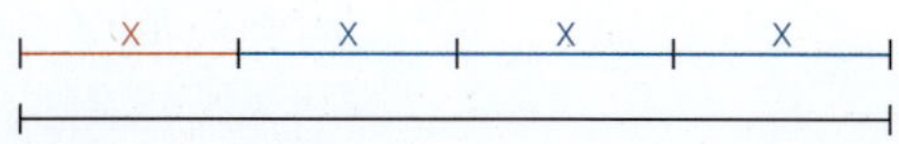

$T(x) = x + x + x + x = 4x$

Nicht immer kannst du mithilfe einer Zeichnung einen Term aufstellen. Manchmal hilft es, wenn du zunächst ein paar konkrete Zahlenbeispiele nutzt.

Beispiel 5: Vom Beispiel zum Allgemeinen

Eine Würfelmauer wird auf einer Platte aufgebaut. Ermittle einen Term, der die Anzahl der sichtbaren Würfelflächen in Abhängigkeit von der Anzahl der Würfel in der Mauer angibt.

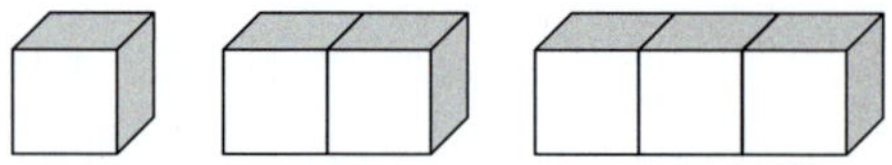

Lösung:

1. Überblick mit Beispielen verschaffen:

Anzahl der Würfel	1	2	3	4	5
Anzahl der Flächen	5	8	11	14	17

+3 +3 +3 +3

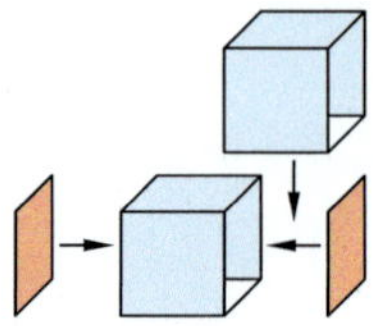

Hinweis
Diese Lösung ist nur eine Möglichkeit neben anderen, je nachdem, welches Muster man erkennt, siehe hierzu auch Aufgabe 18.

2. Gesetzmäßigkeit erkennen:
Beim ersten Würfel sind zwei Randflächen und 3 Mantelflächen sichtbar.
Wenn ein Würfel hinzugefügt wird, kommen immer 3 Mantelflächen hinzu.

Anzahl der Würfel	1	2	3	4	5
Anzahl der Flächen	1 + 3 + 1	1 + 6 + 1	1 + 9 + 1	1 + 12 + 1	1 + 15 + 1

3. Variable festlegen: x steht für die Anzahl der verwendeten Würfel.

4. Term formulieren: $T(x) = 2 + 3x$

5. Stichprobe durchführen: Mithilfe von Beispielen kannst du überprüfen, ob dein Term richtig sein könnte, z. B. $T(4) = 2 + 3 \cdot 4 = 14$ oder $T(5) = 2 + 3 \cdot 5 = 17$.

Zum Aufstellen eines Terms kann dir folgendes Vorgehen helfen:

1. Überblick mithilfe von Beispielen oder einer Zeichnung verschaffen
2. Gesetzmäßigkeit erkennen
3. Festlegen der Variablen
4. Term mithilfe der Gesetzmäßigkeit aufstellen
5. Mithilfe einer Probe überprüfen, ob dein Term richtig sein könnte

Aufgaben

Trainieren | Vertiefen | Herausforderung

Terme in geometrischen Zusammenhängen

1 Die Terme auf den Karten lassen sich durch Flächeninhalt oder Umfang der Figuren geometrisch veranschaulichen. Ordne die Terme entsprechend zu.

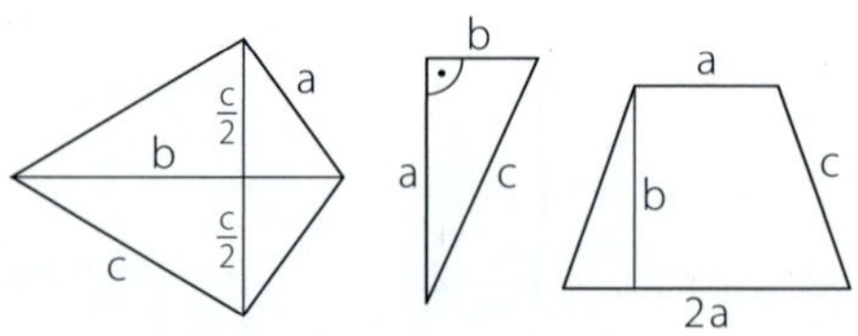

$2 \cdot a + 2 \cdot c$ | $a \cdot b : 2$ | $a + b + c$ | $a + 2a + 2 \cdot c$ | $\frac{(a + 2a) \cdot b}{2}$ | $b \cdot \frac{c}{2}$

2 Max und Lena haben für die Berechnung des Flächeninhalts der Figur aus Beispiel 1 noch zwei weitere Terme gefunden. Erläutere, was die beiden vermutlich gedacht haben.

$(4-b)\cdot 6+(6-b)\cdot b$ $4\cdot(6-b)+b\cdot(4-b)$

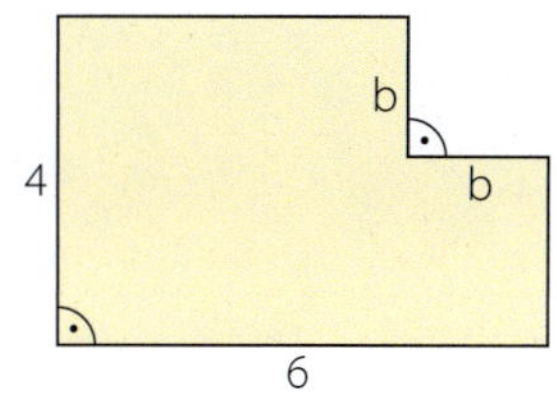

3 Finde zu der Figur mindestens zwei verschiedene Terme T(x), mit denen der Flächeninhalt der abgebildeten Figur berechnet werden kann. Vergleiche anschließend deine Ergebnisse mit deinem Partner.

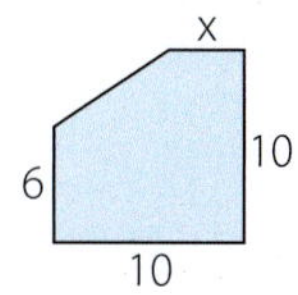

4 Stelle jeweils einen Term T(x; y) auf, mit dem der Flächeninhalt der abgebildeten Figur berechnet werden kann. Ermittle anschließend den Flächeninhalt der Figur für (8; 2).

a)

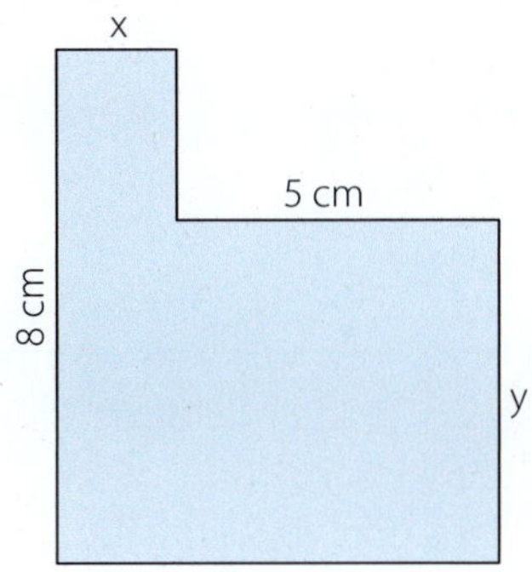

b)

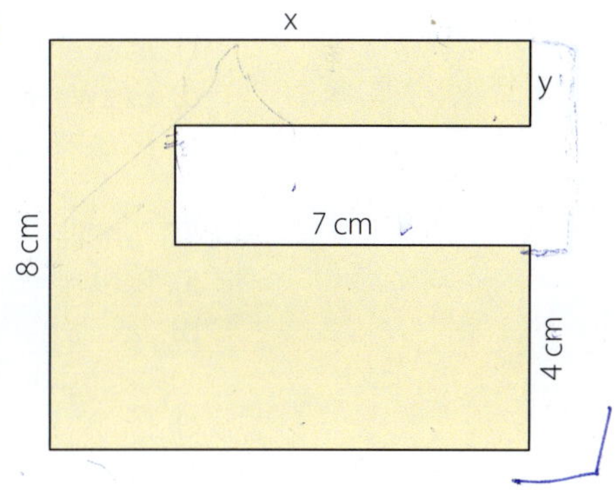

Terme in Sachzusammenhängen

5 Ein Erlebnisbad bietet verschiedene Aktionen für Gruppen ab 10 Personen an. Der normale Eintritt kostet 7 € pro Person. Der Term P(x) berechnet die Gesamtkosten für die Gruppe. Beschreibe die Aussage der Terme in Worten.

(1) $P(x)=7\cdot(x-2)$ (2) $P(x)=7\cdot(x:2)$ (3) $P(x)=7\cdot 0{,}9\cdot x$

6 Jan spielt regelmäßig Badminton. Er hat bei drei Vereinen die Kosten für ein Jahr angefragt und folgende Preise in Abhängigkeit der Stundenanzahl n erhalten.

a) Erläutere, wie sich jeweils die Kosten zusammensetzen.

(1) $12n$ (2) $50+10n$ (3) 350

b) Erläutere mithilfe einer Tabellenkalkulation für welchen Tarif er sich entscheiden sollte. Begründe, weshalb das Programm zur Berechnung sinnvoll ist.

7 Übernimm die Tabelle in dein Heft.

Sachverhalt	Sie spart pro Monat 10 €.	Sie spart x Monate.	Ihre Oma gibt ihr 15 € dazu.	Ihre Eltern verdoppeln das Geld.
Term	10	10…		

a) Stelle schrittweise den entsprechenden Term auf.

b) Berechne, wie viel Geld Maja in einem Jahr sparen würde.

8 Eine Umzugsfirma soll bei einem Auftrag 120 Kisten transportieren. Dafür sind zwei Umzugshelfer eingeplant. Die Firma berechnet die Anzahl der Stunden für den Auftrag mit folgendem Term: $\frac{120}{20 \cdot 2} + 4$

a) Erläutere, wofür die beiden Summanden im Sachkontext stehen.

b) Erläutere, was folgende Änderungen im Sachkontext bedeuten würden:

Die 2 wird durch 3 ersetzt.

Die 20 wird durch 15 ersetzt.

Die 4 wird durch 2 ersetzt.

Die 120 wird durch ein x ersetzt.

9 In einer Klasse gibt es Mädchen und Jungen. Stelle einen Term auf, der die Anzahl der Kinder in der Klasse in Abhängigkeit von der Anzahl der Mädchen in der Klasse beschreibt, wenn

a) es dreimal so viele Jungen wie Mädchen sind,

b) es halb so viele Mädchen wie Jungen sind,

c) es drei Jungen mehr als Mädchen sind,

d) es zwei Mädchen mehr als Jungen sind,

e) es 50 % Jungen sind.

10 Stelle einen Term zur Frage auf. Notiere vorher die Bedeutung der Variablen.

a) Paul hat drei Murmeln mehr als Julia. Wie viele Murmeln sind es insgesamt?

b) Jakob bekommt viermal so viel Taschengeld wie sein Bruder Luis. Wie viel Taschengeld bekommen sie gemeinsam?

c) Pia ist zwei Jahre älter als Linus und vier Jahre jünger als Tim. Wie alt sind alle drei zusammen?

d) Im Ausverkauf gibt es 30 % Rabatt. Wie hoch ist der Endpreis eines Artikels?

11 Zu einer Veranstaltung kommen Männer und Frauen. Der Term T(x) gibt die gesamte Teilnehmerzahl in Abhängigkeit von der Anzahl x der Frauen an.

a) Beschreibe in Worten, wie sich die Anzahl der Teilnehmer zusammensetzt.

(1) $T(x) = x + 5$	(3) $T(x) = x + (x + 1)$	(5) $T(x) = x$
(2) $T(x) = x + (x - 3)$	(4) $T(x) = x + 0{,}5\,x$	(6) $T(x) = 2 \cdot x$

b) Erkläre, warum $T(x) = x - 3$ in diesem Zusammenhang nicht sinnvoll ist.

c) Erläutere, wie viele Frauen mindestens anwesend sein müssen, damit der Term $T(x) = x + (x - 5)$ sinnvoll ist.

12 Die Klasse 7a möchte einen Ausflug nach München in ein Museum unternehmen. Der Bus kostet insgesamt 550 €. Der Eintritt beträgt pro Person 4 €.

a) Stelle einen Term auf, der den Gesamtpreis pro Person berechnet, wenn an dem Ausflug 24 Schüler und 2 Lehrer teilnehmen.

b) Erläutere, wie sich der Term in den folgenden Situationen verändern würde:

(1) Es sind 27 Schüler.	(3) Die Busfahrt kostet 650 €.
(2) Es sind 3 Lehrer.	(4) Der Eintritt pro Person kostet 6 €.

c) Stelle einen Term auf, der den Gesamtpreis pro Person berechnet, in Abhängigkeit von der Anzahl der Personen und der Höhe des Eintrittspreises.

13 Mia, Pit und Tim sollten in der Hausaufgabe einen Term zur folgenden Aufgabe aufstellen: „In einem Ferienlager kommt auf sechs Kinder je ein Betreuer. Bestimme einen Term, der die Personenzahl angibt." Erkläre, wie die drei gedacht haben, und warum alle drei Lösungen richtig sein können.

Mia: $T(x) = x + 6x$ Pit: $T(x) = x + \frac{1}{6}x$ Tim: $T(x) = x + \frac{x}{6}$

14 Untersuche die Anzahl der Schnittpunkte von zwei, drei, vier, … Geraden, die nicht parallel sind und von denen sich nicht je drei oder mehr in einem Punkt schneiden.

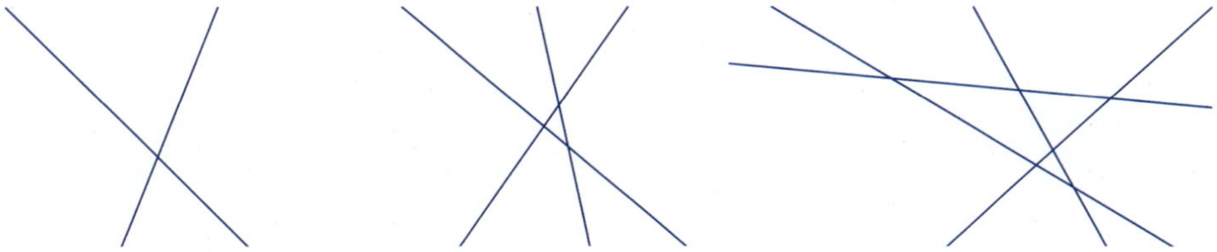

15 Die drei Freundinnen Antonia, Maxi und Dana haben mit Würfeln einen Turm gebaut. Sie überlegen nun, wie viele Würfelflächen insgesamt sichtbar sind, wenn der Turm aus x Würfeln besteht. Jede von ihnen hat dazu einen Term aufgestellt. Entscheide, ob die Terme richtig sind. Erläutere, was sie sich dabei gedacht haben könnten.

$4x + 1$ $6x - 2x$ $5 + 4(x - 1)$

16 Punktemuster

a) Ermittle jeweils einen Term, der in Abhängigkeit der Länge n die
(1) die Anzahl der benötigten roten Punkte angibt.
(2) die Anzahl der benötigten blauen Punkte angibt.

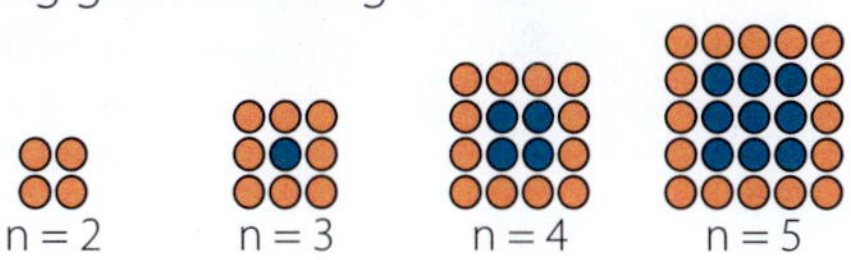

b) Vergleiche die Terme mit deinem Nachbarn und erklärt euch gegenseitig, wie ihr diese aufgestellt habt.

c) Erstellt ein Muster, bei dem die Punkteanzahl mit 3 n − 3 berechnet wird.

Noch fit?

I Trage A (2|1), B (8|2), C (7|4) und D (5|5) in ein Koordinatensystem ein und zeichne die Gerade AB, die Strecke $\overline{AD}$, den Kreis k (C; r = 2,5 cm), den Winkel ∢ ADC und den Kreis um B durch C ein.

a) Miss die Streckenlängen $|\overline{AB}|$ und $|\overline{BD}|$ und die Winkelgrößen ∢ ADC und ∢ BAD.

b) Bestimme durch Einzeichnen und Ausmessen der entsprechenden Strecken den Flächeninhalt des Dreiecks.

c) Gib die Koordinaten eines Punktes E an, sodass das Viereck ABED ein Parallelogramm ist.

Trainieren | **Vertiefen** | Herausforderung

17 Pauline und Cynthia sollen einen Term angeben, der die Anzahl der Streichhölzer in Abhängigkeit der Anzahl der Dreiecke beschreibt. Erläutere, wie beide gedacht haben.

Pauline: $3 + 2(x - 1)$

Cynthia: $2x + 1$

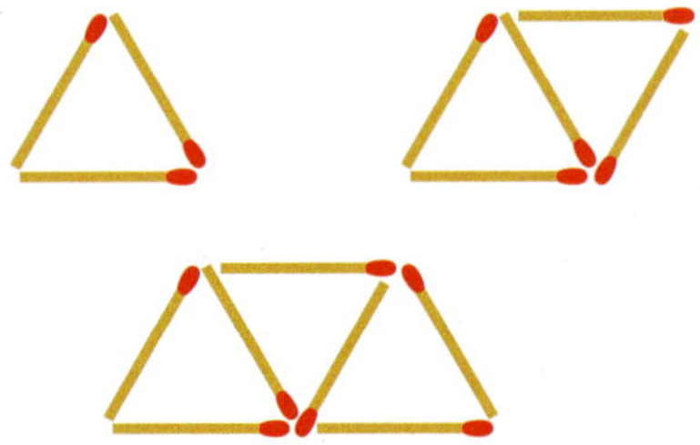

18 Max hat x Holzleisten, die er jeweils in y Stücke sägt. Sein großer Bruder hat doppelt so viele Holzleisten. Er sägt diese aber nur in halb so große Stücke.

a) Überprüfe, welche Terme zum Sachverhalt passend sind. Erläutere für diese Terme, welche Größe damit berechnet wird.

b) Formuliere zu den nicht passenden Termen einen geeigneten Sachverhalt.

$T(x; y) = xy$

$T(x; y) = xy + 2x \cdot 0{,}5y$

$T(x) = x + 2x$

$T(x; y) = xy + 2x \cdot 2y$

19 Die beiden Situationen können mit derselben Termstruktur und mit den denselben Kärtchen beschrieben werden.

$(\square + \square) : \square$ 150   4   x

Vier Freunde wollen für eine Woche ein Auto für 150 € mieten. Mit welchem Term kann man berechnen, wie viel jeder zahlen muss, wenn zu dem Mietpreis noch die Benzinkosten hinzukommen?

Jan fährt regelmäßig mit seinem Rennrad eine Trainingsrunde von 150 km. Momentan gibt es eine Umleitung, die 4 km länger ist. Mit welchem Term kann er seine Geschwindigkeit berechnen, wenn er immer unterschiedlich lang braucht?

a) Notiere in deinem Heft den richtigen Term.

b) Erfinde selbst ähnliche Bespiele zu einem Term mit der Struktur $(\square - \square) \cdot \square$ und lasse sie anschließend von deinem Nachbarn lösen.

20 Pakete schnüren

a) Zwei quaderförmige Pakete mit der Länge a, der Breite b und der Höhe c sind wie in der Abbildung verschnürt. Gib einen Term für die Länge der Schnur an. Die Länge für Knoten musst du nicht berücksichtigen.

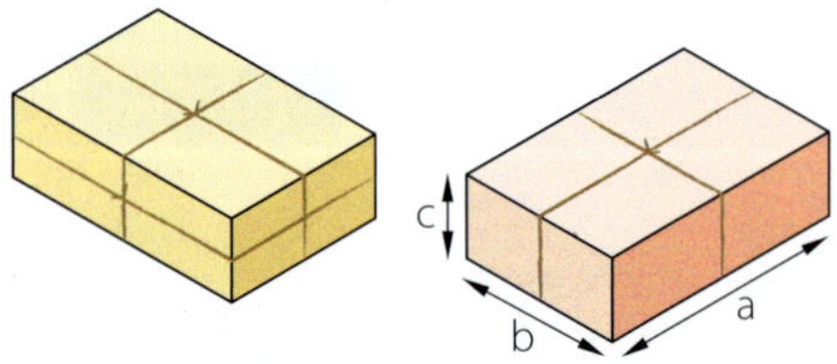

b) Entscheide, welche Terme für eine Schnurlänge eines Pakets stehen. Skizziere die passenden Pakete dazu.

$4a + 6b + 6c$ $2a + 2c$ $2b + 2c$

$2a + 4b + 6c$ $4a + 4b + 6c$ $2a + 2b + c$

21 Zeichne jeweils eine Figur, deren Flächeninhalt den Term veranschaulicht.

a) $T(a) = 9 \cdot 7 - a^2$

b) $T(x; y) = 3 \cdot 10 + (10 - 2y) \cdot x$

22 Streichhölzer-Reihen

a) Ermittle einen Term, der die Anzahl der benötigten Streichhölzer für die x-te Figur angibt.

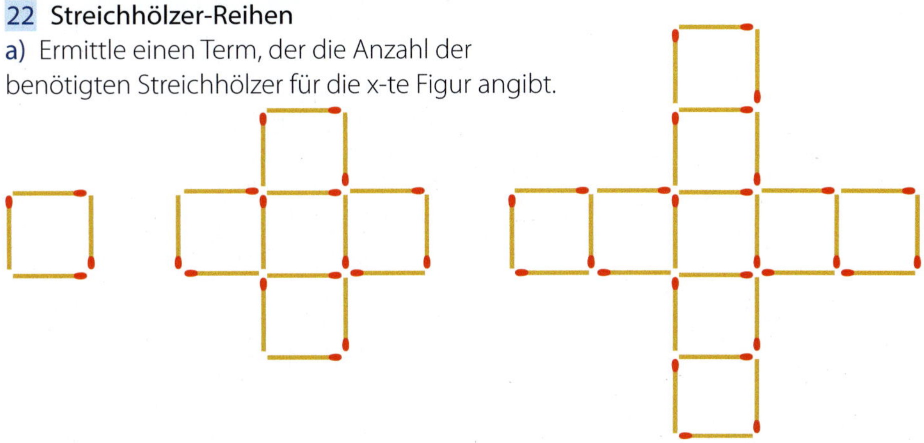

Figur 1 Figur 2 Figur 3

b) Zeichne für die folgenden Terme eine passende Figurenfolge. Tausche dich anschließend mit deinem Nachbarn aus.

(1) $T(x) = 4x$

(2) $T(x) = 2 + 2x$

23 Maximaler Flächeninhalt

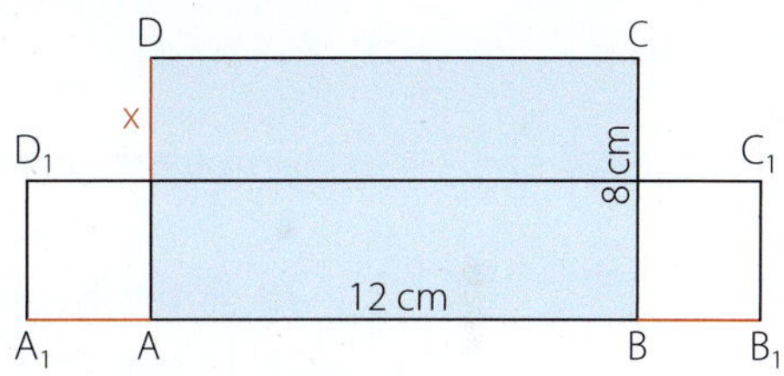

a) Berechnet den Flächeninhalt des Rechtecks ABCD.

b) Nun wird die die Breite um x cm verkürzt und die Länge jeweils nach links und rechts um x cm verlängert. Stellt einen Term auf, der die Fläche des Rechtecks $A_1B_1C_1D_1$ berechnet.

c) Erläutert, welche Werte für x sinnvoll eingesetzt werden können.

d) Bestimmt mithilfe eines Tabellenkalkulationsprogramm möglichst genau den x-Wert, für den der Flächeninhalt des Rechtecks $A_1B_1C_1D_1$ maximal wird.

24 Um eine offene Schachtel zu falten, werden an den Ecken jeweils Einschnitte gemacht, um dann die Seitenflächen nach oben zu klappen.

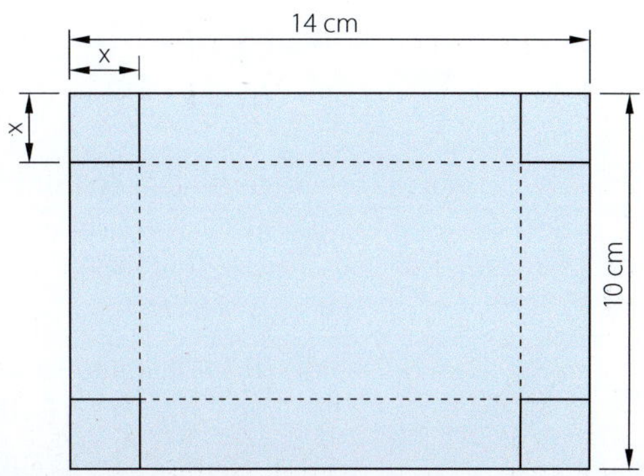

a) Stelle einen Term für das Volumen der Schachtel in Abhängigkeit der Größe x auf.

b) Ein Schüler behauptet nun: „Je tiefer der Einschnitt an den Ecken geschnitten wird, desto größer wird das Volumen der offenen Schachtel." Nimm Stellung zu dieser Aussage.

c) Ermittelt mithilfe eines Tabellenkalkulationsprogramms möglichst genau, wie tief der Einschnitt sein muss, damit das Volumen maximal wird.

25 Fraktale erkunden

Ein Fraktal ist ein geometrisches Muster, bei dem sich ein Abschnitt immer wiederholt. Der schwedische Mathematik Helge von Koch fand Anfang des 20. Jahrhundert ein berühmtes Fraktal, die Koch-kurve.

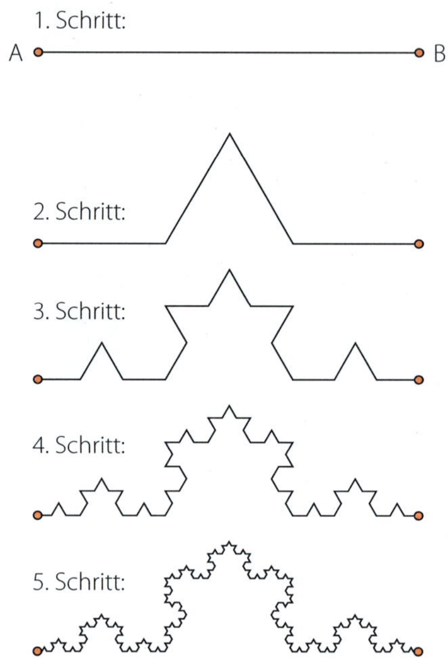

Hierfür teilt man eine Strecke $\overline{AB}$ in drei gleich große Abschnitte. Die mittlere Strecke wird durch zwei gleich lange Strecken ersetzt, so dass ein gleichseitiges „Dreieck" entsteht. Dieser Vorgang wiederholt sich bei jeder Teilstrecke der entstandenen Figur.

a) Notiere, aus wie vielen Strecken die Koch-Kurve nach 1, 2, 3 und 4 Schritten besteht.

b) Bestimme einen Term, mit dem man die Anzahl der Strecken nach n Schritten berechnen kann.

c) Recherchiere im Internet nach weiteren mathematischen Fraktalen. Stelle deine Ergebnisse übersichtlich auf einem Lernplakat dar.

Trainieren | Vertiefen | **Herausforderung**

26 Ermittle einen Term, der die Anzahl der benötigten Streichhölzer für die n-te Figur angibt.

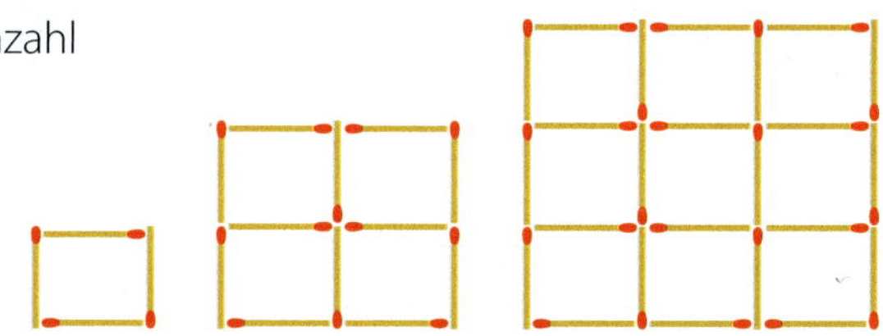

Figur 1 Figur 2 Figur 3

27 Zeichne auf Kästchenpapier folgende Punkte in ein Koordinatensystem:
A(−1|−1), B(−0,5|−1), C(−0,5|0), D(−2|0), E(−2|−2), F(0,5|−2), G(0,5|1), H(−3|1), I(−3|−3), K(1,5|−3), L(1,5|2).
Verbinde die Punkte geradlinig in alphabetischer Reihenfolge.

a) Gib an, wie viele Kästchen jeweils die Strecken $\overline{AB}$, $\overline{BC}$, $\overline{CD}$, …, $\overline{KL}$ lang sind.

b) Setze deine Zeichnung bis zum Punkt O fort und notiere dessen Koordinaten.

c) Gib an, wie groß die Summe der Kästchenlängen aller Strecken von A bis O ist.

d) Erstelle einen Term, mit dem du berechnen kannst, wie viele Kästchenlängen die Figur mit n Einzelstrecken besitzt.

Tipp: Bestimme zunächst für n = 2, n = 3, n = 4 usw. die Summe der Kästchenlängen und versuche eine Gesetzmäßigkeit zu finden.

Check up

Was kannst du? Was musst du noch üben?
Mit diesen Aufgaben kannst du deinen Lernfortschritt überprüfen.
Lösungen findest du im Anhang.

1 Stelle einen Term auf.
a) Das Dreifache einer Zahl wird um zwölf vermindert.
b) Vom Doppelten einer Zahl wird ihr Nachfolger abgezogen.
c) Zum Quadrat einer Zahl wird das Vierfache der Zahl addiert.

2 Berechne jeweils die Termwerte.
a) für $x = -1; 1; 2$
$T_1(x) = 4x - 2(x + 3)$
$T_2(x) = 4x^{-2} - (4 + x)$

b) für $(x; y) = (1; 0); \left(\frac{1}{2}; -\frac{1}{2}\right); \left(-3; \frac{1}{3}\right)$
$T_1(x; y) = \frac{2xy}{y - x}$
$T_2(x; y) = \frac{2}{3}x^{-2} - y^2$

3 Bestimme einen Term, der die in der Tabelle angegebenen Werte liefert, und ergänze die Tabelle.
a)

x	2	3	4	
T(x)	5		9	13

b)

a	−2	0	1	3	
T(a)	2	−2		7	14

4 Erkläre an einem selbstgewählten Beispiel den Begriff „Äquivalenz von Termen".

5 Lisann, Romy und Juliane haben jeweils einen Term notiert, der die Gesamtanzahl der Punkte in Abhängigkeit von n berechnet. Erläutere, was sich jeder dabei gedacht haben.

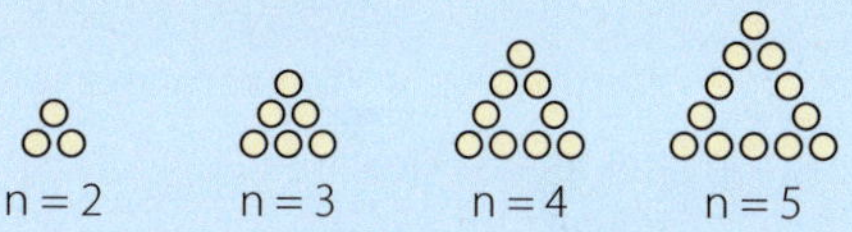

Lisann: $3n - 3$ Romy: $3 \cdot (n - 1)$ Juliane: $(n - 2) \cdot 3 + 3$

6 Die Klasse 7 b hat eine 4-tägige Fahrradtour unternommen. Die Strecke am dritten Tag war am längsten. Am ersten Tag sind sie nur halb so viel wie am dritten Tag gefahren. Am zweiten Tag haben sie das Doppelte vom ersten Tag geschafft und am letzten Tag waren es nur 10 km. Notiere einen Term für die Gesamtlänge der Fahrradtour.

7 Auf dem Umfang des Quadrates EFGH werden Strecken der Länge x abgetragen und die neuen Punkte wieder zu einem Quadrat verbunden.
a) Stelle einen Term für den Flächeninhalt des neuen Quadrates $E_1F_1G_1H_1$ in Abhängigkeit von x auf.
b) Beschreibe, wo das Quadrat mit dem kleinsten Flächeninhalt liegt, und berechne dessen Flächeninhalt.

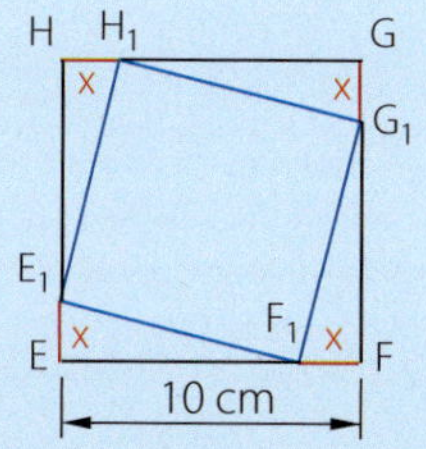

Auf einen Blick

Terme mit Variablen

Variable: Platzhalter, für die du verschiedene Zahlenwerte einsetzen kannst — z. B. x, y, z, a, b, c, n

Terme können neben Zahlen, Rechenzeichen und Klammern auch Variablen enthalten. — z. B. $T_1(x) = (x + 3)(x - 3)$

Termwert: Ergebnis, wenn in einem Term für die Variablen konkrete Zahlenwerte eingesetzt werden — z. B. für x = −3

$$T_1(-2) = ((-3) + 3)((-3) - 3) = 0 \cdot (-6) = 0$$

Wertetabelle: übersichtliche Darstellung mehrerer Termwerte — z. B.

x	−3	4	6
$T_1(x) = (x + 3)(x - 3)$	0	7	27

Äquivalente Terme: zwei Terme haben beim Einsetzen aller Werte aus einer vorgegebenen Menge jeweils die gleichen Termwerte — z. B. für {−3; 4; 6}

x	−3	4	6
$T_1(x) = (x + 3)(x - 3)$	0	7	27
$T_2(x) = x^2 - 9$	0	7	27

Terme gliedern

Auch Terme mit Variablen kannst du auf verschiedene Arten darstellen.

<table>
<tr><th>Term</th><th>Wortform</th><th>Gliederungsbaum</th><th>Rechenbaum</th></tr>
<tr><td>(x + 1) (y − 4)</td><td>Der Term ist ein Produkt. Der erste Faktor ist die Summe von x und der Zahl 1. Der zweite Faktor ist die Differenz von y und der Zahl 4.</td><td>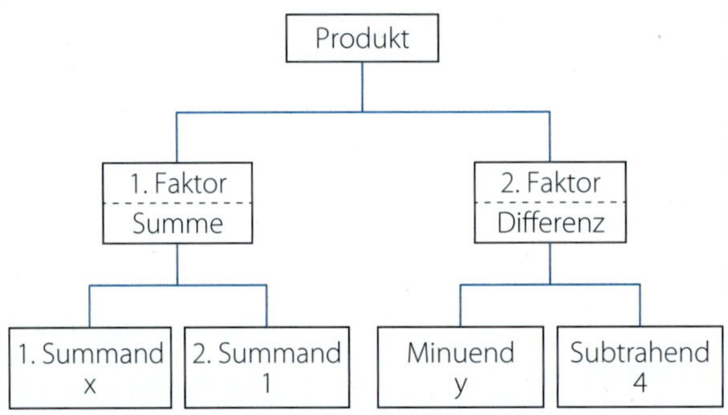
</td><td>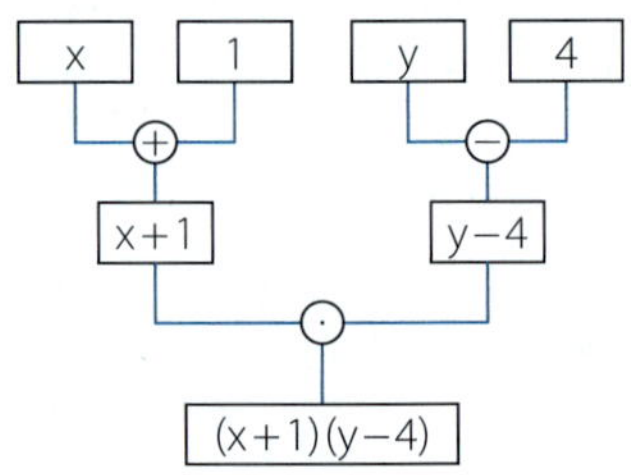
</td></tr>
</table>

Aufstellen und Interpretieren von Termen

Zum Aufstellen eines Terms kann dir folgendes Vorgehen helfen:

1. Überblick mithilfe von Beispielen oder einer Zeichnung verschaffen
2. Gesetzmäßigkeit erkennen
3. Festlegen der Variablen
4. Term mithilfe der Gesetzmäßigkeit aufstellen
5. Mithilfe einer Probe überprüfen, ob dein Term richtig sein könnte

Kapitel 2

Umformen von Termen

In diesem Kapitel lernst du geschickt mit Termen zu jonglieren, um allgemein die Äquivalenz von Termen nachzuweisen. Dazu formst du Terme entsprechend der Regeln um. Viele Gesetzmäßigkeiten kennst du schon vom Rechnen mit den rationalen Zahlen.

Wiederholung

Rechengesetze

Du kennst schon folgende Rechengesetze:

Kommutativgesetz (Vertauschungsgesetz)		Assoziativgesetz (Verbindungsgesetz)	
der Addition	der Multiplikation	der Addition	der Multiplikation
$a + b = b + a$ $10 + (-8) = (-8) + 10$	$a \cdot b = b \cdot a$ $(-15) \cdot 7 = 7 \cdot (-15)$	$(a + b) + c = a + (b + c) = a + b + c$ $(9 + 13) + 27 = 9 + (13 + 27)$ $= 9 + 13 + 27$	$(a \cdot b) \cdot c = a \cdot (b \cdot c) = a \cdot b \cdot c$ $(11 \cdot (-8)) \cdot 25 = 11 \cdot ((-8) \cdot 25)$ $= 11 \cdot (-8) \cdot 25$

Distributivgesetz (Verteilungsgesetz) der Multiplikation

ausmultiplizieren →

$a \cdot (b + c) = a \cdot b + a \cdot c$ $\quad 8 \cdot (20 + 4) = 8 \cdot 20 + 8 \cdot 4$

$a \cdot (b - c) = a \cdot b - a \cdot c$ $\quad 6 \cdot (30 - 2) = 6 \cdot 30 - 6 \cdot 2$

← ausklammern

Weitere Formen des Distributivgesetzes:

$(a + b) \cdot c = a \cdot c + b \cdot c$

$(a + b) : c = a : c + b : c$

Potenzen

Für Produkte mit gleichen Faktoren kennst du eine Kurzschreibweise.

Potenzieren: $\underbrace{3 \cdot 3 \cdot 3 \cdot 3}_{\text{4 Faktoren}} = 3^4 = 81$

4 Faktoren; Basis, Exponent: Potenz; Wert der Potenz

Die Basis wird mit dem Exponenten potenziert. Man spricht „drei hoch vier".
Der Exponent gibt an, wie oft die Basis als Faktor vorkommt.

Aussagen begründen

Um in der Mathematik eine Behauptung zu prüfen, kannst du verschiedene Möglichkeiten nutzen:
- mithilfe einer Begriffserklärung, z. B. Eigenschaften von Vierecken
- mithilfe einer Rechnung, z. B. Umfang und Flächeninhalt von Vierecken
- mithilfe eines Gegenbeispiels eine Aussage widerlegen

▼ **Beispiel 1: Aussagen begründen**

Begründe, weshalb sich der Umfang eines Rechtecks nicht verändert, wenn eine Seite des Rechtecks um 1 cm verlängert und die andere Seite um 1 cm verkürzt wird.

Lösung:

Der Umfang ist die Summe aller Seiten. Wenn du die eine Seite um 1 cm verkürzt und die andere Seite um 1 cm verlängerst, ändert sich der Wert der Summe $a + b$ nicht. Somit bleibt auch der Wert des Umfangs $u = 2 \cdot (a + b)$ gleich. ▲

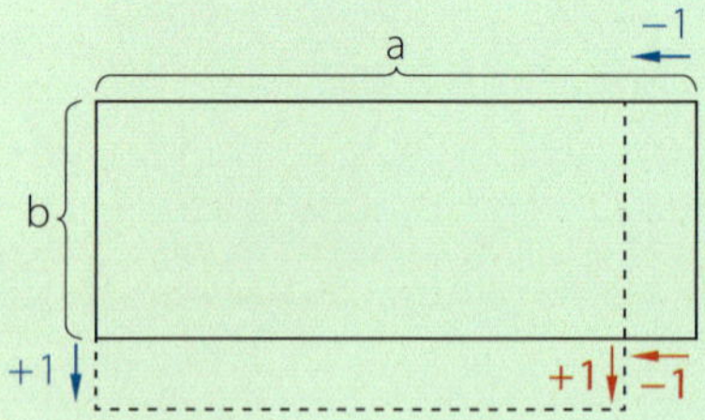

Aufgaben

1 Miriam und Kira haben die Hausaufgaben unterschiedlich gelöst. Erläutere ihr Vorgehen und begründe, für welchen Weg zu dich entscheiden würdest.

Miriam

a) $5 \cdot 140 - 40 \cdot 5 = 500 + 200 - 200$
$= 500$

b) $(111 - 13) \cdot 8 = 888 - 104 = 784$

Kira

a) $5 \cdot 140 - 40 \cdot 5 = 5 \cdot (140 - 40) = 500$

b) $(111 - 13) \cdot 8 = 98 \cdot 8 = 720 + 64$
$= 784$

2 Berechne im Kopf. Erläutere dein Vorgehen.

a) $17 \cdot 5 \cdot (-2)$
b) $1225 + 89 + 15$
c) $(25 \cdot 7) \cdot (4 \cdot 3)$
d) $425 - 25 \cdot 3$
e) $(456 + 57) + 24$
f) $17 \cdot 6 + 17 \cdot 4$
g) $7 \cdot 125 - 3 \cdot 125$
h) $130 + 169 : 13$
i) $44 \cdot 14 + 6 \cdot 44$
j) $(100 - 9) \cdot 7$
k) $165 : 11 - 55 : 11$
l) $(425 - 25) \cdot 3$

3 Beschreibe, wie du beim Kopfrechnen das Distributivgesetz anwendest.

a) $14 \cdot 7$
b) $98 \cdot 3$
c) $(-7) \cdot 24$

4 Erläutere ohne zu rechnen, warum die drei Ergebnisse gleich sind. Berechne anschließend das Ergebnis.

(1) $\frac{1}{2}\left(2{,}5 - \frac{3}{4}\right)$

(2) $\frac{1}{2} \cdot \frac{5}{2} - \frac{1}{2} \cdot \frac{3}{4}$

(3) $2{,}5 : 2 - 0{,}75 : 2$

5 Berechne möglichst im Kopf.

a) 3^4
b) 2^5
c) $(-5)^3$
d) 5^{-3}
e) $(4)^{-2}$
f) $(-10)^6$
g) $\left(-\frac{1}{2}\right)^3$
h) $1{,}5^3$

6 Welche Kärtchen gehören zusammen? Erläutere deine Entscheidung.

121	$(-3)^3$	-16^2	64	6^2	-27	-32	256
-3^3	-2^5	$(-2)^6$	-256	8^2	$(-11)^2$	36	16^2

7 Tim kauft für die Klassenfeier ein: sechs Flaschen stilles Wasser zu je 19 Cent, vier Flaschen Apfelsaft zu je 89 Cent, sechs Flaschen Wasser mit Kohlensäure zu je 19 Cent, zwölf Brezeln zu je 39 Cent, sechs Dosen Erdnüsse zu je 89 Cent, acht Kornstangen zu je 39 Cent, acht kleine Brötchen zu je 19 Cent. Berechne die Kosten.

8 Entscheide und begründe, ob die Aussagen richtig oder falsch sind.

a) Wenn die Kantenlänge eines Würfels verdoppelt wird, versechsfacht sich das Volumen des Würfels.

b) Wenn beide Seiten eines Rechtecks halbiert werden, viertelt sich der Flächeninhalt.

c) Wenn ein Quader halbiert wird, dann halbiert sich die Gesamtlänge aller Kanten.

2.1 Umformen von Produkten und Potenzen

Einstieg

Äquivalente Terme

$b \cdot 2 \cdot a \cdot 3$	$6ab$	$2 \cdot a \cdot 1{,}5 \cdot b$	$3a^2b$	$5ab$	$3 \cdot a \cdot b \cdot a$	$3ab^2$

Felix und Elli suchen äquivalente Terme. Felix fängt an, Zahlen für die Variablen in die Terme einzusetzen. Da meint Elli: „Das geht doch viel schneller."
Überlege, was Elli meinen könnte, und finde passende Paare.

Wissen

Zusammenfassen von Produkten

Bisher hast du die Äquivalenz von Termen mithilfe von Termwerten untersucht. Damit kannst du nur eine Aussage bezüglich endlicher Mengen treffen. Du kannst aber auch mithilfe von Rechengesetzen Terme vereinfachen und dann miteinander vergleichen.
Du kennst dies bereits für Terme mit Zahlen, z. B.:

$$3 \cdot 3 \cdot 2 \cdot 4 \cdot 2 \overset{\text{Kommutativgesetz}}{=} 2 \cdot 2 \cdot 3 \cdot 3 \cdot 4 \overset{\text{Faktoren zusammenfassen}}{=} 2^2 \cdot 3^2 \cdot 4$$

Terme mit Variablen kannst du genauso vereinfachen.

Hinweis
Die Faktoren werden meist nach dem Alphabet sortiert.

Produkte mit gleichen Variablen kannst du vereinfachen, indem du
– mithilfe der Rechengesetze die Faktoren ordnest,
– gleiche Faktoren als Potenzen schreibst.
Du erhältst dann ein äquivalentes Produkt.

Beispiel:

$$\begin{aligned} &4 \cdot xy \cdot x \cdot y \cdot 3z \cdot z \cdot z \\ &= 3 \cdot 4 \cdot x \cdot x \cdot y \cdot y \cdot z \cdot z \cdot z \\ &= 12 \cdot x^2 \cdot y^2 \cdot z^3 \\ &= 12x^2y^2z^3 \end{aligned}$$

Beispiel 1: Produkte vereinfachen

Vereinfache den Term $4bc \cdot (3bc \cdot 5a^3c)$.

Lösung:

1. Du kannst die Klammern wegen des Assoziativgesetzes weglassen. $4bc \cdot (3bc \cdot 5a^3c) = 4bc \cdot 3bc \cdot 5a^3c$
2. Vertausche die Faktoren und ordne sie nach dem Alphabet. $= 4 \cdot 3 \cdot 5 \cdot a^3 \cdot b \cdot b \cdot c \cdot c \cdot c$
3. Fasse gleiche Faktoren zusammen. $= 60a^3b^2c^3$

Da du durch Vereinfachen des einen Terms den anderen erhältst, sind die beiden Terme $4bc \cdot (3bc \cdot 5a^3c)$ und $60a^3b^2c^3$ bezüglich der Menge $\mathbb{Q}$ der rationalen Zahlen äquivalent.
Durch solche Umformungen kannst du nun zeigen, dass Terme bezüglich einer unendlichen Menge, z. B. $\mathbb{Q}$, äquivalent sind. Daher werden diese Umformungen auch als **Äquivalenzumformungen** bezeichnet.

Zusammenfassen von Potenzen

Für das Vereinfachen von Produkten mit Potenzen kannst du die Definition der Potenz nutzen. Der natürliche Exponent gibt an, wie oft der Faktor vorkommt.

$$a^2 \cdot a^5 = \underbrace{a \cdot a \cdot a \cdot a \cdot a \cdot a \cdot a}_{2+5=7} = a^7$$

$$(3ab^2)^2 = (3ab^2) \cdot (3ab^2) = 3 \cdot a \cdot b \cdot b \cdot 3 \cdot a \cdot b \cdot b = \underbrace{3 \cdot 3}_{9} \cdot \underbrace{a \cdot a}_{a^2} \cdot \underbrace{b \cdot b \cdot b \cdot b}_{b^4}$$

Du kannst dies auch allgemein für Terme mit Variablen anwenden.

Potenzen mit gleicher Basis multiplizierst du, indem du die Basis mit der Summe der Exponenten potenzierst.	$x^n \cdot x^m = x^{n+m}$
Ein Produkt potenzierst du, indem du jeden Faktor mit dem gemeinsamen Exponenten potenzierst.	$(x \cdot y)^n = x^n \cdot y^n$
Eine Potenz potenzierst du, indem du die beiden Exponenten multiplizierst.	$(x^n)^m = x^{n \cdot m}$ $(n, m \in \mathbb{N})$

Beispiel 2: Potenzen vereinfachen

Vereinfache den Term $(4x^3y)^2 \cdot 0{,}5xy^3$ soweit wie möglich.

Lösung:

1. Potenziere jeden Faktor in der Klammer mit 2.
2. Berechne die Potenzen.
3. Ordne dann die Faktoren und fasse sie zusammen.

$$\begin{aligned} & (4x^3y)^2 \cdot 0{,}5xy^3 \\ &= 4^2\,(x^3)^2\,y^2 \cdot 0{,}5xy^3 \\ &= 16\,x^6\,y^2 \cdot 0{,}5xy^3 \\ &= 16 \cdot 0{,}5 \cdot x^6 \cdot x \cdot y^2 \cdot y^3 \\ &= 8x^7y^5 \end{aligned}$$

Beispiel 3: Mithilfe von Termen argumentieren

Nimm zu folgenden Aussagen Stellung:

a) Wenn die Kantenlänge eines Würfels verdoppelt wird, dann verachtfacht sich das Volumen.

b) Wenn die Kantenlänge eines Würfels halbiert wird, nimmt der Oberflächeninhalt um ein Viertel ab.

Lösung:

a) Für das Volumen eines Würfels mit der Kantenlänge a gilt: $V = a^3$
Bei Verdopplung der Kantenlänge a gilt: $V_{neu} = (2a)^3 = 2^3a^3 = 8a^3 = 8 \cdot V$
Das Würfelvolumen wird also achtmal so groß. Mit der Termumformung wurde gezeigt, dass die Aussage allgemeingültig ist.

b) Für den Oberflächeninhalt eines Würfels mit der Kantenlänge a gilt: $O = 6a^2$
Bei Halbierung der Kantenlänge a gilt: $O_{neu} = 6\left(\frac{a}{2}\right)^2 = 6 \cdot \frac{a^2}{2^2} = \frac{6a^2}{4} = \frac{O}{4}$
Der Oberflächeninhalt beträgt nun ein Viertel von dem des ursprünglichen Würfels, er hat also um drei Viertel abgenommen. Die Aussage ist somit falsch.

Alternative: Argumentation mit einem Gegenbeispiel
Wird die Kantenlänge von 2 cm auf 1 cm halbiert, so nimmt der Oberflächeninhalt von $24\,cm^2$ auf $6\,cm^2$ ab, also um drei Viertel. Die Aussage ist falsch.

Zur Erinnerung
Mit einem Gegenbeispiel kannst du nur Aussagen widerlegen. Mit einem Zahlenbeispiel kannst du nicht zeigen, dass eine Aussage richtig ist.

Aufgaben

Trainieren | Vertiefen | Herausforderung

Zusammenfassen von Produkten

1 Fasse im Kopf zusammen.

a) $2 \cdot a \cdot a$
b) $3 \cdot c \cdot c \cdot c \cdot a$
c) $b \cdot 2 \cdot b \cdot b \cdot 0{,}5$
d) $3ab \cdot 3ab$
e) $ab^2 \cdot ab \cdot ac^2$
f) $-2x \cdot xy \cdot x^2 \cdot 0{,}1x$

2 Faktoren mit Vorzeichen
Miriam war in der letzten Stunde krank. Erläutere ihr den Rechenweg.
$b \cdot 4 \cdot a \cdot (-a) \cdot (-0{,}5) = 4 \cdot (-0{,}5) \cdot a \cdot (-1) \cdot a \cdot b = 4 \cdot (-0{,}5) \cdot (-1) \cdot a^2 \cdot b = 2a^2b$

3 Vereinfache.

a) $2 \cdot c \cdot (5 \cdot a \cdot 3 \cdot b)$
b) $4c \cdot \left(\frac{1}{2}c \cdot 13a\right)$
c) $(8 \cdot x \cdot 2{,}5 \cdot y) \cdot 4 \cdot x$
d) $-4 \cdot a \cdot 3 \cdot b \cdot (-0{,}5)$
e) $(3c \cdot 4ab) \cdot ab \cdot \frac{5}{6}$
f) $8yz \cdot \frac{1}{2}x \cdot (-3xy)$
g) $1{,}2e \cdot 0{,}5f \cdot 5e$
h) $\frac{1}{2}z \cdot (-5x) \cdot (-4zx)$
i) $\frac{1}{8}a \cdot (-0{,}2b) \cdot \frac{1}{3}ab \cdot 0{,}25b$

4 Finde je drei Produkte mit zwei Faktoren, die zum Term äquivalent sind. Vergleiche dann mit deinem Nachbarn.

a) $24a^2bc$
b) $0{,}2a^2b^2$
c) $1{,}2x^3yz^2$

5 Ergänze jeweils den fehlenden Faktor. Erläutere dein Vorgehen.

a) $8a \cdot \square = 48ab$
b) $\square \cdot 48bc = 12abc$
c) $\square \cdot \frac{1}{2}c = 4ac^2$

6 Stelle den Term auf und vereinfache ihn.

a) Multipliziere das Produkt aus $3x$ und $4y$ mit dem Produkt aus $3y$ und $4x$.
b) Multipliziere die Potenz mit der Basis xyz und dem Exponenten 3 mit dem Produkt aus $2x$ und yz.

Zusammenfassen von Potenzen

7 Vereinfache den Term soweit wie möglich.

a) $x^7 \cdot x^5$
b) $a^8 \cdot 3a^5$
c) $5x \cdot 8y \cdot 9z$
d) $2xy \cdot (-5x) \cdot 39y$
e) $\frac{1}{2}x \cdot \frac{x}{2} \cdot (-5x)$
f) $0{,}2x \cdot (-0{,}8xy) \cdot (-0{,}1yz)$

8 Begründe ausführlich die Termumformung.

a) $(ab)^3 = a^3b^3$
b) $8x^3y^3z^3 = (2xyz)^3$
c) $(c^2)^3 = c^6$
d) $(3w^3)^2 = 9w^6$
e) $(2w^2)^3 = 8w^6$
f) $(3a^2b)^3 = 27a^6b^3$

9 Rechenvorteile nutzen

a) Erläutere den Rechenweg von Max: $2^5 \cdot 5^5 = (2 \cdot 5)^5 = 10^5 = 100\,000$
b) Entscheide, wie du das Produkt berechnest.
① $25^3 \cdot 4^3$
② $2^3 \cdot 3^3$
③ $0{,}25^5 \cdot (-8)^5$

10 Erkläre, weshalb die Terme $3x^2$, 3^2x und $(3x)^2$ nicht äquivalent sind.

Zur Erinnerung
$-a = (-1a) = (-1) \cdot a$

11 Löse die Klammern auf und vereinfache.

a) $(-a) \cdot b$
b) $(-a) \cdot b^2$
c) $(-a)^2 \cdot b$
d) $(-a^2) \cdot b$
e) $(-a)^3 \cdot b^2$
f) $a^2 \cdot (-b)^3$

12 Ergänze die fehlenden Terme. Erläutere dein Vorgehen.

a) $2^2 a^2 \cdot \square = 48 a^5 b^7$

b) $(2x^{\square})^3 \cdot 2xy^2 = 16x^{10}y^2$

c) $(3xy^2)^2 \cdot (2x^{\square}y)^2 = \square x^8 \cdot y^6$

d) $(3s^{\square})^2 \cdot (s \cdot t)^{\square} = \square s^8 t^4$

13 Nimm zur folgenden Aussage Stellung.
Wenn bei einem Quader mit quadratischer Grundfläche die Länge der Grundkante halbiert wird, dann …

a) beträgt das Volumen nur noch ein Viertel vom Volumen des Ausgangsquaders,

b) halbiert sich der Inhalt der Mantelfläche.

Vermischte Aufgaben

14 Finde äquivalente Terme und begründe.

$2xy^2$ | $(2xy)^2$ | $y^2 \cdot x : 2$ | $2x^2y$ | $4x^2y^2$ | $y \cdot 2yx$

$2(xy)^2$ | $2x^2y^2$ | $2y \cdot 2yx$ | $(2x)^2y^2$ | $4(xy)^2$

15 Gib zu jedem Term zwei äquivalente Terme an.

a) $27x^3y^3$ b) $\frac{1}{16}a^8b^4$ c) $(6xy^2z^3)^2$ d) $64(a^4b^2)^2$

16 Ein Term aus dem grünen Feld ist 1 Punkt wert, aus dem gelben 2 Punkte und aus dem roten 3 Punkte. Sammle 8 Punkte, indem du die Terme vereinfachst.
Du darfst aber maximal 4 Terme aus einem Feld wählen.

a) $\frac{5}{6}x^2y \cdot 9y^2$

b) $3 \cdot \left(\frac{2}{3}uv^3 \cdot \frac{1}{3}uv^3\right)$

c) $\left(2rs^2 \cdot \frac{1}{8}\right) \cdot (5r^2 \cdot 7st^2)$

d) $(3a)^2 \cdot 3a^2$

e) $4p \cdot (3pq^3)^2$

a) $x \cdot (-y)^3 \cdot (-x)$

b) $(-3x) \cdot (-2xy)^2$

c) $\left(-\frac{1}{10}xy\right)^5 \cdot 100xy^5$

d) $\left(-\frac{1}{2}x\right)^3 \cdot \left(-\frac{1}{5}xy\right)^2$

a) $\left(-\frac{1}{2}a^2b^4\right)^3 \cdot \left(-\frac{1}{2}a^3b^6\right)^2$

b) $6xy^2z^3 \cdot \left(-\frac{1}{2}x^3y^2\right) \cdot \left(-\frac{2}{3}(xyz)^2\right)$

c) $\frac{6}{11}a^5b^6 \cdot \left(2\frac{1}{2}ab^2\right)^3 \cdot 5(a^2b^3)^4$

17 Beantworte die Fragestellung, indem du einen Term aufstellst und diesen vereinfachst.

a) Wie ändert sich der Flächeninhalt eines Dreiecks, wenn die Grundseite halbiert wird und die Höhe um ein Drittel verlängert wird?

b) Bleibt der Flächeninhalt einer Raute unverändert, wenn die eine Diagonale um 50 % verkleinert wird und die andere Diagonale um 50 % vergrößert wird?

Noch fit?

I Berechne.

a) 0,72 m – 38 cm b) $4\frac{2}{3}t + 2\frac{2}{3}t$ c) $4{,}9\,m^2 - 94\,dm^2$ d) $4\frac{3}{4}\,h + 75\,min$

e) 9,3 m · 4,5 m f) $4{,}5\,m \cdot 9\frac{1}{4}\,m$ g) $0{,}75\,m^2 : 1{,}5\,m$ h) 150 km : 2,5 m

Trainieren | **Vertiefen** | Herausforderung

18 Stelle den Term auf und vereinfache ihn.

a) Multipliziere das Produkt aus $8x^3y^5$ und $0{,}5xy^4$ mit der Potenz $(0{,}5x^2y)^2$.

b) Multipliziere die Potenz mit der Basis $2a^3b^2$ und dem Exponenten 3 mit dem Produkt aus $0{,}5a^2b$ und $\frac{1}{2}a^3b^2$.

c) Multipliziere das Produkt aus $35c^4d^5$ und $14c^3d^3e$ mit der Potenz $(7c^3d^2)^2$.

19 Kontrolliere Jans Rechnung. Erläutere seine Fehler und berichtige.

a) $4 \cdot 5x^3z = 20 \cdot 4x^3 \cdot 4z = 320x^3z$

b) $(-a^4 \cdot b^2) \cdot 3^2 = (a^4 \cdot b^2) \cdot 6 = 6a^4b^2$

c) $(x^3)^2 \cdot (-x) = x^5 \cdot (-x) = -x^6$

d) $(4a \cdot b)^3 \cdot 5 = 20a^3b^3$

20 Ergänze die leeren Felder so, dass das Produkt zweier Terme jeweils im anliegenden Feld an der zugehörigen Seite steht. Erläutere dein Vorgehen.

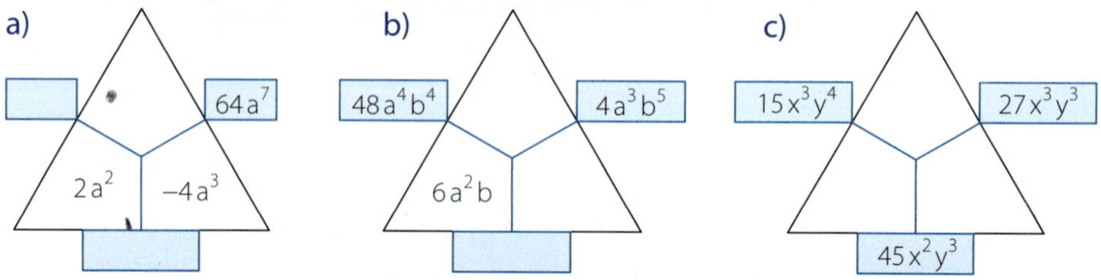

21 Ergänze die Zeichen △ und ○ so, dass die Gleichung stimmt.

a) $8x^3y^2 \cdot 2xy^2 = (\bigcirc xy)^{\triangle}$

b) $(\bigcirc x^3yz^2)^3 = \frac{1}{8}x^{\triangle}yz^4 \cdot 27(xyz)^2$

c) $0{,}7a^{\triangle} \cdot a \cdot \bigcirc a^7 = 2{,}8a^{13}$

d) $(\bigcirc b^2c)^3 = 125b^{\triangle}c^3$

22 Die Länge eines rechteckigen Grundstücks wird für eine Zufahrtsstraße um 10 % verkürzt. Als Ausgleich wird die Breite des Grundstücks um 10 % verlängert. Der Grundstücksbesitzer hätte lieber die Breite um 10 % verkürzt und dafür die Länge um 10 % vergrößert. Finde eine mögliche Erklärung.

23 Gegeben ist ein Quader mit den Kantenlängen a, b und c.

a) Es werden alle Kantenlängen jeweils um 10 % (20 %) vergrößert (verkleinert). Erläutere, um wie viel Prozent sich das Volumen ändert.

b) Alle drei Seitenlängen des Quaders wurden verändert, sodass das Volumen geviertelt wurde. Gib mindestens drei verschiedene Möglichkeiten dafür an.

Trainieren | Vertiefen | **Herausforderung**

24 Aus einem quaderförmigen Holzstück mit der Länge a, Breite b und Höhe c werden an drei Ecken kleine Quader herausgeschnitten, sodass der Restkörper ein Volumen von $\frac{7}{8}abc$ besitzt. Dabei hat der größte den dreifachen und der zweitgrößte den doppelten Rauminhalt wie der kleinste der drei herausgeschnittenen Quader. Zeichne einen solchen Restkörper und gib die Längen der Kanten an.

2.2 Umformen von Summen

Einstieg

Geschenkpaket

Alex, Klara und Dave wollen ein Paket einpacken. Zur Berechnung der notwendigen Länge für das Geschenkband hat Alex einen Term aufgestellt: $l + b + 4h + l + b + 20$

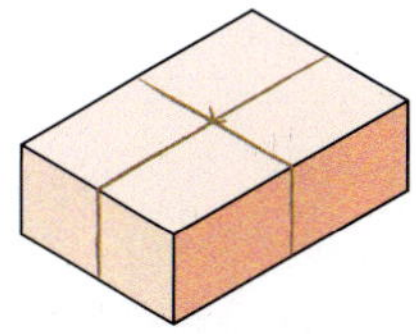

a) Erläutere, wie sich der Term zusammensetzt.

b) Klara und Dave haben auch Terme aufgestellt. Entscheide und erläutere, ob diese Terme auch richtig sind.

Klara: $2h + l + b + 20$

Dave: $h + l + b + h + h + l + b + h + 20$

Wissen

Zusammenfassen gleichartiger Terme

Terme, die sich höchstens im Zahlfaktor **(Koeffizient)** unterscheiden, wie $4x$, $2x$ oder $0{,}5x$ heißen **gleichartig**. Beachte, dass es manchmal unterschiedliche Schreibweisen gibt, z. B. $x = 1x$ oder $\frac{1}{2}x = 0{,}5x = \frac{x}{2}$.

Die folgenden Terme sind nicht gleichartig: $2y$, y^2, xy oder $x + y$.
Für einen besseren Überblick fasst du im Alltag gleiche Dinge zusammen. Genauso kannst du auch bei Termen vorgehen, z. B. bei $T(a) = 4a + 2a + a = 7a$.

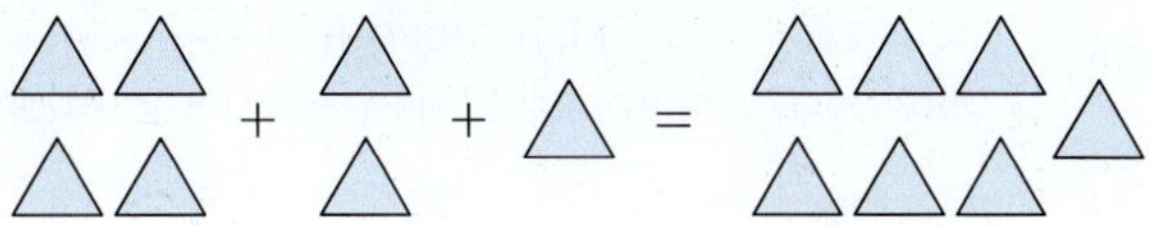

Gleichartige Terme kannst du addieren bzw. subtrahieren, indem du die Koeffizienten addierst bzw. subtrahierst und die gemeinsamen Variablen beibehältst. Du erhältst dann einen äquivalenten Term.

Beispiel 1: Zusammenfassen

Fasse den Term soweit wie möglich zusammen.

a) $2a + 4b + 3a$ b) $5a - a$ c) $3ab - 2b$

Lösung:

a) Mithilfe des Kommutativgesetzes kannst du die Summanden vertauschen. Fasse dann gleichartige Terme zusammen. Bildlich interpretiert stehen die Variablen a und b für unterschiedlich lange Strecken. Auch hier siehst du, dass $2a + 3a = 5a$.

$$2a + 4b + 3a = 2a + 3a + 4b$$
$$= 5a + 4b$$

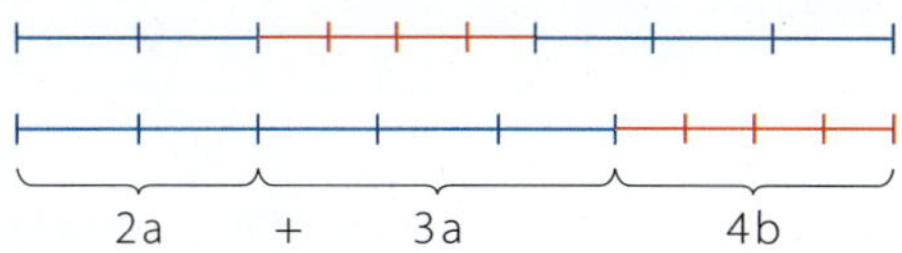

b) Den Term a kannst du als 1 a schreiben und dann subtrahieren.

$$5a - a = 5a - 1a = 4a$$

c) $3ab - 2b$ kannst du nicht zusammenfassen, da die Terme nicht gleichartig sind.

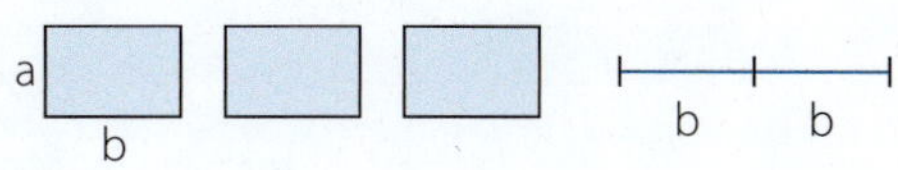

Klammern auflösen

Klammern in Termen verändern die Reihenfolge der Berechnung. Deshalb kannst du einen Term mit Klammern, wie zum Beispiel $11x + (2y + x)$, zunächst nicht zusammenfassen. Durch Anwenden der Rechengesetze lassen sich aber solche Terme durch äquivalente Terme ohne Klammern ersetzen. Hier kannst du genauso wie bei den Zahlen vorgehen.

Hinweis
In Aufgabe 6 wird dies auch noch einmal an einem Sachverhalt erläutert.

Wenn **vor der Klammer ein Plus** steht, kannst du die Klammer nach dem Assoziativgesetz weglassen.

Beispiele:

$8 + (6 + 3) = 8 + 6 + 3$

$9 + (-5 + 4) = 9 + (-5) + 4 = 9 - 5 + 4$

Dies geht auch, wenn in der Klammer eine Differenz steht, da du diese auch als Summe schreiben kannst.

Beispiel: $7 + (2 - 1) = 7 + (2 + (-1)) = 7 + 2 + (-1) = 7 + 2 - 1$

Wenn **vor der Klammer ein Minus** steht, kannst du die Subtraktion auf die Addition zurückführen. Statt den Wert der Klammer zu subtrahieren, addierst du ihre „Gegenzahl". Die Gegenzahl der Zahl in der Klammer erhältst du, indem du jede Zahl in der Klammer durch ihre Gegenzahl ersetzt, d. h., du musst alle Vorzeichen in der Klammer umkehren.

Beispiele:

$8 - (2 + 1) = 8 + ((-2) + (-1)) = 8 + (-2) + (-1) = 8 - 2 - 1$

$9 - (5 - 3) = 9 + ((-5) + (+3)) = 9 + (-5) + (+3) = 9 - 5 + 3$

$7 - (-4 - 1) = 7 - ((-4) + (-1)) = 7 + ((+4) + (+1)) = 7 + 4 + 1$

Allgemein kannst du also folgende Regeln anwenden:

Hinweis
Wenn bei einer Zahl in der Klammer kein Vorzeichen steht, musst du dir hier das „+" denken.

Eine Plusklammer kannst du weglassen und die Zeichen in der Klammer bleiben gleich.	$a + (b + c) = a + b + c$ $a + (b - c) = a + b - c$
Eine Minusklammer kannst du weglassen, du musst dann aber die Zeichen in der Klammer umkehren.	$a - (b + c) = a - b - c$ $a - (b - c) = a - b + c$

▼ Beispiel 2: Plus- und Minusklammer auflösen
Vereinfache den Term:
a) $3ab + (6ab - b^2)$ b) $5y^2 - (12x - y^2 + 5x)$ c) $a^2 - (-a^2 + 2ab) + (3 - 4a^2)$

Lösung:
a) $3ab + (6ab - b^2) = 3ab + 6ab - b^2 = 9ab - b^2$

b) $5y^2 - (12x - y^2 + 5x) = 5y^2 - 12x + y^2 - 5x = 6y^2 - 17x$

▲ c) $a^2 - (-a^2 + 2ab) + (3 - 4a^2) = a^2 + a^2 - 2ab + 3 - 4a^2 = 3 - 2a^2 - 2ab$

Mithilfe von Äquivalenzumformungen kannst du nun auch Aussagen allgemeingültig untersuchen und begründen, ob diese wahr oder falsch sind.

Beispiel 3: Argumentieren mit Termen

Max hat für den Umfang der Figur den Term $u = l + h + x + (h - x) + (l - x) + x$ aufgestellt. Sophie behauptet, dass der Umfang unabhängig von der Breite x ist. Nimm Stellung dazu.

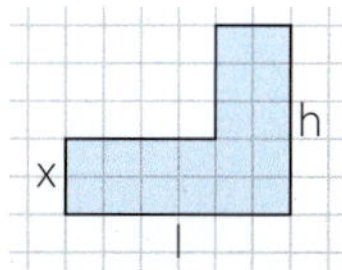

Lösung A: Vereinfachen des Terms

Löse die Klammern auf. Fasse dann gleichartige Terme zusammen. Der Umfang ist unabhängig von x, Sophie hat also Recht.

$u = l + h + x + (h - x) + (l - x) + x$
$= l + h + x + h - x + l - x + x$
$= 2l + 2h$

Lösung B: geometrische Argumentation

Das Verschieben der beiden Begrenzungslinien wie in der Abbildung zeigt, dass der Umfang $2l + 2h$ ist.

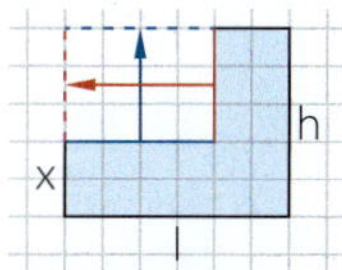

Aufgaben

Trainieren | Vertiefen | Herausforderung

Zusammenfassen gleichartiger Terme

1 Fasse, sofern möglich, im Kopf zusammen.

a) $2a + 5a + 4a$
b) $3b - 5b + b$
c) $3x - x$
d) $2x + x^2$
e) $8x - 8 - x$
f) $6x \cdot x - x$
g) $5a - 17ab - 7ab$
h) $5b \cdot b - b^2$
i) $xy - xy - xy$
j) $-3 + 3b$
k) $3u - 2v + 4u - v$
l) $-2{,}7ab - \frac{1}{2}ab + ab$

2 Begründe jeweils mithilfe einer Zeichnung, ob man die Terme vereinfachen kann oder nicht. Vereinfache dann, falls möglich.

a) $4x - x$
b) $4x - 4$
c) $x + x^2$
d) $x^2 + x^2$
e) $4x \cdot x$
f) $4x \cdot x^2$
g) $4x \cdot 4$
h) $4x^2 - x^2$

3 Finde äquivalente Terme und begründe.

$4x + x$ | $7 - 7x + 4x$ | $4{,}5x + \frac{1}{2}x$ | $3 + 4x - 7x + 4$

$-3x + 7$ | $5 \cdot x$ | $6x - x$ | $-3x + 8x$ | $-x - 2 - 2x + 9$

4 Sara hat einen Term umgeformt: $4b + 7a - b = 3b + 7a$. Max meint, dass dies falsch ist, da das Kommutativgesetz nur bei Summen gilt. Nimm Stellung dazu.

5 Finde drei Summen mit drei Summanden, die zum Term äquivalent sind.

a) $24ab$
b) $18x^2$
c) $-0{,}2ab$
d) $\frac{1}{2}x^3$

Klammern auflösen

6 Finde jeweils äquivalente Terme.
Begründe ihre Äquivalenz durch eine Geschichte, z. B.: $12 + 7 + 3 = 12 + (7 + 3)$:
„Lege ich zu 12 Äpfeln zunächst 7 und dann noch 3 dazu, erhalte ich das Gleiche, wie wenn ich zu 12 Äpfeln zusammen 7 und 3 Äpfel dazulege."

$12 - 7 - 3$	$12 + 7 - 3$
$12 + (7 - 3)$	$12 - 7 + 3$
$12 - (7 - 3)$	$12 - (7 + 3)$

7 Vereinfache so weit wie möglich:
a) $28 + (31y - 8)$
b) $-34 - (9x + 12)$
c) $20x - (81 + 19x)$
d) $-92x + 28y - (13x + 87y)$
e) $5{,}9x + (1{,}6x + 2{,}3y) - 6{,}8y$
f) $(2x - y - 3z) + (x + y - z)$
g) $a + 2b - c + (a - b + 2c)$
h) $a + 2b - c - (a - b + 2c)$

8 Vereinfache so weit wie möglich:
a) $15a - (9a + 19b) - (2a - 3b)$
b) $7u + 5 + (u - 3) - (11u - 3)$
c) $(u - v + w) - (u + v - w)$
d) $3u - 9v - [(3u - 8w) - (u + 9v)]$
e) $-3x - [(a - 4x) - (2a - x)]$
f) $22x - [y - (y - 2x) - (8x + 3y)]$
g) $4{,}4 - 2{,}4ö - \left(\frac{1}{2}ö - \frac{1}{20}\right)$
h) $\frac{3}{8}m - (6m - 0{,}375)$

9 Die Terme $T_1(a, b) = 1{,}5a - 2{,}2b$, $T_2(a, b) = -1{,}5a + 2{,}2b$ und $T_3(a, b) = -1{,}5a - 2{,}2b$ sollen in allen möglichen Reihenfolgen in die drei Klammern $(\ ) + (\ ) - (\ )$ eingesetzt und vereinfacht werden.
a) Erläutere, wie viele Möglichkeiten es dafür gibt.
b) Begründe, warum du höchstens drei verschiedene Ergebnisse erhältst und gib diese an.

10 Stelle den Term auf und vereinfache ihn.
a) Addiere zur Summe aus $4{,}5a$ und $2{,}3b$ die Differenz aus $5{,}7b$ und $7{,}5a$.
b) Subtrahiere die Summe aus $\frac{1}{2}xy$ und $2{,}3xy$ von dem Produkt aus $2x$ und $7y$.
c) Addiere die Potenz mit der Basis abc und dem Exponenten 3 zum Produkt aus $\frac{1}{4}ac^3$ und $8a^2b^3$ und subtrahiere davon $a^3b^3c^3$.
d) Erstelle selbst Wortvorschriften und lass deinen Nachbarn den Term aufstellen.

11 **Größenveränderung**
a) Nimm Stellung zu der Aussage und begründe mithilfe einer Formel:
Wenn bei einem Rechteck die Länge und die Breite verdoppelt wird, wird der Umfang um 100 % größer.
b) Erläutere, wie sich der Umfang prozentual ändert, wenn die Breite und die Länge halbiert werden.

12 Begründe, dass die Flächeninhalte der beiden Figuren gleich groß sind.

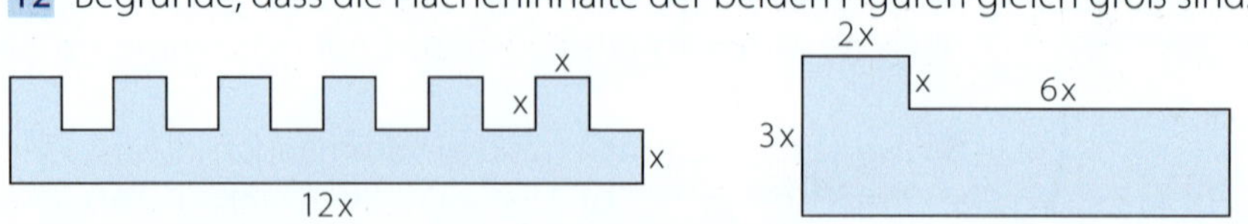

Vermischte Aufgaben

13 Vereinfache den Term so weit wie möglich:

a) $4x - x + 4x \cdot x$
b) $x + x^2 - 4x \cdot x - 4x$
c) $x \cdot (-2x) - 3x \cdot (-x) + 4x - x$
d) $\frac{x}{2} \cdot 4x \cdot 0{,}1 - 0{,}9x \cdot 2x - x$

14 Antonia war sich bei den Hausaufgaben nicht sicher. Kontrolliere ihre Lösungen und erkläre ihr gegebenenfalls Fehler.

a) $8a - a = 8$
b) $3 + 4x = 7x$
c) $23a - (a + b) = 22a + b$
d) $a + b = ab$
e) $x + xy = 2x + y$
f) $x^2 + 1{,}1x - 2x^2 = 3x^2 - 1{,}1x$

15 Probiere die folgenden Zahlenrätsel mit verschiedenen Zahlen aus. Formuliere eine Vermutung. Beweise dann deine Vermutung, indem du einen Term aufstellst und diesen vereinfachst.

a) Denke dir eine Zahl, addiere 2, subtrahiere das Doppelte deiner gedachten Zahl, subtrahiere 18 und addiere das Quadrat von 4.

b) Denke dir eine Zahl, subtrahiere 100, addiere das Quadrat von 11, addiere das Doppelte deiner gedachten Zahl, addiere 3, subtrahiere das Produkt aus 6 und 8, subtrahiere das Dreifache deiner gedachten Zahl und addiere 14.

c) Denke dir selbst ein Zahlenrätsel aus. Stelle zunächst geeignete Terme auf, die vereinfacht werden können. Fass dies anschließend in Worte. Lass danach das Zahlenrätsel von deinem Nachbarn lösen.

16 Fasse erst zusammen und berechne dann den Termwert für $x = 2$ und $x = -\frac{1}{2}$.

a) $6x - x - 0{,}5 + 0{,}5x$
b) $4x^2 + (2x - 2x^2) - 0{,}5x$
c) $3x^2 - (9x^2 + 0{,}75)$
d) $-\frac{1}{2}x^3 + 3x + 1{,}5x^3$
e) $x^2 : 8 + \frac{1}{2}x^2 - 0{,}375x^2$
f) $0{,}25x^3 + 1{,}5x^2 - 2{,}25x^3$

17 Ergänze den fehlenden Summanden.

a) $5a + 0{,}5a + \square = 8a$
b) $-0{,}25b + 3b - \square = 1{,}75b$
c) $\frac{1}{2}x - 2x + \square = -0{,}75x$
d) $\square + 1{,}5x - x + 3 = 0$
e) $2{,}4x - \square + 0{,}7x^2 = -\frac{1}{2}x + x^2$
f) $\square + x^2 + 0{,}7x^2 = -0{,}5x$

18 Ein Term aus dem grünen Feld ist 1 Punkt wert, aus dem gelben 2 Punkte und aus dem roten 3 Punkte. Sammle 10 Punkte, indem du die Terme vereinfachst. Du darfst aber maximal 3 Terme aus einem Feld wählen.

Rotes Feld:
a) $\frac{2}{7}k + \frac{1}{7} - \frac{3}{14}$
b) $7\frac{3}{8}x^2 - \left(-11\frac{1}{3}x + 9\frac{3}{5}\right) - 4\frac{5}{6}x^2 - 2\frac{7}{15} + 8\frac{11}{14}x$
c) $8{,}2a + \left(\frac{13}{6}b - 6{,}4a - 2{,}6b\right) - \frac{1}{6}b + \frac{1}{5}a$
d) $\frac{26}{3}a^2 - \left(-\frac{18}{5} - \frac{5}{4} + \frac{27}{6}a^2 - 0{,}5\right)$

Grünes Feld:
a) $17b - 5b + b$
b) $-18x^2 + 6x^2 - 9x^2$
c) $7{,}1z - 3{,}9z - 4{,}5z + 17{,}6 - 6{,}6z$
d) $1{,}5y - 2{,}89y - 0{,}39y + y - 3$

Gelbes Feld:
a) $\frac{9}{16}d + \frac{8}{13}e - \left(\frac{2}{3}e + \frac{17}{12}d\right)$
b) $65p^2 - (44p^2 + 37p) - 13p$
c) $4u + v - 2w - (3u + 2v + 4w)$
d) $2x - y + 3z - (x + y + z)$

Noch fit?

I 60 Schüler wurden befragt, was sie in der Pause am häufigsten am Pausenstand kaufen. Es gab drei Antwortmöglichkeiten:
1 Salzstange, **2** Hörnchen, **3** nichts.
a) Miss die zugehörigen Winkel und bestimme die Anteile der einzelnen Antworten in Prozent.
b) Berechne die Anzahl der Schüler, die am häufigsten Salzstangen kaufen.

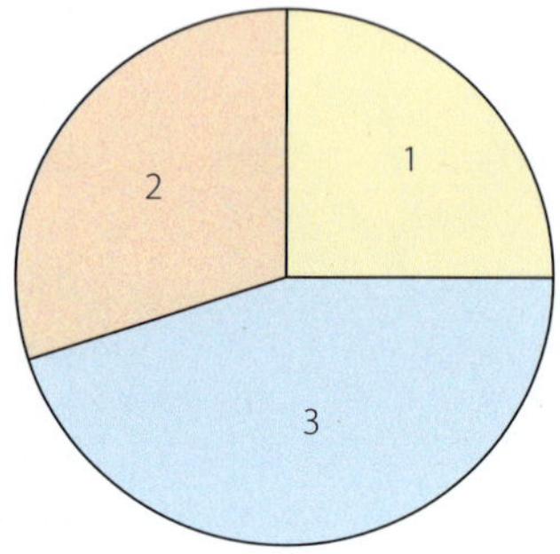

Trainieren | Vertiefen | Herausforderung

19 Fasse soweit wie möglich zusammen.

a) $3x \cdot 2y^2 + 5xy^2$

b) $1{,}5p \cdot 2q - 3{,}5q \cdot 4p$

c) $-\frac{2}{3}rs^2 \cdot (-6s) - \frac{4}{5}rs \cdot (-3s)$

d) $3a^3 + (-3a)^3$

e) $3 \cdot (u^2v)^3 - (4u^3)^2 \cdot v^3$

f) $e^4 \cdot 3f^2 - f^2g + (2e^2f)^2 - (-3f)^2 \cdot 4g$

g) $-(x^2y)^4 + (2x^3y^2)^2 \cdot \frac{1}{2}x^2$

h) $(-a^2b^3) + 2a^5b^3 - (2a^3)^2b^3 + (-a^3 \cdot b)$

20 Übertrage die Additionsmauer in dein Heft und fülle die Lücken aus.

a)

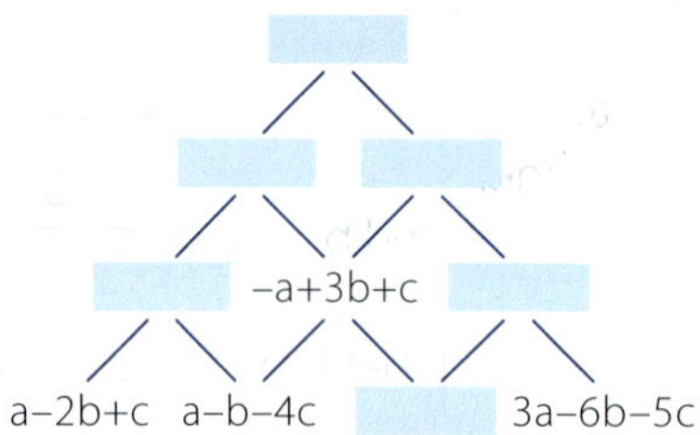

b)

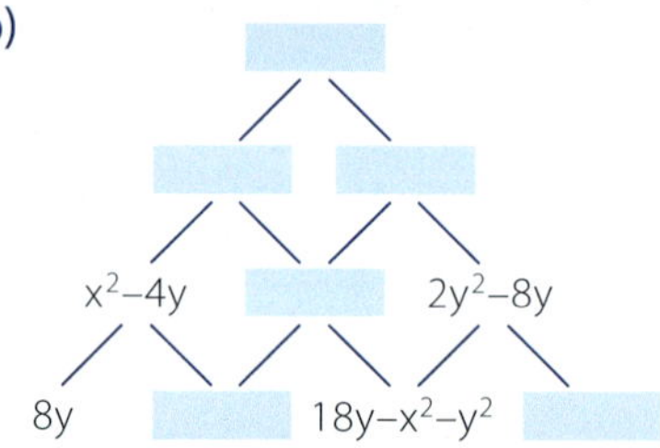

21 Hannah hat angefangen, den Term für den Umfang der Figur aufzustellen. Sie kommt aber nun nicht weiter. Erkläre ihr, wie sie die Aufgabe lösen kann.

a + b + c + c + ...

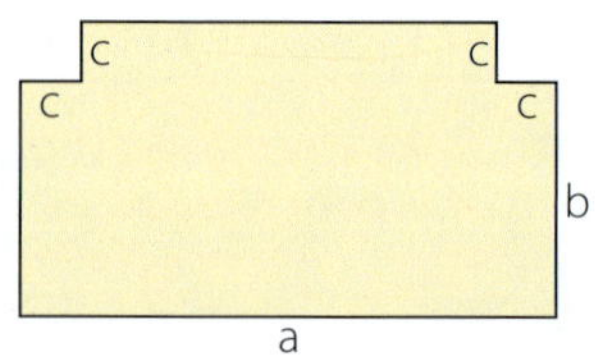

22 Ermittle möglichst einfache Terme für das Volumen und den Oberflächeninhalt des Körpers.

a)

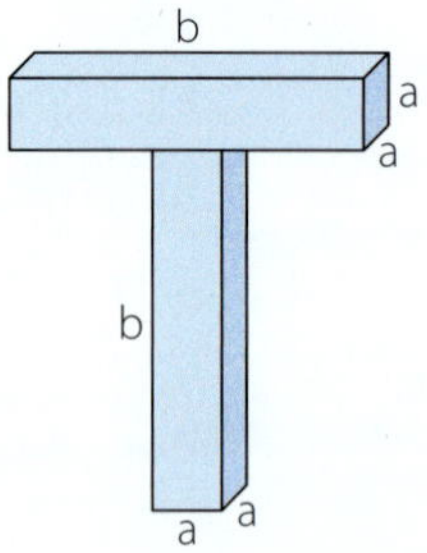

b)

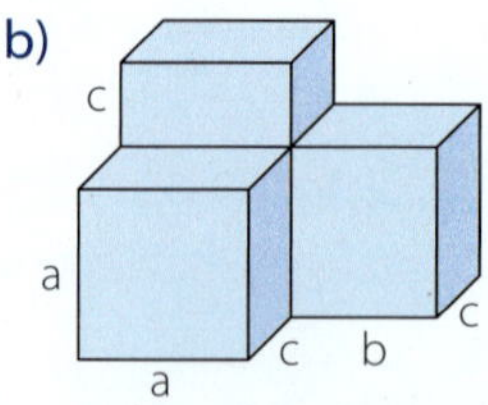

23 Bei einem Würfel wird die Kantenlänge s halbiert. Untersuche, wie sich die folgende Größe ändert. Argumentiere mithilfe eines Terms.

a) Oberflächeninhalt b) Volumen

24 **„Prozentiges" Quadrat**

Bei einem beliebigen Quadrat wird eine Seite um 20 % verkleinert und gleichzeitig die andere um 20 % vergrößert.

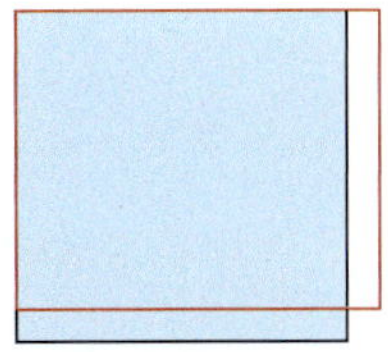

a) Untersuche, wie sich der Umfang und der Flächeninhalt verändert. Begründe deine Antwort.

b) Untersuche, wie es bei anderen Prozentsätzen ist.

c) Untersuche, was passiert, wenn die Prozentsätze nicht mehr gleich sind. Formuliere hierzu eine Aussage.

25 Um ein rechteckiges Schwimmbecken der Länge x und der Breite y soll ein Steinplattenweg der Breite b angelegt werden.

a) Berechne den Flächeninhalt des Weges.

b) Herr Gnau wundert sich, dass die Materialkosten für den doppelt so breiten Weg mehr als doppelt so hoch sind. Finde eine Erklärung.

26 **Magische Tabellen**

a) Übertrage die magische Tabelle in dein Heft und fülle die Lücken aus. In jeder Spalte, Zeile und Diagonale ist die Summe gleich.

		$5uv^2 - 4uw$
	$3uv^2 - 5uw$	
$uv^2 - 6uw$		$-3uv^2 - 8uw$

b) Die magische Tabelle aus a) entspricht der nebenstehenden Form. Bestimme, wofür die Variablen a und b stehen.

$a + 3b$	$a - 4b$	$a + b$
$a - 2b$	a	$a + 2b$
$a - b$	$a + 4b$	$a - 3b$

c) Erstelle selbst eine magische Tabelle mithilfe der angegebenen Form und lass sie deinen Nachbarn lösen. Je nachdem, welche Lücken du wählst, wird das Lösen leichter oder schwieriger.

Trainieren | Vertiefen | **Herausforderung**

Hinweis
In der Herausforderung von Kapitel 1.2 hast du die Summenformel für die ersten n Zahlen aufgestellt.

27 Um Summen schnell zu berechnen, gibt es in der Mathematik für besondere Spezialfälle Formeln.

a) Berechne verschiedene Summen für die ersten n geraden Zahlen, also für $2 + 4 + 6 + \ldots + 2n$.

b) Stelle hierzu eine allgemeine Regel auf und erläutere deine Überlegungen.

c) Versuche ebenso für die ersten n ungeraden Zahlen, also $1 + 3 + 5 + \ldots + (2n - 1)$ eine Summenformel zu finden.

28 Vereinfache:

a) $1 + \frac{61}{20}a + 2a^2 - \frac{19}{20}a^3 - \frac{a}{4} + 3a^2 - \frac{3}{4}a^3 - 4a^2 - \frac{1}{5}a + 2 + (2a)^2 - 3a + \frac{a^3}{5}$

b) $2x \cdot y^2 + \frac{1}{5}x + \left(2x^2 - 0{,}4y^2 - 0{,}\overline{3}x\right) + 3xy^2 - \left(\frac{3x^2}{4} - (-4x) - \frac{1}{5}y^2 \cdot x\right) + (0{,}5y)^2$

2.3 Ausmultiplizieren, Ausklammern

Einstieg

Punktemuster

Wenn du die Gesamtzahl der Punkte der Figur bestimmen möchtest, kannst du verschiedene Terme in Abhängigkeit der Anzahl n an Punkten in einer Reihe aufstellen. In der Abbildung siehst du drei unterschiedliche Herangehensweisen.

$(n-2) \cdot 4 + 4$

$4n - 4$

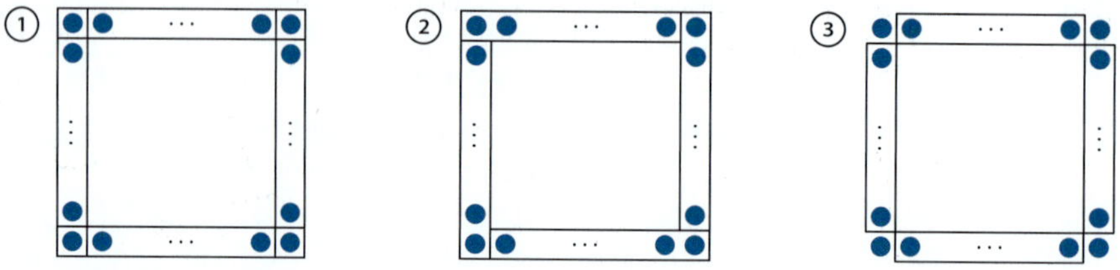

a) Ordne den Termen die richtige Abbildung zu und erläutere die jeweilige Herangehensweise.

b) Stelle für die dritte Abbildung einen Term auf.

c) Begründe, warum die Terme äquivalent sein müssen, und überlege, wie du dies rechnerisch nachweisen kannst.

Wissen

Faktor mal Summe

Wenn du die Aufgabe $4 \cdot 13$ im Kopf löst, kannst du das **Distributivgesetz** nutzen:

$4 \cdot 13 = 4 \cdot (10 + 3) = 4 \cdot 10 + 4 \cdot 3 = 52$

Dieses Gesetz kannst du auch bei Termen mit Variablen anwenden.

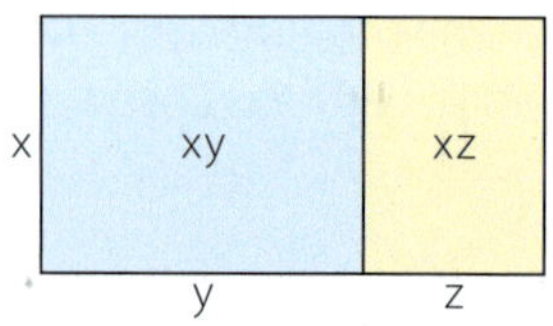

Du multiplizierst eine Summe mit einem Faktor, indem du den Faktor mit jedem Summanden multiplizierst und die Ergebnisse dann addierst. Die Terme sind äquivalent.

$x \cdot (y + z) = x \cdot y + x \cdot z$

ausmultiplizieren

Beispiel 1: Anwenden des Distributivgesetzes

Multipliziere die folgenden Terme aus.

a) $7 \cdot (3b + 2c)$

b) $(3a - 2b) \cdot (-3a)$

Lösung:

a) Multipliziere jeden Summanden in der Klammer mit dem Faktor vor der Klammer.

$7 \cdot (3b + 2c)$
$= 7 \cdot 3b + 7 \cdot 2c$
$= 21b + 14c$

b) Der Faktor kann auch hinter der Klammer stehen. Du kannst die Faktoren gedanklich vertauschen. Achte auf das richtige Vorzeichen.

$(3a - 2b) \cdot (-3a)$
$= 3a \cdot (-3a) - (2b) \cdot (-3a)$
$= -9a^2 - (-6ab)$
$= -9a^2 + 6ab$

Im Kapitel 2.2 hast du gelernt, wie du eine **Plus- oder Minusklammer** auflöst. Du kannst dies auch mithilfe des Distributivgesetzes erklären, indem du das Pluszeichen als Faktor +1 und das Minuszeichen als Faktor (–1) auffasst.

$3 + (4a - 9) = 3 + 1 \cdot (4a - 9) = 3 + 1 \cdot 4a - 1 \cdot 9 = 3 + 4a - 9$
$7b - (2a + 4b) = 7b + (-1) \cdot (2a + 4b) = 7b + (-1) \cdot 2a + (-1) \cdot 4b = 7b - 2a - 4b$

Beispiel 2: Verschiedene Lösungswege

Milan und Antonia haben beide die Hausaufgabe richtig gelöst. Erläutere ihren Rechenweg.

Antonia:

$3x^2 - 4x(5 + 0{,}5x - 2y) = 3x^2 - (4x \cdot 5 + 4x \cdot 0{,}5x - 4x \cdot 2y)$
$= 3x^2 - (20x + 2x^2 - 8xy) = 3x^2 - 20x - 2x^2 + 8xy = x^2 - 20x + 8xy$

Milan:

$3x^2 - 4x(5 + 0{,}5x - 2y) = 3x^2 - 20x - 2x^2 + 8xy = x^2 - 20x + 8xy$

Lösung:

Antonia hat erst den Faktor 4x mit der Klammer multipliziert und dann die Minusklammer aufgelöst, indem sie alle Rechenzeichen in der Klammer umgekehrt hat. Milan hat dagegen sofort mit (–4x) multipliziert. Sein Weg ist ein wenig schneller, Antonias Weg ist ein wenig übersichtlicher, da sie die Schritte nacheinander ausführt.

Hinweis
Wähle für dich selbst den Weg, bei dem du dich sicherer fühlst.

Faktoren ausklammern

Um schneller Aussagen treffen zu können, ist es manchmal günstiger, wenn ein Term ein Produkt und nicht eine Summe ist.

Wenn du das Distributivgesetz in der anderen Richtung anwendest, wird aus einer Summe ein Produkt. Man spricht vom Ausklammern.

$x \cdot y + x \cdot z = x \cdot (y + z)$ → **ausklammern**

Da hier gemeinsame Faktoren ausgeklammert werden, spricht man auch vom **Faktorisieren**.

Beispiel 3: Von der Summe zum Produkt

Suche gemeinsame Faktoren und schreibe als Produkt.

a) $xy + 2x$ b) $6a - 3b$ c) $7x + 14xz$ d) $\frac{1}{2}xy - \frac{3}{2}y^2$

Lösung:

a) In den beiden Summanden tritt x als gemeinsamer Faktor auf:
$xy + 2x = x \cdot (y + 2)$

b) Sowohl in der 6 als auch in der 3 ist der gemeinsame Faktor 3 enthalten:
$6a - 3b = 3 \cdot 2a - 3 \cdot b = 3 \cdot (2a - b)$

c) Sowohl die 7 als auch das x kommen in beiden Summanden als Faktor vor:
$7x + 14xz = 7x \cdot 1 + 7x \cdot 2z = 7x \cdot (1 + 2z)$

d) $\frac{1}{2}$ und y sind gemeinsame Faktoren, die du ausklammern kannst:
$\frac{1}{2}xy - \frac{3}{2}y^2 = \frac{1}{2}y \cdot x - \frac{1}{2}y \cdot 3y = \frac{1}{2}y \cdot (x - 3y)$

Multiplikation von Summen

Den Flächeninhalt des abgebildeten Rechtecks kannst du auf verschiedene Weise berechnen. Zum einen kannst du die Gesamtlänge mit der Gesamtbreite multiplizieren: $(4 + x) \cdot (3 + y)$
Du kannst aber auch die Flächeninhalte der vier Teilflächen addieren:
$4 \cdot 3 + x \cdot 3 + 4 \cdot y + x \cdot y$

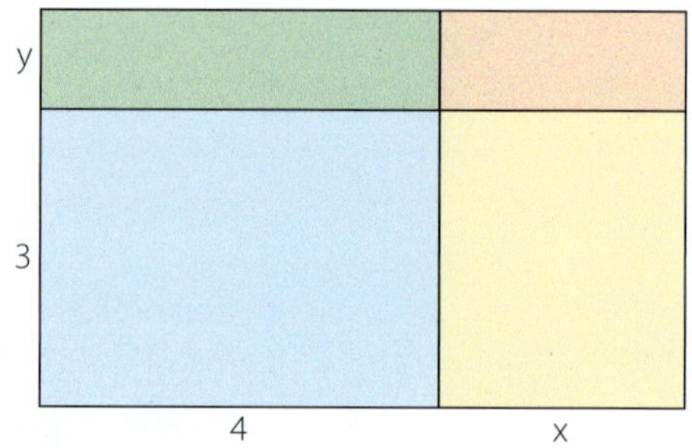

Beide Terme sind äquivalent. Das kannst du nicht nur anschaulich feststellen, sondern auch durch mehrmaliges Anwenden des Distributivgesetzes beweisen. Hierfür musst du zunächst einen „Trick" anwenden: Ersetze $(4 + x)$ vorübergehend durch eine Variable, z. B. s. Danach kannst du ausmultiplizieren.
$(4 + x) \cdot (3 + y) = s \cdot (3 + y) = s \cdot 3 + s \cdot y$
Ersetze die Variable s durch den „richtigen Term" und multipliziere wieder aus.
$(4 + x) \cdot 3 + (4 + x) \cdot y = 4 \cdot 3 + x \cdot 3 + 4 \cdot y + x \cdot y$

Du kannst dies auch sehr allgemein für Summen ausdrücken.

Du multiplizierst zwei Summen miteinander, indem du jeden Summanden der ersten Summe mit jedem Summanden der zweiten Summe multiplizierst und alle Produkte addierst.

$$(a + c) \cdot (b + d) = ab + ad + cb + cd$$

Beispiel 4: Produkte von Summen

Multipliziere aus und fasse zusammen.

a) $(x + 5) \cdot (x + 2)$ b) $(x - 3) \cdot (x - 2)$

Lösung:

a) $(x + 5) \cdot (x + 2) = x \cdot x + x \cdot 2 + 5 \cdot x + 5 \cdot 2 = x^2 + 2x + 5x + 10 = x^2 + 7x + 10$

b) Achte beim Ausmultiplizieren auf die Minuszeichen.
$(x - 3) \cdot (x - 2) = x \cdot x + x \cdot (-2) + (-3) \cdot x + (-3) \cdot (-2)$
$= x^2 - 2x - 3x + 6 = x^2 - 5x + 6$

Beispiel 5: Mehrere Faktoren

Miri war sich unsicher. Kontrolliere ihre Lösung und korrigiere ggf. Fehler.
$3 \cdot (a - 5) \cdot (a + 2) = (3a - 15) \cdot (3a + 6) = 9a^2 + 18a - 45a - 90 = 9a^2 - 27a - 90$

Lösung:

Jeder Faktor kommt genau einmal vor, sodass man ihn auch nur einmal verwenden darf. Miri hat aber beide Klammern mit dem Faktor 3 multipliziert. Beim Lösen gibt es mehrere Möglichkeiten, z. B. Multiplikation der zwei Klammern und danach mit dem Faktor 3 **oder** Multiplikation einer Klammer mit 3, dann die Summe mit der zweiten Klammer, wie hier:
$3 \cdot (a - 5) \cdot (a + 2) = (3a - 15) \cdot (a + 2) = 3a^2 + 6a - 15a - 30 = 3a^2 - 9a - 30$

Aufgaben

Trainieren | Vertiefen | Herausforderung

Faktor mal Summe

1 Multipliziere im Kopf aus.

a) $7 \cdot (n + 5)$
b) $(7 - n) \cdot 13$
c) $(n + 24) \cdot 4$
d) $-15\,(n + 3)$
e) $-8\,(1{,}01 - 0{,}1\,n)$
f) $11\,(19a - 7b)$
g) $(5 \cdot x - 4 \cdot y) \cdot 10$
h) $8 \cdot (22 \cdot x + 7 \cdot y)$
i) $(3x - 3y) \cdot 3$
j) $0{,}7\,(0{,}9\,x - 1{,}2\,y)$

2 Erläutere anhand der Figur, wie $(a + b + c) \cdot d$ ausmultipliziert werden kann.

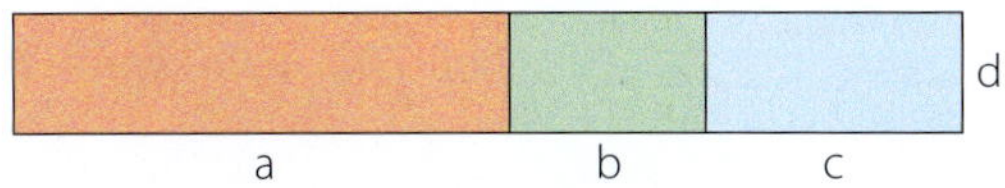

3 Multipliziere die Klammern aus und vereinfache.

a) $4\,(x + y) + 3\,(x - y)$
b) $x\,(x + 4) - 2\,(x + 2) - 2x$
c) $a\,(a + b) - b\,(a + b)$
d) $(2a + 3b) \cdot 2a - 3b\,(6a - 3b)$
e) $r\,(r + s + t) - s\,(r + s + t) - t\,(r - s - t)$
f) $n^2 - n\,(n - m) - m\,(n - m)$
g) $6x \cdot (x - y) + y \cdot (6x - y^2)$
h) $ab \cdot (a - b) - 4a \cdot (ab + b)$

4 Stelle zu den Flächeninhalten der Figuren verschiedene Terme auf und zeige, dass diese äquivalent sind. Vergleiche deine Lösungen mit deinem Partner.

a)
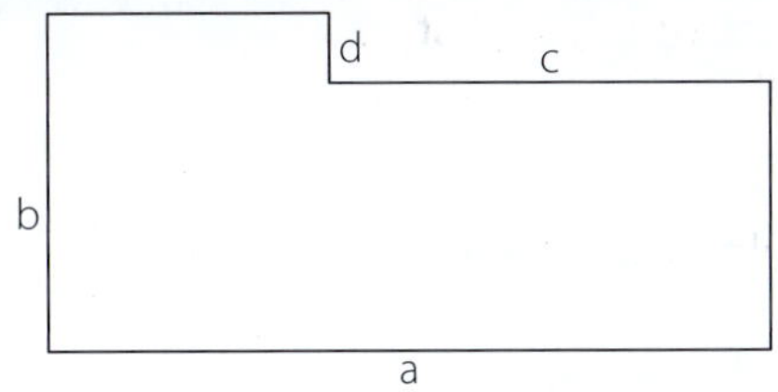

b)
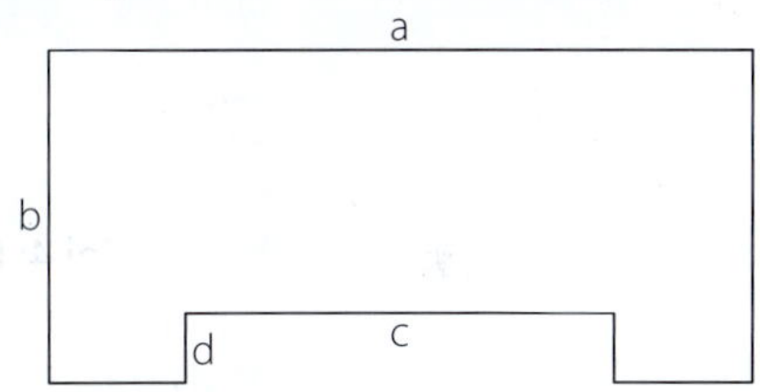

5 Finde äquivalente Terme und begründe deine Zuordnung.

$3x^2 - x^2 - 7x + 6$ | $-2x - 7\,(x + y)$ | $x^2 - y^2$ | $7 + 2x\,(x - 3)$ | $5x\,(x + 2)$

$3x - 15y - 12x + 8y$ | $15y + 10x - 8y - 17x$ | $2x\,(x - 2) - 3\,(x - 2)$ | $7\,(y - x)$

$-9x - 7y$ | $7x - x^2 + 3x + 6x^2$ | $2x^2 - 6x + 7$ | $x\,(x - y) + y\,(x - y)$

6 Probiere folgende Zahlenrätsel zunächst mit mehreren Zahlen aus. Beweise anschließend deine Vermutung mit einem Term.

a) Denke dir eine Zahl, addiere 4, multipliziere mit 2, addiere (–7) und ziehe das Doppelte deiner gedachten Zahl ab.

b) Denke dir eine Zahl, addiere 3 und verdopple das Ergebnis. Addiere 4, multipliziere alles mit 5 und subtrahiere das 10-Fache der gedachten Zahl.

c) Erfinde selbst ein solches Zahlenrätsel und lasse es deinen Nachbarn lösen.

Faktoren ausklammern

7 Klammere so weit wie möglich aus.

a) $7 \cdot a + 7 \cdot b$
b) $21a + 7b - 14c$
c) $7ab - 2ac$
d) $4ab + 8ac$
e) $27c^2 - 9c$
f) $ab + a$
g) $12a - 12b$
h) $40a - 50b - 60c$
i) $15ab + 4bc$
j) $26a - 13b - 39c$
k) $3a - 3$
l) $a \cdot a + a$

8 Ergänze jeweils den zweiten Faktor.

a) $4x - 6xy = 2x \cdot (\square)$
b) $-2a - 0{,}5b = -1 \cdot (\square)$
c) $\frac{1}{2}x - 4y + 3z = \frac{1}{2} \cdot (\square)$
d) $-5xy + 0{,}25y^2 = 0{,}25y \cdot (\square)$
e) $-\frac{1}{3}a^4 + \frac{1}{6}a^2 = \left(-\frac{1}{6}a^2\right) \cdot (\square)$
f) $\frac{2}{5}x^3 + \frac{1}{5}x = \left(\frac{1}{5}x\right) \cdot (\square)$

9 Verwandle den Term in ein Produkt, falls dies möglich ist.

a) $2a - 2b$
b) $4a + 3b$
c) $6a^2 + 90$
d) $6a^2 + 3a - 2$
e) $2ab + 2b^2$
f) $4a - 2b$
g) $a^2 - a$
h) $6a^2 + 3a$
i) $2ab + 2b$

10 Faktorisiere den Term.

a) $2z + 3az$
b) $4b^2y^2 - 3b^2x$
c) $\frac{2}{3}a^2c - \frac{1}{3}a^2b^3$
d) $8pqr^2 - 2pq^2r^2 + 3pr^2s^3$
e) $21x^2yz^3 + 14x^2y^3z^3 - 49x^2z^3$
f) $\frac{1}{7}u^2v^3w^2 + \frac{1}{14}v^3w^2x^2$

11 Ergänze die Lücken so in deinem Heft, dass äquivalente Terme entstehen.

a) $\square x - 6y = 3(3x - 2y)$
b) $\square a^2b^2 + 10ab = -5ab(ab - 2)$
c) $\square x^2 + \square xy = -0{,}3x(2x - 3y)$
d) $-\frac{2}{3}ab - \square a^2 = -\frac{1}{3}a(2b + \square)$

Multiplizieren von Summen

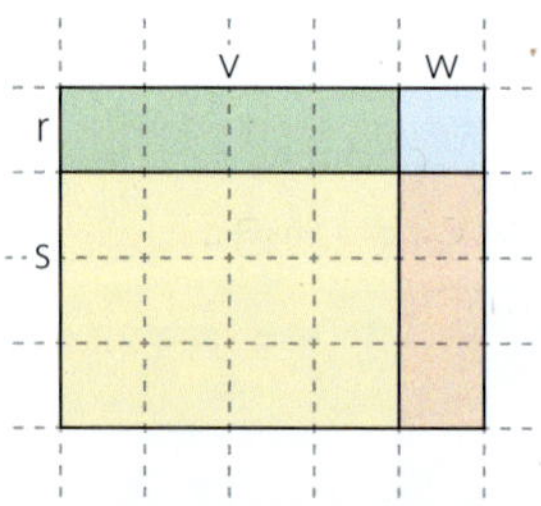

12 Hier wurde ein Produkt auf zwei verschiedene Weisen ausmultipliziert. Erkläre anhand der Skizze für jeden Schritt der Umformung, welcher Term welcher Fläche entspricht.

1) $(v + w)(r + s)$
$= (v + w) \cdot r + (v + w) \cdot s$
$= v \cdot r + w \cdot r + v \cdot s + w \cdot s$

2) $(v + w)(r + s)$
$= v \cdot (r + s) + w \cdot (r + s)$
$= v \cdot r + v \cdot s + w \cdot r + w \cdot s$

13 Summen mit negativen Gliedern
Erläutere anhand der Abbildung, dass Folgendes gilt:
$(a + b) \cdot (c - d) = ac - ad + bc - bd$

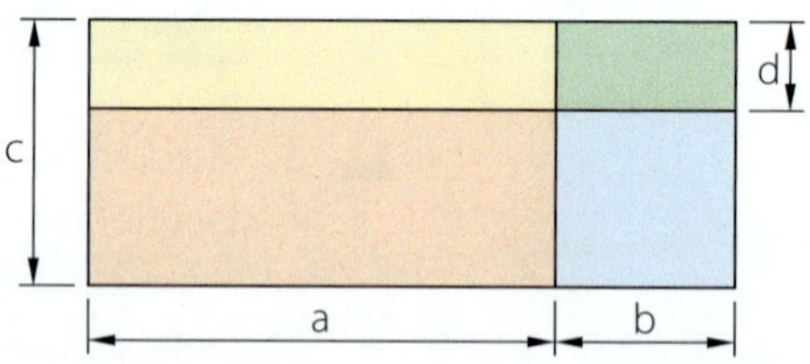

14 Multipliziere aus.

a) $(x + y)(u + v)$
b) $(m - a)(n + b)$
c) $(8 + a)(b - 4)$
d) $(a - 10)(b - 3)$
e) $(5 + x)(-y - v)$
f) $(v - 2)(x + 5)$
g) $(-x - y)(u - 8)$
h) $(x - y)(-u + v)$

Lösungen:
$-ux + 8x - uy + 8y$
$mn + bm - an - ab$
$-ux + vx + uy - vy$
$-5y - 5v - xy - vx$
$ux + vx + uy + vy$
$ab - 3a - 10b + 30$
$8b - 32 + ab - 4a$
$xv + 5v - 2x - 10$

15 Multiplikationstabellen

Falls du Schwierigkeiten mit den Term-Produkten hast, helfen dir folgende Multiplikationstabellen. Du kannst sie anschließend für alle Aufgaben anwenden.

Beispiel: $(n-3)\cdot(n-5)$

·	n	−5
n	n^2	$-5n$
−3	$-3n$	15

$(n-3)\cdot(n-5) = n^2 - 5n - 3n + 15$
$= n^2 - 8n + 15$

a) Erläutere anhand des Beispiels, wie dabei vorgegangen wird.

b) Multipliziere $(2n-3)(n+1{,}5)$ mithilfe einer Multiplikationstabelle aus.

c) Vereinfache unter Verwendung einer Multiplikationstabelle $(x^2-2x)(3+x)$.

d) Vervollständige die rechts abgebildete Multiplikationstabelle im Heft und gib die zugehörige Aufgabenstellung an.

·	2a	?
3a	?	−15a
?	?	30

e) Erläutere eine Multiplikationstabelle für die Aufgabe $(a-b)(2a+b+3)$.

16 Multipliziere aus. Beschreibe für zwei Aufgaben dein Vorgehen in Worten.

a) $(3m+3n)\cdot(2p+8q)$

b) $(8x-2)\cdot(3y+6)$

c) $(4p-1)\cdot(-2q-5)$

d) $-(8a-7b)\cdot(3c-5d)$

17 Ergänze die Lücken in deinem Heft, sodass die Terme gleichwertig sind. Erkläre, wie du vorgehst.

a) $(x+\square)\cdot(y+2) = xy+2x+4y+8$

b) $(u+3)\cdot(v-\square) = \square - 7u + 3v\square$

c) $(2a\square)\cdot(c+\square) = \square + 10a - bc - 5b$

d) $(\square)\cdot(\square-1) = 3mn - 3m - 2n + 2$

18 Multipliziere aus und vereinfache den Term.

a) $(x^2+2x)(x-4)-(x^3-8x)$

b) $-(-a^2-a)-(4+a)(a-3)$

c) $3a(-a-1)-(4+a)(a-3)$

d) $m(m-2)-(4+m)(m-6)$

e) $(2+u)(3u-5)-3u(u-1)$

f) $(x-y)-(x-y)(x-y)$

g) $e(e-1)-(4e-e)(e-3)$

h) $-c^2-d^2-(c+d)^2$

19 Gib die Terme an und forme um.

a) Multipliziere die Summe aus 5 v und 8 mit der Summe aus 7 und 3 w.

b) Addiere 6 a und 3 b und multipliziere dann mit der Differenz von 3 a und 5 c.

c) Bilde das Produkt aus der Differenz von x und y und der Summe von 3 und (−y).

20 Elli behauptet, sie ist eine Hellseherin. Sie sagt zu Marie: „Denk dir eine natürliche Zahl. Multipliziere den Vorgänger der Zahl mit dem Nachfolger, subtrahiere 10, addiere deine gedachte Zahl und subtrahiere das Quadrat deiner gedachten Zahl. Nenne mir dein Ergebnis." Marie sagt: „−4". Darauf meint Elli: „Du hast dir die 7 gedacht." Marie ist überrascht, da es richtig ist. Erläutere, wie Elli das macht.

21 Vereinfache die Terme. Schau ganz genau hin, wie du dabei vorgehst.

a) $(2ab+a-3ab+2a)(34-3ab-31{,}5+ab-0{,}5)$

b) $\left(3c^2+15{,}4-2c^2-10\frac{2}{5}\right)(3-2c^2)$

c) $\left(4\frac{1}{5}xy-y-4{,}2xy+5\right)(-24{,}7-5xy+30{,}2+y+5xy-0{,}5)$

d) $\left(2ab+a-(3ab+2a)\right)(34-3ab-(31{,}5+ab-0{,}5))$

Vermischte Aufgaben

22 Multipliziere aus und fasse zusammen.

a) $[4 \cdot (3x - 5) + 7] - 2x$

b) $5a + [4a - (3^3 - 25)]$

c) $3k(3 \cdot 0{,}72 + 1{,}1^2) + 0{,}5(k - 2)$

d) $(-1{,}5)(5p - 4) + [(0{,}3 - 0{,}3 \cdot 0{,}2 - 0{,}2) + 0{,}06]$

e) $2 \cdot [x(3x + 2) - 2x^3]$

f) $\frac{4}{7} \cdot \left[z\left(2z - \frac{3}{8}\right) - \left(-\frac{1}{2}\right)^3 z\right]$

23 Benny war sich bei den Hausaufgaben unsicher. Kontrolliere seine Lösungen und erkläre ihm, welche Fehler er begangen hat.

a) $5(x - 7) = 5x - 7$

b) $2xy + 4x^2 - 2 = 2(xy + 2x^2)$

c) $(2x - 3)(2 + 3x) = 6x - 9x = 3$

d) $(x^4 - x^3)(x^2 + x) = (x^6 + x^5 - x^3) = x^8$

e) $3ab - 2ab(a - 2) = ab(a - 2) = a^2b - 2$

f) $(b - 2)(a + 3) - (ab + 6) = ba + 3b - 2a - ab + 6 = 3b - 2a$

24 Um ein Schwimmbecken der Breite b und der Länge l soll ein Rand mit der Breite x angelegt werden. Murad, Anna und Jenny notieren Terme für den Flächeninhalt des Randes.

Murad: $(2x + l) \cdot (2x + b) - l \cdot b$

Anna: $x \cdot (l + x + x) \cdot 2 + x \cdot b \cdot 2$

Jenny: $2 \cdot (l + x) \cdot x + 2 \cdot (b + x) \cdot x$

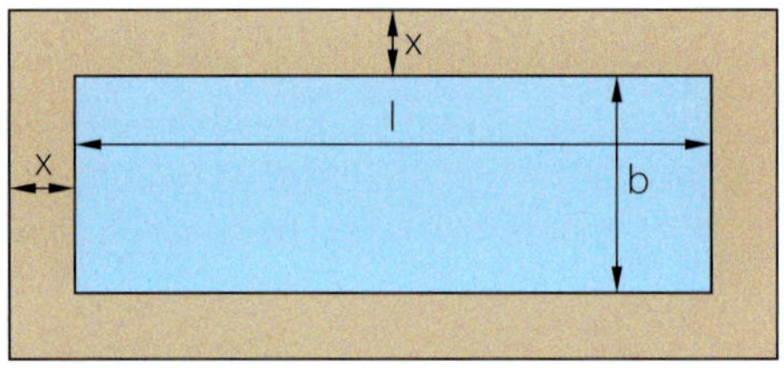

a) Beschreibe, wie die drei jeweils ihren Term gefunden haben könnten.

b) Zeige die Äquivalenz der Terme.

c) Klaus stellt den Term $2 \cdot l \cdot x + 2 \cdot b \cdot x$ auf und behauptet, dass dieser auch den Flächeninhalt des Randes beschreibt. Nimm Stellung dazu.

25 Gib möglichst viele verschiedene Terme an, mit denen man den Flächeninhalt des großen Rechtecks berechnen kann.
Zeige durch Rechnung, dass die Terme gleichwertig zueinander sind.

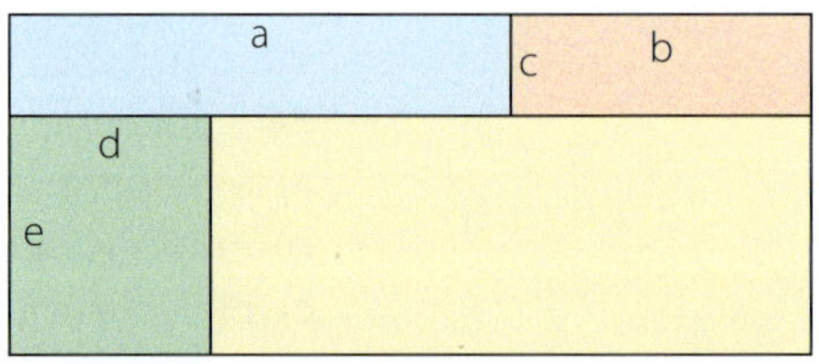

26 Ein Term aus dem grünen Feld ist 1 Punkt wert, aus dem gelben 2 Punkte und aus dem roten 3 Punkte. Sammle 8 Punkte, indem du die Terme vereinfachst. Du darfst aber maximal 4 Terme aus einem Feld wählen.

Grünes Feld:

$-\frac{x}{2}(-12x - 30)$

$\frac{1}{3}(102x^2 - 72y^3)$

$5x - 2(x + 3)$

$-x - 3(5x + 8)$

$160x - 4(4x + 36)$

$\frac{3}{10}(3x + 4) - \frac{1}{10}(4x - 3)$

Gelbes Feld:

$(2ab - 3)(3 - 2ab)$

$\left(\frac{1}{2}a^3 - \frac{1}{3}\right)\left(\frac{1}{3}b + \frac{1}{2}a^3b\right)$

$(3a - 4b)(4a - 3b) - 12(a^2 + b^2)$

$(2x + 5y)(3x - 4y) + (7x - 10y)(6x - 2y)$

$(7a - 5b)(9a + 8b) - (12a - 5b)(17a + 8b)$

Rotes Feld:

$(6{,}4u - 4{,}8v + 4w)(0{,}25u - 0{,}75v - w)$

$\left(x^3 - \frac{2}{5}\right)\left(x^6 + \frac{2}{5}x^3 + \frac{4}{25}\right)$

$26pq - (9p - 8q)(5p + 2q) - (4q - 3p)(15p + 4q)$

$[3(2u - 3v) - 3u] - [(3u - 8w) - (u + 9v - 7w)]$

$(9a^2 - 2a) + 4x - [2(2ax + 3x - 1) + 8a^2 - (ax - x)]$

Noch fit?

I Berechne die relative Häufigkeiten für folgende Notenverteilung: 3 Einser, 4 Zweier, 4 Dreier, 8 Vierer, 3 Fünfer und 2 Sechser. Gib sie als Bruch, als Dezimalzahl und als Prozentsatz an. Zeichne ein passendes Kreisdiagramm.

Trainieren | **Vertiefen** | Herausforderung

27 Finde passende Zahlen oder Variablen, sodass die Umformung richtig ist.

a) $(2x-5)(x+\square) = 2x^2 + x - 15$
b) $(x+7)(\square - \square) = 2x^2 + \square - \square$
c) $(\square - 5)(x+\square) = \frac{1}{4}x^2 - x - \square$
d) $(\square - 4)(\square + \square) = a^2 + 3a - 28$
e) $(3h-3)(\square + \square) = h^2 + 8h - 9$
f) $(c+\square)(\square + \square) = c^2 + 7c + \square$
g) $\left(\frac{1}{2} - \square\right)(\square + 2y) = \frac{1}{8} + \square + \square$
h) $\left(\frac{1}{5} - \square\right)(\square + \square) = \square + 2x - \square$

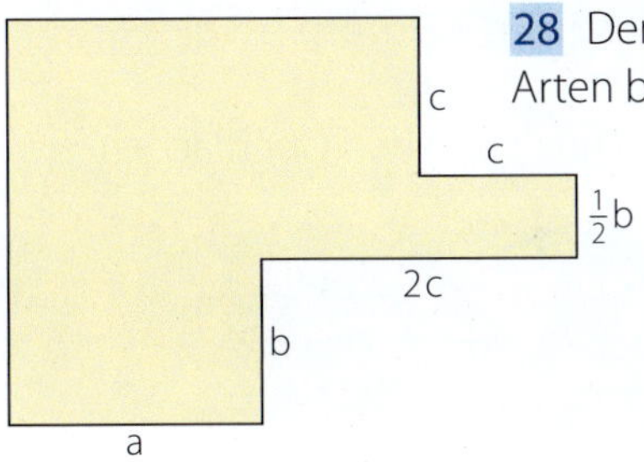

28 Den Flächeninhalt der farbig markierten Fläche kannst du auf verschiedene Arten berechnen.

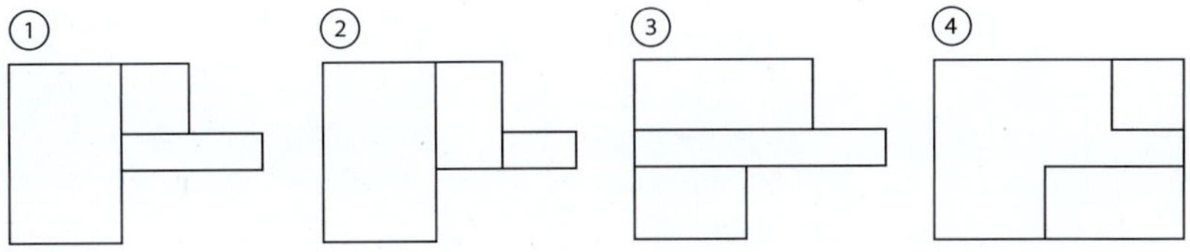

a) Stelle entsprechend der Skizzen vier verschiedene Terme für den Flächeninhalt der Figur auf. Zeige, dass die Terme äquivalent sind.
b) Finde mindestens eine weitere Zerlegung und gib den zugehörigen Term für den Flächeninhalt an.

29 Mikel und Janett haben für den Term $-\frac{5}{6}x^2y - x^2y^2 - \frac{1}{6}xy$ unterschiedliche Produkte gefunden. Nimm Stellung zu den Lösungen und erläutere, wie du überprüfen kannst, ob die Lösungen richtig sind.

Mikel: $(-xy)\left(\frac{5}{6}x + xy + \frac{1}{6}\right)$

Janett: $\left(\frac{1}{6}xy\right)(-5x - 6xy - 1)$

30 Schreibe als Produkt, indem du gleiche Summanden ausklammerst.

a) $a \cdot (x+5) + b \cdot (x+5)$
b) $(x+y) + v \cdot (x+y)$
c) $3r \cdot (2s+t) - r \cdot (2s+t)$
d) $5x \cdot (3a-2b) - 5x \cdot (3a-2b)$
e) $0{,}12x \cdot (2y+z) - 0{,}1x \cdot (2y+z)$
f) $4x \cdot (a-b) + 3x \cdot (b-a)$

31 **Terme als Produkt schreiben**

a) Adisa hat folgenden Term als Produkt geschrieben. Erläutere, wie sie dabei vorgegangen ist: $x^2 + 2x + 6x + 12 = x(x+2) + 6(x+2) = (x+2)(x+6)$
b) Schreibe die folgenden Terme ebenso als Produkt.

① $a^2 + 5a + 3a + 15$
② $x^2 - 7x + 2x - 14$
③ $x^3 - 0{,}5x + 2x^2 - 1$
④ $ab^2 - 2a - 2b^2 + 4$

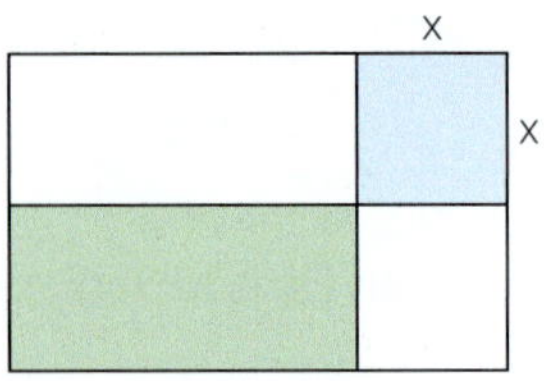

32 Das nebenstehend abgebildete Rechteck habe die Seitenlängen $l = 15\,\text{cm}$ und $b = 10\,\text{cm}$.
Welche Seitenlänge muss das blaue Quadrat haben, damit die Fläche genauso groß ist wie die des grünen Rechtecks? Begründe.

33 Produkt mit drei Faktoren

a) Überlege zunächst, wie du beim Ausmultiplizieren des Produkts $2 \cdot (3 + a) \cdot (4 + b)$ vorgehst und beschreibe es anschließend in Worten.

b) Wende die Überlegungen beim Ausmultiplizieren des Produkts $a \cdot (b + c) \cdot (d + e)$ an.

c) Veranschauliche den Term aus b) mithilfe eines Quaders und erläutere daran deine Rechnung.

d) Multipliziere das Produkt $(a + 1) \cdot (a + 2) \cdot (a + 3)$ aus.

34 Multipliziere aus.

a) $a(a + 2b)(3a - b)$

b) $-a^2(2a - 1)(a^2 + 2)$

c) $(a + b)(a + b)(a + b)$

d) $-2(2m + 3n)(3m + 2n)$

e) $(a + b)(a - b)(a + b)$

f) $(2p - 3q)(2p + 3q)(2p - 3q)$

35 Ermittle möglichst einfache Terme für den Rauminhalt und den Oberflächeninhalt des Körpers.

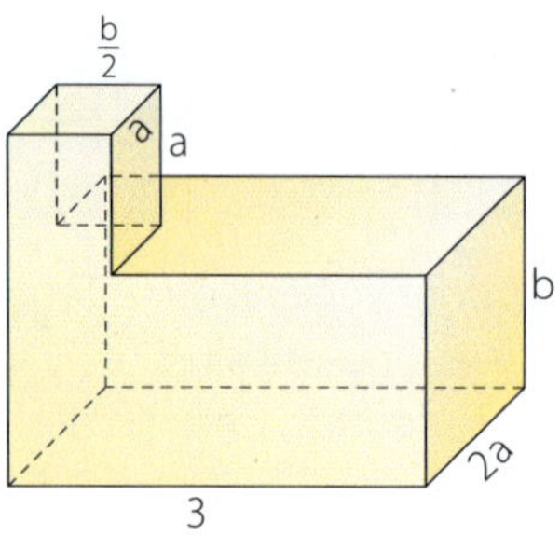

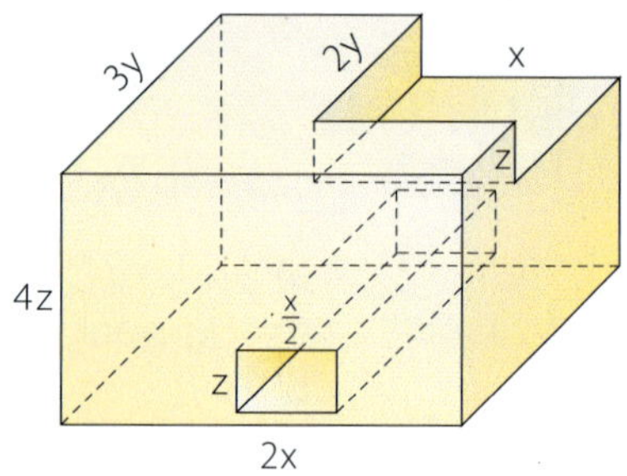

Trainieren | Vertiefen | **Herausforderung**

36 Von einem Term ist nur bekannt, dass er als Produkt zweier Summen in der Form $(x + a)(x + b)$ geschrieben werden kann, wobei a und b ganze Zahlen sind. Von zwei verschiedenen Termen dieser Form sind nur die Ergebnisse der Umformungen bekannt, beim 1. Term $x^2 - x - 12$, beim 2. Term $x^2 + x - 110$.

a) Bestimme für jeden der Terme jeweils die Zahlen für die Variablen a und b.

b) Finde eine allgemeine Methode, um die fehlenden Werte für a und b herauszubekommen, so dass du selbst solche Rätsel stellen kannst.

37 Vereinfache den Term.

a) $(5a - 2) \cdot a + 4x - [2(2ax + 3x - 1) + (-2a)^2 - (a - 1) \cdot x]$

b) $(a - b) \cdot (b + a - 2) - \left(b - \frac{6}{7}a\right) \cdot 7b - (b - a) \cdot (a + b - 3) - 4 \cdot (a - b) \cdot (0{,}5b - a : 2)$

c) $26y\left(\frac{1}{13} - \frac{1}{8}x\right) - \left(\frac{9}{8}y - 1{,}5\right) - \frac{2}{3}x + 3 \cdot \left(\frac{5}{6}xy - \frac{2}{3}y\right)$

Thema

Bedeutung von Variablen

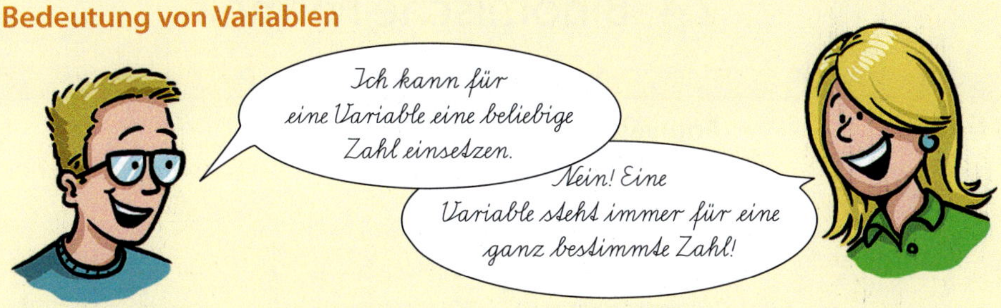

Max und Julia haben beide recht. Du kannst eine Variable unterschiedlich verwenden.

Variablen als Platzhalter

Für unbekannte Zahlen kannst du einen Platzhalter, auch **Variable** genannt, verwenden. Die Variable steht hier für eine beliebige Zahl, z.B. das Siebenfache einer Zahl: $7x$

Du findest Variablen manchmal auch in Formeln für unbekannte Größen, z.B. die Länge (Seite a) und Breite (Seite b) eines Rechtecks. Somit gilt für den Umfang: $U = a + b + a + b$

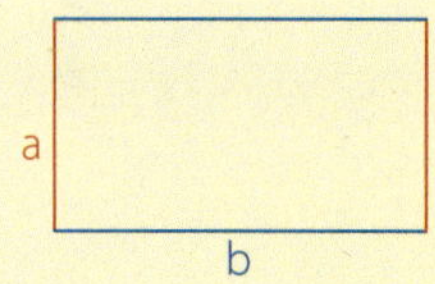

Rechnen mit Variablen

Du hast bereits gelernt, dass du mit Variablen wie mit Zahlen rechnen kannst. Zum Beispiel kannst du in Termen Variablen zusammenfassen oder Terme umformen. So kannst du begründen, dass der Umfang eines Rechtecks unterschiedlich angegeben werden kann: $U = a + b + a + b = 2a + 2b = 2(a + b)$

Variablen als Unbekannte in Gleichungen

Bei Zahlenrätseln drückst du die unbekannte Zahl in einer Gleichung mithilfe einer Variable aus. In diesem Fall steht dann die Variable für eine ganz bestimmte Zahl.

Beispiel: Zahlenrätsel lösen

Denke dir eine Zahl. Addiere 5, verdopple das Ergebnis, subtrahiere 8. Du erhältst 40. Bestimme die gesuchte Zahl.

Lösung:

1. Stelle den gesuchten Term zur Rechnung auf: $(x + 5) \cdot 2 - 8$
2. Du kennst bereits zwei verschiedene Wege, um das Zahlenrätsel zu lösen.

Rückwärtsarbeiten:
Beginne mit der Lösung und rechne Schritt für Schritt zurück.
$40 + 8 = 48$
$48 : 2 = 24$
$24 - 5 = 19$
Die gesuchte Zahl ist 19.

Systematisches Probieren:
Setze verschiedene Zahlen ein und überprüfe, ob du 40 erhältst.

gedachte Zahl	Ergebnis	
10	$(10 + 5) \cdot 2 - 8 = 22$	zu klein
20	$(20 + 5) \cdot 2 - 8 = 42$	zu groß
19	$(19 + 5) \cdot 2 - 8 = 40$	richtig

2.4 Binomische Formeln

Einstieg

Äquivalente Terme

Finde Terme, die äquivalent sind. Begründe deine Entscheidung rechnerisch oder mithilfe einer Zeichnung.

$(a+b)(a+b)$ | $a^2-2ab+b^2$ | $a^2+2ab+b^2$ | a^2+b^2

$(a-b)^2$ | $(a-b)(a+b)$ | $(a+b)^2$ | a^2-b^2

Wissen

Binomische Formeln anwenden

Beim Multiplizieren von zwei Summen mit jeweils zwei Summanden treten vier Summanden auf. In besonderen Fällen kannst du diese Summanden noch zusammenfassen, z. B.

$$(a+b)^2 = (a+b)\cdot(a+b) = a^2 + ab + ba + b^2$$
$$= a^2 + 2ab + b^2$$

Du kannst dies auch in der Zeichnung erkennen.

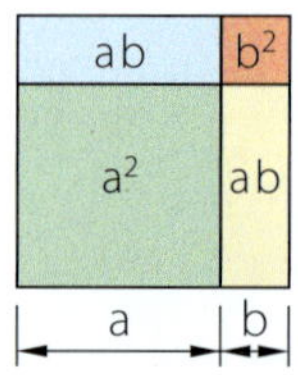

$$(a-b)^2 = (a-b)\cdot(a-b) = a^2 - ab - ba + b^2$$
$$= a^2 - 2ab + b^2$$

Wenn du eine Summe und eine Differenz mit denselben Variablen miteinander multiplizierst, kannst du danach auch vereinfachen.

$(a+b)(a-b) = a^2 - ab + ba - b^2 = a^2 - b^2$

Hinweis
Eine Summe mit zwei Summanden wird auch **Binom** genannt.

Da diese drei Sonderfälle des Ausmultiplizierens häufig vorkommen, ist es vorteilhaft, wenn du die **binomischen Formeln** auswendig kennst.

Für beliebige Terme a und b gilt:
$(a+b)^2 = a^2 + 2ab + b^2$ „Plusformel“
$(a-b)^2 = a^2 - 2ab + b^2$ „Minusformel“
$(a+b)\cdot(a-b) = a^2 - b^2$ „Plusminusformel“

▼ **Beispiel 1: Binomische Formeln**

Wende die binomischen Formeln an.

a) $(2x+3y)^2$ b) $(3x-4)^2$ c) $(4u-5v)(4u+5v)$

Lösung:

Nutze die binomische Formel als „Schablone“ und ersetze entsprechend die Variablen a und b.

a) $(a+b)^2 = a^2 + 2\,a\,b + b^2$

$(2x+3y)^2 = (2x)^2 + 2\cdot 2x\cdot 3y + (3y)^2$ „Plusformel“

$= 4x^2 + 12xy + 9y^2$

b) $(a - b)^2 = a^2 - 2\,a\,b + b^2$

$(3x - 4)^2 = (3x)^2 - 2 \cdot 3x \cdot 4 + 4^2$ „Minusformel“

$= 9x^2 - 24x + 16$

c) $(a - b)\,(a + b) = a^2 - b^2$

$(4u - 5v)\,(4u + 5v) = (4u)^2 - (5v)^2$ „Plusminusformel“

$= 16u^2 - 25v^2$

Wenn du dir unsicher bist, kannst du die Terme auch wie bisher ausmultiplizieren. Hierzu musst du die Quadrate zunächst als Produkt schreiben.

Aufgaben

Trainieren | Vertiefen | Herausforderung

Binomische Formeln anwenden

1 Wende die binomischen Formeln an.

a) $(m + n)^2$
b) $(a + 0{,}6)^2$
c) $(1{,}8 - 4b)^2$
d) $(5 + 9c) \cdot (5 - 9c)$
e) $(2 - n^2)^2$
f) $(a^2 + b)^2$
g) $\left(\frac{2}{3}x - \frac{3}{2}y\right)^2$
h) $\left(\frac{3}{4}u + 1{,}3v\right) \cdot \left(\frac{3}{4}u - 1{,}3v\right)$
i) $(a^3b - ab^3) \cdot (a^3b + ab^3)$

2 Veranschaulichung der binomischen Formeln

Übertrage die Zeichnung in dein Heft.

a) Erläutere deinem Nachbarn anhand der Zerlegung der Flächen die Minusformel.

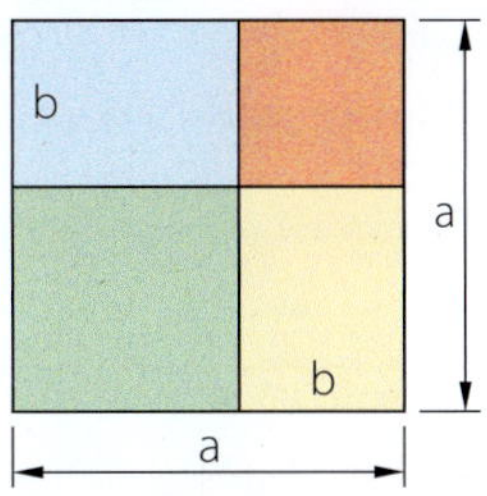

b) Zerlege und ergänze deine Skizze so, dass du die Plusminusformel deinem Nachbarn erläutern kannst.

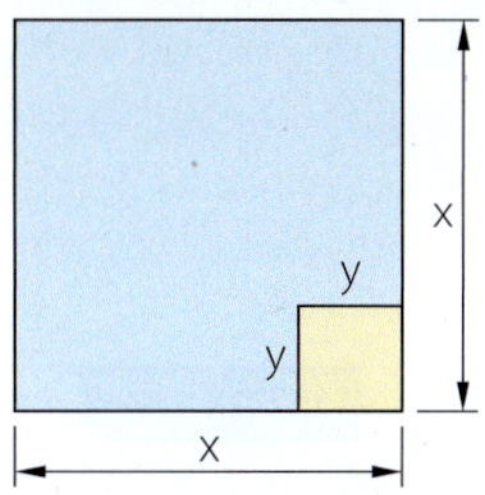

3 Finde äquivalente Terme. Begründe deine Zuordnung.

$(5a - 3b)(5a + 3b)$ | $25a^2 - 9b^2$ | $(5a - 3b)(5a - 3b)$ | $25a^2 - 30ab + 9b^2$

$(3b - 5a)(3b - 5a)$ | $(5a + 3b)(5a + 3b)$ | $25a^2 + 30ab + 9b^2$ | $(5a - 3b)^2$

4 Beim Kopfrechnen können dir die binomischen Formeln manchmal helfen. Zerlege geschickt und berechne.
Tipp: $490 = 500 - 10$ und $510 = 500 + 10$.

a) $490 \cdot 510$
b) $101 \cdot 99$
c) $37 \cdot 43$
d) $55 \cdot 45$
e) 98^2
f) 249^2
g) 303^2
h) 55^2

5 Erkläre die gemachten Fehler und führe die Termumformung richtig durch.

a) $(2a + 2)^2 = 2a^2 + 8a + 4$

b) $(4p - 1)^2 = 16p^2 - 8p - 1$

c) $(z - 2)^2 = z^2 - 2z + 4$

d) $(3x - y)(3x + y) = 3x^2 + y^2$

6 Felix behauptet, dass $-(a + b)^2 = (a - b)^2$ gilt. Ilona hält dagegen und meint, dass $-(a + b)^2 = (-a - b)^2$ gilt. Nimm Stellung dazu.

7 Fülle im Heft die leeren Felder aus, sodass du auf beiden Seiten gleichwertige Terme erhältst.

a) $(2a + \square)^2 = \square + \square + 9b^2$

b) $(\square - 2{,}5p)^2 = q^2 - \square + \square$

c) $(3rs^2 - \square) \cdot (\square + 5r^2s) = \square - \square$

d) $2{,}25x^2 - 6xy + \square = (\square + \square)^2$

e) $(\square + \square) \cdot (v^2w^3 - v^3w^2) = \square - \square$

f) $(\square + \square)^2 = \square + 12a^2b + \square$

8 „Grün ist top, rot ist flop."
Beim binomischen Puzzle ist einiges durcheinander geraten. Nur die grünen Teile liegen an der richtigen Stelle, die roten wurden falsch gelegt. Stelle die richtige Anordnung wieder her.

$(2a^2$	$+b)$	=	$4a^4$	$+6ab^2$	$+b^2$	
$4a^2$	$-b^2$	=	$(3a$	$-b)$	$\cdot(2a$	$-b)^2$
$(2a$	$+b^2)^2$	=	$9a^2$	$-4a^2b$	$+b^4$	

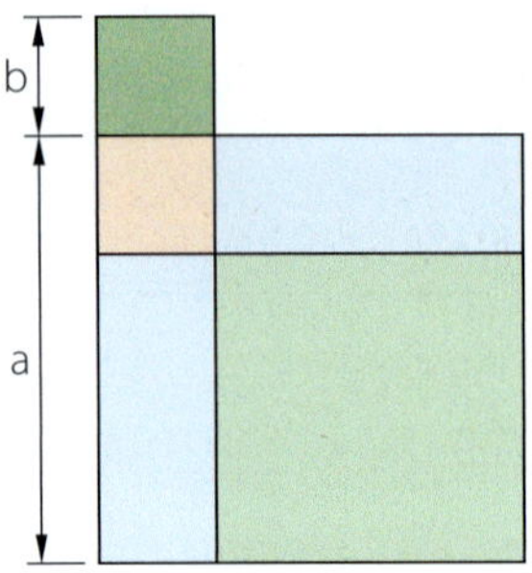

9 Die abgebildete Fläche besteht aus einem Quadrat, das sich aus einem roten Teilquadrat, einem hellgrünen Teilquadrat und zwei Rechtecken sowie aus einem dunkelgrünen Quadrat oben links zusammensetzt.

a) Bestimme den Flächeninhalt des hellgrünen Quadrats möglichst einfach.

b) Subtrahiere vom Inhalt der gesamten farbigen Fläche den Inhalt aller nicht hellgrün gefärbten Flächenstücke und berechne damit auf andere Weise den Inhalt des hellgrünen Quadrats.

c) Die Zeichnung veranschaulicht die Minusformel. Erläutere den Zusammenhang zwischen Zeichnung und Formel.

Noch fit?

I

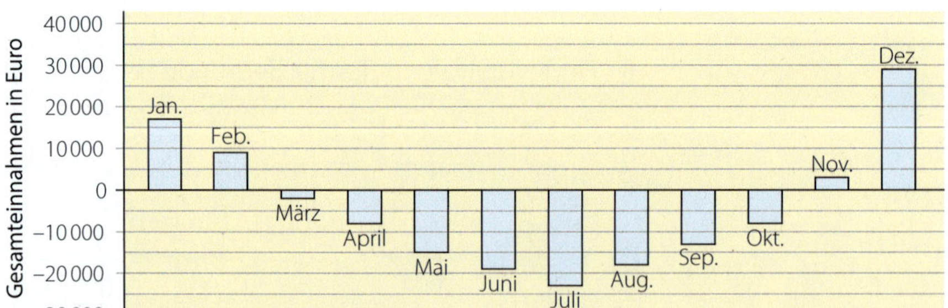

Das Diagramm zeigt die Ergebnisse des letzten Geschäftsjahres einer Firma. Berechne die Einnahmen und das arithmetische Mittel der monatlichen Einnahmen für das 1. Quartal (Januar, Februar, März) und für das gesamte Jahr.

Thema

Faktorisieren mithilfe der binomischen Formeln

Wenn du später Brüche, in denen Terme vorkommen, kürzen möchtest, brauchst du dafür Produkte. Du weißt, dass du durch Ausklammern eines gemeinsamen Faktors eine Summe als Produkt schreiben kannst, z. B. $2x + 4y = 2(x + 2y)$. Wenn es keinen gemeinsamen Faktor gibt, die Summe aber die Form einer binomischen Formel besitzt, kannst du die binomische Formel „rückwärts" anwenden.

Hinweis
Die Zwischenschritte kannst du weglassen, sobald du sicher rechnest.

Beispiel: Faktorisieren mithilfe der binomischen Formeln

Faktorisiere die Terme, sofern möglich.

a) $36x^2 - 144y^2$ b) $4a^4 - 12a^2b + 9b^2$ c) $9x^2 + 6xy + 4y^2$

Lösung:

a) Bei $36x^2 - 144y^2$ kommt die Plusminusformel infrage. Dazu muss die Differenz zweier Quadrate vorliegen. Es gilt: $36x^2 = (6x)^2$ und $144y^2 = (12y)^2$.

$$a^2 - b^2 = (a)^2 - (b)^2 = (a + b) \cdot (a - b)$$
$$36x^2 - 144y^2 = (6x)^2 - (12y)^2 = (6x + 12y) \cdot (6x - 12y)$$

b) Bei $4a^4 - 12a^2b + 9b^2$ könnte die Minusformel passen. Dafür brauchst du zwei Quadrate: Es gilt $4a^4 = (2a^2)^2$ und $9b^2 = (3b)^2$. Prüfe dann, ob auch der negative Summand passt: $2 \cdot 2a^2 \cdot 3b + (3b)^2 = 12a^2b$

$$a^2 - 2ab + b^2 = a^2 - 2 \cdot a \cdot b + b^2 = (a - b)^2$$
$$4a^4 - 12a^2b + 9b^2 = (2a^2)^2 - 2 \cdot 2a^2 \cdot 3b + (3b)^2 = (2a^2 - 3b)^2$$

c) Bei $9x^2 + 6xy + 4y^2$ bietet sich die Plusformel an. Dafür brauchst du zwei Quadrate: $9x^2 = (3x)^2$ und $4y^2 = (2y)^2$. Prüfe, ob auch der dritte Summand passt: $2 \cdot 3x \cdot 2y = 12xy \neq 6xy$. Die Plusformel ist also nicht anwendbar.

Aufgaben

1 Forme mithilfe der binomischen Formeln in ein Produkt um.

a) $r^2 - s^2$
b) $r^2 - 2rs + s^2$
c) $25m^2 + 10mn + n^2$
d) $m^2 - 4n^2$
e) $16v^2 + 24vw + 9w^2$
f) $e^2 + 16f^2 - 8ef$

2 Ergänze den Term so, dass du ihn mithilfe einer binomischen Formel als Produkt schreiben kannst. Gib auch das Produkt an.

a) $x^2 + 6x + \square$
b) $x^2 + 32x + \square$
c) $x^2 - 5x + \square$
d) $9x^2 + 15x + \square$
e) $0{,}01x^2 - x + \square$
f) $\frac{9}{16}x^2 + 6x + \square$

3 Ergänze jeweils die leeren Felder so, dass du den Term mithilfe einer binomischen Formel als Produkt schreiben kann. Erläutere, ob es eine oder mehrere Lösungen gibt. Vergleiche anschließend mit deinem Nachbarn.

a) $z^2 + \square + 4$
b) $4t^2 - 4t + \square$
c) $\square + 28u + 49$
d) $\square - 24a^2 + 16$
e) $\square - 42vw + \square$
f) $36x^2 - \square$

4 Faktorisiere den Term. Klammere zuerst aus.

a) $2x^2 + 8x + 8$
b) $5y^2 - 60y + 180$
c) $18a^2 + 12ab + 2b^2$
d) $-12p^2 + 36pq - 27q^2$
e) $19{,}2a^2 - 9{,}6ab + 1{,}2b^2$
f) $-\frac{2}{3}x^2 - \frac{20}{3}xy - \frac{50}{3}y^2$

Trainieren | **Vertiefen** | Herausforderung

10 Multipliziere aus und fasse zusammen. Achte auf die Vorzeichen.

a) $(a+b)(a-b)-(a+b)^2$
b) $(8c+1)^2-(8c-1)^2$
c) $(2a+5b)^2+(2a-5b)^2$
d) $(3y-7z)^2-(3y+7z)^2$
e) $(4p-1)^2+(6p-1)\cdot(6p+1)$
f) $(7r^2+s^2)\cdot(7r^2-s^2)-(7r^2-s^2)^2$
g) $(4a-5b)(4a+5b)-(4a+5b)^2$
h) $(x-4y)(x+4y)+(x-4y)(y+2)$

11 In der Abbildung ist das rote Quadrat neunmal so groß wie das blaue. Berechne den prozentualen Anteil der restlichen Flächen am gesamten Bildausschnitt. Übrigens: Der niederländische Künstler Piet Mondrian experimentierte im 20. Jahrhundert mit der optischen Wirkung derart gefärbter Flächen.

12 Begründe mithilfe der binomischen Formeln folgende Aussage:
Das Quadrat einer ungeraden Zahl ist ungerade.
Überlege dir zunächst, wie du eine ungerade Zahl als Term darstellst.

13 Übertrage die abgebildete Figur ins Heft und schreibe in jede der neun Teilflächen den zugehörigen Flächeninhalt. Stelle damit eine Formel für die Berechnung von $(a+b+c)^2$ auf.

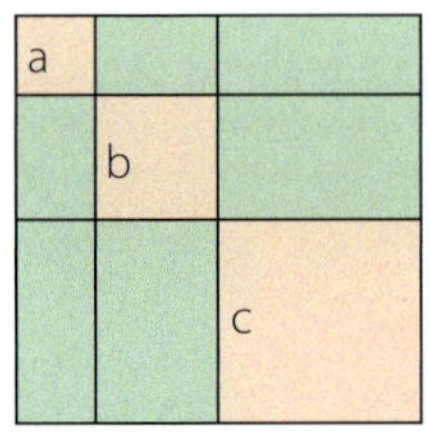

14 Vereinfache soweit wie möglich.

a) $7(9y+2x)^2+2(4x-7y)^2-3(6y+5x)(5x-6y)$
b) $(4y+3x)^2-(3x+4y)(3x-4y)-(3y-4x)^2$
c) $(3x-2)^2-(2x-3)(2x+3)-(1-3x)^2$

Trainieren | Vertiefen | **Herausforderung**

15 **Das pascalsche Dreieck**

a) Es gilt: $(a+b)^3=a^3+3a^2b+3ab^2+b^3$
Erläutere die Formel anhand des abgebildeten Würfels. Weise sie anschließend auch mithilfe einer Rechnung nach.
b) Berechne $(a+b)^4$ und $(a+b)^5$. Vergleiche mit $(a+b)^2$ und $(a+b)^3$. Beschreibe, was dir bei den Koeffizienten auffällt.
c) Informiere dich über das „pascalsche Dreieck".
Erläutere, welcher Zusammenhang zu den Potenzen $(a+b)^n$ besteht.

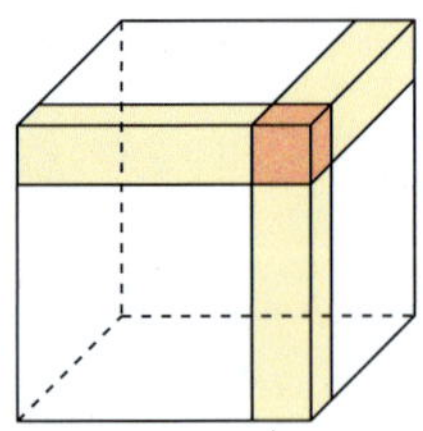

16 Denk dir eine zweistellige Zahl, deren Zehnerstelle größer ist als die Einerstelle. Vertausche nun beide Ziffern. Du erhältst eine neue Zahl. Subtrahiere vom Quadrat der alten Zahl das Quadrat der neuen Zahl. Jemand behauptet, man erhält das gleiche Ergebnis, wenn man bei der ursprünglichen Zahl die Differenz aus dem Quadrat der ersten Ziffer und dem Quadrat der zweiten Ziffer bildet und das Ergebnis mit 99 multipliziert. Nimm dazu Stellung und begründe deine Aussage.

Check up

Was kannst du? Was musst du noch üben?
Mit diesen Aufgaben kannst du deinen Lernfortschritt überprüfen.
Lösungen findest du im Anhang.

1 Erkläre, weshalb die folgenden Terme nicht äquivalent sind.
$3x^2$; 3^2x; $(3x)^2$

2 Vereinfache und fasse zusammen.
a) $x + 7y \cdot 2x + 3x - y \cdot 0{,}5x$
b) $3u - 2uw + 13u - u \cdot (-2) + 3w$
c) $5ab - 3b^2 + 2b(a - b)$
d) $28xy^2 + 34xy - 2(3xy - x)$
e) $2r(r - s) - (3r^2 + rs)$
f) $ab(a - 3b) - 2a^2(b - a)$

3 Stelle für den Flächeninhalt der abgebildeten Figur zwei verschiedene Terme auf und zeige durch Umformungen, dass diese äquivalent sind.

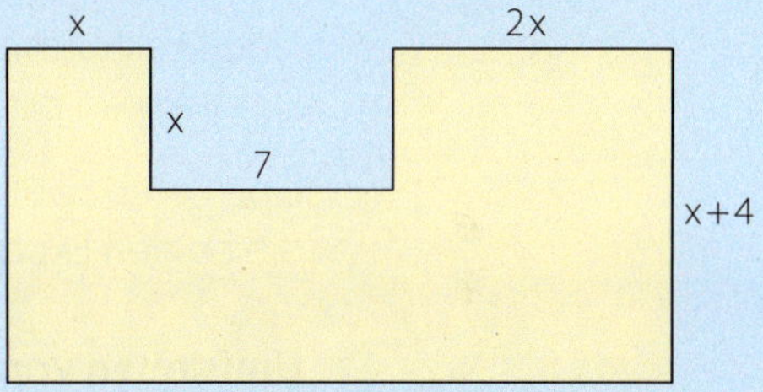

4 Bianca behauptet: „Wenn ich bei einem Quader alle Kantenlängen verdopple, dann verdoppelt sich auch der Oberflächeninhalt des Quaders."
Nimm dazu Stellung. Begründe deine Aussage mithilfe einer Rechnung.

5 Ein Trapez, dessen parallele Seiten die Längen x und y haben, hat den Flächeninhalt $0{,}5xy + 0{,}5y^2$. Gib an, wie groß der Abstand der beiden parallelen Seiten ist.

6 Multipliziere die folgenden Terme aus.
a) $(x - 3)(2x + 6)$
b) $\left(2x + \frac{2}{5}\right)(5x - 35)$
c) $(0{,}2x + 3)(0{,}4x - 8)$
d) $(4u + 2v^2)^2$
e) $(2y - 3x)(2y + 3x)$
f) $(3r + 2s)(-3r - 2s)$

7 Faktorisiere die Terme.
a) $x^2 + 2x - 4x - 8$
b) $x^2 + 3xy - xy - 3y^2$
c) $9a^2 - 12a + 4$
d) $49y^2 - 16x^4$

8 Schneidest du von einem Quadrat mit der Kantenlänge a einen Streifen der Breite x ab und klebst dafür an einer anderen Seite einen Streifen der Länge x an, so ist der Flächeninhalt hinterher geringer als vorher.
Erkläre, warum das so ist.

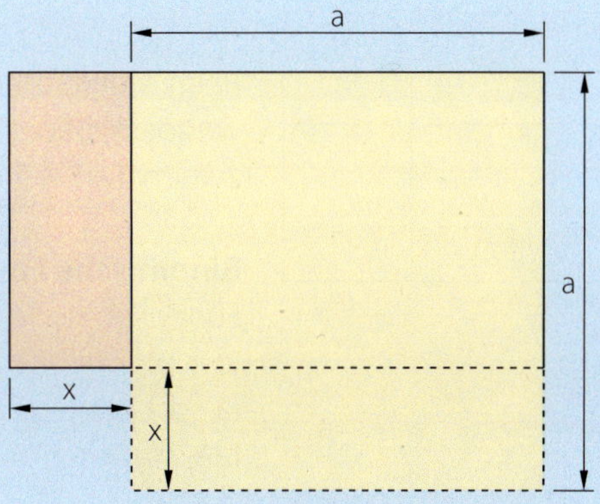

Auf einen Blick

Zusammenfassen von Produkten

Produkte mit gleichen Variablen, z. B. $4 \cdot xy \cdot x \cdot y \cdot 3z \cdot z \cdot z$, kannst du vereinfachen, indem du

- mithilfe der Rechengesetze die Faktoren ordnest, z. B. $3 \cdot 4 \cdot x \cdot x \cdot y \cdot y \cdot z \cdot z \cdot z$
- gleiche Faktoren als Potenzen schreibst. $12 \cdot x^2 \cdot y^2 \cdot z^3$

Du erhältst dann ein äquivalentes Produkt.

Potenzgesetze

Potenzen mit gleicher Basis multiplizierst du, indem du die Basis mit der Summe der Exponenten potenzierst.

$x^n \cdot x^m = x^{n+m}$
$(n, m \in \mathbb{N})$

Ein Produkt potenzierst du, indem du jeden Faktor mit dem gemeinsamen Exponenten potenzierst.

$(x \cdot y)^n = x^n \cdot y^n$
$(n \in \mathbb{N})$

Eine Potenz potenzierst du, indem du die beiden Exponenten multiplizierst.

$(x^n)^m = x^{n \cdot m}$
$(n, m \in \mathbb{N})$

Umformen von Summen

Gleichartige Terme kannst du addieren bzw. subtrahieren, indem du die Koeffizienten addierst bzw. subtrahierst und die gemeinsamen Variablen beibehältst.

$2x + y + 3x \doteq 5x + y$

Bei Klammern musst du folgendes beachten:

Eine Plusklammer kannst du weglassen und die Zeichen in der Klammer bleiben gleich.

$a + (b + c) = a + b + c$
$a + (b - c) = a + b - c$

Eine Minusklammer kannst du weglassen, du musst dann die Zeichen in der Klammer umkehren.

$a - (b + c) = a - b - c$
$a - (b - c) = a - b + c$

Ausmultiplizieren und Ausklammern

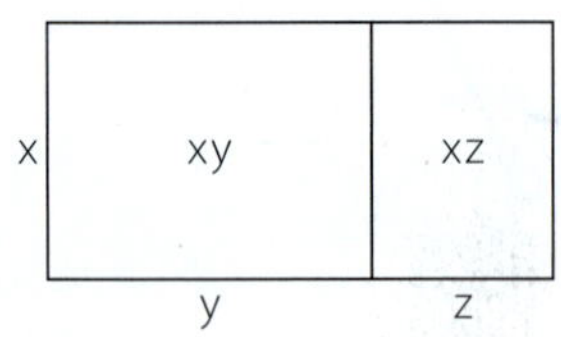

Du kannst das Distributivgesetz auch bei Variablen anwenden.

ausklammern ←
$x \cdot (y + z) = x \cdot y + x \cdot z$
→ ausmultiplizieren

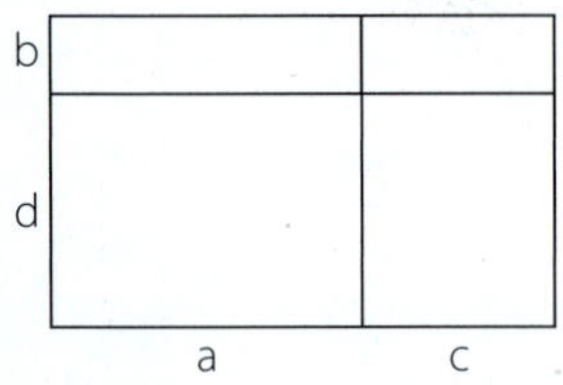

Beim Multiplizieren zweier Summen wendest du das Distributivgesetz zweimal an.

$(a + c) \cdot (b + d) = ab + ad + cb + cd$

Binomische Formeln

Für beliebige Terme a und b gilt:

$(a + b)^2 = a^2 + 2ab + b^2$ „Plusformel"
$(a - b)^2 = a^2 - 2ab + b^2$ „Minusformel"
$(a + b) \cdot (a - b) = a^2 - b^2$ „Plusminusformel"

Kapitel 3

Symmetrie von Figuren

In der Natur, in der Kunst und auch im Design findest du immer wieder Formen und Figuren, die symmetrisch sind. In diesem Kapitel lernst du zwei verschiedene Arten von Symmetrien und deren besonderen Eigenschaften näher kennen. Außerdem beschäftigst du dich mit dem Prinzip der geometrischen Konstruktion und erfährst, wie du beispielsweise symmetrische Figuren nur mithilfe von Zirkel und Lineal konstruieren kannst.

Wiederholung

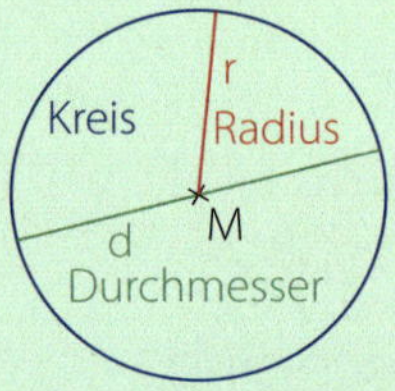

Strecke, Gerade, Halbgerade, Kreis

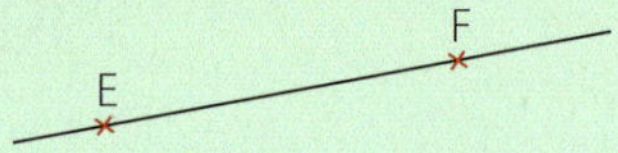

Die **Strecke** $\overline{EF}$ ist die geradlinige Verbindung der Punkte E und F. Sie hat die Länge $|\overline{EF}|$.
Die **Gerade** EF hat keinen Anfangs- und keinen Endpunkt.
Eine **Halbgerade** hat einen Anfangs-, aber keinen Endpunkt.

Der **Kreis** ist die Menge aller Punkte, die gleich weit vom **Mittelpunkt** M entfernt sind. Dieser Abstand heißt **Radius** r.

Lagebeziehungen

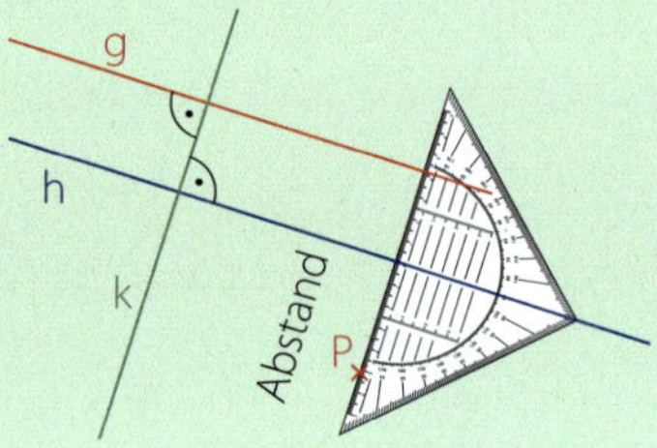

Die Gerade g ist **parallel** zur Geraden h, Schreibweise: $g \parallel h$. Die Gerade k ist **senkrecht** oder ein **Lot** zu den Geraden g und h, Schreibweise: $k \perp g$ bzw. $k \perp h$. Die Geraden schneiden sich jeweils im **rechten Winkel**.
Die Länge der kürzesten Verbindung wird **Abstand** genannt. Der Abstand eines Punktes P von einer Geraden h wird senkrecht zu h gemessen.

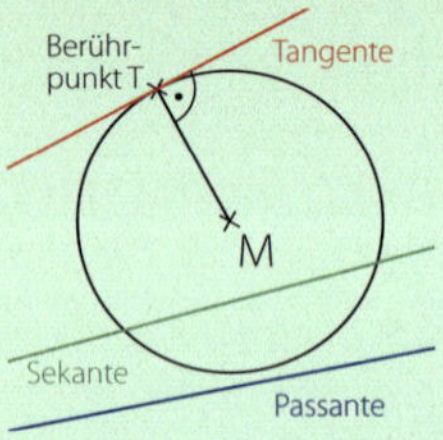

Zeichnest du einen Kreis und eine Gerade, so können diese einen (**Tangente**), zwei (**Sekante**) oder gar keinen Punkt (**Passante**) gemeinsam haben.

Vierecke

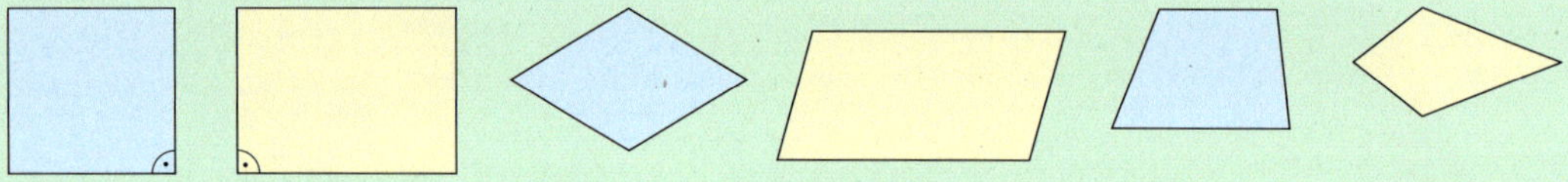

Quadrat | Rechteck | Raute | Parallelogramm | Trapez | Drachenviereck

Aufgaben

1 Übertrage die Figur ins Heft.

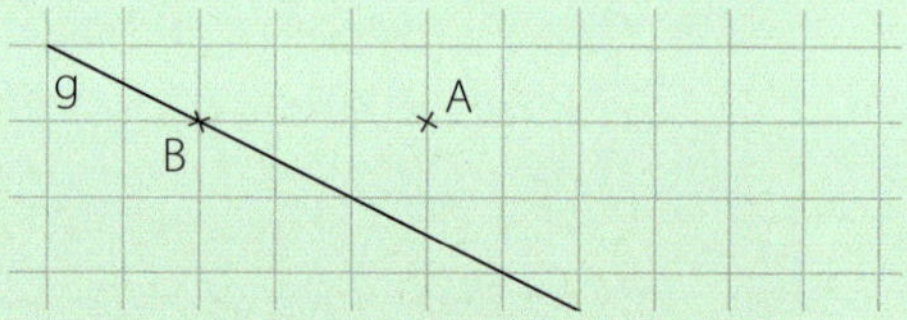

a) Zeichne die Strecke $\overline{AB}$ ein und ergänze die Figur so, dass eine Raute entsteht und der Eckpunkt D auf der Geraden g liegt.
b) Zeichne die Diagonalen der Raute ein und beschreibe ihre Lage zueinander.

2 Entscheide und begründe, ob die Aussage wahr oder falsch ist.
a) Jedes Rechteck ist auch ein Quadrat.
b) Jedes Viereck mit zwei rechten Winkeln ist ein Rechteck.
c) Jede Raute ist auch ein Parallelogramm.

3 Zeichne eine Strecke $\overline{AB}$ mit einer Länge von 5 cm.
a) Zeichne einen Kreis, so dass sowohl A als auch B auf dem Kreis liegt.
b) Zeichne die Tangente an diesen Kreis im Punkt B.
c) Markiere farbig alle Punkte, die sowohl von A als auch von B mehr als 1 cm entfernt sind.

3.1 Achsensymmetrische Figuren

Einstieg

Farbklecks

Marie hat mit ihrer kleinen Schwester verschiedene Farbbilder hergestellt. Beschreibe, was das Besondere an diesem Bild ist, und erkläre, wie die beiden Schwestern dabei vorgegangen sind.

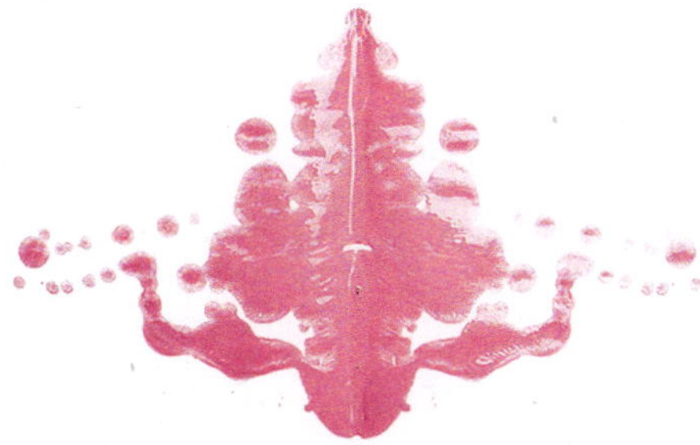

Wissen

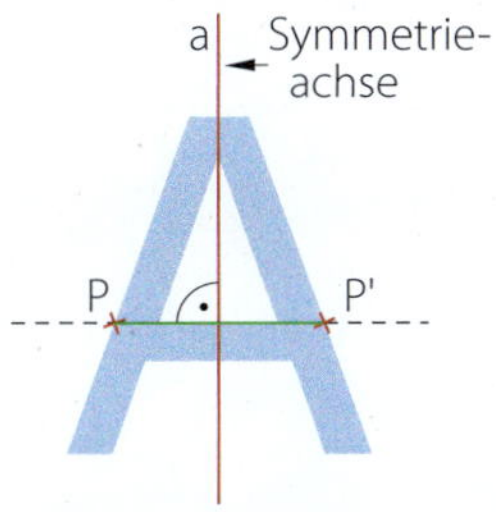

Begriffe und Eigenschaften

Wenn du eine Figur so falten kannst, dass beide Teile deckungsgleich sind, dann ist sie **achsensymmetrisch**. Die Faltlinie heißt **Symmetrieachse**.

> Zu jedem Punkt P gehört ein **zu P achsensymmetrischer Punkt P'**. Die Verbindungsstrecke $\overline{PP'}$ wird von der Symmetrieachse senkrecht halbiert. P und P' haben von der Symmetrieachse somit den gleichen Abstand.

Folgende **Eigenschaften** achsensymmetrischer Figuren kannst du erkennen:
- Zueinander symmetrische Strecken sind gleich lang, z. B. $|\overline{AB}| = |\overline{A'B'}|$.
- Zueinander symmetrische Winkel sind gleich groß, z. B. $\alpha = \alpha'$.
- Zueinander symmetrische Geraden sind entweder parallel, z. B. BC || B'C', oder sie schneiden sich auf der Achse, z. B. AC und A'C'.

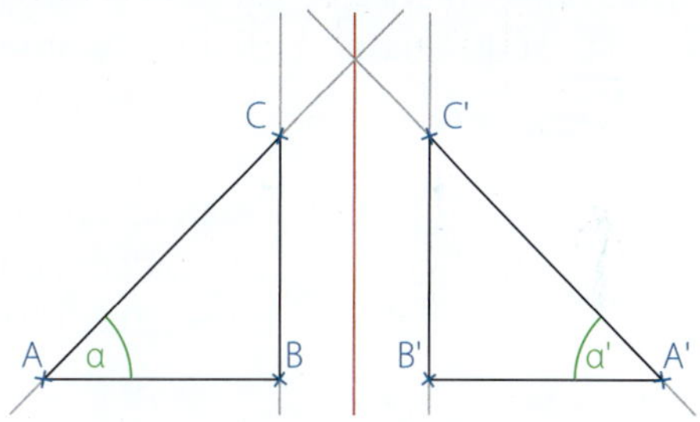

Schon früher wurden achsensymmetrische Figuren genutzt, zum Beispiel bei der Anlage eines Schlossgartens. Hierbei verwendeten die Gärtner als Hilfsmittel nur eine Schnur. Eine gerade Linie zeichneten sie mit einer gespannten Schnur. Einen Kreis erhielten sie, indem sie das eine Ende der Schnur festgehalten und das andere bewegt haben.

Dieses Vorgehen entspricht dem **Zeichnen mit Zirkel und Lineal**, ohne dabei die Messskala zu nutzen. Dies wird auch **Konstruieren** genannt. Die Idee des Konstruierens ist vor über 2500 Jahren in Griechenland entstanden. Kreis und Gerade wurden als vollkommene Figuren angesehen und die Konstruktion daher als die Krone der Mathematik.

Konstruktion des achsensymmetrischen Punkts

Die Frage ist nun, wie du zu einer gegebenen Symmetrieachse und einem Punkt P den symmetrischen Punkt P' konstruieren kannst. Hierzu nutzt du folgende Idee:
Ein Kreis mit einem Mittelpunkt auf der Achse a ist zu sich selbst symmetrisch. Wenn also der Punkt P auf dem Kreis liegt, dann liegt auch der Punkt P' auf diesem Kreis. Das Vorgehen kannst du folgendermaßen beschreiben:

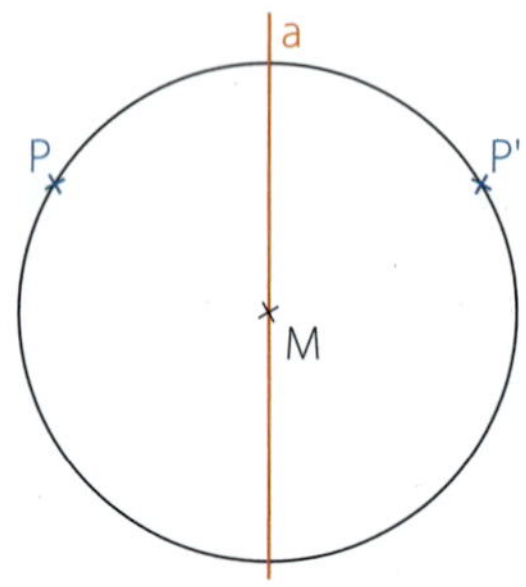

Konstruktionsbeschreibung
1. **Wähle auf der Symmetrieachse a zwei Punkte M_1 und M_2.**
2. **Zeichne einen Kreis k_1 um M_1 durch P.**
3. **Zeichne einen Kreis k_2 um M_2 durch P.**
4. **P' ist der Schnittpunkt der Kreise k_1 und k_2.**

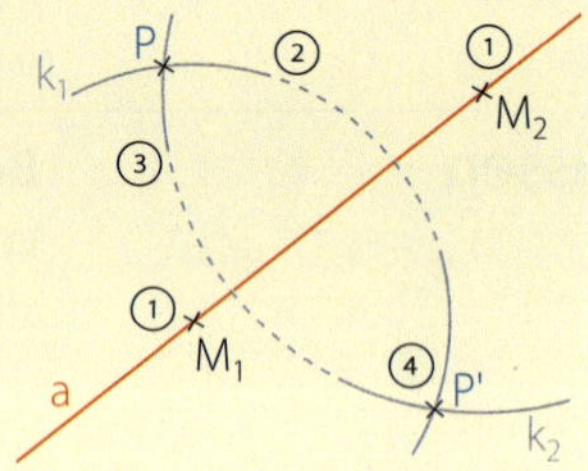

Du kannst alle Konstruktionen auch mit einer DGS ausführen, mehr dazu erfährst du auf den Seiten 72/73.

Konstruktion der Symmetrieachse

Jetzt stellt sich natürlich umgekehrt die Frage, wie du zu zwei gegebenen Punkten P und P' die entsprechende Symmetrieachse a konstruieren kannst.
Hierfür nutzt du folgende Erkenntnis: Alle Punkte auf einer Symmetrieachse, wie z. B. A und B, sind von zueinander symmetrischen Punkten gleich weit entfernt. Alle anderen Punkte, wie z. B. C, sind von P und P' unterschiedlich weit entfernt.
Zeichnest du also einen Kreis mit ausreichend großem Radius sowohl um P als auch um P', dann sind die Schnittpunkte beider Kreise gleich weit von P und P' entfernt. Sie liegen also auf der Achse a.

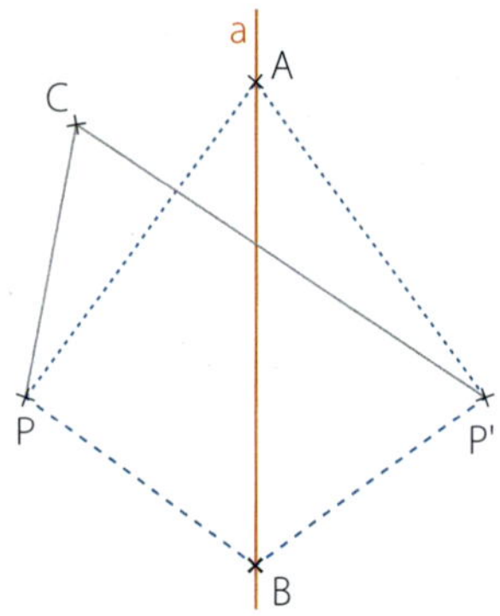

Konstruktionsbeschreibung
1. **Zeichne einen Kreis k_1 um P mit genügend großem Radius.**
2. **Zeichne einen Kreis k_2 um P' mit dem gleichen Radius.**
3. **Die Symmetrieachse a verläuft durch die Schnittpunkte der Kreise k_1 und k_2.**

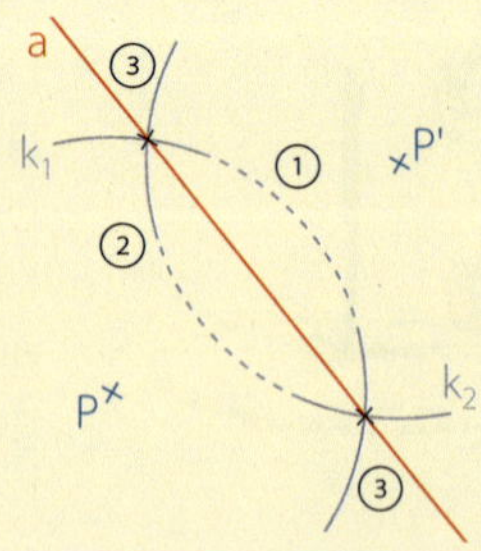

Konstruktionslinien müssen immer sichtbar sein. Du darfst sie nicht wegradieren. Es reicht aber, wenn du nur Teile der Kreisbögen zeichnest. Wichtig sind die Schnittpunkte der Kreise.

Aufgaben

Trainieren | Vertiefen | Herausforderung

Begriffe und Eigenschaften

1 Trage die Punkte A (3 | 1), B (3 | −3), C (0 | 4) und D (4 | 2) in ein Koordinatensystem ein. Zeichne jeweils die Symmetrieachsen zu A und B, zu A und C sowie zu A und D ein. Berechne den Flächeninhalt des entstandenen Dreiecks.

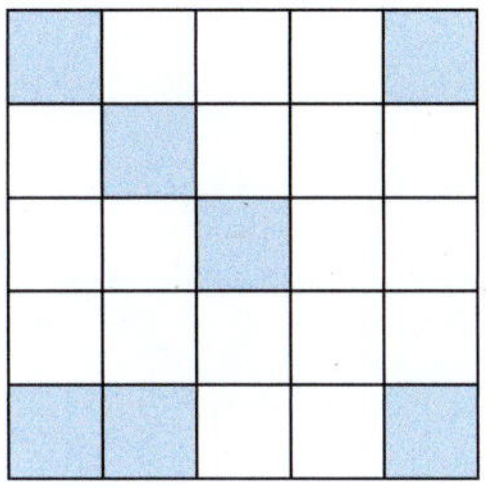

2 Übertrage die links abgebildete Figur in dein Heft. Gib an, wie viele Quadrate noch mindestens gefärbt werden müssen, damit die Figur achsensymmetrisch ist. Färbe dann die Quadrate und trage die Symmetrieachse ein. Erstelle dann selbst ein solches Quadrat und lasse es von deinem Nachbarn lösen.

3 Vergleiche die beiden Bilder. Beschreibe, was dir auffällt und welche Wirkung die Gestaltung auf dich hat. Finde im Schulgebäude ähnliche Beispiele.

a)

b)

4 Widerlege die Aussage zunächst mit einem Gegenbeispiel. Gib dann an, welche Bedingung gelten muss, damit die Aussage stimmt.
a) Zwei Geraden g und h, die einen Schnittpunkt auf einer Geraden s haben, sind achsensymmetrisch bezüglich dieser Geraden s.
b) Zwei Geraden g und h, die parallel zu einer Geraden s verlaufen, sind achsensymmetrisch bezüglich dieser Geraden s.

Konstruktion des achsensymmetrischen Punkts

5 Zeichne in ein Koordinatensystem eine Gerade PQ durch die Punkte P (−2 | 3) und Q (4 | −1). Diese Gerade stellt die Symmetrieachse dar.
a) Konstruiere die zu A (−2 | −2) und B (3 | 2) achsensymmetrischen Punkte.
b) Beim Konstruieren des achsensymmetrischen Punkts zu F (1 | 1) wundert sich Anna: „Das geht doch gar nicht." Nimm Stellung zu ihrer Aussage.

6 Zeichne das Dreieck ABC mit den Punkten A (−1 | −4), B (4 | −1) und C (−2 | 3) in ein Koordinatensystem. Konstruiere die bezüglich der x-Achse und der y-Achse symmetrischen Dreiecke. Gib jeweils die Koordinaten der Punkte an.

7 Jessica möchte zu der Geraden g durch A (1 | 4) und B (4 | 1) die achsensymmetrische Gerade g' konstruieren. Die Symmetrieachse verläuft durch B (4 | 1) und C (4 | 5). Als sie anfängt, zwei Punkte auf der Geraden g auszuwählen, meint ihr größerer Bruder, dass sie nur einen Punkt braucht. Erläutere, was er damit meint.

Konstruktion der Symmetrieachse

8 Konstruiere die Symmetrieachse zu den gegebenen Punkten.
a) X(−3|−2), X'(3|2)
b) Y(−2|1), Y'(5|−2)

9 Emre hat die Symmetrieachse zu den Punkten A und A' konstruiert. Beschreibe, welchen Fehler er gemacht hat, und erstelle eine korrekte Konstruktionsbeschreibung.

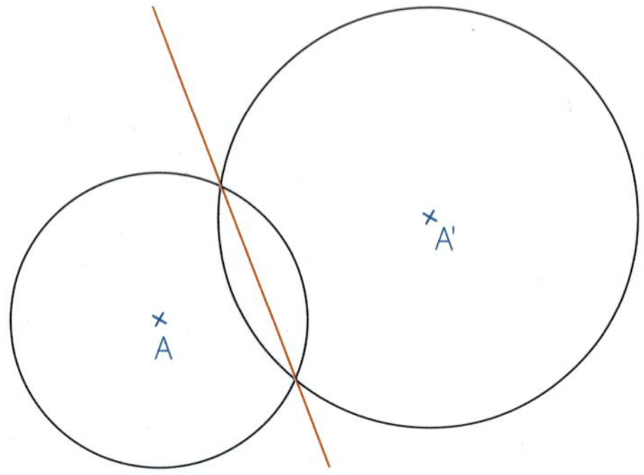

72/73

10 Entfernungen
a) Trage die Punkte P(−1|4) und P'(3|2) in ein Koordinatensystem ein. Konstruiere anschließend die zugehörige Symmetrieachse.
b) Ermittle Punkte, die von P und P' gleich weit entfernt sind: Zeichne dazu um P und P' jeweils einen Kreis mit einem solch großen Radius, dass sich die Kreise schneiden. Beschreibe, wo die beiden Schnittpunkte liegen.
c) Wiederhole Aufgabe b) mit einem weiteren Radius.
d) Wähle auf der Achse einen beliebigen Punkt und zeichne um diesen einen Kreis, der durch P verläuft. Begründe, warum dieser auch durch P' verläuft.
e) Beschreibe, wo alle Punkte liegen, die von P und P' gleich weit entfernt sind.

Vermischte Aufgaben

72/73

11 Zeichne das Dreieck ABC, das durch die Punkte A(−4|−5), B(2,5|3) und C(−5|0,5) gegeben ist, in ein Koordinatensystem. Konstruiere das dazu achsensymmetrische Dreieck A'B'C', wenn A' die Koordinaten (4|1) hat.
Gib die Koordinaten von B' und C' an. Was kannst du über die Schnittpunkte der zueinander symmetrischen Dreiecksseiten sagen? Begründe deine Aussage.

12 Trage in ein Koordinatensystem den Punkt A(6|6) und eine Symmetrieachse, die durch den Koordinatenursprung und A verläuft, ein. Zeichne einen Kreis k mit dem Mittelpunkt M(−1|−4) und Radius r = 2,5 cm. Zu diesem Kreis k soll dazu achsensymmetrisch liegender Kreis k' konstruiert werden. Erläutere, wie du dabei vorgehst.

13 Zeichne die Punkte A(0|0), B(4,5|0,5) und C(5,5|3) in dein Heft und bestimme den fehlenden Eckpunkt D durch Konstruktion so, dass
a) AC die Symmetrieachse des Vierecks darstellt,
b) B der zu A symmetrische Punkt ist.

Noch fit?

I Berechne
a) $-4\frac{2}{5} + 5{,}7 - 9\frac{1}{4}$ b) $\frac{7}{5} - 2{,}\overline{3} + \frac{5}{6}$ c) $4\frac{2}{3} : 2 - 4\frac{3}{4} \cdot 2$ d) $-3\frac{3}{4} : 1{,}5 + 4{,}5 \cdot \frac{2}{3}$

Trainieren | **Vertiefen** | Herausforderung

14 Nicolas soll die Symmetrieachse folgender Figur konstruieren. Er freut sich: „Das geht ja auch ohne Zirkel." Beschreibe, wie er vorgeht. Begründe zudem, wieso dies möglich ist.

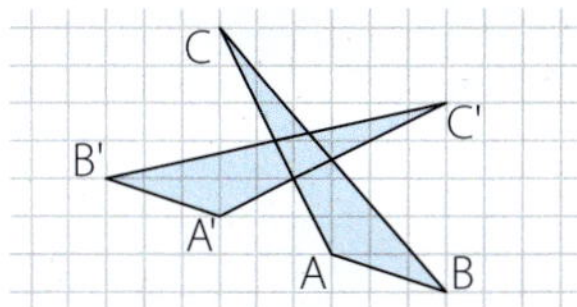

15 Gib jeweils alle Möglichkeiten an, wie eine Gerade g bzw. ein Kreis k bezüglich einer Symmetrieachse liegen müssen, damit diese zu sich selbst symmetrisch sind.

16 Begründe oder widerlege folgende Aussagen.
a) Zwei zueinander achsensymmetrisch gelegene Dreiecke lassen sich durch Verschieben zur Deckung bringen.
b) Zwei zueinander achsensymmetrisch gelegene Rechtecke haben den gleichen Flächeninhalt.

17 Achsensymmetrische Dreiecke
a) Konstruiere ein Dreieck, das genau eine Symmetrieachse hat.
b) Elena behauptet:
„Wenn ein Dreieck zwei Symmetrieachsen hat, dann gibt es auch eine dritte Symmetrieachse." Ihr Beweis enthält noch ein paar Lücken. Übernimm den Text in dein Heft und vervollständige ihn.

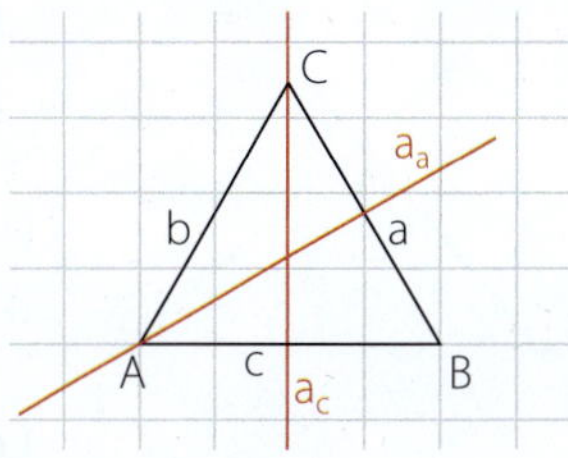

Angenommen, eine Symmetrieachse verläuft durch den Punkt C. Dann ist □ der zu □ symmetrische Punkt und die Strecken □ und □ sind □. Angenommen, die zweite Symmetrieachse verläuft durch den Punkt A. Dann ist □ der zu □ symmetrische Punkt. Folglich sind auch die Strecken □ und □ symmetrisch. Daraus folgt, dass die Strecken □ und □ gleich □ sind. Es existiert somit eine dritte Symmetrieachse, die durch den Punkt □ verläuft und den Winkel □.

Trainieren | Vertiefen | **Herausforderung**

Hinweis
Informiere dich über das Reflexionsgesetz in der Optik und nutze dies für die Aufgabe.

18 Billardkugel
a) Julius möchte die Kugel A so an die Bande 1 spielen, dass sie danach die Kugel B trifft. Übernimm die Zeichnung in dein Heft und konstruiere die Stelle, an der die Kugel die Bande 1 berühren muss.

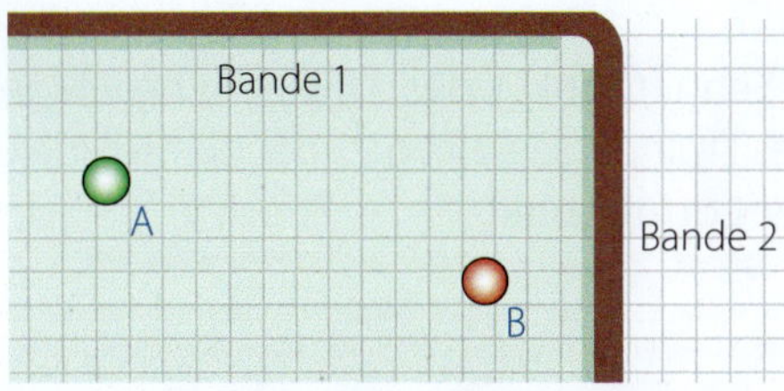

b) Die Kugel A soll zuerst die Banden 1 und 2 berühren und dann die Kugel B treffen. Konstruiere die Stelle, an der die Kugel die Bande 2 berühren muss.

3.2 Grundkonstruktionen

Einstieg

Streckenhalbierung

Max, Clara und Rosalie wollen die Strecke $\overline{AB}$ halbieren. Max nutzt das Lineal und fängt an zu messen. Clara versucht, ihr Geodreieck geschickt anzulegen. Rosalie wirft ein: „Wir kennen doch schon die Symmetrieachse!", und greift zum Zirkel. Führt die drei Verfahren aus und tauscht euch über die Vor- und Nachteile aus.

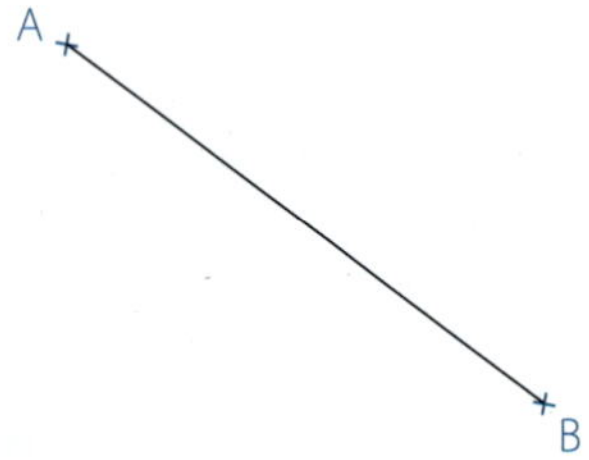

Wissen

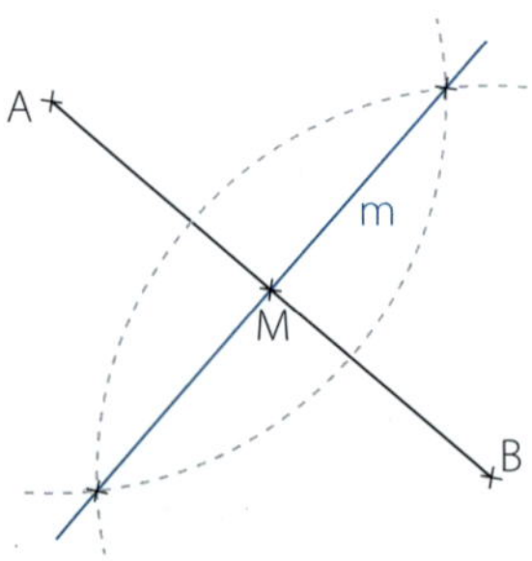

Mittelsenkrechte

Im letzten Kapitel hast du gelernt, die Symmetrieachse zu zwei Punkten zu konstruieren. Damit kannst du weitere Grundkonstruktionen durchführen.

Die Mittelsenkrechte m einer Strecke $\overline{AB}$ verläuft senkrecht zur Strecke $\overline{AB}$ und halbiert diese. Sie ist die Symmetrieachse zu den Punkten A und B.

Um den **Mittelpunkt einer Strecke** zu bestimmen, musst du also nur die Symmetrieachse zu den zwei Endpunkten konstruieren.

Lot

Ein Lot l verläuft senkrecht zu einer Geraden oder Strecke. Da die Symmetrieachse auch senkrecht auf einer Strecke $\overline{AB}$ steht, kannst du diese für die Konstruktion des Lots nutzen. Wenn du zu einer Geraden g das Lot durch einen Punkt P konstruieren möchtest, musst du zwei Fälle unterscheiden:

Fall I: Lot errichten
P liegt auf der Geraden g.
Idee: Wenn Punkt P der Mittelpunkt einer Strecke $\overline{AB}$ ist, dann ist das Lot die Symmetrieachse.

Zeichne hierfür einen Kreis k um P mit einem beliebigen Radius. Dieser schneidet die Gerade g in A und B.

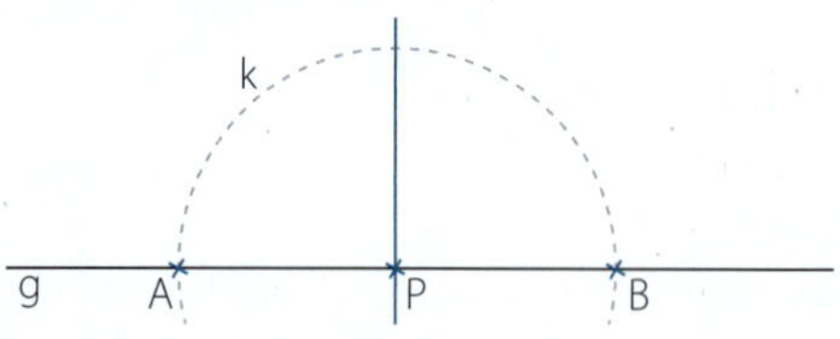

Fall II: Lot fällen
P liegt nicht auf der Geraden g.
Idee: Wenn Punkt P zu zwei Punkten A und B auf der Geraden gleich weit entfernt ist, dann liegt der Punkt P auf der Symmetrieachse.

Zeichne einen Kreis k um P mit einem genügend großen Radius, sodass dieser die Gerade g in A und B schneidet.

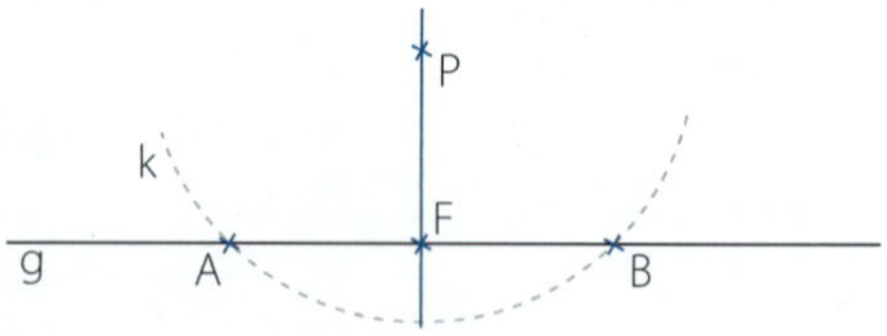

Konstruiere nun bei beiden Fällen die Symmetrieachse zu A und B. Diese ist das Lot zu der Geraden g durch den Punkt P.

Merke
Der Schnittpunkt F des Lotes l mit der Gerade g heißt **Lotfußpunkt**.

Zur Erinnerung
Eine Tangente ist eine Gerade, die einen Kreis in genau einem Punkt berührt.

Beispiel 1: Konstruktion einer Tangente
Gegeben ist ein Kreis mit dem Mittelpunkt M und ein bestimmter Punkt P auf dem Kreis. Erläutere, wie du mithilfe der Lotkonstruktion eine Tangente t an den Kreis im Punkt P konstruieren kannst.

Lösung:
Eine Tangente t an einen Kreis steht senkrecht auf dem Durchmesser des Kreises. Somit ist die Tangente ein Lot zu der Geraden, die durch den Mittelpunkt M und durch den Punkt P verläuft. Man muss also den verlängerten Durchmesser einzeichnen und dann im Punkt P das Lot errichten (wie in Fall I beschrieben).

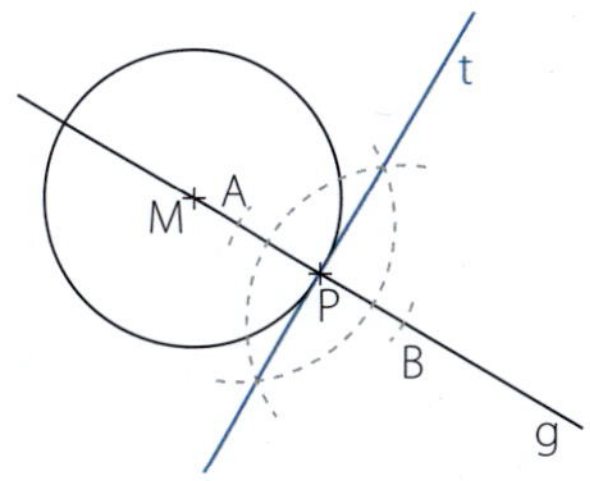

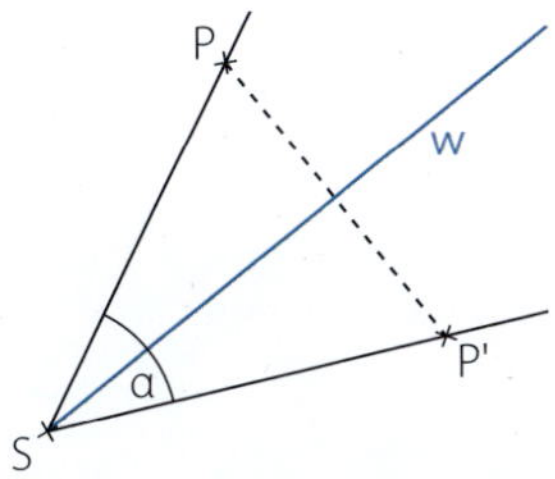

Winkelhalbierende
Die Symmetrieachse hilft dir auch bei der Teilung von Winkeln.

Die Winkelhalbierende w eines Winkels α verläuft durch den Scheitel S des Winkels und teilt den Winkel in zwei gleich große Teile.

Da die Symmetrieachse des Winkels durch den Scheitel S verläuft, benötigst du nur noch einen weiteren Punkt, der auch auf der Symmetrieachse liegt. Aus Kapitel 3.1 weißt du, dass alle Punkte auf einer Symmetrieachse von zueinander symmetrischen Punkten gleich weit entfernt sind. Zeichne daher einen Kreis um den Scheitel, um zwei gleich weit entfernte Punkte A und B auf den Schenkeln festzulegen. Konstruiere dann die Symmetrieachse zu diesen beiden Punkten A und B. Diese ist die Winkelhalbierende.

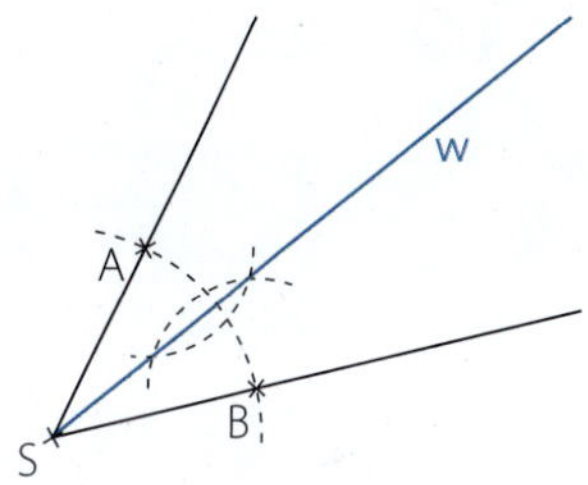

Du kannst alle Konstruktionen auch mit einer DGS ausführen, mehr dazu erfährst du auf den Seiten  72/73.

Lageprobleme lösen
Manchmal ist es wichtig, Punkte oder Bereiche zu finden, die gleich weit von etwas Vorgegebenem, z. B. einem Punkt, entfernt sind. Dazu kannst du folgende Erkenntnisse nutzen:

- Alle Punkte auf einem Kreis k haben den gleichen Abstand vom Mittelpunkt M des Kreises.
- Alle Punkte auf einer Mittelsenkrechte einer Strecke $\overline{AB}$ haben den gleichen Abstand von A und B.

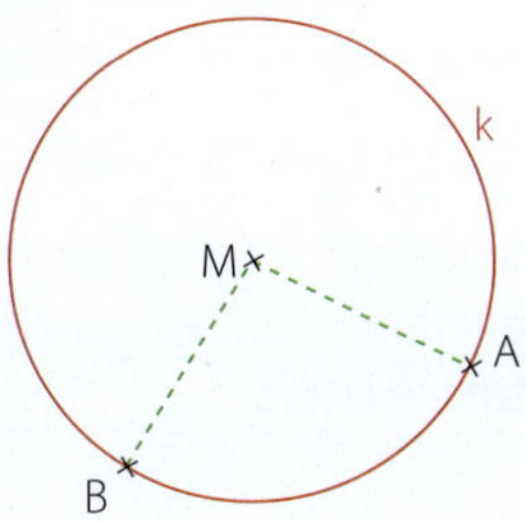

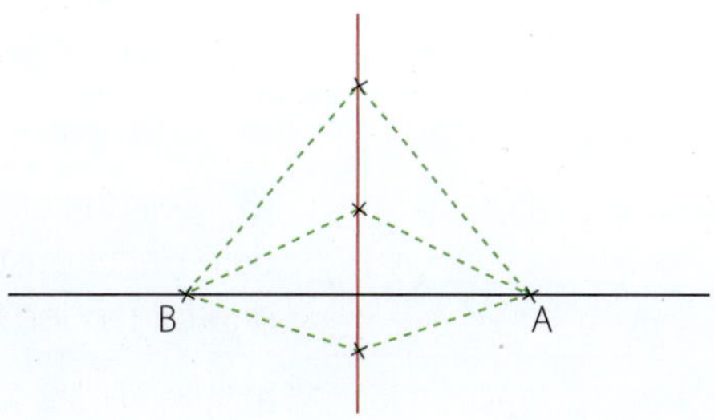

Manchmal liegen die Punkte mit einer gleichen Eigenschaft auf einer Linie, z. B. liegen alle Punkte mit einer Entfernung von 3,4 cm von einem Punkt M auf einer Kreislinie.

Durch eine Eigenschaft kann aber auch ein Bereich beschrieben werden. Zum Beispiel liegen alle Punkte, die von einem Punkt M weniger als 3,4 cm entfernt sind, im Inneren eines Kreises k um M mit dem Radius 3,4 cm.

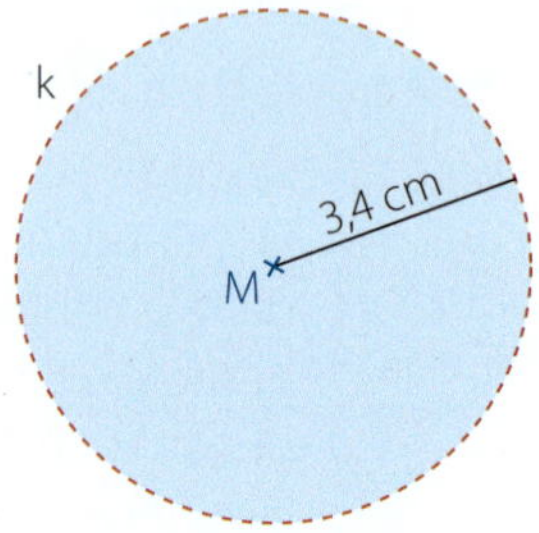

Beispiel 2: Ortsbereich konstruieren

Bestimme alle Punkte, die sowohl mindestens 2 cm vom Punkt B entfernt sind als auch näher beim Punkt A (−1 | 2) als beim Punkt B (2 | 1) liegen.

Hinweis
Da die beiden Schnittpunkte der Kreislinie mit der Mittelsenkrechten nur (1) erfüllen aber nicht (2), gehören diese nicht mit zur Lösung. Dies markierst du durch zwei nicht ausgefüllte Kreise.

Lösung:

1. Zeichne einen Kreis k mit $r = 2$ cm um B. Alle Punkte, die außerhalb des Kreises oder direkt auf der Kreislinie liegen, sind mindestens 2 cm von B entfernt.
2. Konstruiere die Mittelsenkrechte der Strecke $\overline{AB}$. Alle Punkte links von der Mittelsenkrechten liegen näher an A als an B.
3. Markiere den Bereich, der sowohl (1) als auch (2) erfüllt.

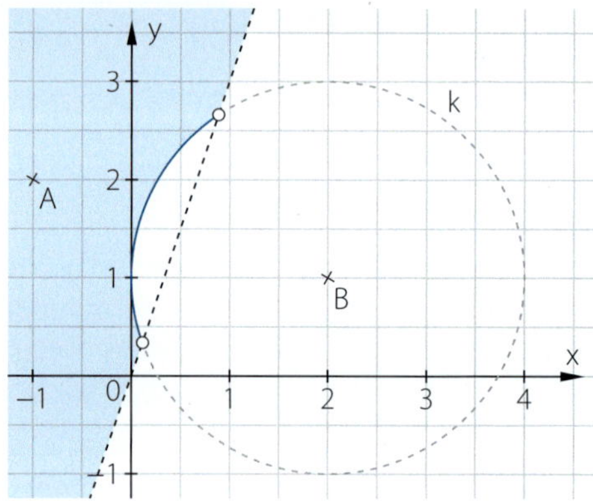

Aufgaben

Trainieren | Vertiefen | Herausforderung

Mittelsenkrechte

1 Zeichne im Koordinatensystem beide Punkte und ihre Verbindungsstrecke. Konstruiere die Mittelsenkrechte. Gib die Koordinaten von drei Punkten auf der Mittelsenkrechten an.

a) A (0 | 3), B (3 | 0)   b) C (0 | 2), D (4 | 0)   c) E (1 | 2), F (4 | 1)

2 Tobias wollte die Mittelsenkrechte der Strecke $\overline{CD}$ konstruieren. Erkläre, was er falsch gemacht hat.

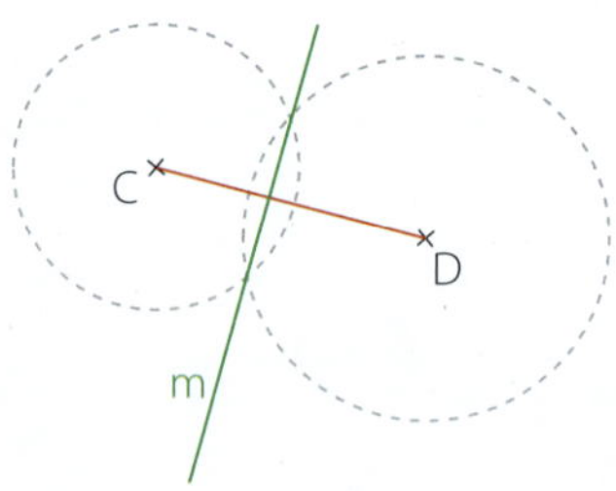

3 Zeichne eine Strecke mit beliebiger Länge in dein Heft. Konstruiere anschließend Strecken, die den folgenden Anteil der Strecke haben.

a) $\frac{1}{2}$ b) $\frac{1}{4}$ c) $\frac{3}{4}$ d) 125 %

Lot

4 Zeichne eine Gerade g durch die Punkte P(−1|−2) und Q(3|3) und trage den Punkt R(−1|3) ein.

a) Errichte in P das Lot auf g.
b) Fälle das Lot von R auf g.
c) Beschreibe, weshalb die beiden Lote parallel zueinander verlaufen.

5 Trage die Punkte M(−2|1) und P(2|−2) in ein Koordinatensystem ein und zeichne einen Kreis um M mit dem Radius 5 cm. Konstruiere die Tangente an den Kreis im Punkt P. Notiere eine Konstruktionsbeschreibung.

72/73

6 Die Klasse 7c möchte für ein Sportfest auf dem Schulhof ein kleines Fußballfeld mit Kreide markieren. Die Klasse hat schon eine Seitenlinie gezeichnet. Wie kann die Klasse die dazu parallele Seitenlinie konstruieren?
Tausche dich mit deinem Nachbarn aus und beschreibt, wie ihr vorgehen würdet. Überprüft eure Idee, indem ihr im Heft zwei Parallelen im Abstand von 4 cm konstruiert.

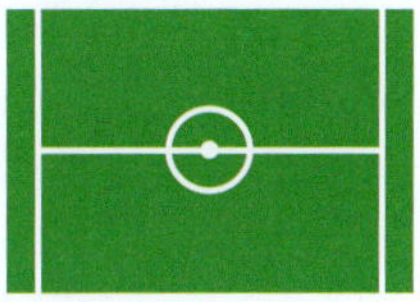

7 Laura und Alan haben folgende Konstruktionsbeschreibungen erstellt. Erläutere, was sie konstruieren wollten und worin sich die Ergebnisse unterscheiden.

Laura
1. Fälle das Lot l_1 vom Punkt P auf die Gerade g.
2. Errichte das Lot l_2 auf die Gerade l_1 durch den Punkt P.
   Dieses ist die gesuchte Gerade.

Alan
1. Zeichne einen Punkt M auf der Geraden g ein.
2. Errichte das Lot l_1 auf die Gerade g im Punkt M.
3. Zeichne einen Kreis k um M mit dem Radius 3 cm. P ist ein Schnittpunkt des Kreises k und der Geraden l_1.
4. Errichte das Lot l_2 auf die Gerade l_1 durch den Punkt P. Dieses ist die gesuchte Gerade.

Winkelhalbierende

8 Zeichne einen spitzen, stumpfen und überstumpfen Winkel und konstruiere jeweils die Winkelhalbierende.

9 Marlen wollte die Winkelhalbierende des Winkels ∢ ASB konstruieren. Erkläre, was sie falsch gemacht hat.

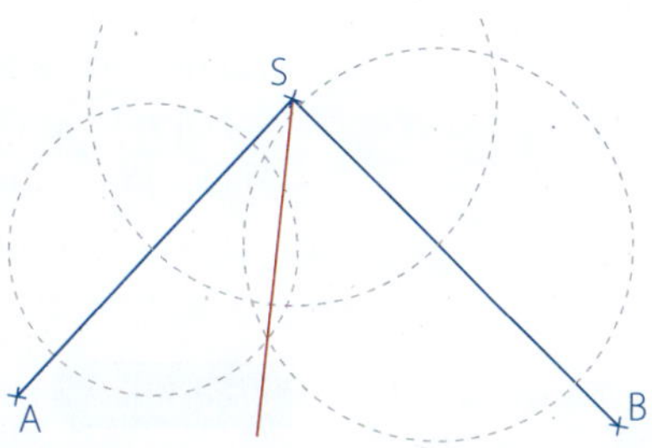

10 **Winkelkonstruktion**

a) Konstruiere mit Zirkel und Lineal folgende Winkel.
   (1) rechten Winkel (2) 45°-Winkel (3) 22,5°-Winkel
b) Erläutere, welche anderen Winkel du ebenfalls konstruieren könntest.

Lageprobleme lösen

11 Zeichne eine Gerade in dein Heft und konstruiere alle Punkte, die von dieser Geraden weniger als 2 cm entfernt sind.

12 Stuart schlägt vor: „Wer als erster eine Banane erreicht, hat gewonnen."
a) Gib einen möglichen Startort an, damit die Wette fair ist. Erläutere, ob es mehrere mögliche Startpunkte gibt, und beschreibe ggf. deren Lage.
b) Nach der Berechnung meint Dave, das wäre nicht fair. Erläutere einen möglichen Grund.

72/73

13 Konstruiere alle Punkte, die folgende Bedingung erfüllen.
a) Sie sind von A(−2|1) genauso weit entfernt wie von B(3|6) und gleichzeitig von C(2|0) genau 2 Längeneinheiten entfernt.
b) Sie liegen näher an D(2|7) als an E(6|3) und sind höchstens 2 Längeneinheiten von E entfernt.

14 Beschreibe die Lage der rot markierten Linie in Bezug auf die blau markierten Punkte.

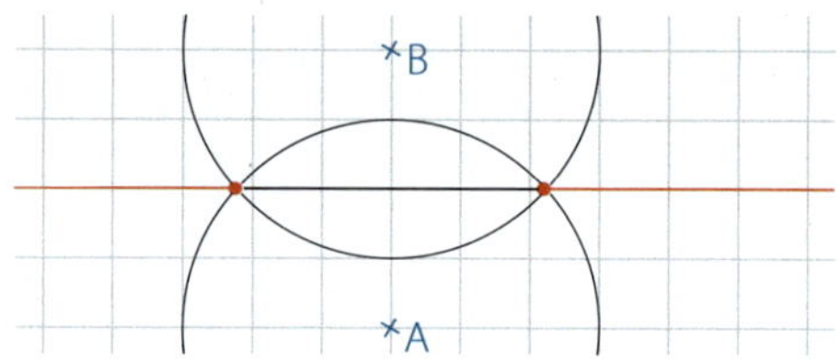

Vermischte Aufgaben

72/73

15 Trage A(−4|−5), B(3,5|−1) und C(−4,5|1) in ein Koordinatensystem ein. Konstruiere
a) den Mittelpunkt von $\overline{AB}$
b) das Lot von A auf BC
c) die Winkelhalbierende für ∢ CBA

16 Tausche dich mit deinem Nachbarn zu den Konstruktionsbeschreibungen aus. Beurteilt diese und erläutert, was man verbessern könnte.
(1) Kreis um Scheitel schneidet Schenkel in zwei Punkten. Gleiche Kreise um diese haben zwei Schnittpunkte, die die Winkelhalbierende ergeben.
(2) Der Kreis um Q schneidet die Gerade h in den Punkten X und Y. Ein Kreis um X und einer um Y schneiden sich in zwei Punkten des Lotes auf h durch Q.

Noch fit?

I Berechne möglichst geschickt und gib an, welches Gesetz du verwendest.

a) $25 \cdot 17 \cdot 4$
b) $317 - 159 - 41$
c) $11 \cdot 17$
d) $\frac{1}{3} \cdot 2{,}5 \cdot 9$
e) $-\frac{1}{5} + 97 - 0{,}8$
f) $24 \cdot 102$
g) $34 \cdot 199$
h) $-7 \cdot 18 + 9 \cdot 22 - 9 \cdot 29$
i) $10 \cdot 10\frac{1}{2}$

Trainieren | **Vertiefen** | Herausforderung

17 Konstruiere ein Trapez mit einem Flächeninhalt von 15 cm². Für das Abmessen der Streckenlängen darfst du ein Lineal nutzen. Vergleiche anschließend deine Lösung mit deinem Nachbarn.

72/73

18 Auf einer alten Schatzkarte steht folgendes:

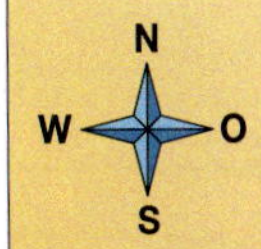

Vom Galgen G(5|5) gehe man zur Eiche E(2|3). Dann wende man sich im rechten Winkel nach links und gehe noch einmal so weit bis zum Punkt P. Der Schatz ist vom Punkt P und der Kiefer K(8|4) gleich weit entfernt. Zudem liegt der Schatz genau 2 LE vom Galgen G entfernt.

a) Ermittle die Koordinaten des Schatzes durch Konstruktion.
b) Der Pirat George hat die Koordinaten richtig bestimmt. Er findet den Schatz aber jetzt nicht an der Stelle. Erläutere, weshalb er den Schatz nicht findet.

72/73

19 Herr Michaelis möchte einen Rasensprenger aufstellen. Dieser verteilt das Wasser kreisförmig in einem Radius von 2 m. Der Schlauch zum Anschließen an den Wasserhahn ist 3 m lang. Ermittle, in welchem Bereich Herr Michaelis die Anlage aufstellen kann, sodass möglichst viel Rasen bewässert wird. Übertrage dafür die Zeichnung in dein Heft.

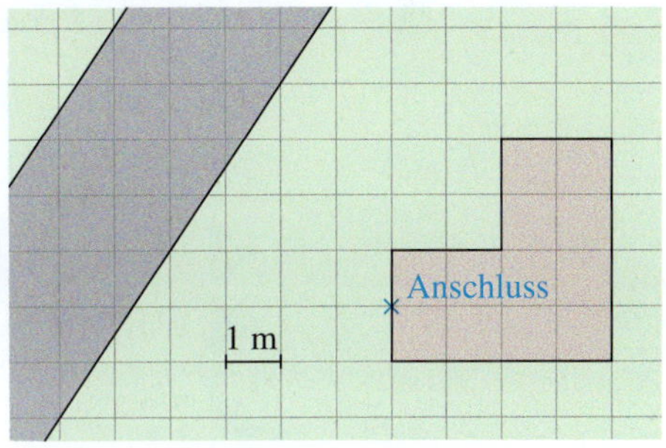

20 Gegeben sind zwei Punkte A und B.
a) Beschreibe, wie du einen Kreis konstruierst, der durch A und B verläuft.
b) Pia meint: „Da gibt es unendlich viele Möglichkeiten." Nimm dazu Stellung.

21 Zeichne einen Kreis um den Ursprung O mit dem Radius 5 cm und den Punkt P(3|4) in ein Koordinatensystem ein.
a) Konstruiere die Tangente an die Kreislinie im Punkt P.
b) Q ist der Schnittpunkt der Tangente mit der y-Achse. Berechne den Flächeninhalt des Dreiecks OPQ.
c) Spiegle die Tangente an der x-Achse und begründe, warum die gespiegelte Gerade auch eine Tangente an den Kreis ist.

Trainieren | Vertiefen | **Herausforderung**

22 Zeichne durch Umrunden eines kreisförmigen Gegenstandes mit dem Bleistift einen Kreis in dein Heft. Konstruiere anschließend den Mittelpunkt des so entstandenen Kreises. Begründe deine Konstruktion.

Methode

Konstruktionen mithilfe einer dynamischen Geometriesoftware

Mithilfe einer dynamischen Geometriesoftware kannst du am Computer Konstruktionen erstellen. Der Vorteil ist, dass du auch Linien und Punkte verschieben und somit Veränderungen beobachten kannst. Öffnest du ein solches Programm, siehst du eine Liste mit verschiedenen Werkzeugen. Wenn du die rechte Ecke eines Button anklickst, werden dir noch weitere Werkzeuge angezeigt.

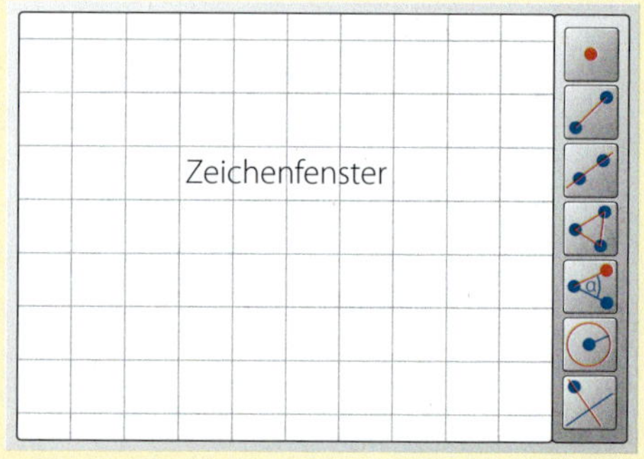

Folgende Werkzeuge sind für die geometrischen Konstruktionen besonders wichtig. Wenn du den Mauszeiger über einen Button bewegst, wird dir auch seine Funktion angezeigt.

- neuer Punkt
- Strecke zwischen zwei Punkten
- Gerade durch zwei Punkte
- Vieleck zeichnen
- Winkel messen
- Kreis durch einen Punkt
- Punkt spiegeln
- Parallele zu einer Geraden
- Senkrechte zu einer Geraden
- Mittelsenkrechte einer Strecke
- Winkelhalbierende
- Tangente

Wenn du für Konstruktionen die besonderen Werkzeuge nutzt, musst du nicht die im Kapitel 3.2 beschriebenen Konstruktionsschritte einzeln ausführen.

Um zu einem Punkt den **achsensymmetrischen Punkt** zu finden, gehst du wie folgt vor:
1. Zeichne mithilfe der beiden Buttons und einen Punkt A und eine Gerade, die nicht durch A verläuft, in das Zeichenfenster.
2. Wähle den Button . Klicke den Punkt A und die Gerade an. Es erscheint automatisch der Punkt A'.

Um eine **Symmetrieachse** zu zwei zueinander achsensymmetrischen Punkten A und B zu zeichnen, gehst du wie folgt vor:
1. Zeichne mithilfe des Buttons zwei Punkte A und B.
2. Wähle den Button . Klicke beide Punkte A und B an, es entsteht automatisch eine Gerade, die die Symmetrieachse darstellt.

Du kannst ebenso eine Mittelsenkrechte, eine Tangente, ein Lot oder eine Winkelhalbierende mit den speziellen Werkzeugen zeichnen.

Aufgaben

1 Um ein Objekt zu verschieben, wählst du zuerst den Button aus und klickst dann das Objekt an. Manchmal ändern sich dabei auch andere Objekte. Führe die Konstruktionen aus und beschreibe, was sich wann verändert.

(1) Zeichne zwei Punkte A und B und dann eine Gerade durch diese Punkte. Verschiebe nun den Punkt A.

(2) Lege einen Punkt C auf der Geraden zwischen A und B fest und verschiebe diesen Punkt C.

(3) Zeichne einen Kreis um A mit dem Radius $|\overline{AC}|$ und einen Kreis um B mit dem Radius $|\overline{BC}|$. Verschiebe nun den Punkt C noch einmal.

(4) Verschiebe nun den Punkt A.

2 Eigenschaften der Achsensymmetrie erkunden

a) Führe die einzelnen Schritte aus und beschreibe, was passiert.

(1) Zeichne einen Punkt A und eine Gerade, die nicht durch A verläuft.

(2) Erzeuge einen achsensymmetrischen Punkt A' bezüglich der Geraden.

(3) Über einen Rechtsklick auf die Punkte A und A' kannst du eine Spur einstellen. Wähle nun den Button und bewege damit den Punkt A in verschiedene Richtungen.

b) Stelle nur für A' die Spur ein und zeichne durch die Bewegung des Punktes A verschiedene Symbole (wie z. B. einen Tannenbaum). Überlege, wie du dafür den Punkt A bewegen musst.

Hinweis
Mithilfe des Buttons kannst du ein Bild einfügen. Über einen Rechtsklick auf das Bild kannst du die Einstellungen ändern. Wähle den Punkt **Farbe** aus und verändere die Deckkraft so, dass du die Spur sehen kannst.

3 Mithilfe einer DGS kann man ein Bild auf Achsensymmetrie überprüfen. Führe die einzelnen Schritte hierfür aus.

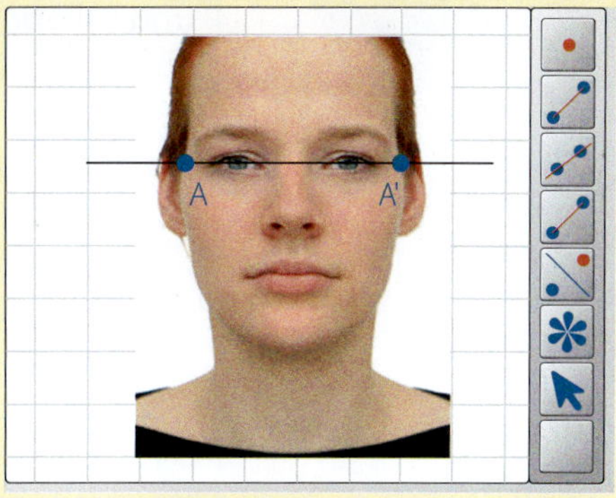

(1) Suche dir ein geeignetes Bild und füge es in das Zeichenfenster ein.

(2) Zeichne nun die Symmetrieachse als Gerade ein.

(3) Lege einen Punkt A auf der Figur fest und spiegle ihn an der Geraden.

(4) Stelle über einen Rechtsklick auf die Punkte A und A' eine Spur ein. Bewege nun mit dem Mauszeiger den Punkt A auf dem Umriss der Figur. Beobachte, was auf der anderen Seite passiert.

Hinweis
Mithilfe des Buttons kannst du das Rechteck markieren. Der entsprechende Flächeninhalt wird dir dann als Maßzahl angezeigt.

4 Erstelle mithilfe des Buttons ein Viereck, das immer ein Rechteck bleibt, auch wenn man die einzelnen Eckpunkte verschiebt.

5 Aus einem Baumstamm mit einem Durchmesser von 1 m soll ein Quader geschnitten werden. Der Flächeninhalt der rechteckigen Querschnittsfläche soll möglichst groß sein. Bestimme mithilfe einer DGS die Längen der Seiten und die Größe des Flächeninhalts. Zeichne hierfür einen Kreis und ein Rechteck, dessen Ecken du auf dem Kreisbogen verschieben kannst.

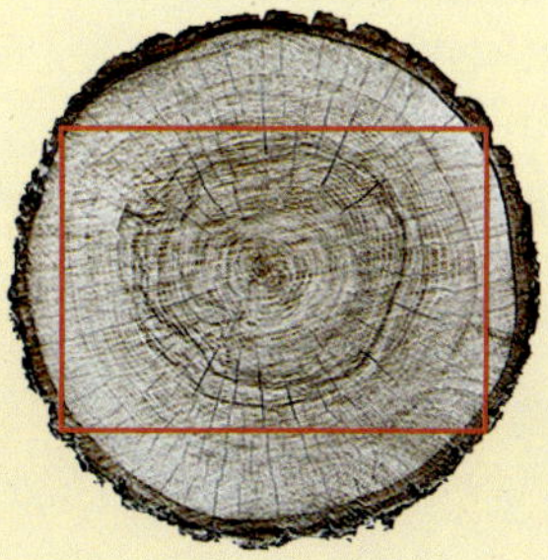

3.3 Punktsymmetrische Figuren

Einstieg

Spielkarten

Beim Kartenspielen meint Pio: „Es ist ja egal, wie ich die Karten halte, es gibt kein oben oder unten. Die sind ja symmetrisch." Daniela erwidert: „Es gibt doch gar keine Symmetrieachse." Erläutere, welche andere Art von Symmetrie Pio meinen könnte. Überprüfe deine Vermutung, indem du die Karten auf Transparentpapier überträgst und das Papier entsprechend bewegst.

Wissen

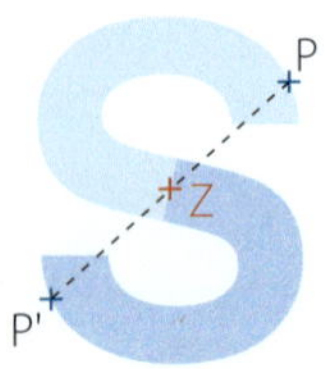

Punktsymmetrische Figuren und deren Eigenschaften

Wenn du eine Figur durch eine 180°-Drehung um einen Punkt wieder in sich überführen kannst, heißt diese **punktsymmetrisch**.

> **Zu jedem Punkt P gehört ein zu P punktsymmetrischer Punkt P'.**
> **Die Verbindungsstrecke $\overline{PP'}$ wird vom Symmetriezentrum Z halbiert.**
> **P und P' haben vom Symmetriezentrum den gleichen Abstand.**

Folgende Eigenschaften punktsymmetrischer Figuren kannst du erkennen:

- Zueinander symmetrische Strecken sind gleich lang, z. B. $|\overline{AB}| = |\overline{A'B'}|$.
- Zueinander symmetrische Winkel sind gleich groß, z. B. $\alpha = \alpha'$.
- Falls eine Gerade durch das Zentrum verläuft, ist sie zu sich selbst symmetrisch, z. B. BB'. Zueinander symmetrische Geraden sind parallel, z. B. BC und B'C'.

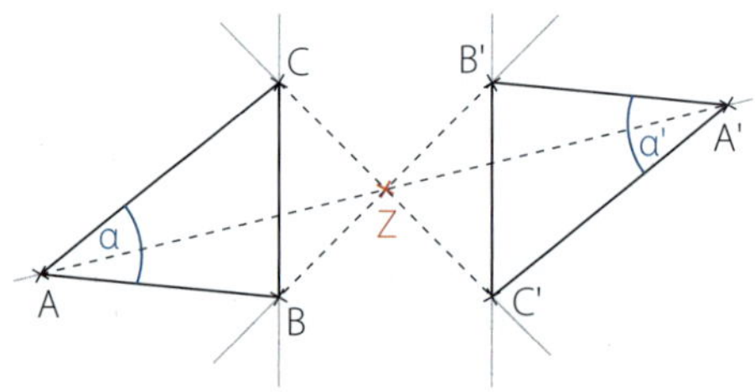

Hinweis

Bei einer DGS kannst du einen punktsymmetrischen Punkt/Objekt mithilfe des Werkzeugs erstellen.
Mehr zur DGS erfährst du auf 72/73.

Konstruktion des punktsymmetrischen Punkts

Die Frage ist nun, wie du zu einem gegebenen Symmetriezentrum und einem Punkt P den symmetrischen Punkt P' konstruieren kannst. Du weißt, dass P' auf der Verlängerung der Strecke $\overline{PZ}$ liegt und dass Z in der Mitte von $\overline{PP'}$ liegt.

Konstruktionsbeschreibung:

1. Zeichne die Gerade h durch die Punkte P und Z.
2. Zeichne einen Kreis k um Z mit dem Radius $|\overline{PZ}|$.
3. P' ist der Schnittpunkt des Kreises k und der Geraden h.

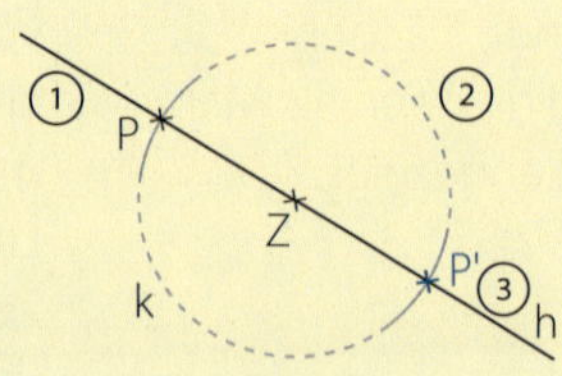

Hinweis
Bei einer DGS kannst du eine Symmetrieachse mithilfe des Werkzeugs erstellen.
Mehr zur DGS erfährst du auf 72/73.

Konstruktion des Symmetriezentrums

Jetzt stellt sich natürlich umgekehrt die Frage, wie du zu zwei gegebenen Punkten P und P′ das entsprechende Symmetriezentrum Z konstruieren kannst.
Da die Punkte P, Z und P′ auf derselben Geraden liegen und P und P′ gleich weit von Z entfernt sind, findest du den Punkt Z mithilfe der Mittelsenkrechten der Strecke $\overline{PP'}$.

Konstruktionsbeschreibung:
1. Zeichne die Strecke $\overline{PP'}$.
2. Konstruiere die Symmetrieachse zu den Punkten P und P'.
3. Z ist der Schnittpunkt der Strecke $\overline{PP'}$ und der Symmetrieachse zu P und P'.

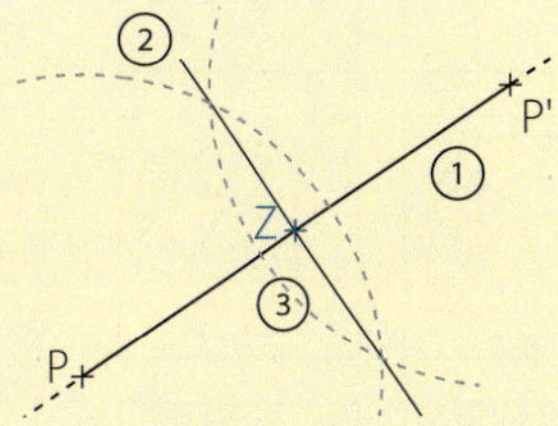

Aufgaben

Trainieren | Vertiefen | Herausforderung

Punktsymmetrische Figuren und deren Eigenschaften

1 Entscheide und begründe, welche der folgenden Figuren achsensymmetrisch bzw. punktsymmetrisch sind. Beschreibe jeweils, wo die Symmetrieachse bzw. das Symmetriezentrum liegt.

a)
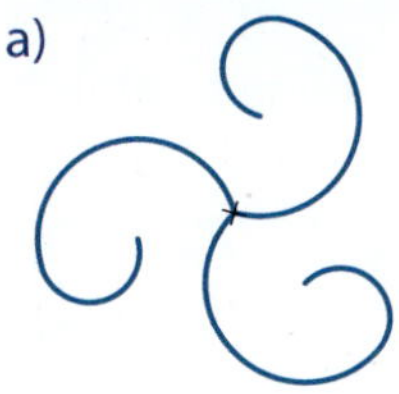
b)

c)
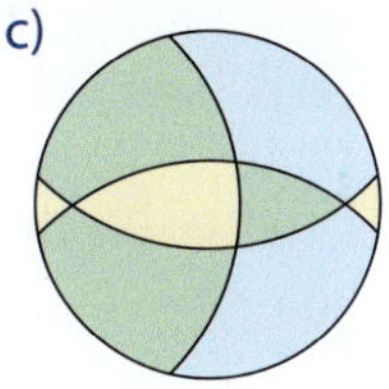
d)
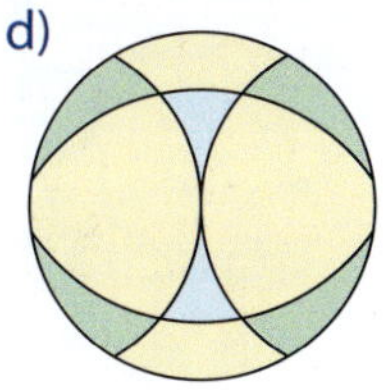

2 Das französische Schloss Villandry ist durch seine Gartenanlage bekannt.
Die linke Abbildung zeigt den Garten der tragischen Liebe, die rechte den Garten der vergangenen Liebe.
a) Untersuche, ob die Gärten symmetrisch sind.
b) Entwirf selbst eine Gartenanlage und lass deinen Nachbarn diese auf Symmetrie überprüfen.

3 **Punktsymmetrische Quadrate**
a) Übertrage die Figur in dein Heft. Gib an, wie viele weitere Quadrate mindestens noch blau gefärbt werden müssen, damit die Figur punktsymmetrisch ist. Färbe anschließend die Quadrate.
b) Erstelle selbst ein solches Quadrat und lass es von deinem Nachbarn lösen.

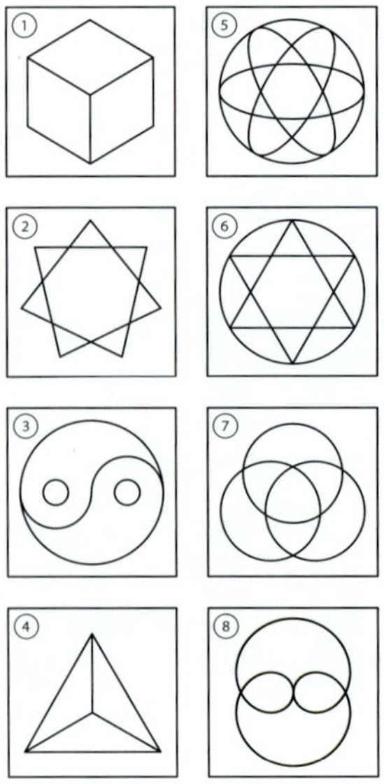

4 Entscheide und begründe, ob die abgebildeten Dreiecke zum Dreieck ABC punktsymmetrisch sind.

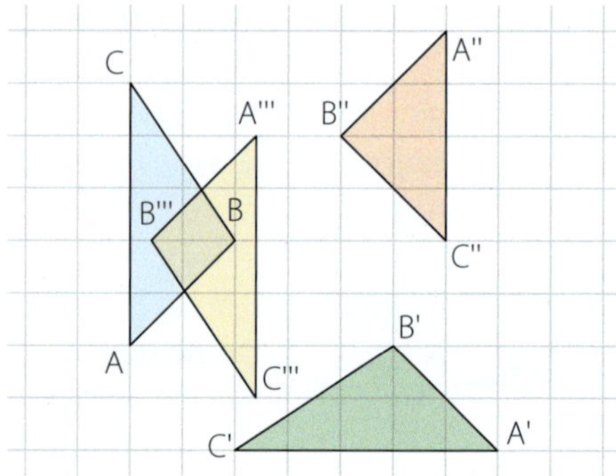

5 Bilde aus den acht Bildern links Gruppen und erkläre deine Zuordnung.

6 Widerlege die Aussage zunächst mit einem Gegenbeispiel. Gib dann an, welche Bedingung noch gelten muss, damit die Aussage stimmt.

a) Eine Gerade ist bezüglich eines Punktes Z zu sich selbst symmetrisch.

b) Zwei parallele Geraden sind bezüglich eines Punktes Z, der zwischen den beiden Geraden liegt, punktsymmetrisch.

Konstruktion des punktsymmetrischen Punkts und des Symmetriezentrums

7 Zeichne in zwei Koordinatensysteme jeweils das Symmetriezentrum Z (0|0).

a) Konstruiere das zum Dreieck ABC punktsymmetrische Dreieck A'B'C' mit A (−2|1), B (2,5|−2,5), C (1|0,5).

b) Bestimme mithilfe des Geodreiecks das zum Dreieck XYZ punktsymmetrische Dreieck X'Y'Z' mit X (−1,5|−2,5) und Y (2|−0,5). Vergleiche dann beide Verfahren.

72/73

8 Erstelle die Figur mit einer DGS und erzeuge bezüglich des Symmetriezentrums das punktsymmetrische Objekt. Verschiebe dann das Symmetriezentrum und beschreibe abhängig von dessen Lage die Lage des erzeugten Objekts.

a)

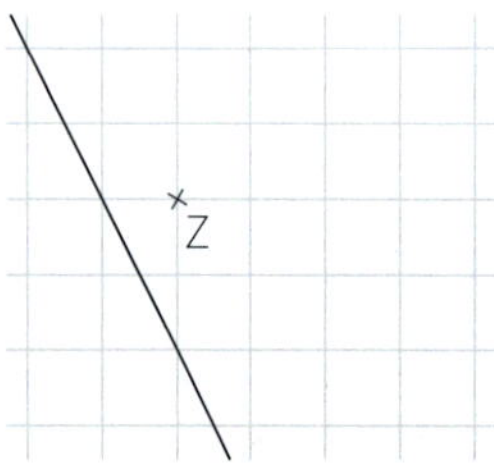

b)

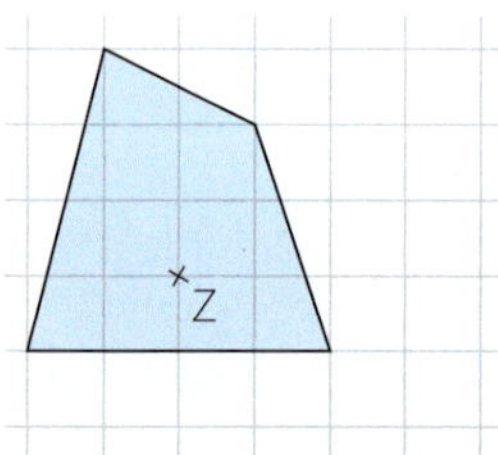

c)

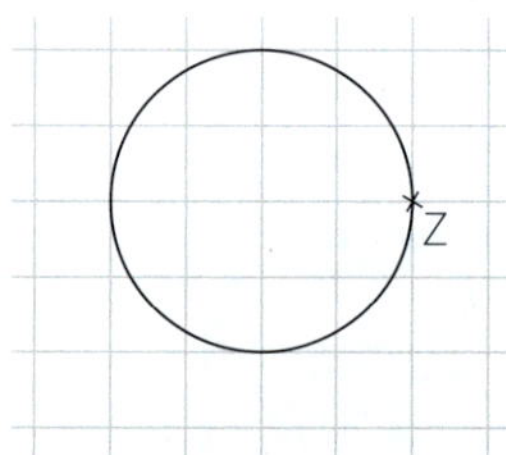

9 Zeichne das Dreieck ABC, mit A (−4|−3), B (3|0) und C (−2|2). Konstruiere das dazu punktsymmetrische Dreieck A'B'C', wenn A' die Koordinaten (2|1) hat. Gib die Koordinaten des Symmetriezentrums sowie die von B' und C' an. Was kannst du über die Schnittpunkte der beiden Dreiecksseiten aussagen? Begründe.

Noch fit?

I Nenne die Zahl der Zahlengeraden, die denselben Abstand hat.

a) von 9,3 wie 4,5 b) von 4,5 wie $9\frac{1}{4}$ c) von 4,5 wie $-4\frac{3}{4}$ d) von $-4\frac{2}{3}$ wie 4,7

Trainieren | **Vertiefen** | Herausforderung

10 Symmetrie in der Umgebung

a) In der Natur kommen viele Symmetrien vor. Erläutere, welche Symmetrien bei den Abbildung vorliegen.

b) Suche selbst Dinge mit Symmetrien in deiner Umgebung. Mache ein Bild und überprüfe durch Konstruktion, ob die Symmetrie vorliegt.

11 Folgende Dreiecke sind paarweise achsensymmetrisch. Betrachte das Dreieck ABC und das Dreieck A''B''C''. Was fällt dir auf? Formuliere eine Vermutung und überprüfe diese an einem selbstgewählten Beispiel.

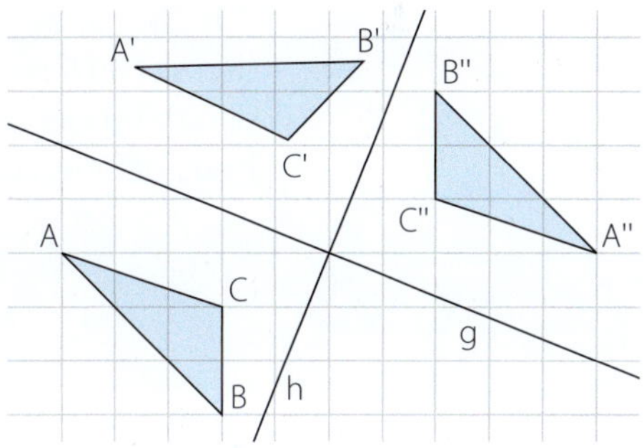

12 Zeichne drei Figuren, die folgende Eingenschaften besitzen:

a) achsen- und punktsymmetrisch

b) punkt-, aber nicht achsensymmetrisch

13 Lage des Symmetriezentrums

a) Konstruiere das Ausgangsdreieck zum punktsymmetrischen Dreieck bezüglich des Zentrums Z(0|2) mit den Punkten A'(−2|2), B'(−5|2) und C'(−3|1).

b) Finde ein mögliches Symmetriezentrum zum Ausgangszentrum, so dass das punktsymmetrische Dreieck folgende Eigenschaft besitzt. Tausche dich dann mit deinem Nachbarn aus.

(1) Das Dreieck liegt vollständig im 2. Quadranten.

(2) Das Dreieck liegt auf der x-Achse.

Trainieren | Vertiefen | **Herausforderung**

14 Eine Figur ist drehsymmetrisch, wenn du sie durch Drehung um einen bestimmten Winkel um ihr Drehzentrum wieder in sich überführen kannst.

a) Begründe mithilfe der Definition, weshalb die Figur drehsymmetrisch ist.

b) Erkläre, wieso die Punktsymmetrie ein Spezialfall der Drehsymmetrie ist.

c) Tibor meint: „Dreiecke sind zwar nicht punktsymmetrisch, aber drehsymmetrisch." Nimm dazu Stellung.

3.4 Symmetrische Vierecke

Einstieg

Wer bin ich?

Verschiedene Vierecke unterhalten sich. Zeichne alle passenden Vierecksarten in dein Heft und benenne sie.

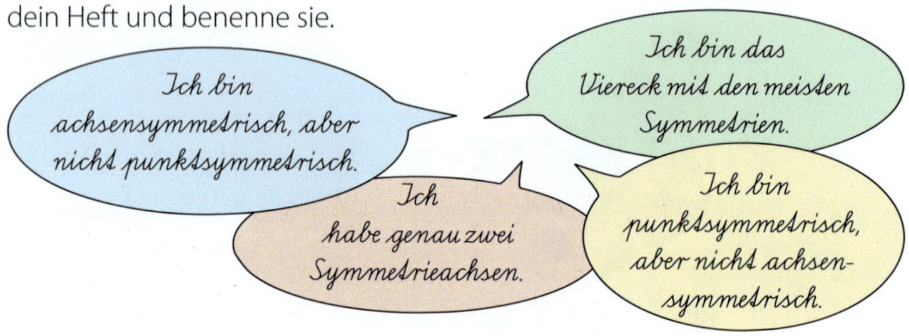

Wissen

Haus der Vierecke

Aus Jahrgangsstufe 5 kennst du bereits verschiedene Vierecksarten. Sie unterscheiden sich in ihren Eigenschaften. Wenn du sie nach ihrer Symmetrie ordnest, ergibt sich das sogenannte **Haus der Vierecke**.

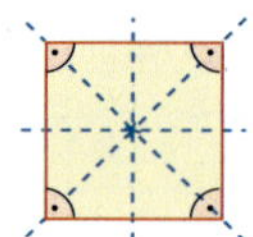

Quadrat: vier Symmetrieachsen und ein Symmetriezentrum; vier gleich lange Seiten, vier rechte Winkel; gleich lange, sich senkrecht halbierende Diagonalen

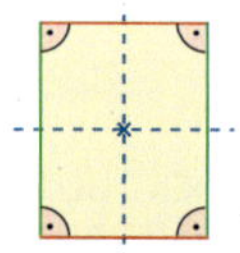

Rechteck: zwei Symmetrieachsen durch die Seitenmittelpunkte und ein Symmetriezentrum; zwei Paar gleich lange Seiten; vier rechte Winkel; gleich lange, sich halbierende Diagonalen

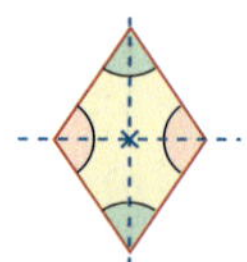

Raute: zwei Symmetrieachsen durch die Eckpunkte und ein Symmetriezentrum; vier gleich lange Seiten; zwei Paar gleich große Winkel; sich halbierende Diagonalen

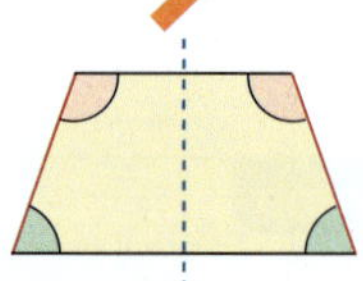

Gleichschenkliges Trapez: eine Symmetrieachse durch die Seitenmittelpunkte; ein Paar gleich lange Seiten; zwei Paar gleich große Winkel; gleich lange Diagonalen

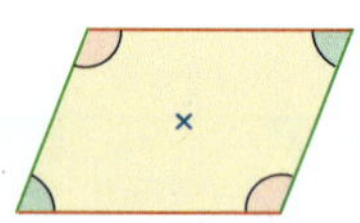

Parallelogramm: ein Symmetriezentrum; zwei Paar gleich lange Seiten; zwei Paar gleich große Winkel; sich halbierende Diagonalen

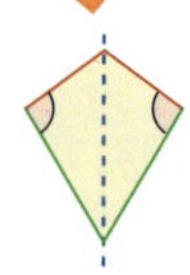

Drachenviereck: eine Symmetrieachse durch die Eckpunkte; zwei Paar gleich lange Seiten; ein Paar gleich große Winkel; zueinander senkrechte Diagonalen

Wie du siehst, steigt die Anzahl der Symmetrien vom „Erdgeschoss" zum „Dach" des Hauses. Dabei erbt ein Viereck immer die Symmetrien beider darunter liegender Vierecke. Die weiteren Eigenschaften der Vierecke, wie zum Beispiel gleich große Winkel oder gleich lange Seiten, ergeben sich aus der Symmetrie.

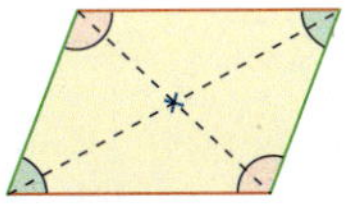

Zum Beispiel ist ein Parallelogramm punktsymmetrisch zum Diagonalenschnittpunkt. Somit sind die gegenüberliegenden Winkel gleich groß, die gegenüberliegenden Seiten gleich lang und die Diagonalen halbieren sich gegenseitig.

Beispiel 1: Mithilfe der Symmetrie argumentieren

Begründe mithilfe der Symmetrieeigenschaften, dass die Aussagen falsch sind.

a) Sind bei einem Drachenviereck beide Diagonalen Symmetrieachsen, dann ist es ein Quadrat.

b) Bei einem gleichschenkligen Trapez sind die gegenüberliegenden Winkel gleich groß.

Lösung:

a) Die Aussage ist falsch, denn aufgrund der Symmetrie sind die gegenüberliegenden Winkel und Seiten zwar gleich groß bzw. lang, aber es müssen nicht alle Winkel gleich groß sein.

b) Die Aussage ist falsch, da bei diesem Trapez die Symmetrieachse durch die Seitenmittelpunkte verläuft und nicht durch die Eckpunkte.

Aufgaben

Trainieren | Vertiefen | Herausforderung

Haus der Vielecke

1 Benenne die Vierecke und gib an, welche Symmetrien jeweils vorliegen. Ordne dann die Vierecke nach drei selbst gewählten Eigenschaften, z. B. Anzahl der gleich langen Seiten.

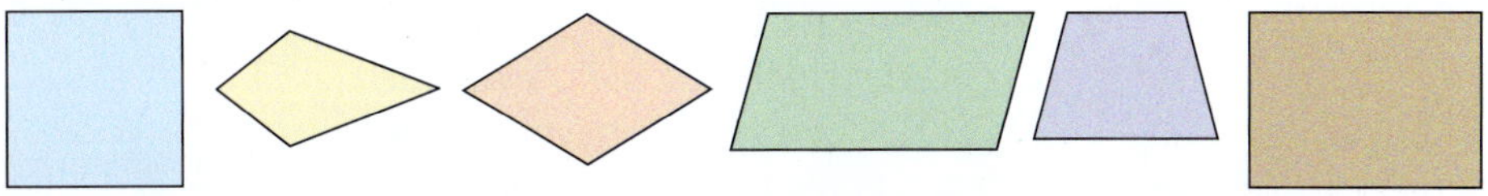

2 Außenseiter

Entscheide, welches Viereck nicht in die Gruppe passt und begründe deine Auswahl. Vergleiche anschießend mit deinem Nachbarn.

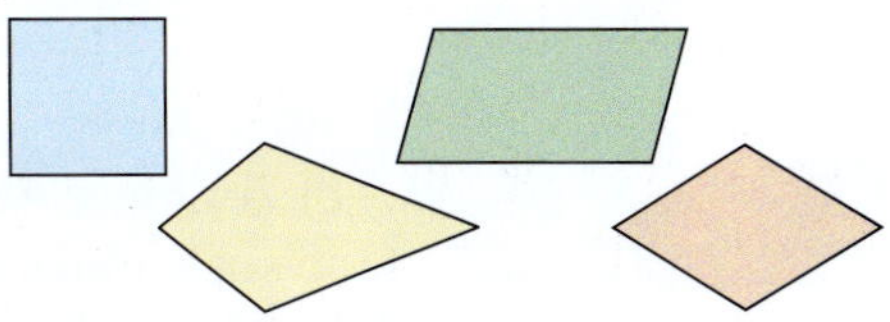

3 Überprüfe die folgenden Aussagen und gib bei falschen Aussagen ein Gegenbeispiel an.

a) Alle Parallelogramme sind punktsymmetrisch.

b) Nur Rechtecke sind punkt- und achsensymmetrische Vierecke.

c) Bei einem Drachenviereck sind zwei Winkel gleich groß.

d) Jedes Trapez ist achsensymmetrisch.

4 Wer bin ich?

a) Notiere jeweils alle Vierecksarten, die möglich sind.

b) Als sich das letzte Viereck mit „Ich habe genau eine Symmetrieachse und bin zudem punktsymmetrisch“ vorstellt, protestieren die anderen. Erläutere, wieso.

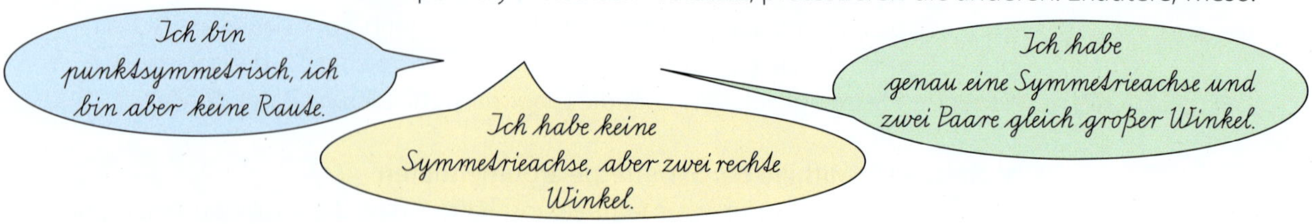

72/73

5 Trage die Punkte A(−3|2), B(−1|−2) und C(5|−0,5) in ein Koordinatensystem ein und konstruiere den Punkt D so, dass das Viereck ABCD ein
(1) Parallelogramm, (2) Drachenviereck, (3) gleichschenkliges Trapez ist.
Erläutere dein Vorgehen.

6 Entscheide, ob folgende Aussagen korrekt sind. Begründe deine Antwort kurz.

a) Jedes Rechteck ist ein Trapez.

b) Jedes Quadrat ist ein Parallelogramm.

c) Jedes Drachenviereck ist eine Raute.

d) Jede Raute ist ein gleichschenkliges Trapez.

e) Ein Quadrat ist kein Parallelogramm.

f) Erfinde selbst zwei Aufgaben und lasse sie von deinem Nachbarn lösen.

72/73

7 Vierecke mit DGS erkunden

a) Erläutere, wie das Bild in einer DGS erstellt worden ist. Erstelle es und lege dann einen zweiten Punkt D, der nicht auf der Geraden liegt, fest und erzeuge einen achsensymmetrischen Punkt D'. Verbinde nun die Punkte C, C', D und D' zu einem Viereck. Beschreibe, was für ein Viereck entstanden ist. Verschiebe nun den Punkt D und nenne, welche Vierecksarten entstehen können. Begründe, weshalb es keine weiteren Möglichkeiten gibt.

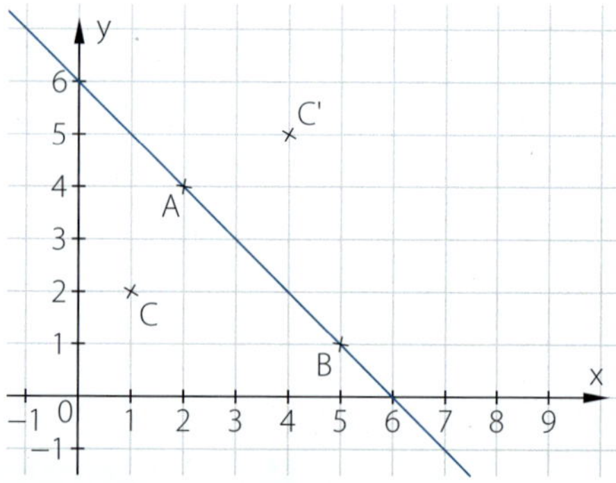

b) Zeichne ein Drachenviereck. Erläutere, wie viele Punkte du hierfür festlegen und spiegeln musst und wo diese liegen müssen. Verschiebe danach einen gespiegelten Punkt und nenne, welche Vierecksarten dadurch entstehen können. Begründe, weshalb es keine weiteren Möglichkeiten gibt.

c) Lege einen Punkt Z fest. Zeichne zwei Punkte A und B ein und erzeuge die zu Z symmetrischen Punkte A' und B'. Verbinde die Punkte A, B, A' und B' zu einem Viereck. Beschreibe, was für ein Viereck entstanden ist. Verschiebe nun den Punkt A und nenne, welche Vierecksarten dadurch entstehen können. Begründe, weshalb es keine weiteren Möglichkeiten gibt.

d) Begründe, weshalb in allen Fällen von a) bis c) ein Quadrat entstehen kann.

8 Übertrage ins Heft und vervollständige.

a) Alle Vierecke mit zwei verschiedenen Symmetrieachsen haben □ Paar □ Seiten und □ Paar □ Winkel.

b) Alle Vierecke mit genau einer Symmetrieachse haben □ Paar □ Seiten und □ Winkel.

c) Alle punktsymmetrischen Vierecke haben □ Seiten und □ Winkel.

Noch fit?

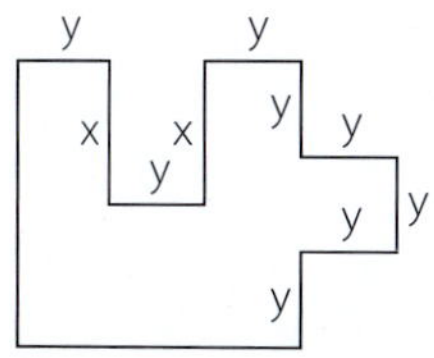

I Ein Draht soll in die angegebene Form gebogen werden. Stelle jeweils einen Term für die Länge des benötigten Drahtes und den eingeschlossenen Flächeninhalt auf.

II Vereinfache die folgenden Terme. Gib an, welche Gesetze du verwendest.

a) $(4a)^2 \cdot 4a^2$

b) $(-3b) \cdot (3b^2)^3$

c) $\left(-\frac{1}{2}a^2b\right)^2 \cdot 2b$

d) $\frac{1}{2}xy \cdot \left(-\frac{1}{3}xz\right) \cdot \frac{1}{4}yz$

e) $0{,}2st \cdot (t - 0{,}4s^2)$

f) $-p^2q \cdot (2q^2 - p)$

III Finde und korrigiere alle Fehler.

a) $3a^2 \cdot 6a^3b = 9a^6b$

b) $(2x)^8 - (x^2)^3 = 2x^8 - x^8 = 2$

c) $4de^2 + 2d(e^2 - 2d) = 4de^2 + 2de^2 - 2d = 4de^2 + e^2 = 5de^2$

Trainieren | **Vertiefen** | Herausforderung

9 Raffaela hat verschiedene Vierecke in ihr Heft gezeichnet.

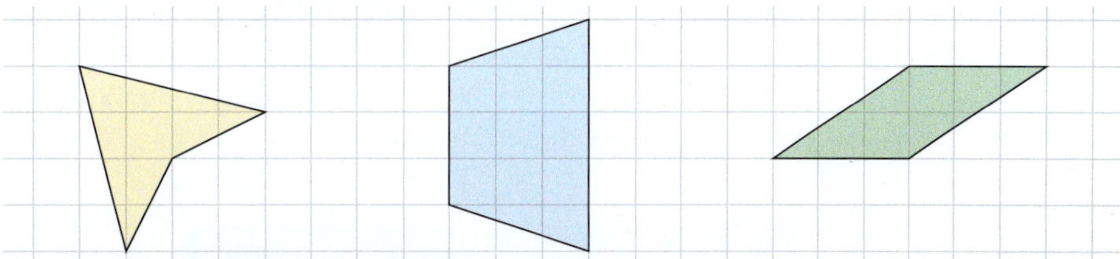

a) Eren meint: „Das erste ist doch gar kein Viereck". Daraufhin antwortet sie: „Doch, es ist sogar ein Drachenviereck." Wer hat recht? Begründe deine Antwort durch Betrachtung der Symmetrien.

b) Entscheide und begründe, ob es sich bei den anderen beiden Vierecken auch um Drachenvierecke handelt.

10 Begründe die folgenden Aussagen.

a) Bei einem Drachenviereck verläuft das Lot von einer Ecke auf die Diagonale durch eine zweite Ecke.

b) Bei einer Raute verläuft die Winkelhalbierende eines Innenwinkels durch eine zweite Ecke.

11 Entscheide und begründe, ob die Aussage wahr oder falsch ist.
a) Ein punkt- und achsensymmetrisches Viereck hat vier gleich große Winkel.
b) Ein Viereck, bei dem zwei gegenüberliegende Winkel gleich groß und zwei Seiten gleich lang sind, ist eine Raute.

12 Wie viele verschiedene Vierecke kannst du am 3×3-Geobrett finden? Skizziere diese in dein Heft und ordne sie anschließend nach verschiedenen Kriterien, z. B. Anzahl der Symmetrieachsen.

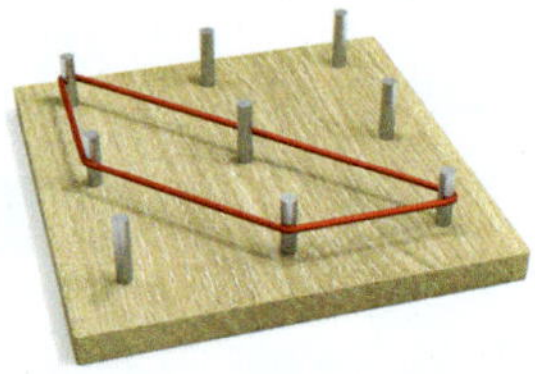

13 Zeichne vier gleiche Trapeze mit den Koordinaten A (0|0), B (8|0), C (6|3,46) und D (2|3,46) auf und schneide sie aus. Lege daraus ein großes, formgleiches Trapez. Erläutere, wie du dabei vorgehst.

14 Zerlege eine Raute so, dass folgende Figuren entstehen.
a) vier gleich große Drachenvierecke
b) ein Parallelogramm und zwei Trapeze
c) eine Raute und zwei gleichgroße Trapeze

15 Schneide von einem DIN-A4-Blatt ein paar Ecken ab, sodass ein unregelmäßiges Vieleck entsteht. Falte jetzt das Papier so, dass ein Quadrat entsteht. Tausche dich nun mit deinem Nachbarn über euer Vorgehen aus. Versucht eine Lösung zu finden, bei der ihr möglichst wenige Faltungen machen müsst.

16 Diagonalen und Symmetrie
a) Erläutere, weshalb die Aussage richtig ist: „Wenn ein Viereck zu einer seiner Diagonalen symmetrisch ist, dann halbiert diese die andere Diagonale."
b) Pete hat sich ein Rechteck dazu aufgezeichnet und meint dann ganz begeistert: „Umgekehrt gilt das doch auch. Wenn eine Diagonale eines Vierecks die andere halbiert, dann ist das Viereck zu dieser Diagonale symmetrisch."
Nimm Stellung zu der Aussage.

Trainieren | Vertiefen | **Herausforderung**

17 Sehnen- und Tangentenvierecke
Bei einem Sehnenviereck liegen alle vier Eckpunkte auf einem Kreis. Bei einem Tangentenviereck berührt ein Kreis alle vier Seiten des Vierecks.
a) Zeichne zwei verschiedene Sehnenvierecke. Gib an, bei welchen Vierecksarten es sich um Sehnenvierecke handelt.
b) Zeichne zwei verschiedene Tangentenvierecke. Untersuche, welche besonderen Eigenschaften diese Vierecksart hat.
c) Erläutere, welche Art von Symmetrie bei einem Sehnen- bzw. Tangentenviereck vorliegen muss.

Check up

Was kannst du? Was musst du noch üben?
Mit diesen Aufgaben kannst du deinen Lernfortschritt überprüfen.
Lösungen findest du im Anhang.

1 Zu einer Gerade g soll eine Parallele im Abstand von 4 cm konstruiert werden. Gib eine Konstruktionsbeschreibung an.

2 Für einen besseren Empfang in zwei Städten soll zusätzlich zum Sendemast A ein neuer Mobilfunkmast gebaut werden. Erläutere, welche Kriterien bei der Ortswahl wichtig waren.

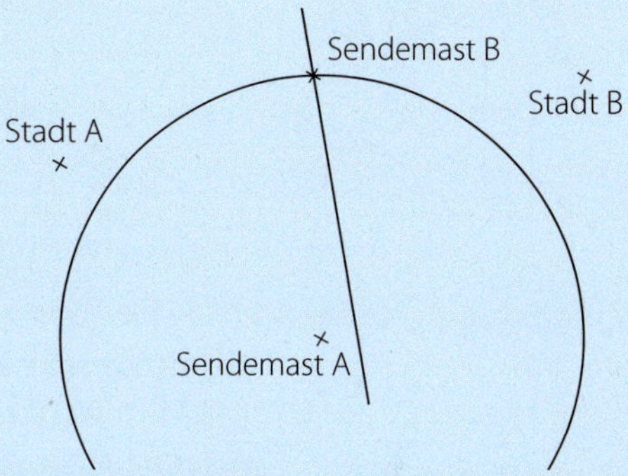

3 Das punktsymmetrische Dreieck zum Dreieck ABC wurde falsch gezeichnet. Finde die Fehler und begründe mithilfe der Eigenschaften punktsymmetrischer Figuren.

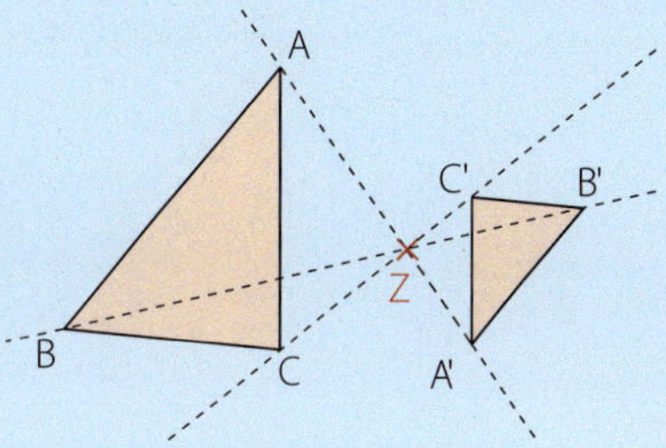

4 Konstruktionen

a) Trage den Punkt A (2|2) in ein Koordinatensystem ein. A' (6|−2) ist der achsensymmetrische Punkt zu A. Konstruiere die Symmetrieachse a. Der Punkt S ist der Schnittpunkt der Symmetrieachse mit der y-Achse. Gib dessen Koordinaten an.
b) Konstruiere zum Punkt B (1|−1) den bezüglich der Achse a symmetrischen Punkt B'. Gib dessen Koordinaten an und begründe, weshalb das entstandene Trapez ABB'A' gleichschenklig ist.
c) Trage den Punkt Z (4|0) ein. Konstruiere zum Punkt B den bezüglich Z punktsymmetrischen Punkt B''.
d) Erläutere, weshalb der punktsymmetrische Punkt A'' zu dem Punkt A dieselben Koordinaten wie A' besitzt.

5 Zu einer Strecke $\overline{AB}$ wird die bezüglich eines Punktes Z punktsymmetrische Strecke $\overline{A'B'}$ gezeichnet.
a) Erläutere, welche Vierecke ABA'B' dabei entstehen können.
b) Beschreibe, unter welcher Bedingung kein Viereck entsteht.

Auf einen Blick

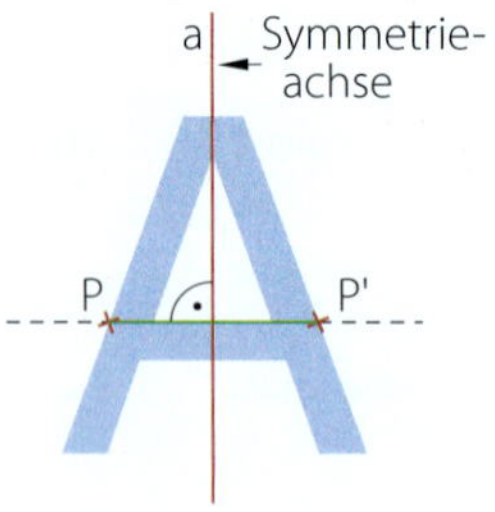

Achsensymmetrische Figuren

Zu jedem Punkt P gehört ein zu P achsensymmetrischer Punkt P'. Die Verbindungsstrecke PP' wird von der Symmetrieachse senkrecht halbiert. P und P' haben von der Symmetrieachse somit den gleichen Abstand.

achsensymmetrische Punkte

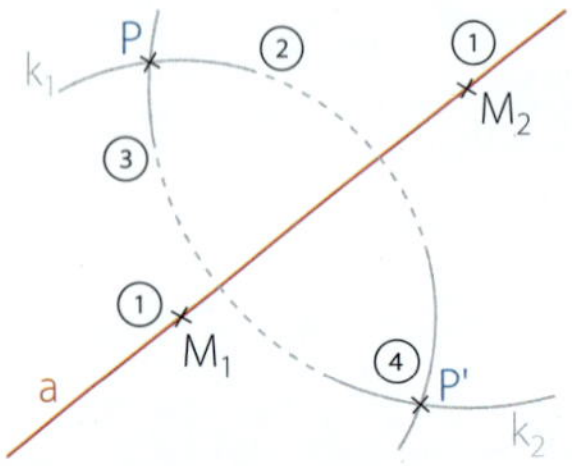

Symmetrieachse

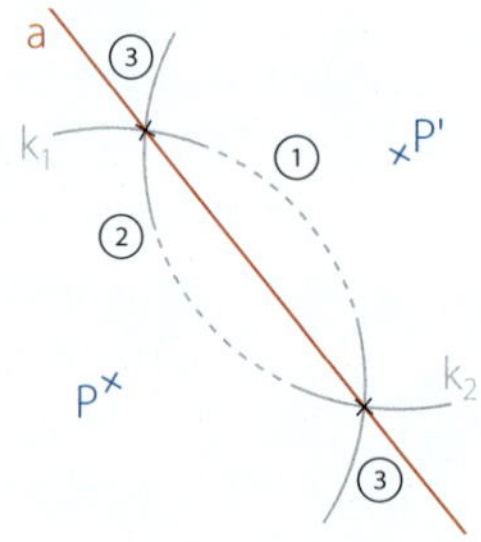

Grundkonstruktionen

Die **Mittelsenkrechte m** einer Strecke $\overline{AB}$ verläuft senkrecht zur Strecke $\overline{AB}$ und halbiert diese. Sie ist die Symmetrieachse zu den Punkten A und B.

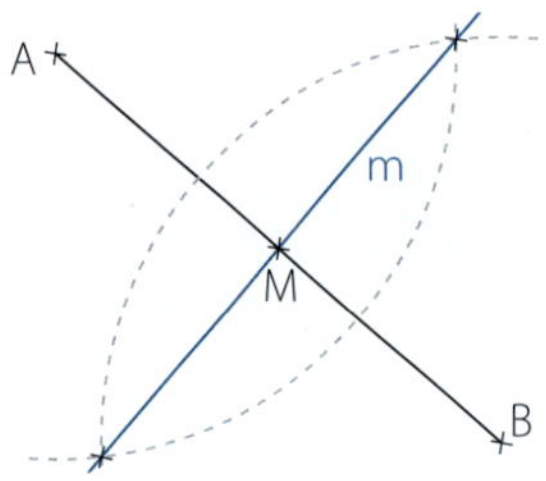

Die **Winkelhalbierende w** eines Winkels α verläuft durch den Scheitel S des Winkels und teilt den Winkel in zwei gleich große Teile.

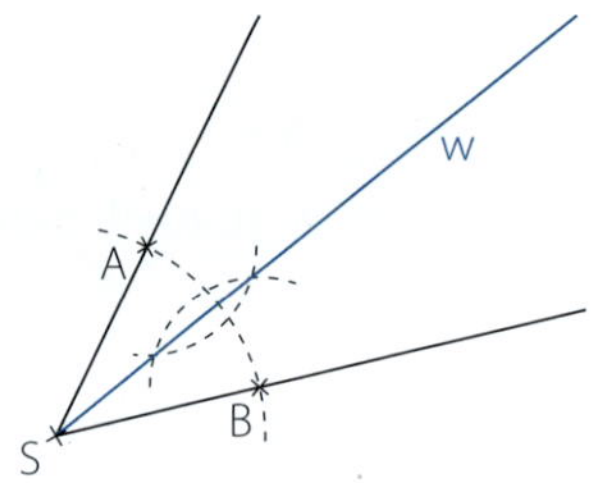

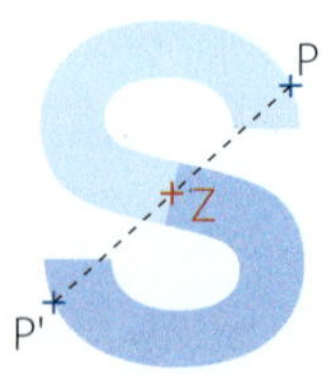

Punktsymmetrische Figuren

Zu jedem Punkt P gehört ein **zu P punktsymmetrischer Punkt P'**.
Die Verbindungsstrecke $\overline{PP'}$ wird vom **Symmetriezentrum Z** halbiert.
P und P' haben vom Symmetriezentrum den gleichen Abstand.

punktsymmetrische Punkt

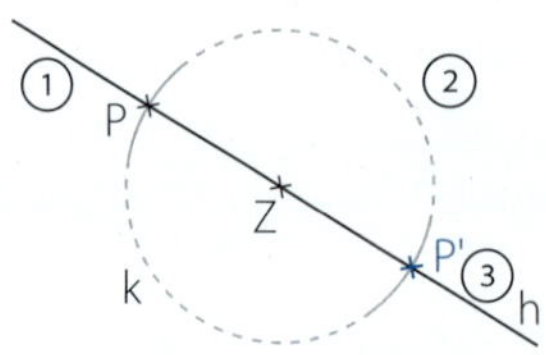

Symmetriezentrum

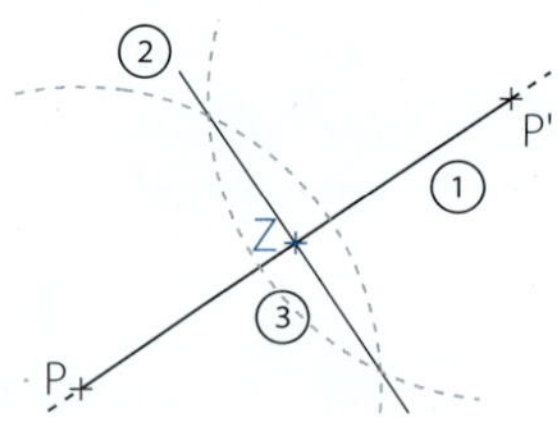

Symmetrische Vierecke

Du kannst die Vierecksarten aufgrund ihrer Symmetrieeigenschaften ordnen.

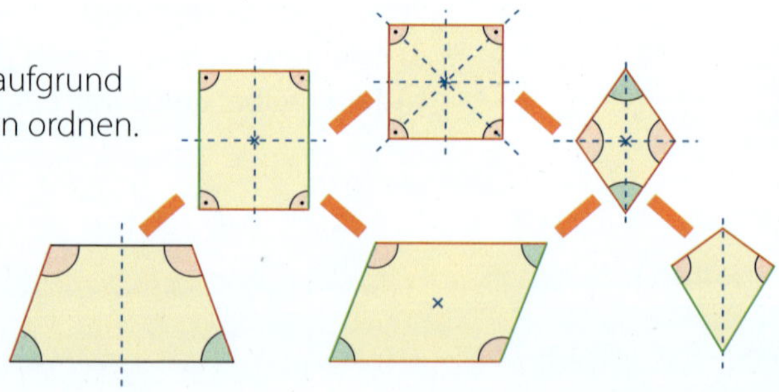

Kapitel 4

Winkelbetrachtungen an Figuren

In der Architektur, in der Kunst und in der Technik spielen Winkelbeziehungen eine große Rolle.
In diesem Kapitel wirst du Zusammenhänge zwischen den Winkeln in verschiedenen geometrischen Figuren kennen lernen. Außerdem kannst du dann auch mithilfe der verschiedenen Gesetzmäßigkeiten die Größe der Winkel bestimmen und Aussagen dazu begründen oder widerlegen.

Wiederholung

Winkel

Ein Winkel entsteht durch Drehung einer Halbgeraden um einen Scheitel. Die Halbgeraden nennt man Schenkel. Winkel werden entweder mit griechischen Buchstaben oder mithilfe des Scheitels und je einem Punkt auf den Schenkeln bezeichnet:

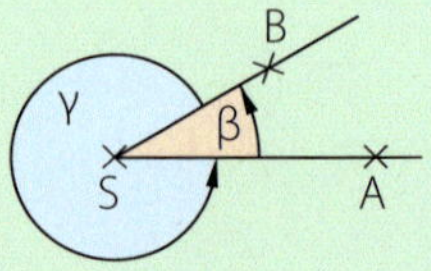

β = ∢ ASB γ = ∢ BSA

Es gibt folgende Winkelarten:

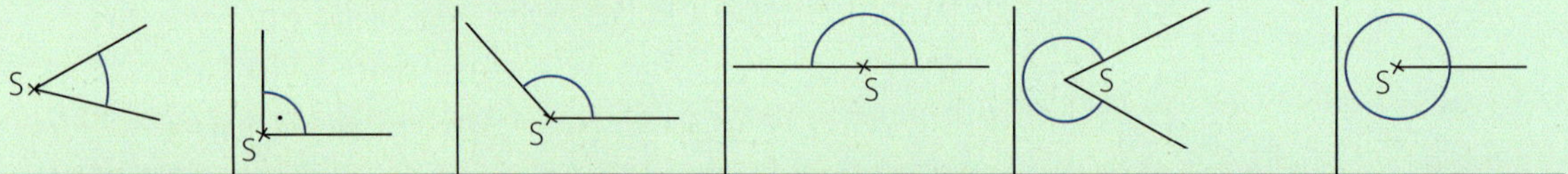

spitzer Winkel	rechter Winkel	stumpfer Winkel	gestreckter Winkel	überstumpfer Winkel	Vollwinkel
$0° < \alpha < 90°$	$\alpha = 90°$	$90° < \alpha < 180°$	$\alpha = 180°$	$180° < \alpha < 360°$	$\alpha = 360°$

Zur Erinnerung

α – Alpha
β – Beta
γ – Gamma
δ – Delta
ε – Epsilon
η – Eta
μ – My
ρ – Rho
σ – Sigma
φ – Phi

Winkel messen

Winkel bis 180° misst du, indem du die Nullkante des Geodreiecks an einen Schenkel und den Nullpunkt an den Scheitel anlegst. Dann liest du an der Skala die Winkelgröße ab.

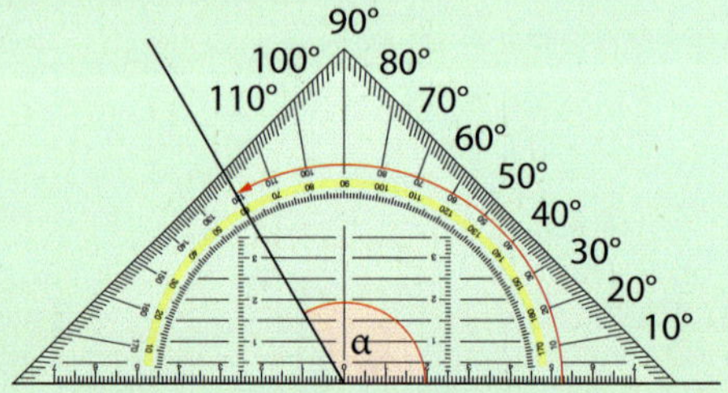

Beim Messen eines Winkels über 180° gibt es zwei verschiedene Wege:
(1) Zerlege den Winkel in einen gestreckten Winkel und einen Restwinkel, den du messen kannst.
(2) Miss den Ergänzungswinkel, der zum Vollwinkel fehlt, und subtrahiere diesen Wert von 360°.

Aufgaben

1 Vervollständige die Tabelle im Heft. Schätze die Winkelgrößen zuerst und vergleiche dann mit den gemessenen Werten.

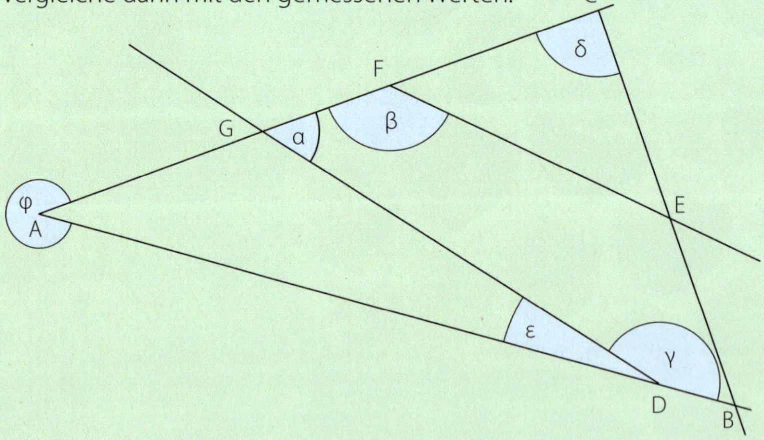

Winkel	∢ …	Art des Winkels	geschätzt	gemessen
α	∢DGC	spitz	…	…
β	…	…	…	…

4.1 Zusammenhänge an Geraden- und Doppelkreuzungen

Einstieg

Stadtplanung

Der abgebildete Stadtplan zeigt einen Ausschnitt von Manhattan. Du siehst unter anderem den Broadway, der teilweise nahezu geradlinig verläuft. Dabei schneidet er verschiedene Straßen.
Miss die Winkel an den Straßenkreuzungen und suche nach Beziehungen.
Vergleiche die Ergebnisse mit deinem Partner und versucht gemeinsam, Regeln zu formulieren.

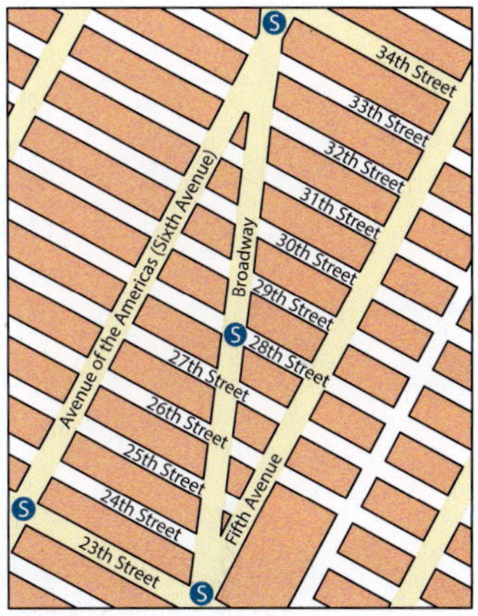

Wissen

Scheitelwinkel und Nebenwinkel

Kreuzen sich zwei Geraden, so entstehen am Schnittpunkt vier Winkel.

Nebeneinanderliegende Winkel an einer Geraden, wie α und β, bezeichnet man als **Nebenwinkel**.
Nebenwinkel ergänzen sich zu 180°.
Gegenüberliegende Winkel, wie α und γ, bezeichnet man als **Scheitelwinkel**.
Scheitelwinkel sind gleich groß.

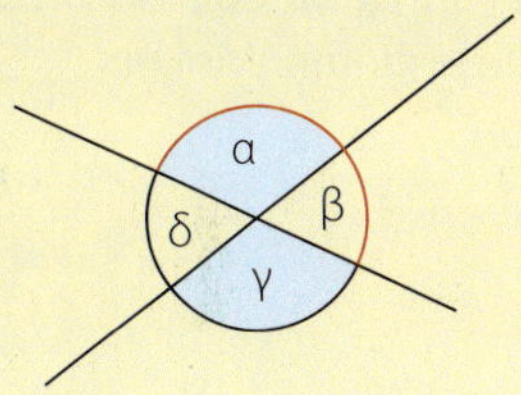

Zur Erinnerung
Ein gestreckter Winkel misst 180°, ein Vollwinkel 360°.

Dass Scheitelwinkel gleich groß sind, kannst du dir begründen:
Im Bild oben sind α und β Nebenwinkel, somit ergibt sich $\alpha + \beta = 180°$. Dasselbe ergibt sich für $\gamma + \beta = 180°$. Wenn du nun beide Gleichungen vergleichst, siehst du, dass α und γ gleich groß sein müssen: $\alpha = \gamma$

▼ **Beispiel 1: Winkelberechnungen**

An einer Kreuzung dreier Geraden sind zwei Winkel gegeben. Berechne die Größe der anderen Winkel. Erläutere deinen Weg.

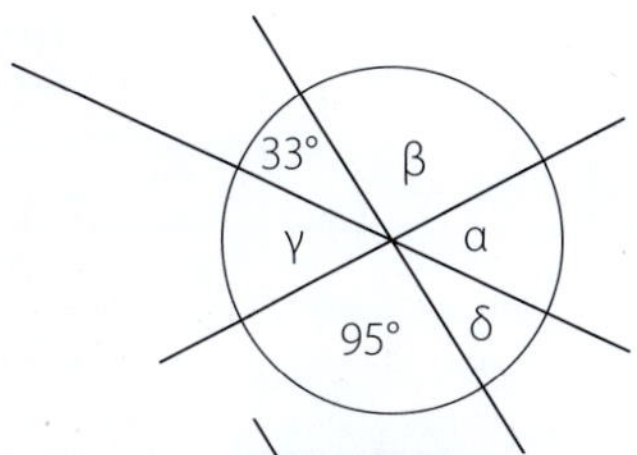

Lösung:
$\beta = 95°$ und $\delta = 33°$, da es jeweils Scheitelwinkel sind. Der Winkel, der sich aus dem 95°-Winkel und $\delta = 33°$ zusammensetzt, ist der Nebenwinkel von γ.
$\gamma + (95° + 33°) = 180°$, somit ist $\gamma = 52°$. $\alpha = 52°$,
▲ da α ein Scheitelwinkel zu γ ist.

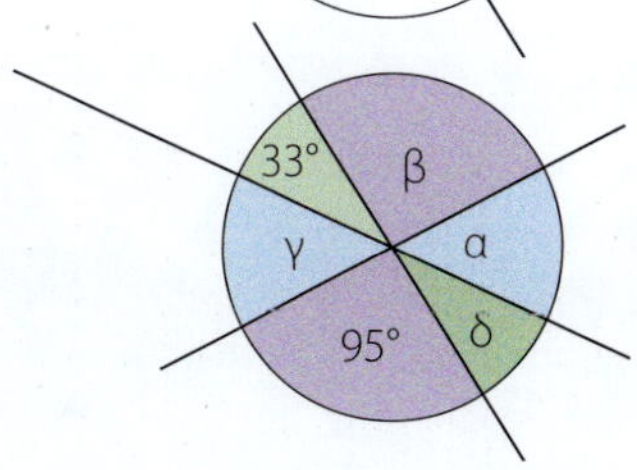

Stufenwinkel und Wechselwinkel an Doppelkreuzungen

Oft kreuzen sich auch mehr als nur zwei Geraden. Wenn die Gerade h die Geraden g_1 und g_2 schneidet, wird dies als Doppelkreuzung bezeichnet. Dabei ergeben sich an der Geraden h insgesamt acht Winkel.

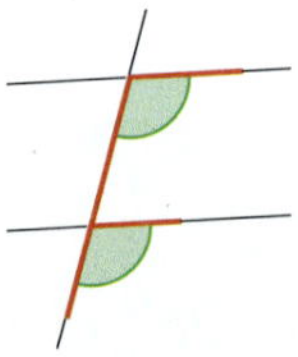

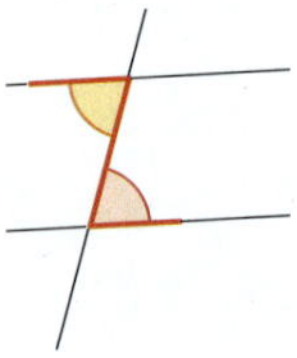

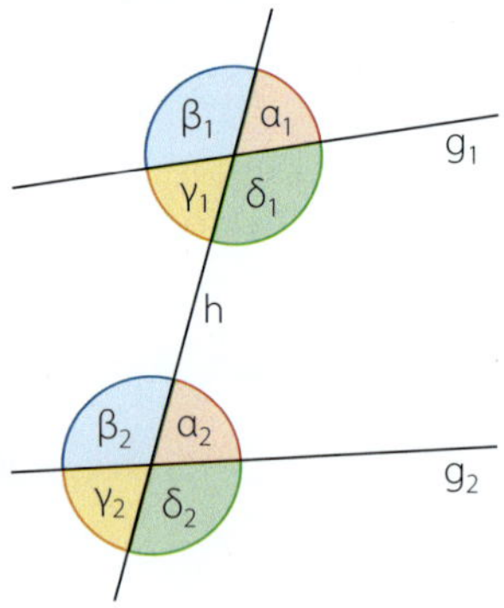

δ_1 und δ_2 liegen an der jeweiligen Kreuzung „unten rechts". Die Lage der Winkel erinnert an den Buchstaben F. Solche Winkel heißen **Stufenwinkel (F-Winkel)**. Weitere Stufenwinkelpaare sind α_1 und α_2, β_1 und β_2, γ_1 und γ_2.

γ_1 liegt an der oberen Kreuzung „unten links", α_2 an der unteren „oben rechts". Die Lage der Winkel erinnert an den Buchstaben Z. Solche Winkel heißen **Wechselwinkel (Z-Winkel)**. Weitere Wechselwinkelpaare sind δ_1 und β_2, α_1 und γ_2, β_1 und δ_2.

> Gleichliegende Winkelpaare heißen **Stufenwinkel (F-Winkel).**
> Wechselseitig liegende Winkelpaare heißen **Wechselwinkel (Z-Winkel).**

Ein Spezialfall ist die **Doppelkreuzung mit zwei parallelen Geraden**.

Hinweis
Die anschauliche Erklärung kannst du ebenso für die anderen Winkel zeigen.

Stell dir nun vor, dass der Abstand der beiden parallelen Geraden g_1 und g_2 solange verkleinert wird, bis sie aufeinanderliegen. Du erkennst, dass dann die Stufenwinkel α_1 und α_2 auch exakt aufeinanderliegen, also $\alpha_1 = \alpha_2$. Weiterhin sind auch die Winkel α_1 und γ_1 gleich groß, da sie Scheitelwinkel sind, also $\alpha_1 = \gamma_1$. Dann muss also γ_1 genauso groß wie α_2 sein. Somit sind Wechselwinkel gleich groß.

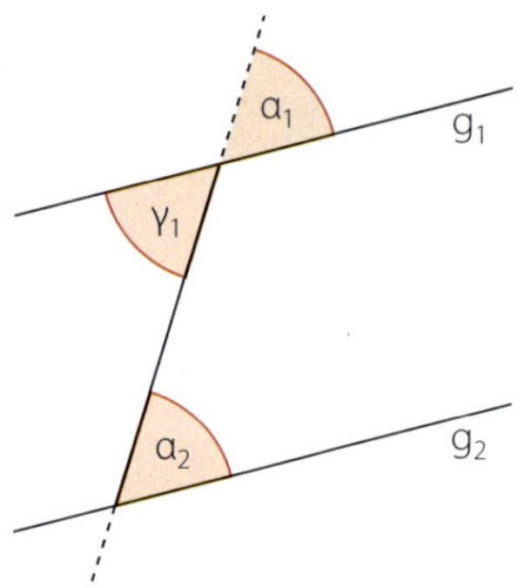

> **An Doppelkreuzungen mit parallelen Geraden sind Stufenwinkel gleich groß.**
> **An Doppelkreuzungen mit parallelen Geraden sind Wechselwinkel gleich groß.**

Beispiel 2: Winkelberechnungen
Berechne die Größe von α.
Finde verschiedene Lösungswege.

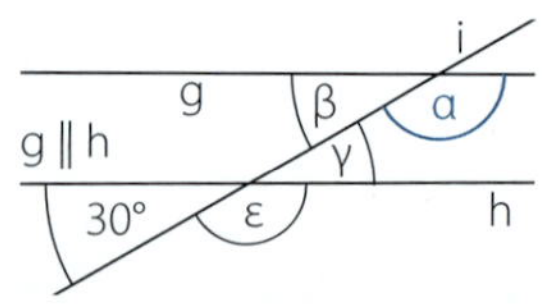

Lösung:

(1) $\gamma = 30°$ (Scheitelwinkel)
$\beta = \gamma = 30°$ (Wechselwinkel,
$\alpha = 180° - 30°$ (Nebenwinkel α und β)
$= 150°$

(2) $\varepsilon = 180° - 30°$ (Nebenwinkel)
$= 150°$
$\alpha = \varepsilon$ (Stufenwinkel α und ε)
$= 150°$

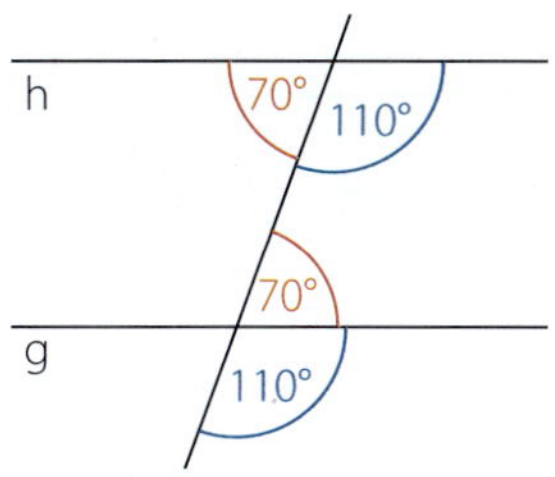

Bisher bist du von parallelen Geraden ausgegangen und hast Aussagen über die Winkelgrößen getroffen. Umgekehrt kannst du aber auch mithilfe der Winkelgrößen die Lagebeziehung von Geraden untersuchen, denn es gilt: Gibt es an einer Doppelkreuzung zwei gleich große Wechsel- oder Stufenwinkel, dann sind die Geraden parallel.

Beispiel 3: Lagebeziehungen

Untersuche, wie die Geraden g und h zueinander liegen. Begründe dein Ergebnis.

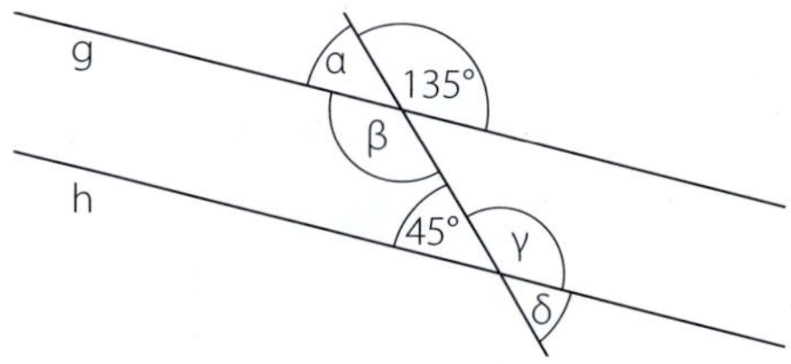

Lösung:

$\alpha = 45°$, da der 135°-Winkel und α Nebenwinkel sind. α und der 45°-Winkel sind Stufenwinkel und gleich groß. Somit sind die Geraden g und h parallel.

Aufgaben

Trainieren | Vertiefen | Herausforderung

Scheitelwinkel und Nebenwinkel

1 Bestimme die Größe der beschrifteten Winkel und begründe dein Vorgehen.

a)

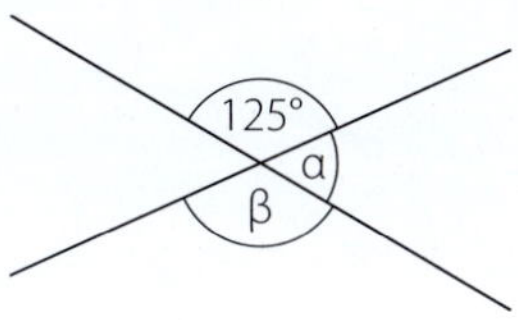

b)

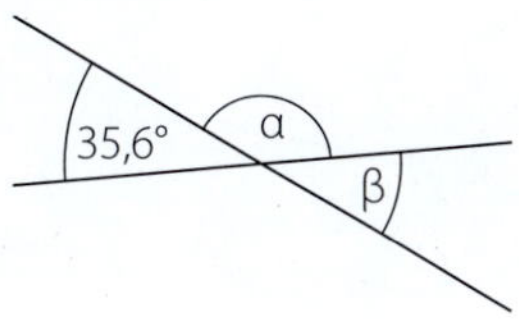

c)

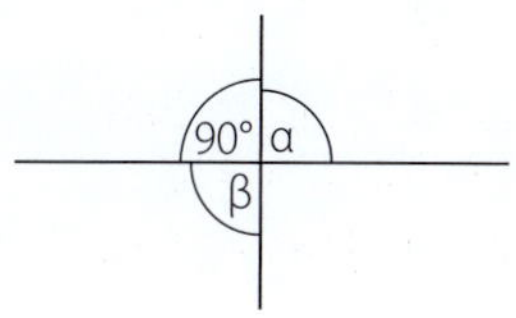

2 α und β sind Nebenwinkel an einer Geradenkreuzung.

a) Berechne β für $\alpha = 50°$ (95°; 75,3°; 113°; 200°).

b) β ist dreimal so groß wie α. Berechne α.

c) β weicht um 3° von einem rechten Winkel ab. Berechne α.

d) Erläutere, wie groß der Scheitelwinkel von α ist, wenn $\beta = 79°$.

3 Karlo hat die Winkel bestimmt. Er wundert sich, da alle Winkel zusammen 420° ergeben. Erkläre ihm seinen Fehler.

$\alpha = 70°$, da Nebenwinkel *$\beta = 30°$, da Scheitelwinkel*
$\gamma = 70°$, da Scheitelwinkel *$\delta = 110°$, da Scheitelwinkel*

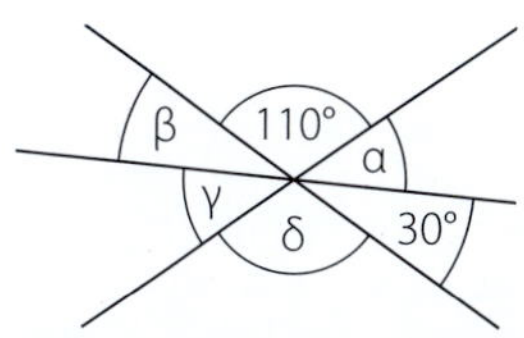

Stufenwinkel und Wechselwinkel

4 Gib die Größe der eingezeichneten Winkel an und begründe.

a)

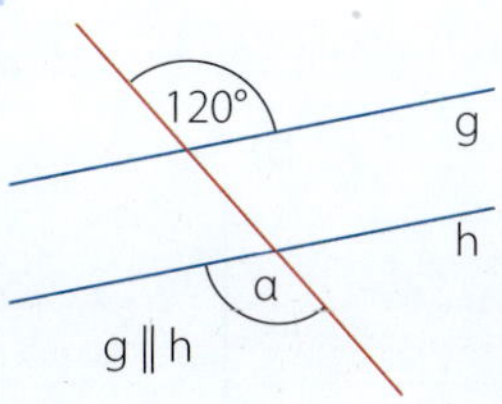

b)

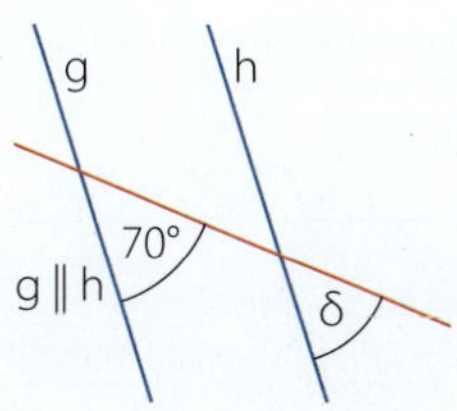

c)

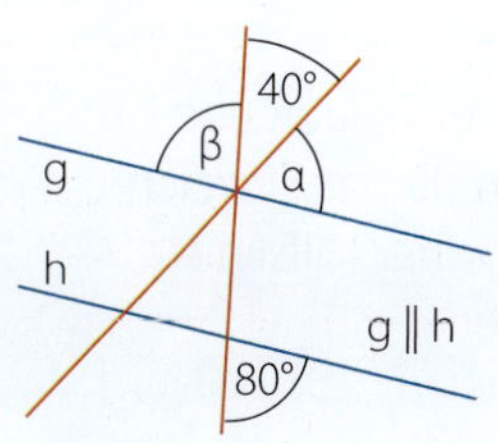

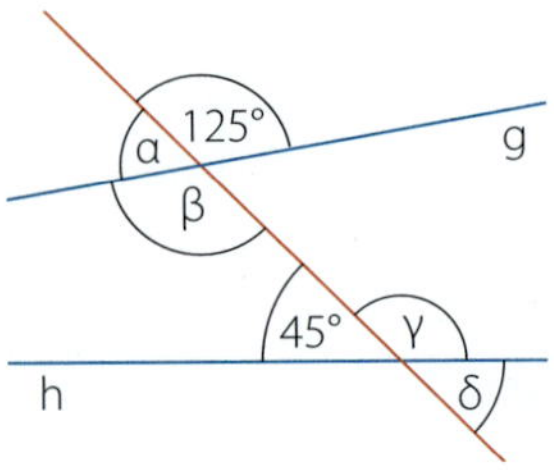

5 Anna hat eine Doppelkreuzung mit parallelen Geraden gezeichnet und zwei Winkel gemessen. Ihre Banknachbarin ist verwundert. Nimm dazu Stellung.

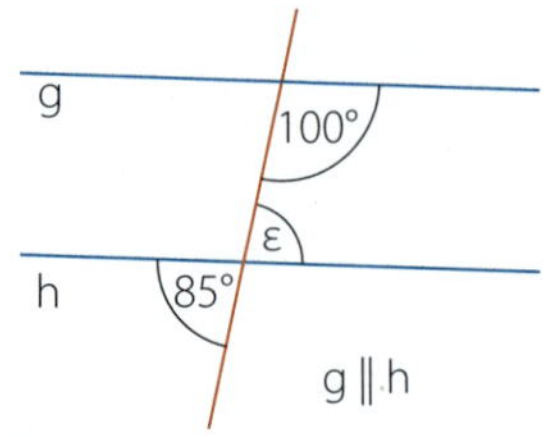

6 Untersuche, wie die Geraden g und h im linken Bild zueinander liegen. Begründe dein Ergebnis.

Vermischte Aufgaben

7 Erklärt euch gegenseitig folgende Begriffe in eigenen Worten: Stufenwinkel, Nebenwinkel, Wechselwinkel, Scheitelwinkel.

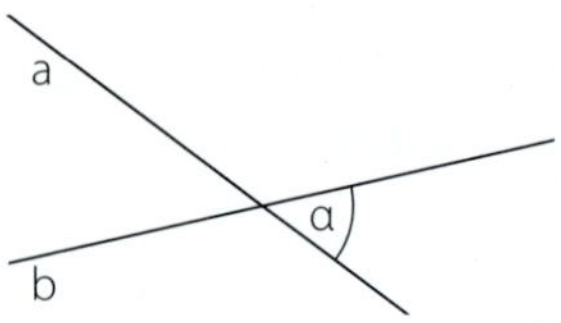

8 Skizziere die Zeichnung in dein Heft und zeichne eine Parallele c zu a. Trage die Winkel β, δ, γ und ε so ein, dass folgendes gilt: Der Stufenwinkel zu α heißt β. Der Wechselwinkel zu α heißt γ. Die Nebenwinkel zu α heißen δ und ε.

9 Skizziere die Figur in dein Heft. Gib die fehlenden Winkel an den parallelen Geraden an. Vergleiche mit einem Partner und erläutere dein Vorgehen.

a)

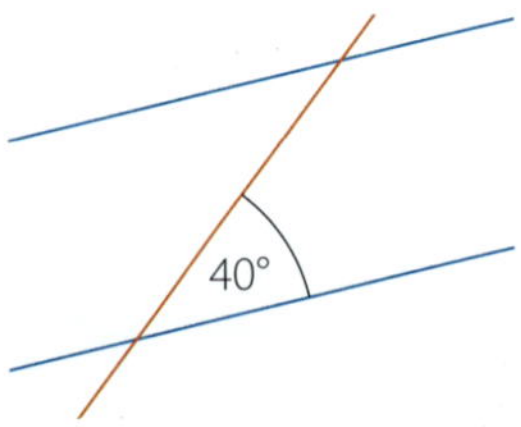

b)

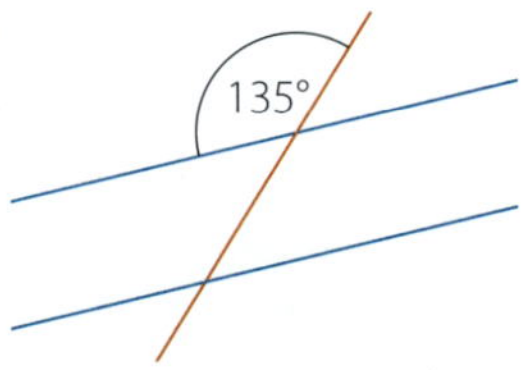

c)

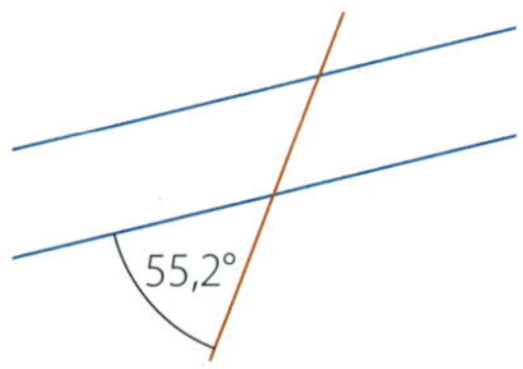

10 Isa möchte überprüfen, ob ein Viereck ein Parallelogramm ist. Erläutere, wie sie dies mit einem Geodreieck machen kann, ohne die Hilfslinien zu benutzen.

Noch fit?

I Nenne, welche Zahl man

a) zu $4\frac{2}{3}$ addieren muss, um $-3\frac{1}{4}$ zu erhalten.

b) von $-1{,}8$ subtrahieren muss, um 5,19 zu erhalten.

c) durch $\frac{3}{8}$ dividieren muss, um 7,6 zu erhalten.

d) mit sich selbst multiplizieren muss, um 0,0144 zu erhalten.

Trainieren | **Vertiefen** | Herausforderung

Tipp
Bei der Teilaufgabe b) kann dir das Einzeichnen einer Hilfslinie helfen.

11 Gib die Größe aller bezeichneten Winkel an und begründe stichpunktartig.

a)

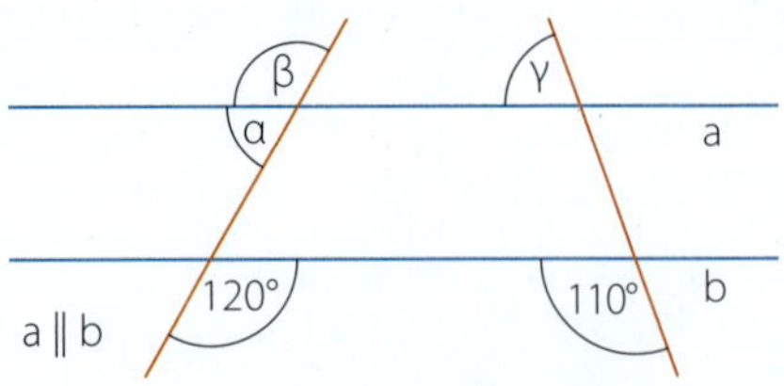

b)

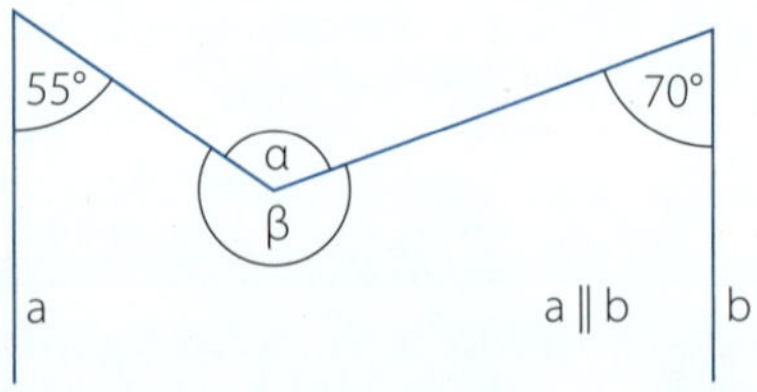

12 Das Trapez ist achsensymmetrisch zur Symmetrieachse g. Zeichne das Trapez in dein Heft. Verlängere seine Seiten über die Eckpunkte hinaus. Bestimme die Winkelgrößen der innenliegenden Trapezwinkel und begründe deine Berechnung.

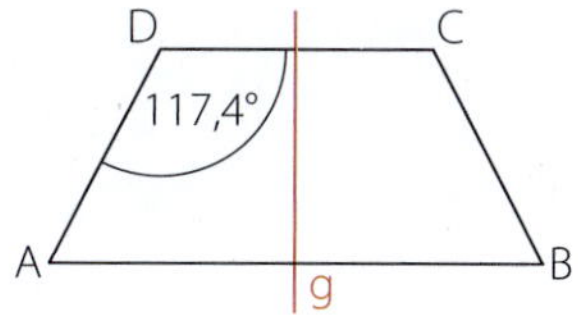

13 Übertrage die Geradenkreuzungen in dein Heft und berechne die Größe der Winkel α bzw. β.

a)

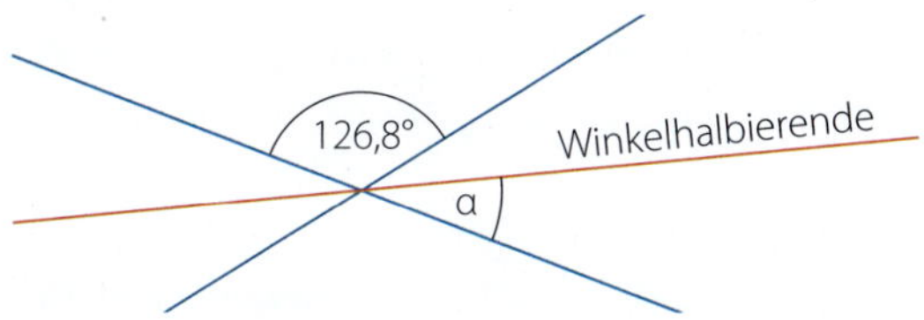

b)

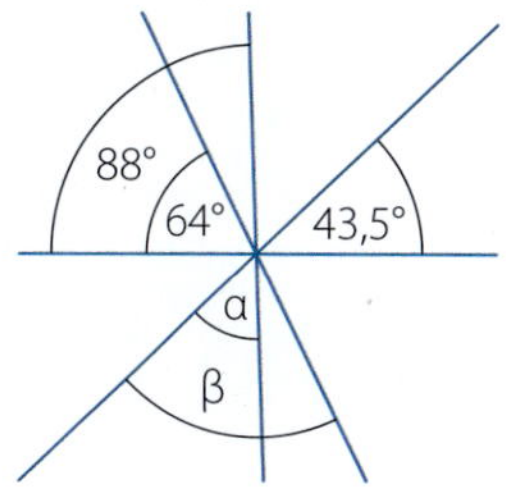

14 In einem Parallelogramm ist der Winkel α = 65°. Bestimme die Größen der anderen Winkel β, δ, γ des Parallelogramms. Begründe.

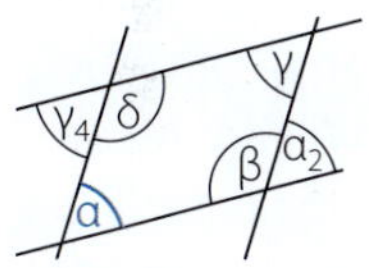

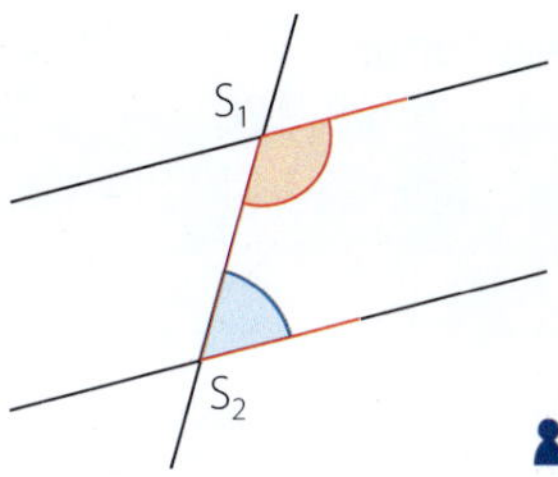

15 Die beiden in der Abbildung links markierten Winkel nennt man Nachbarwinkel oder auch E-Winkel. Erläutere diese Bezeichnungen. Formuliere eine Vermutung über die beiden Nachbarwinkel und begründe diese.

16 g_1 und g_2 sowie h_1 und h_2 sind jeweils parallel. Anna behauptet: „Es genügt, wenn man zwei Winkel kennt, um alle anderen Winkel zu bestimmen." Diskutiere die Aussage mit deinem Partner und nehmt dazu Stellung.

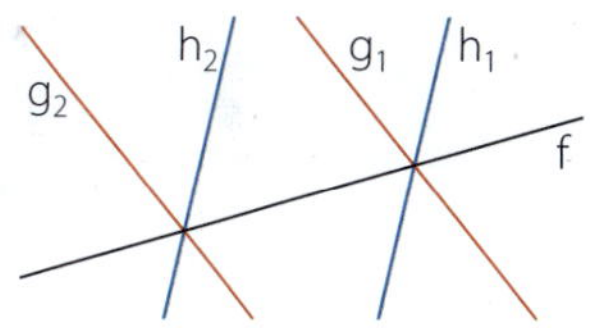

Trainieren | Vertiefen | **Herausforderung**

17 Die Balken des Fachwerkhauses kreuzen sich unter verschiedenen Winkeln. Bestimme, wie viele verschieden große Winkel auf der Straßenseite zwischen den Balken zu sehen sind. Erläutere, ob hier eine Symmetrie vorliegt.

Methode

Aussagen formulieren und beweisen

Satz und Fundamentalsatz

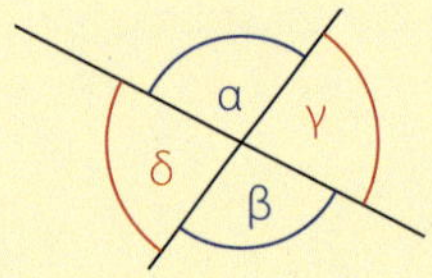

In der Abbildung siehst du eine Geradenkreuzung. Du weißt, dass die Winkel α und γ Nebenwinkel sind und zusammen 180° ergeben.
Diese Aussage „Nebenwinkel ergeben zusammen 180°" wird auch als Fundamentalsatz bezeichnet, also als grundlegender Satz. Aus diesem können weitere mathematische Sätze, z. B. „Scheitelwinkel sind gleich groß" abgeleitet werden.

Satz und Kehrsatz

Du kannst den Fundamentalsatz „Nebenwinkel ergeben zusammen 180°" auch in der **„Wenn-dann-Form"** schreiben.

Hinweis
Du kennst Sätze in Wenn-dann-Form auch aus dem Alltag: Wenn der Schiedsrichter die rote Karte zeigt, dann muss der betreffende Spieler vom Feld.

Wenn zwei Winkel an einer Geradenkreuzung Nebenwinkel sind, **dann** ergeben sie zusammen 180°.

Voraussetzung:
Es handelt sich um Nebenwinkel an einer Geradenkreuzung.

Behauptung:
Sie ergeben zusammen 180°.

Zu jedem Satz kannst du auch den **Kehrsatz** bilden, indem du die Voraussetzung und die Behauptung vertauschst.

Wenn zwei Winkel an einer Geradenkreuzung 180° ergeben, **dann** sind es Nebenwinkel.

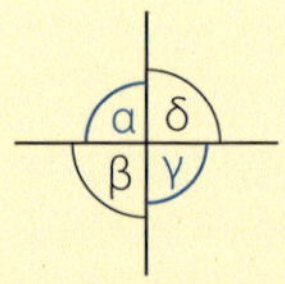

Wie du bei dem Beispiel schon siehst, müssen nicht immer beide Richtungen wahr sein. Der Kehrsatz ist falsch, denn an einer Geradenkreuzung mit vier rechten Winkel ergeben z. B. α und γ 180°, diese sind aber keine Nebenwinkel.

Beispiel 1: Aussagen überprüfen
Bilde von dem Satz „In einem Quadrat sind alle Seiten gleich lang." den Kehrsatz und überprüfe beide Aussagen auf ihre Richtigkeit.

Lösung:
Formuliere zunächst in **Wenn-dann-Form**: Wenn ein Viereck ein Quadrat ist, dann sind alle Seiten gleich lang.
Der Satz ist richtig.
Der **Kehrsatz** lautet: Wenn in einem Viereck alle Seiten gleich lang sind, dann ist es ein Quadrat.
Der Kehrsatz ist falsch, denn auch eine Raute hat vier gleich lange Seiten, sie ist aber im Allgemeinen kein Quadrat. Dies ist also ein **Gegenbeispiel**.

Beweise

Im Beispiel 1 konntest du den Kehrsatz mithilfe **eines Gegenbeispiels widerlegen.** Wenn du aber zeigen möchtest, dass eine Aussage wahr ist, musst du dies beweisen. Du kannst dabei bekannte Definitionen, Fundamentalsätze und bereits bewiesene Sätze sowie verschiedene Strategien nutzen.

Beispiel 2: Beweisen mithilfe einer Hilfslinie

Beweise folgende Aussage: Im Trapez ergänzen sich die Winkel α und δ zu 180°.

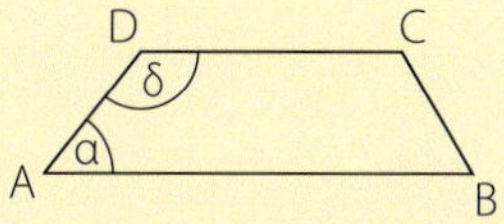

Lösung:

Voraussetzung: ABCD ist ein Trapez, daher gilt: $\overline{AB} \parallel \overline{CD}$

Behauptung: $\alpha + \delta = 180°$

Beweis: Wenn man $\overline{AB}$ über A hinaus und $\overline{CD}$ über D hinaus verlängert, erhält man eine Doppelkreuzung mit zwei parallelen Geraden.

Nutze die Strategie „Hilfslinien einzeichnen".

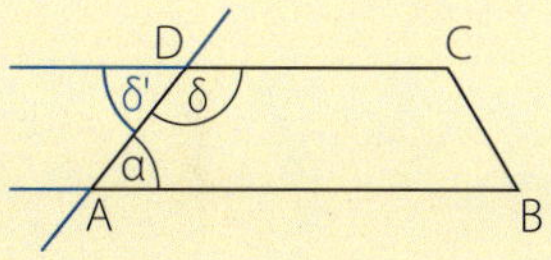

(1) $\delta' + \delta = 180°$, da δ' und δ Nebenwinkel sind.
(2) $\alpha = \delta'$, da α und δ' Wechselwinkel (Z-Winkel) sind.

Somit folgt: $\delta' + \delta = \alpha + \delta = 180°$

Ein strukturiertes Vorgehen kann dir beim Beweisen helfen.

- Formuliere den **Sachverhalt** als Wenn-dann-Aussage.
- Notiere den Wenn-Teil als **Voraussetzung**, den Dann-Teil als **Behauptung.**
- Erstelle eine Planfigur, in der du die gegebenen Größen markierst und bezeichnest.
- Beachte diese **Strategien zur Entwicklung einer Beweisidee**:
  - Welche Eigenschaften kennst du aus der Definition der Figuren?
  - Welche Sätze zu weiteren Eigenschaften kennst du?
  - Kannst du Symmetrien erkennen?
  - Findest du besondere Winkel oder Winkelpaare?
  - Enthält die Figur besondere Teilfiguren wie z. B. Kreise?
  - Kannst du Hilfslinien einzeichnen oder die Figuren ergänzen?
  - Könnte etwas gegen deine Vermutung sprechen? Findest du Gegenbeispiele?

Aufgaben

1 Formuliere eine Wenn-dann-Aussage und beweise sie danach.

a) Bei einem Parallelogramm ABCD sind die Winkel $\sphericalangle$ CBA und $\sphericalangle$ ADC gleich groß.

b) Bei einem Trapez mit $\overline{AB} \parallel \overline{CD}$ ergänzen sich die Innenwinkel an $\overline{AD}$ bzw. an $\overline{BC}$ jeweils zu 180°.

4.2 Winkelsumme im Dreieck und Vieleck

Einstieg

Dreiecke falten

Schneide ein Dreieck aus Papier aus und färbe die Winkelspitzen mit drei Farben auf beiden Seiten. Falte die Ecken des Dreiecks wie in den Abbildungen. Stelle eine Vermutung zu der Summe der drei Winkel auf und überprüfe diese an zwei weiteren Dreiecken.

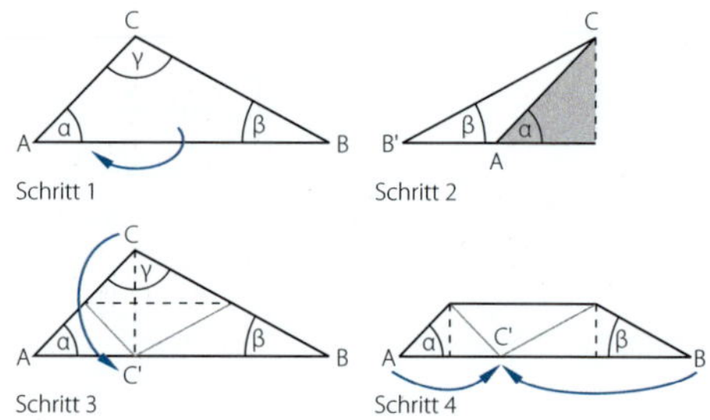

Wissen

Winkelsumme im Dreieck

Damit man Ergebnisse besser austauschen kann und jeder weiß, was gemeint ist, wurde in der Mathematik manches vereinbart, z. B. auch die Bezeichnung eines Dreiecks. Im Dreieck bezeichnest du die Ecken gegen den Uhrzeigersinn mit Großbuchstaben, z. B. mit A, B und C, und die zugehörigen Winkel mit den griechischen Buchstaben α, β und γ. Die gegenüberliegende Seite eines Eckpunkts wird mit dem entsprechenden Kleinbuchstaben bezeichnet.

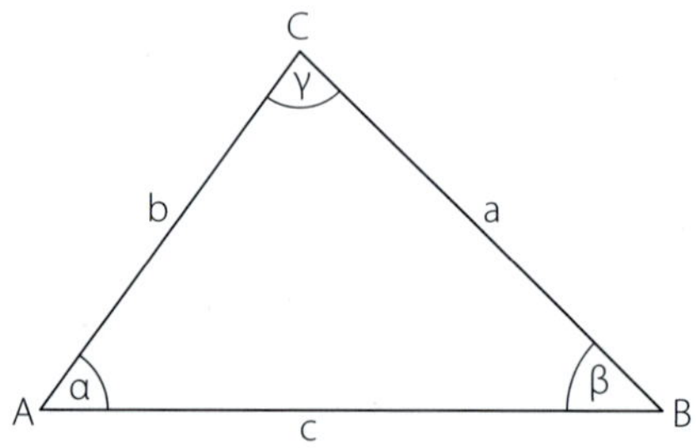

Info

Statt „Summe der Innenwinkel" sagen wir auch kurz „Winkelsumme".

Durch Falten oder Ausmessen kannst du vermuten, dass die Summe der Winkel im Dreieck immer 180° beträgt. Da du dies nicht für alle Dreiecke überprüfen kannst, musst du diese Vermutung beweisen. Dies kannst du mithilfe der Winkelsätze und der Strategie „Hilfslinie einzeichnen".

Voraussetzung: α, β, γ sind die Innenwinkel eines beliebigen Dreiecks ABC.

Behauptung: $\alpha + \beta + \gamma = 180°$

Beweis: Mithilfe einer Hilfslinie durch den Punkt C parallel zur Seite c ergibt sich ein gestreckter Winkel:
$\alpha' + \beta' + \gamma = 180°$

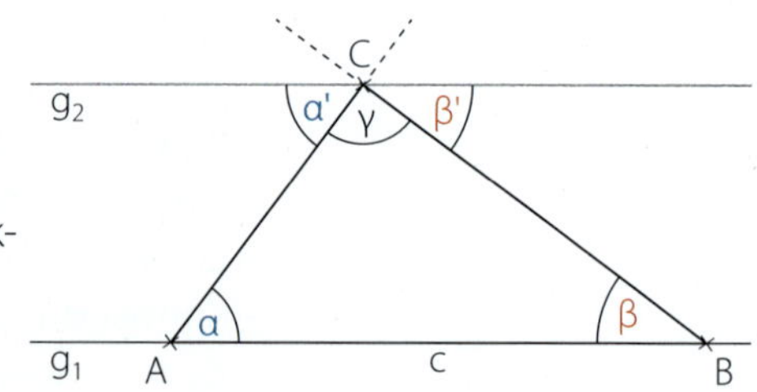

Da $g_1 \parallel g_2$ folgt:

(1) $\alpha = \alpha'$ (Wechselwinkel)

(2) $\beta = \beta'$ (Wechselwinkel)

Somit folgt: $\alpha' + \beta' + \gamma = \alpha + \beta + \gamma = 180°$

Somit wurde im Beweis allgemein folgendes gezeigt.

In jedem **Dreieck** beträgt die Innenwinkelsumme 180°.

▼ **Beispiel 1: Winkelberechnung**
Tim hat in einem Dreieck folgende Winkel gemessen: 35 °, 76° und 67°. Marie meint, dass dies nicht stimmen kann. Nimm Stellung dazu.

Lösung:
Du weißt, dass die Innenwinkel zusammen 180° ergeben.
▲ Da 35° + 76° + 67° = 178° ist, hat Tim vermutlich ungenau gemessen.

Winkelsumme im Vieleck

Im Viereck beschriftest du die Ecken ebenfalls gegen den Uhrzeigersinn mit Großbuchstaben, z. B. mit A, B, C und D, und die Winkel mit den griechischen Buchstaben α, β, γ und δ. Die Seiten werden nacheinander gegen den Uhrzeigersinn mit a, b, c und d beschriftet.

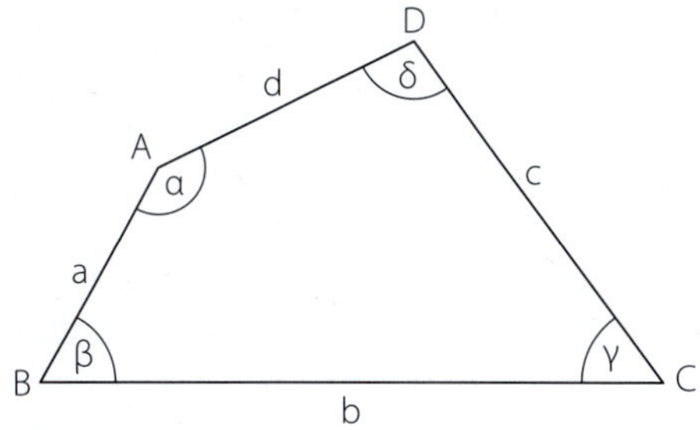

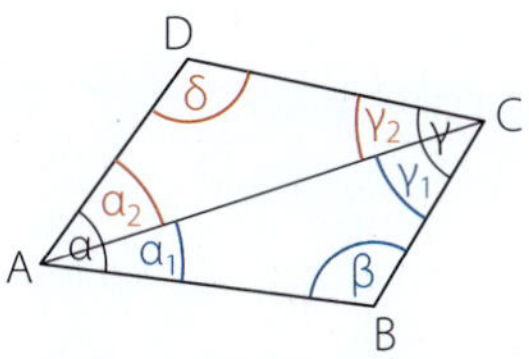

Um die **Innenwinkelsumme eines Vierecks** zu bestimmen, wendest du die Strategie „Hilfslinie" an und zerlegst das Viereck zunächst in zwei Teildreiecke, z. B. in die Dreiecke ABC und ACD.

Aufgrund der Innenwinkelsumme im Dreieck gilt Folgendes:
Im Dreieck ABC: $\alpha_1 + \beta + \gamma_1 = 180°$
Im Dreieck ACD: $\alpha_2 + \gamma_2 + \delta = 180°$
Für alle Winkel ergibt sich:
$\alpha_1 + \beta + \gamma_1 + \alpha_2 + \gamma_2 + \delta = 360°$
Nach dem Kommutativgesetz kannst du die Summanden vertauschen:
$\alpha_1 + \alpha_2 + \beta + \gamma_1 + \gamma_2 + \delta = 360°$
Da α sich aus α_1 und α_2 und γ aus γ_1 und γ_2 zusammensetzt, gilt:
$\alpha + \beta + \gamma + \delta = 360°$

92/93

Somit hast du aus dem Satz zur Innenwinkelsumme im Dreieck (Fundamentalsatz) die Innenwinkelsumme im Viereck abgeleitet.

> In jedem **Viereck** beträgt die Innenwinkelsumme 360°.

Die Strategie der Zerlegung in Teildreiecke kannst du auch bei Vielecken anwenden. Beim Fünfeck ergeben sich so zum Beispiel drei Teildreiecke. Daher gilt für die Innenwinkelsumme:
$\alpha + \beta + \gamma + \delta + \varepsilon = 3 \cdot 180° = 540°$
Wenn du dir die Tabelle genau anschaust, erkennst du, dass die Anzahl der Teildreiecke eines Vielecks immer um 2 kleiner als die Anzahl der Ecken ist. Allgemein kann ein n-Eck also in (n – 2) Dreiecke zerlegt werden. Somit ergibt sich folgender Satz:

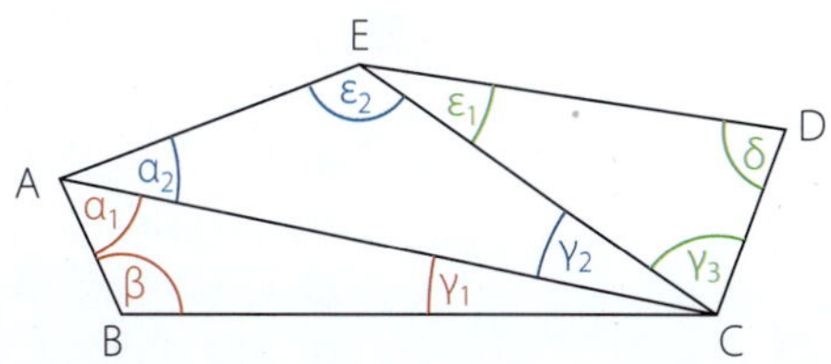

Anzahl der Ecken	Anzahl der Dreiecke
4	2
5	3
6	4
…	…
n	n – 2

> In jedem **n-Eck** beträgt die Innenwinkelsumme (n – 2) · 180°.

Beispiel 2: Anzahl der Ecken bestimmen

In einem Vieleck beträgt die Winkelsumme 720°. Bestimme die Eckenanzahl.

Lösung:

Nutze die Formel.	$(n - 2) \cdot 180° = 720°$
Berechne (n – 2) mit der Umkehrung.	$720° : 180° = 4$, also $n - 2 = 4$
Berechne, wie groß n ist.	$n = 6$, es sind also 6 Ecken.

Beispiel 3: Berechnung von Winkeln

Berechne die fehlenden Größen der Winkel.

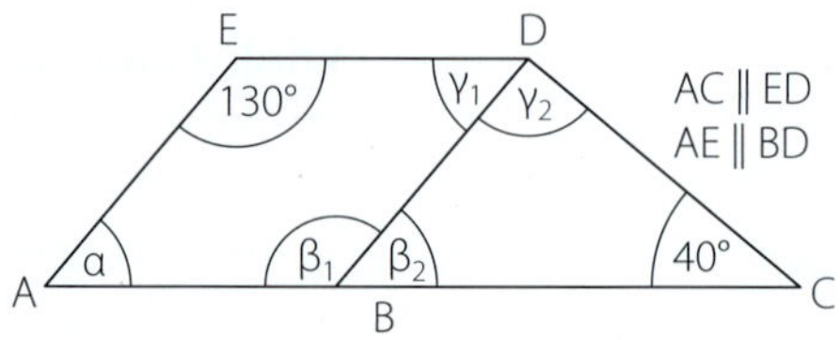

Lösung:

ABDE ist ein Parallelogramm und gegenüberliegende Winkel sind gleich groß, die Innenwinkelsumme beträgt insgesamt 360°:	$\beta_1 = 130°$ $\alpha = \gamma_1$ $\alpha + \beta_1 + \gamma_1 + 130° = 360°$ $\alpha + 130° + \alpha + 130° = 360°$ $2\alpha + 260° = 360°$, also $\alpha = \gamma_1 = 50°$.
β_1 und β_2 sind Nebenwinkel:	$\beta_2 = 180° - \beta_1 = 180° - 130° = 50°$
Im Dreieck BCD beträgt die Innenwinkelsumme 180°:	$\beta_2 + \gamma_2 + 40° = 180°$ $50° + \gamma_2 + 40° = 180°$, also $\gamma_2 = 90°$.

Aufgaben

Trainieren Vertiefen Herausforderung

Winkelsumme im Dreieck

1 Berechne die fehlenden Winkelgrößen im Dreieck ABC.

a) $\alpha = 37{,}4°$; $\gamma = 49{,}8°$
b) $\beta = 110{,}3°$; $\gamma = 12{,}25°$
c) $\beta = 57°$; $\alpha = \gamma$
d) $\alpha = 50°$; $\beta = \gamma + 20°$

2 Berechne, wenn möglich, die fehlenden Innenwinkelgrößen eines Dreiecks, von dem das Folgende bekannt ist. Vergleiche anschließend mit deinem Partner.

a) Ein Winkel misst 125,5° und ein zweiter 15°.
b) Ein Winkel misst 130° und ein anderer 90°.
c) Ein Winkel misst 51° und die beiden anderen sind 10° bzw. 20° größer.
d) Alle drei Winkel sind gleich groß.
e) Zwei Winkel sind gleich groß, der dritte Winkel beträgt 75°.
f) Ein Winkel ist um 10° kleiner und ein Winkel ist um 10° größer als der dritte Winkel.

3 Berechne die Größen aller in der Zeichnung benannten Winkel.

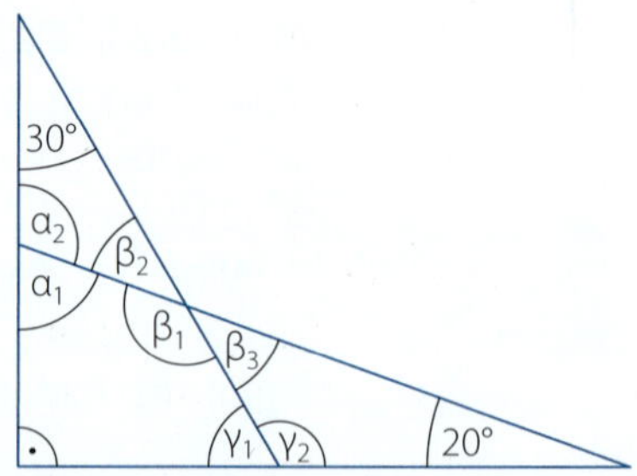

Winkelsumme im Vieleck

4 Berechne die nicht bekannten Winkelgrößen im Viereck ABCD.

	α	β	γ	δ
a)	✕	90°	64°	136°
b)	57,9°	12,5°	✕	130°
c)	37,3°	40°	103,7°	✕
d)	= β	✕	= β	120°

5 Berechne, wenn möglich, die fehlenden Innenwinkel eines Vierecks, von dem das Folgende bekannt ist. Vergleiche anschließend mit einem Partner.

a) Alle Winkel sind gleich groß.

b) Zwei Winkel sind gleich groß, die anderen beiden messen 55° und 85°.

c) Zwei Winkel betragen jeweils 90°, der dritte Winkel ist um 20° größer als der vierte.

6 Berechne in der nebenstehenden Abbildung die fehlenden Winkelgrößen.

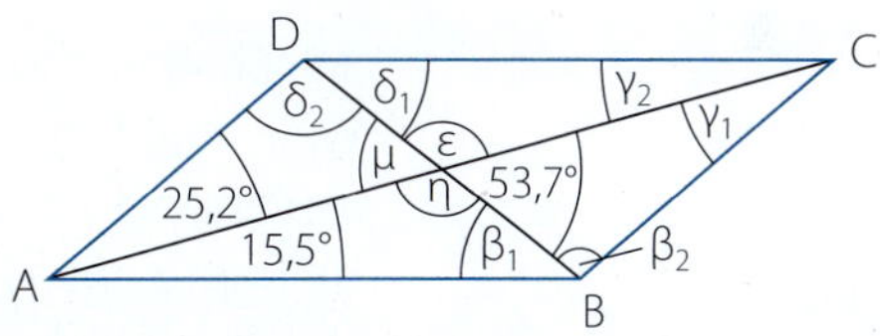

7 In einem Drachenviereck beträgt der Winkel $\alpha = 90°$ und der Winkel $\gamma = 50°$. Berechne die Größen der beiden anderen Winkel.

8 Winkelsumme und Eckenzahl

a) Bestimme die Winkelsumme im Achteck. Begründe dein Ergebnis mithilfe einer Zeichnung.

b) In einem Vieleck beträgt die Innenwinkelsumme 1080°. Bestimme die Anzahl der Ecken.

9 Mirjam behauptet, dass die Innenwinkelsumme im Fünfeck 900° beträgt, da sie es in fünf Dreiecke zerlegen kann und $5 \cdot 180° = 900°$ ist.

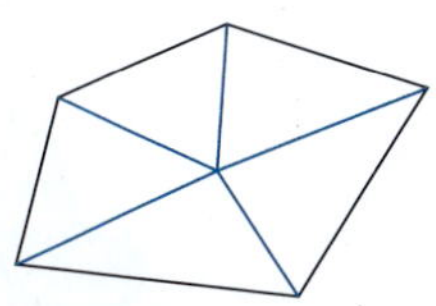

a) Erläutere, welchen Denkfehler sie gemacht hat.

b) Stelle zu ihrer Zerlegung eine Formel auf und zeige, dass diese äquivalent zu $(n-2) \cdot 180°$ ist.

10 Berechne die fehlenden Winkelgrößen. Erläutere deine Rechenschritte.

a)

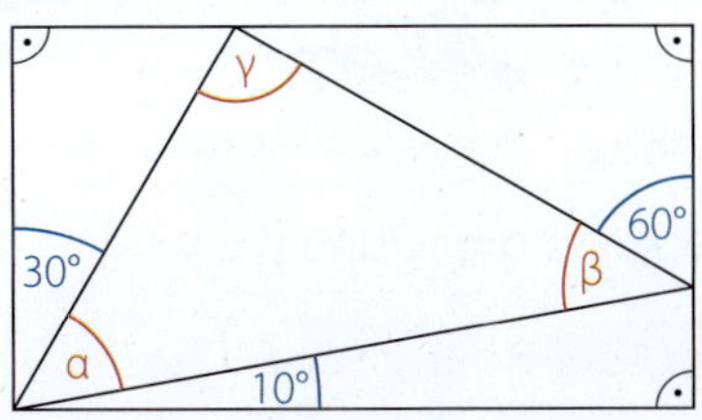

b) $\alpha = 91{,}03°$
$\gamma = 125{,}11°$
$\delta = 125{,}3°$
$\varepsilon_1 = 31{,}65°$
$\overline{BE} \parallel \overline{CD}$

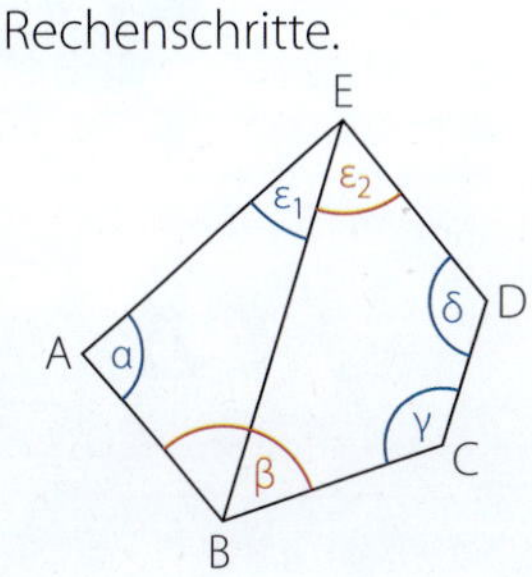

Noch fit?

I Suche unter folgenden Termen äquivalente heraus.
Begründe deine Entscheidung.

$T(x) = x + 2 \cdot 4$ $T(x) = 4 + x + 4$ $T(x) = x^3$ $T(x) = x \cdot x^2$ $T(x) = x \cdot x \cdot x$

$T(x) = x - 5 - 3$ $T(x) = x + 2^4$ $T(x) = x + 2^3$ $T(x) = 8 - x$ $T(x) = x - (5 + 3)$

$T(x) = x + x^2$ $T(x) = 2 + 1 \cdot x \cdot x$ $T(x) = 12 - x - 4$ $T(x) = 1 - x^3 - 1$ $T(x) = x + 2$

Trainieren | **Vertiefen** | Herausforderung

11 Berechne in den folgenden Vierecken ABCD, wenn möglich, die restlichen Winkelgrößen.
a) Parallelogramm mit $\beta = 120°$
b) Trapez mit $a \parallel c$, $\alpha = 65°$, $\beta = 130°$
c) Raute mit $\delta = 70°$

12 Die Schülerinnen und Schüler der Klasse 7 b zeichnen Vielecke und messen die Winkel. Begründe, welche der Aussagen falsch sind, und zeichne zu den Behauptungen, die richtig sein können, jeweils ein Beispielviereck.

92/93

13 Zeige, dass im Dreieck ABC $\alpha = \gamma_2$ und $\beta = \gamma_1$ gelten muss.

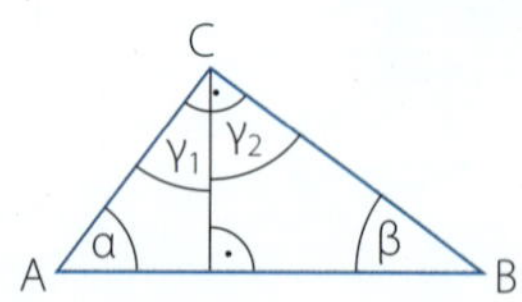

14 Jelena hat das nebenstehende Parallelogramm gezeichnet. Auf der Seite CD trägt sie einen Punkt E ein, den sie mit A und B verbindet.
Bestimme die Größe des Winkels ε.

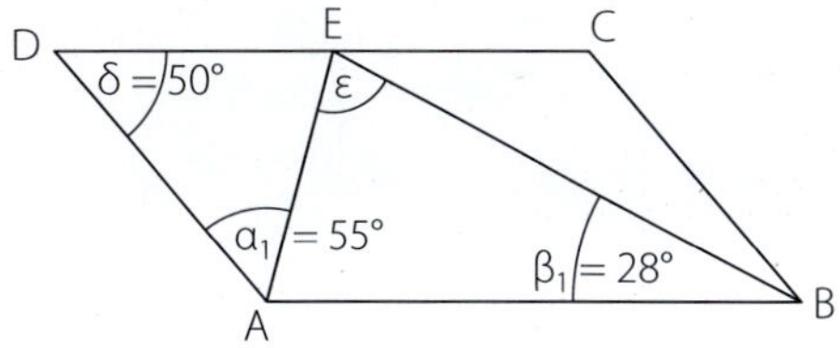

15 Prüfe, ob die Formel für die Innenwinkelsumme von Vielecke auch für die rechts abgebildeten Vielecke gilt.
Diese Vielecke nennt man konkav.

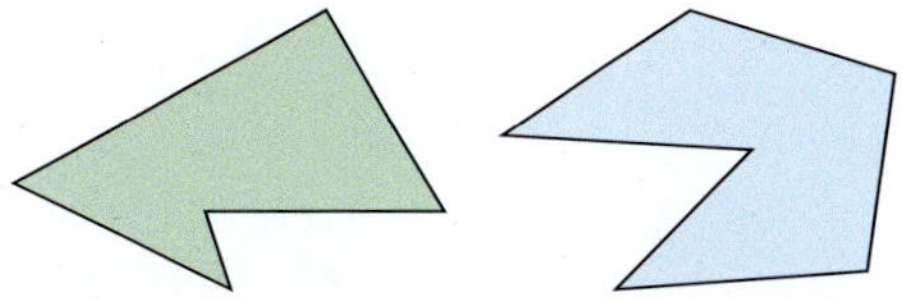

16 In den abgebildeten Figuren sind die mit gleicher Farbe gezeichneten Geraden parallel. Berechne die Größen der mit griechischen Buchstaben bezeichneten Winkel und begründe jeweils deine Rechenschritte.

a)
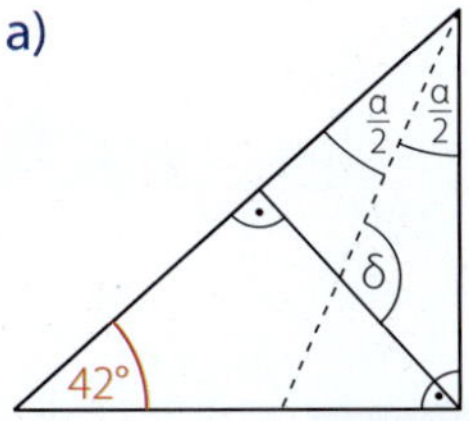

b)
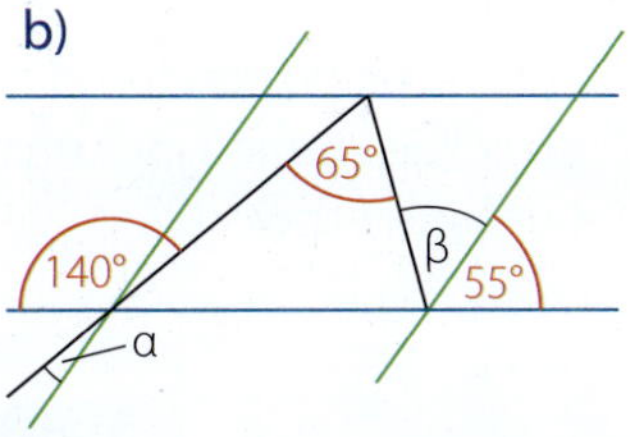

c)
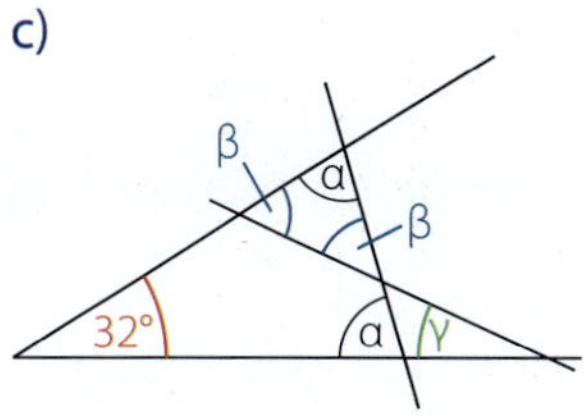

17 Bestimme die bezeichneten Winkel. Gehe davon aus, dass der Winkel δ viermal so groß ist wie α.
Begründe deine Überlegungen.

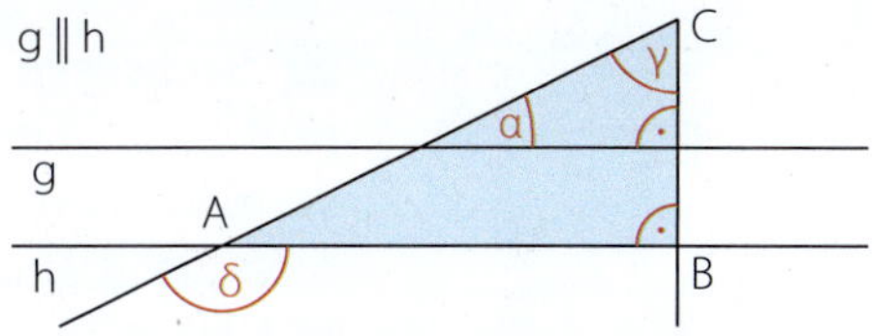

18 Anthony möchte zwischen zwei Parallelen ein regelmäßig sich wiederholendes Dreiecksmuster konstruieren. Er beginnt in A unter einem Winkel von 60°. In B konstruiert er die Winkelhalbierende des sich ergebenden Winkels, ebenso verfährt er in C usw.

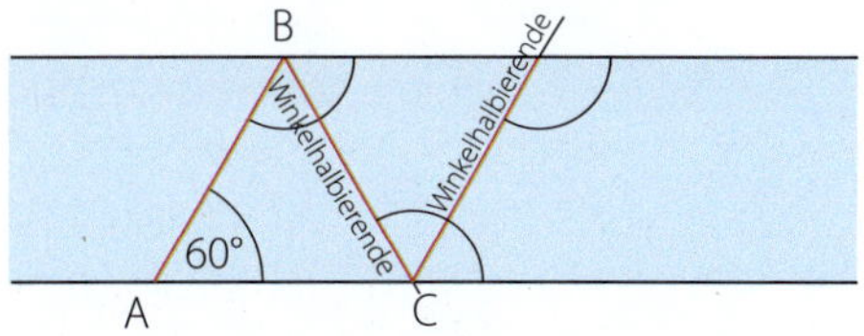

a) Erkläre, warum er auf diese Art ein regelmäßiges Muster erhält.

b) Konstruiere mithilfe einer DGS dieses Muster, indem du die Punkte A und B so wählst, dass ein 60°-Winkel entsteht. Verschiebe danach den Punkt B, so dass unterschiedliche Startwinkel entstehen. Beschreibe, was du beobachten kannst.

19 Erstelle mithilfe einer DGS die Abbildungen, so dass der Punkt P innerhalb bzw. außerhalb des Winkelfeldes von α liegt. Verschiebe dann den Punkt P. Beschreibe, was dir dabei bezüglich des Winkels β auffällt. Begründe.

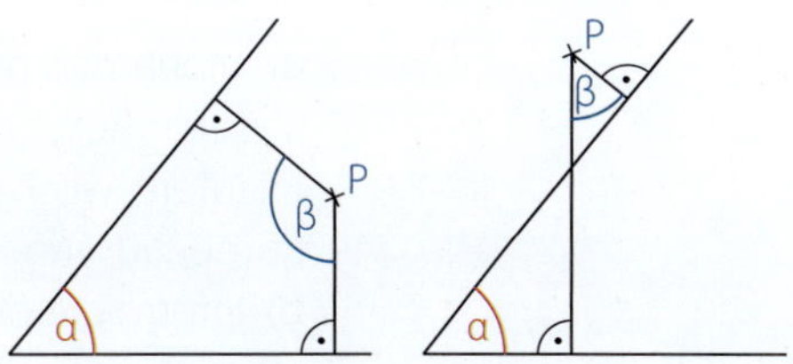

20 Zeichne mithilfe einer DGS einen fünfzackigen Stern und miss die Winkel. Bewege nun die Eckpunkte und beobachte, wie sich die Größe der Winkel verändert.

a) Notiere, was du über die Winkelsumme der fünf Winkel aussagen kannst.

b) Begründe deine Vermutung.

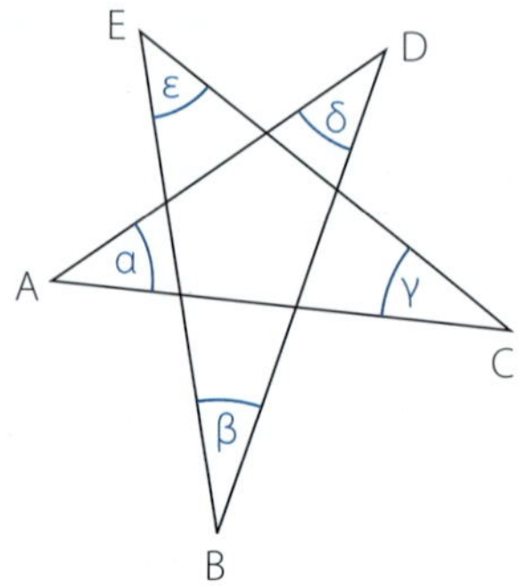

92/93

21 Außenwinkelsumme

a) Anna hat bei mehreren Dreiecken die Außenwinkel α', β', und γ' gemessen und die Summe berechnet. Sie stellt erstaunt fest:
„Die Summe beträgt immer 360°." Begründe, weshalb dies so ist.

b) Untersuche, ob du eine allgemeine Aussage zu der Außenwinkelsumme eines n-Ecks treffen kannst. Begründe deine Antwort.

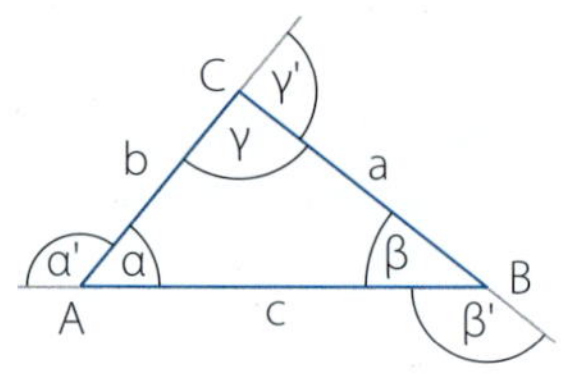

Trainieren | Vertiefen | Herausforderung

22 Sechsecke

a) Bestimme in dem regelmäßigen Sechseck die Winkelgrößen und begründe, dass die Strecken a und b parallel zueinander sind.

b) Erkläre, warum man mit mehreren regelmäßigen Sechsecken den Fußboden lückenlos zudecken kann, mit regelmäßigen Achtecken aber nicht.

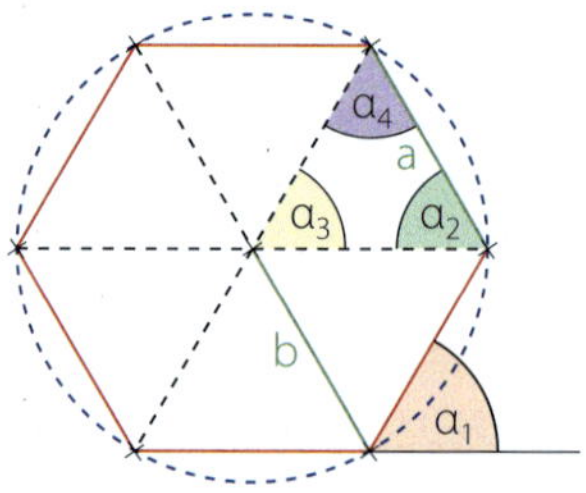

23 Platonische Körper sind Körper, die nur aus regelmäßigen Vielecken bestehen. Das heißt, die Strecken und Winkel sind alle gleich lang bzw. gleich groß. Zudem sind die Vielecke in einem Körper deckungsgleich.

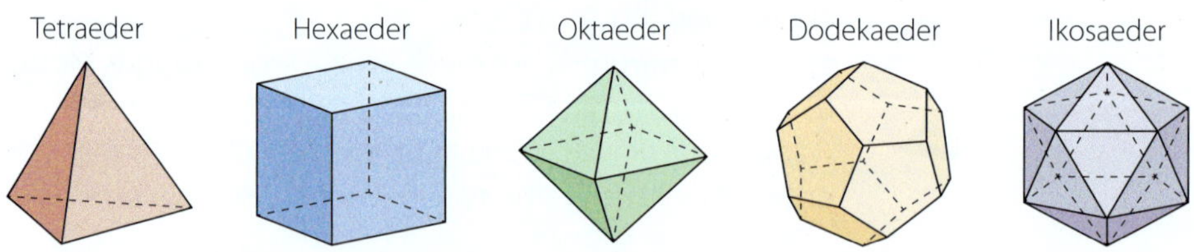

a) Mohamed hat bei allen platonischen Körper die Winkel, die in einer Ecke aneinanderstoßen, addiert und stellt fest: „Die Summe ist immer kleiner als 360°." Erläutere, weshalb dies so sein muss. Begründe, weshalb es keinen platonischen Körper aus regelmäßigen Sechsecken gibt.

b) Informiere dich im Internet über platonische Körper. Erstelle ein Lernplakat und präsentiere es deinen Mitschülern.

Check up

Was kannst du? Was musst du noch üben?
Mit diesen Aufgaben kannst du deinen Lernfortschritt überprüfen.
Lösungen findest du im Anhang.

1 Berechne die Größen der fehlenden Winkel, wenn die folgenden Angaben zur nebenstehenden Figur bekannt sind.

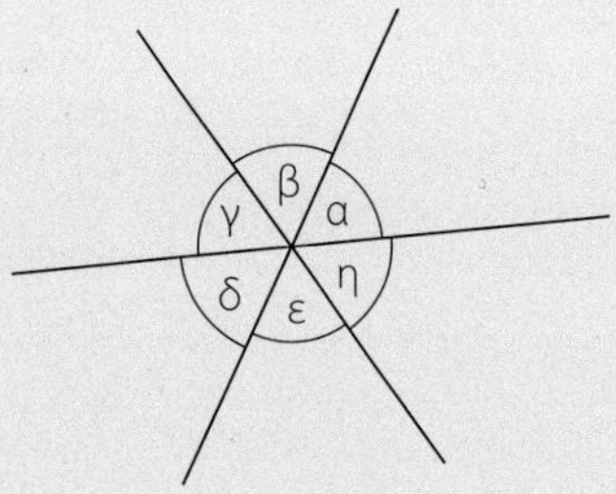

a) $\alpha = 30{,}7°$ und $\beta = 50°$
b) $\alpha + \beta = 90°$ und $\varepsilon = 68°$
c) $\alpha = \varepsilon$ und $\eta = 2\delta$
d) Entscheide und begründe, ob der Winkel α eine Größe von 50° haben kann, wenn $\gamma = 3\alpha$ gilt.

2 Bestimme die Größen der beiden Winkel und begründe jeden Lösungsschritt.

a)

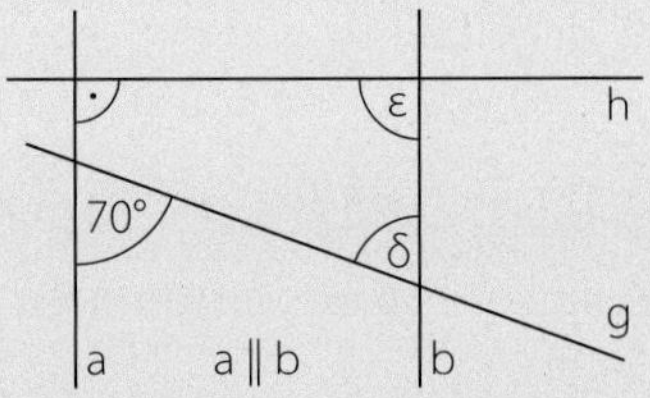

b)

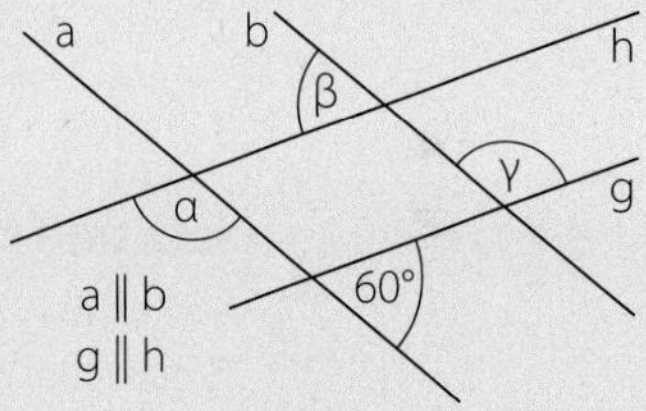

3 Berechne die Größen der restlichen Winkel.
a) Dreieck ABC mit $\alpha = 90°$ und $\beta = 2\gamma$
b) Viereck ABCD mit $\alpha = 15°$, $\beta = 70°$ und $\gamma = 10\alpha - \beta$

4 Berechne die Größen der Innenwinkel des Vierecks ABCD und begründe, weshalb die Geraden a und b parallel sind.

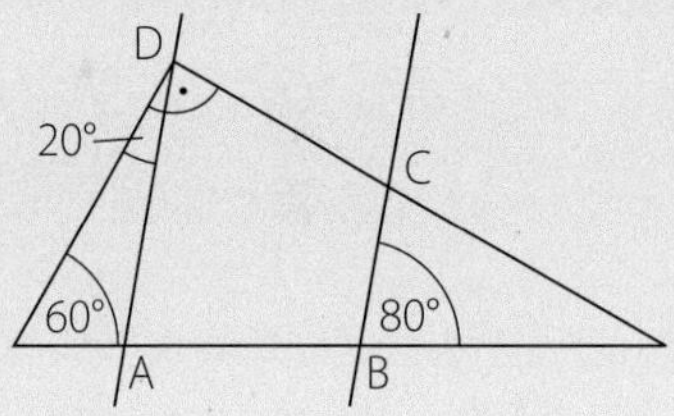

5 Kathrin zeichnet ein Sechseck und misst die Innenwinkel. Sie meint dann: „Meine Figur hat fünf 120°-Winkel." Nimm Stellung zu dieser Aussage.

Auf einen Blick

Scheitelwinkel und Nebenwinkel

Nebeneinanderliegende Winkel an einer Geraden, wie α und β bezeichnet man als Nebenwinkel.
Nebenwinkel ergänzen sich zu 180°. Gegenüberliegende Winkel, wie α und γ bezeichnet man als Scheitelwinkel.
Scheitelwinkel sind gleich groß.

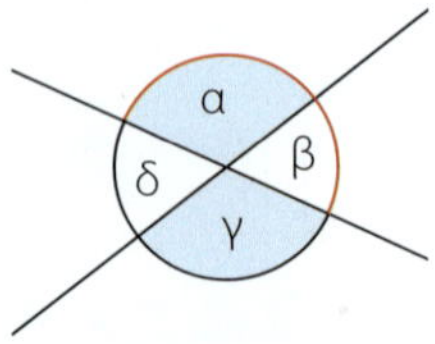

Stufenwinkel und Wechselwinkel an Doppelkreuzungen

Gleichliegende Winkelpaare heißen **Stufenwinkel** (F-Winkel), z. B. α_1 und α_2 oder β_1 und β_2.
Wechselseitig liegende Winkelpaare heißen **Wechselwinkel** (Z-Winkel), z. B. δ_1 und β_2, α_1 und γ_2.

An **Doppelkreuzungen mit parallelen Geraden** sind Stufenwinkel und Wechselwinkel gleich groß.

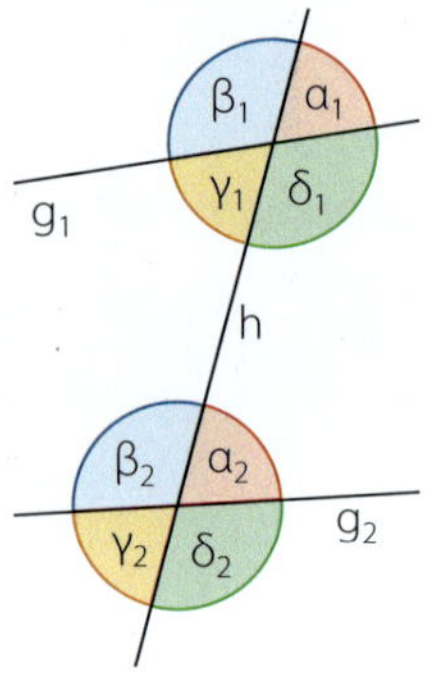

Satz und Kehrsatz

Aussagen, wie z. B. „Nebenwinkel ergeben zusammen 180°", kannst du auch in der Wenn-Dann-Form formulieren.

	Voraussetzung	**Behauptung**
	Wenn zwei Winkel an einer Geradenkreuzung Nebenwinkel sind,	dann ergeben sie zusammen 180°.

Umkehrung	Wenn zwei Winkel an einer Geradenkreuzung 180° ergeben,	dann sind es Nebenwinkel.

Die Umkehrung ist bei diesem Beispiel jedoch eine falsche Aussage.

Winkelsumme im Dreieck

Mithilfe der Winkelbeziehungen an (Doppel-)Kreuzungen, der Strategie „Hilfslinie" und der Zerlegung in Teildreiecke kannst du die Innenwinkelsumme in verschiedenen Vielecken herleiten und begründen.

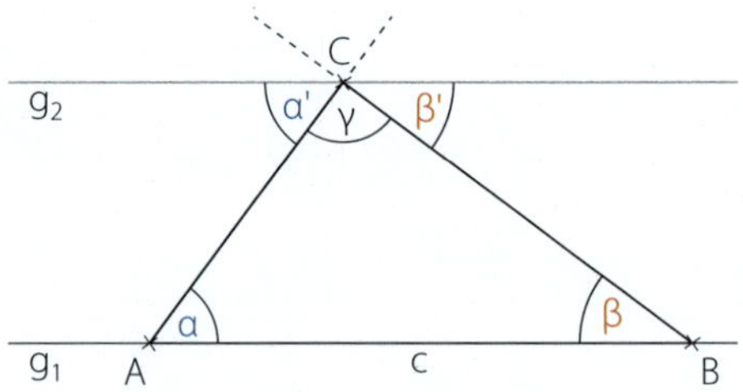

Die **Innenwinkelsumme** beträgt
- im Dreieck: 180°
- im Viereck: 360°
- im n-Eck: $(n - 2) \cdot 180°$

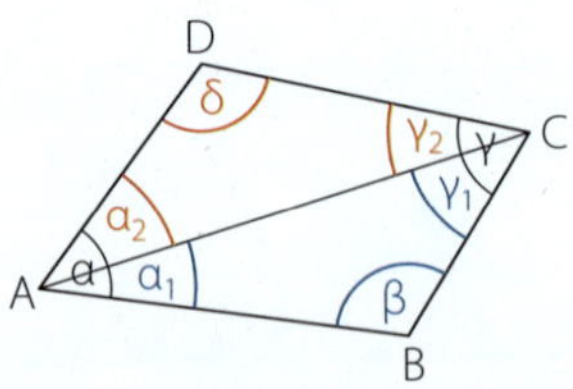

Kapitel 5

Lineare Gleichungen

Beim Lösen vieler Sachzusammenhänge ist das Aufstellen von Termen und das Berechnen des Termwerts für einen bestimmten Zahlenwert erforderlich. Wie du dabei vorgehen musst, hast du in den ersten beiden Kapiteln gelernt. Manchmal weißt du aber den Zahlenwert für die Variable nicht, dafür kennst du den Termwert. Um dieses Problem zu lösen, lernst du in diesem Kapitel verschiedene Strategien kennen.

Wiederholung

Zur Erinnerung
Bei der Multiplikation mit Variablen kannst du den Malpunkt weglassen, z. B. $2 \cdot n = 2n$.

Terme mit Variablen

Rechenausdrücke, die Zahlen, Variablen, Klammern oder Rechenzeichen enthalten, werden **Terme** genannt, z. B. $x \cdot (2 + y)$. Die **Variablen** in einem Term sind dabei Platzhalter für Zahlen. Setzt du für eine Variable einen konkreten Zahlenwert ein, kannst du den entsprechenden Termwert bestimmen.

Beispiel 1: Termwert berechnen
Berechne jeweils den Termwert.
a) $T_1(a; b) = (5a - 7b) \cdot 6b$ für $a = 3$ und $b = 5$
b) $T_2(n) = 2n + n^2$ für $n = -3$

Lösung:
a) $T_1(3; 5) = (5 \cdot 3 - 7 \cdot 5) \cdot 6 \cdot 5 = (15 - 35) \cdot 30 = (-20) \cdot 30 = -600$
b) $T_2(-3) = 2 \cdot (-3) + (-3)^2 = -6 + 9 = 3$

Äquivalenz von Termen

Zwei Terme heißen **äquivalent über einer Menge**, wenn sie beim Einsetzen aller Werte dieser Menge den gleichen Termwert besitzen. Mithilfe von **Termumformungen** kannst du die Äquivalenz von Termen allgemein zeigen.

Beispiel 2: Äquivalenz von Termen
Überprüfe, ob die Terme jeweils äquivalent sind.
a) $T_1(a) = a(a - 2)$; $T_2(a) = a^2 - a$ b) $T_1(x) = 3x(x - 3) - 3x$; $T_2(x) = 3x^2 - 12x$

Lösung:
a) Da die Termwerte für $a = 1$ mit $T_1(1) = -1$ und $T_2(1) = 0$ verschieden sind, sind die Terme nicht äquivalent.
b) Durch Umformen gilt: $3x(x - 3) - 3x = 3x^2 - 9x - 3x = 3x^2 - 12x = T_2(x)$, also sind die Terme äquivalent.

Aufgaben

1 Berechne die Termwerte für $a = -1; 0; 1{,}5$ und 2. Lege hierfür eine Wertetabelle in deinem Heft an.
a) $T(a) = 3a - 5a^2$ b) $T(a) = \frac{2}{3}a\left(a + \frac{1}{2}\right)$ c) $T(a) = \frac{2a}{a + 2}$ d) $T(a) = \left(\frac{1}{2}a + 3\right)^2$

2 Löse mithilfe der Umkehraufgabe.
a) $243 - \square = 475$
b) $\square + 423 = 372$
c) $\square - 4\frac{1}{6} = 3\frac{2}{5}$
d) $4\frac{1}{4} + \square = 3{,}2$
e) $225 : \square = 15$
f) $\square \cdot 13 = 143$

3 Vereinfache die Terme so weit wie möglich.
a) $-4c \cdot (3b - 6a) + 8bc$
b) $15uv^4 \cdot \frac{3}{5}u^2vw + 2u^2v^2 \cdot 4uv^3 \cdot 3w$
c) $(2a + 3)(6 - 3a)$
d) $(cd^4 + c^2d)(cd^4 - c^2d)$

4 Entscheide, ob die Terme äquivalent sind. Begründe.
a) $(x + y)(x - y)$ und $x^2 - y^2$
b) $3cd - 5c^2$ und $3c(d - 5c)$
c) $\frac{1}{1 + b^2}$ und $\frac{1}{1 + b}$

5.1 Durch Probieren und Überlegen zur Lösung

Einstieg

Streichhölzer

Julian hat ein Muster gelegt. Insgesamt hat er 40 Streichhölzer. Bestimme, wie viele Quadrate er maximal legen kann, wenn er sein Muster fortsetzen möchte. Tausche dich danach mit deinem Nachbarn über eure Lösungswege aus.

Wissen

Grundbegriffe

In den ersten Kapiteln hast du gelernt, Terme mit einer Variablen aufzustellen und durch Einsetzen von Zahlen die Termwerte zu bestimmen. Zum Beispiel erhältst du bei dem Term $T(x) = 2x - 3$ für $x = 4$ den Wert $T(4) = 2 \cdot 4 - 3 = 5$.
Manchmal ist die Situation umgekehrt: Du kennst den Termwert und musst die Zahl, die du für die Variable einsetzen kannst, suchen. Du erhältst somit eine Gleichung, z. B. $2x - 3 = 8$.

Zwei Terme, die mit einem Gleichheitszeichen verbunden sind, bilden eine Gleichung, z. B. $4x - 2 = x$; $3a^2 = a - 3$ oder $x + y = 5$
Zahlen, die beim Einsetzen in die Variable eine wahre Aussage ergeben, sind Lösungen der Gleichung.

Beachte
Du hast nur überprüft, ob die beiden Zahlen eine Lösung sind. Es könnte auch noch weitere Lösungen geben.

▼ Beispiel 1: Lösungen überprüfen

Überprüfe, ob 2 und −1,5 Lösungen der Gleichung $x^2 - 4{,}5 = 1{,}5x$ sind.

Lösung:

Setze auf jeder Seite der Gleichung für die Variable die entsprechende Zahl ein. Überprüfe anschließend, ob eine wahre Aussage entsteht.

Zahl	Linke Seite: $x^2 - 4{,}5$	Rechte Seite: $1{,}5x$	Vergleich
2	$2^2 - 4{,}5 = -0{,}5$	$1{,}5 \cdot 2 = 3$	$-0{,}5 = 3$ (falsch)
−1,5	$(-1{,}5)^2 - 4{,}5 = -2{,}25$	$1{,}5 \cdot (-1{,}5) = -2{,}25$	$-2{,}25 = -2{,}25$ (wahr)

▲ Somit ist die Zahl −1,5 eine Lösung der Gleichung, nicht aber die Zahl 2.

Aufstellen und Lösen von Gleichungen

In Kapitel 1.2 hast du bereits Terme gebildet, um Sachverhalte zu beschreiben. Bei der Lösung eines Sachproblems entsteht oft auch eine Gleichung. Um diese zu lösen, kannst du verschiedene Strategien anwenden.
Du kennst bereits das **Systematische Probieren**, das **Rückwärtsarbeiten** und das **Lösen mithilfe einer Zeichnung**.

Beispiel 2: Lösung durch systematisches Probieren

Ein Rechteck hat einen Flächeninhalt von $45\,\text{cm}^2$.
Eine Seite des Rechtecks ist um 4 cm länger als die andere Seite. Bestimme die Maße des Rechtecks.

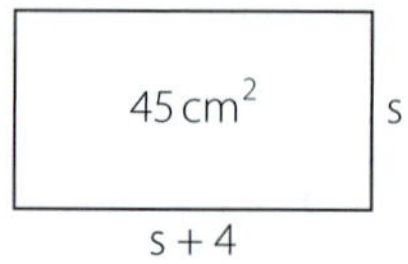

Lösung:

Hinweis
Um Variablen nicht mit Einheiten zu verwechseln, ist es besser, wenn du für die Variable nur die Maßzahl der Größe einsetzt. Du musst dann aber im Antwortsatz die richtige Einheit ergänzen.

1. Lege eine Variable fest und drücke die andere Seite damit aus.

   kürzere Seite (in cm): s
   längere Seite (in cm): s + 4

2. Stelle eine Gleichung zum Flächeninhalt auf.

   $s \cdot (s + 4) = 45.$

3. Finde durch geschicktes Probieren eine Lösung für die Gleichung. Eine Tabelle kann dir helfen.

s	s + 4	s · (s + 4)	
1	5	5	zu klein
10	14	140	zu groß
3	7	21	zu klein
5	9	45	stimmt

4. Notiere den Antwortsatz. Achte dabei auch auf die richtige Einheit.

   Das gesuchte Rechteck ist also 5 cm breit und 9 cm lang.

Beispiel 3: Lösung durch Rückwärtsarbeiten

Von einem 20 cm langen und 12 cm breiten Stück Pappe werden zwei Streifen abgeschnitten, die jeweils 1 cm breit sind. Der Flächeninhalt der neuen Figur soll $180\,\text{cm}^2$ betragen. Überprüfe, ob dies möglich ist.

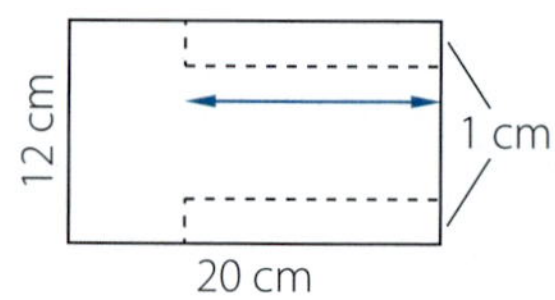

Lösung:

Beachte
Überlege immer, welche Zahlen für die Variable im Sachzusammenhang sinnvoll sind. Manchmal erhältst du zwar eine Lösung, die aber im Sachzusammenhang keinen Sinn ergibt, z. B. gibt es keine negativen Längen.

1. Lege eine Variable fest.

   Länge des Streifens (in cm): x

2. Überlege, welche Zahlen die Variable in dem Sachkontext annehmen kann.

   Die Länge des Einschnitts kann nur zwischen 0 cm und 20 cm liegen.

3. Stelle für den Flächeninhalt der neuen Figur eine Gleichung auf.

   $20 \cdot 12 - x \cdot 1 - x \cdot 1 = 180$
   $240 - 2x = 180$

4. Bestimme mithilfe der Umkehraufgabe zunächst, wie groß 2 x sind. Halbiere das Ergebnis, um x zu erhalten.

   $240 - 180 = 60$
   also: $2x = 60$
   $60 : 2 = 30$
   $x = 30$

5. Überprüfe, ob die Lösung der Gleichung im Sachkontext sinnvoll ist und formuliere deine Antwort.

   Die Lösung ist größer als 20. Also gibt es keinen Einschnitt, so dass ein Flächeninhalt von $180\,\text{cm}^2$ entsteht.

Bei einem geometrischen Problem, z. B. mit Rechtecken wie in Beispiel 2 und 3, ist es bei der Lösung sehr hilfreich, eine Skizze anzufertigen. Aber auch bei anderen Sachproblemen kann dir eine zeichnerische Veranschaulichung, z. B. durch Strecken, weiterhelfen.

Beispiel 4: Lösung mithilfe einer Zeichnung

In einer Lostrommel befinden sich viermal so viele Nieten wie Gewinnlose.
Insgesamt ist die Anzahl der Nieten um 150 größer als die Anzahl der Gewinnlose. Die Anzahl der Nieten wird mit n, die Anzahl der Gewinnlose mit g bezeichnet.

a) Bestimme die Anzahl der Nieten bzw. der Gewinnlose in der Lostrommel.
b) Entscheide, welche Gleichungen den Sachverhalt richtig beschreiben. Begründe deine Aussage.

(I) $n = g + 150$ (II) $g = n + 150$ (III) $g = 4n$ (IV) $n = 4g$

Lösung:
a) Veranschauliche die Aussagen mithilfe von Strecken:
Da es viermal so viele Nieten wie Gewinnlose gibt, ist die Strecke für n viermal so lang wie die Strecke für g. Der Unterschied zwischen der Anzahl von n und g beträgt 150.

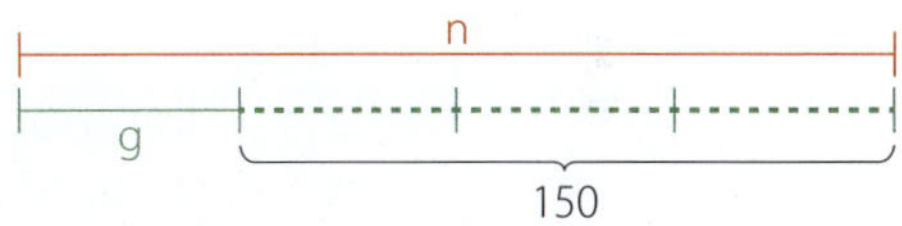

Somit entspricht die grüne Strecke der Zahl 50 und die rote Strecke der Zahl 200. Es sind also 50 Gewinnlose und 200 Nieten in der Lostrommel.
b) Mithilfe der Zeichnung siehst du, dass die Gleichungen I und IV richtig sind.
I: Zählt man zu g (grüne Strecke) 150 dazu, erhält man n (rote Strecke).
IV: Viermal die grüne Strecke (g) ergibt genau die rote Strecke (n).

Aufgaben

Trainieren | Vertiefen | Herausforderung

Grundbegriffe

1 Überprüfe, ob die angegebene Zahl eine Lösung der Gleichung ist.

a) $5x - 3 = 3x + 5$ $x = 4$
b) $3 - x = -4{,}5$ $x = 7{,}5$
c) $x^2 + x - 7 = 5$ $x = 3$
d) $3x^{-1} + 1 = 10$ $x = 3$
e) $x^2 - 5x = 0{,}5x - 3$ $x = 0{,}5$
f) $\frac{29}{x^2 + 1} = 1{,}6x$ $x = 2\frac{1}{2}$
g) $4 + \frac{4x}{5} = \frac{45 - 4x}{5}$ $x = 1{,}5$
h) $x^5 - x^4 - x^3 = x^2$ $x = -1$

2 Die Zahlen −5; 3; 4 und 8 sind die Lösungen der folgenden Gleichungen. Ordne sie durch Einsetzen den Gleichungen zu.

a) $2x = 20 - 3x$
b) $4x + 25 = 5$
c) $17 - 5x = 4x - 10$
d) $\frac{1}{2}x + 2x = 20$

3 Tobi sagt: „$3x + 1 = 4x^2 - 2$ ist eine Gleichung, da zwei Terme mit einem Gleichheitszeichen verbunden sind. $3x + 1 = 5$ ist dagegen keine Gleichung.“ Nimm zu der Aussage Stellung.

Aufstellen und Lösen von Gleichungen

4 Bestimme jeweils eine positive Lösung der Gleichung durch systematisches Probieren. Eine Tabelle kann dir dabei helfen.

a) $15 - 3x = 2x$ c) $2a^2 + 2 = 4a$ e) $-\left(\frac{x}{2} + 1\right)^2 = -2{,}25$

b) $15 - 4x = 6x + 5$ d) $x^2 - 3 = -3x$ f) $\left|\frac{5}{9}c\right| = 1{,}\overline{6}$

5 Robert hat eine Lösung der Gleichung $4x + 1 = 6x - 4$ bestimmt. Beschreibe seinen Lösungsweg und löse anschließend die Gleichung $2x + 20 = 7x + 4$.

x	$4x + 1$	$6x - 4$	
1	5	2	links zu hoch
2	9	8	links zu hoch
3	13	14	rechts zu hoch,
2,5	11	11	☺ Lösung: $x = 2{,}5$

6 Max soll die Gleichung $2x + 1 = x + 76$ mit einer Tabelle zu lösen. Als seine Freunde dies sehen, geben sie ihm Tipps. Löse die Gleichung zunächst mit Julians Tipp und anschließend mit Yens.

x	2x+1	x+76
1	3	77
2	5	78
3	7	79
4	9	80

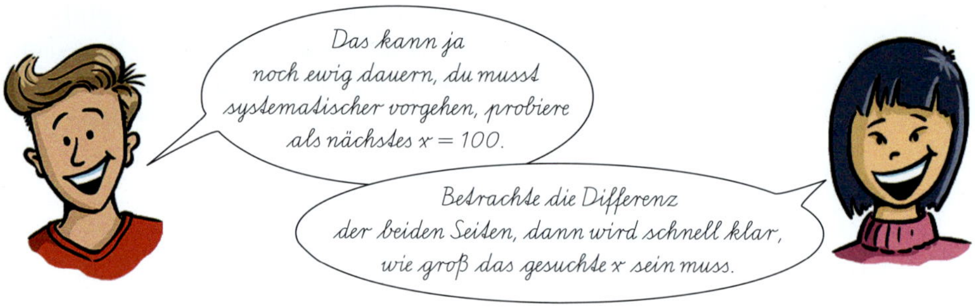

7 Löse durch Rückwärtsrechnen.

a) $7x - 25 = 3$ b) $-3x + 9 = 10$ c) $\frac{1}{2}x + 1 = -1$ d) $3(x + 1) = 9$

8 Constanze soll als Hausaufgabe die Aufgabe lösen: „In einer Klasse mit 30 Schülern gibt es m Mädchen und doppelt so viele Jungen wie Mädchen. Stelle eine Gleichung auf und bestimme die Anzahl der Jungen und Mädchen in dieser Klasse."

Da sie krank war, weiß sie nicht, wie sie rechnen muss.

a) Lena hat ihrer Freundin deshalb Notizen aufgeschrieben. Beschreibe Constanze in Sätzen, wie sie die Aufgabe lösen muss und notiere anschließend den Lösungsweg.

b) Bei der Kontrolle der Hausaufgabe wurden vier Gleichungen genannt. Entscheide, welche richtig sind, und erläutere, welchen Sachverhalt die anderen beschreiben.

$m + 2m = 30$ $m = 2j$ $m + 0{,}5m = 30$ $j = 2m$

die Variable m;
Anzahl der Jungen mithilfe von m;
Skizze: Strecken veranschaulichen;
Gleichung, insgesamt sind es 30;
Lösung mithilfe der Umkehraufgabe

A $1000 + x = 50$

B $50 + x = 1000$

C $x : 50 = 1000$

D $50 - x = 1000$

E $50x = 1000$

F $1000 - x = 50$

G $1000 : x = 50$

9 Kaufwünsche

a) Finde zu den Aufgaben jeweils eine passende Gleichung. Gib die Lösung an.

(I) Kasimir hat 50 € Guthaben auf seinem Sparkonto. Wie viele Euro muss er noch sparen, damit er sich ein Mountainbike zu 1000 € kaufen kann?

(II) Andrea erhält monatlich 50 € Taschengeld. Wie lange muss sie eisern sparen, damit sie sich ein Mountainbike zum Preis von 1000 € kaufen kann?

(III) Richard hat 1000 € auf seinem Sparkonto. Nachdem er sich ein Mountainbike gekauft hat, sind es noch 50 €. Wie viele Euro hat das Fahrrad gekostet?

b) Wähle aus den restlichen Gleichungen zwei aus und schreibe dazu eine Aufgabe. Lasse die Aufgaben anschließend von deinem Nachbarn lösen und vergleicht dann.

10 Claudia soll in der Hausaufgabe die Lösungen von sechs Gleichungen bestimmen. Sie hat zunächst die Aufgaben nach zwei Strategien aufgeteilt. Erläutere ihre Zuordnung und löse anschließend die Aufgaben.

I: $x + 12 = 10$
$3a + 1 = 9$
$b^2 - 5 = 11$

II: $x + 8 = 3x$
$a^2 + a = 12$
$y \cdot (y + 2) = 143$

11 Thalia, Sophie und Filiz haben folgende Aufgabe angefangen zu lösen: „In einer Kiste liegen dreimal so viele grüne wie rote Äpfel. Insgesamt sind es 36. Bestimme, wie viele rote Äpfel es sind." Diskutiere mit deinem Nachbarn die Lösungsansätze.

Thalia: $x + 3x = 36$ Sophie: $x + \frac{1}{3}x = 36$ Filiz: $3x + x = 36$

12 Nina und Mesut kaufen beim Bäcker Semmeln und Brezeln für das Frühstück mit ihrer Klasse. Nina sagt: „Wir haben dreimal so viele Semmeln wie Brezeln gekauft." Mesut meint: „Insgesamt sind es 18 Semmeln mehr als Brezeln." Bestimme, wie viele Stücke eingekauft wurden. Erläutere deinen Lösungsweg.

Noch fit?

I Zeichne die Punkte A (2|−1,5), B (5,5|−3), C (4|2) und A' (−1|−3,5) in ein Koordinatensystem. Konstruiere Punkte B' und C' so, dass die Dreiecke ABC und A'B'C' zueinander symmetrisch sind.

Trainieren | **Vertiefen** | Herausforderung

13 Stelle eine Gleichung auf und löse sie durch Rückwärtsrechnen.

a) Wenn Hannah 8 € mehr Taschengeld erhielte, hätte es sich verdoppelt.

b) Das Vierfache einer Zahl ist halb so groß wie die um 42 vergrößerte Zahl.

c) Wenn bei einem Quadrat eine Seite um 2 Meter verlängert und die andere Seite beibehalten wird, erhält man ein Rechteck, dessen Flächeninhalt um 8 m^2 größer ist als der des Quadrats.

14 Durch eine quadratische Wiese mit einer Seitenlänge von 8 m wird ein diagonal verlaufender Weg gelegt. Der Flächeninhalt der verbleibenden Wiese soll $40\,m^2$ betragen. Bestimme, wie groß x sein muss.

15 Ändere nur eine Zahl in der Gleichung ab, so dass die angegebene Zahl eine Lösung der Gleichung wird.

a) $3x - 8 = 13$; 5

b) $-12 + 7x = 26{,}5$; $-5{,}5$

c) $\frac{1}{2}x - 12 = 8 - \frac{1}{3}x$; 30

d) $\frac{7}{2}(x - 1) = 3{,}5x$; -3

16 Gib eine Gleichung an, die die gegebene(n) Lösung(en) hat. Tausche dich danach mit deinem Nachbarn aus.

a) -3

b) -7 und 7

c) $\frac{2}{7}$

d) alle rationalen Zahlen

Hinweis
$>$ bedeutet „größer als"/„mehr als"

$\geq$ bedeutet „größer oder gleich"/„mindestens"

17 Die folgenden Gleichungen bzw. Ungleichungen beschreiben die Anzahl an s Schwimmern und n Nichtschwimmern. Suche dir eine aus und übersetze sie in Wortform. Dein Nachbar stellt anschließend wieder die zugehörige Gleichung auf. Überprüft dann gemeinsam, ob ihr beide richtig „übersetzt" habt.
Beispiel: $n \geq 5$ „Es sind mindestens 5 Nichtschwimmer"

① $s = 2n$
② $s = n + 2$
③ $n = s + 2$
④ $s = \frac{1}{2}n$
⑤ $s < n$
⑥ $s \geq n$
⑦ $s = \frac{1}{2}(s + n)$
⑧ $s < 3n$

18 Eine Molkerei verwendet quaderförmige Tetrapacks, um einen Liter Frischmilch abzufüllen. Die Grundfläche der Verpackung ist ein Quadrat.
Ermittle mithilfe einer Tabelle Länge, Breite und Höhe einer Verpackung, sodass möglichst wenig Verpackungsmaterial benötigt wird.

Trainieren | Vertiefen | **Herausforderung**

19 Eine Fußballmannschaft spielt mit den drei Stürmern Hendrik, Felix und Antonio. Am Ende der Saison ziehen sie Bilanz. Felix sagt: „Ich bin in dieser Saison Torschützenkönig. Ich habe doppelt so viele Tore wie Hendrik geschossen und Antonio hat fünf Tore weniger als ich erzielt." Hendrik erwidert: „Die Einzelleistungen sind doch unwichtig. Entscheidend ist, dass wir insgesamt 40 Tore erzielt haben". Bestimme, wie viele Tore jeder geschossen hat.

Info
Maße DIN-A3:
297 mm x 420 mm

20 Würfelnetze

a) Zeichne das Netz eines möglichst großen Würfels auf ein DIN-A4-Blatt und berechne dessen Volumen.

b) Erläutere, wie sich das Ergebnis ändert, wenn du ein DINA3-Blatt nutzt.

c) Ein Würfel besitzt eine Oberfläche, die so groß ist wie die Fläche eines DIN-A3-Papiers. Stelle für die Berechnung des Volumens eine Gleichung auf.

5.2 Mit Kalkül zur Lösung

Einstieg

Streichholzrätsel

In jeder Schachtel liegen gleich viele Hölzer. Außerdem ist die Anzahl aller Hölzer auf jeder Seite gleich. Beschreibe, wie du die Anzahl der Streichhölzer in einer Schachtel bestimmen kannst.

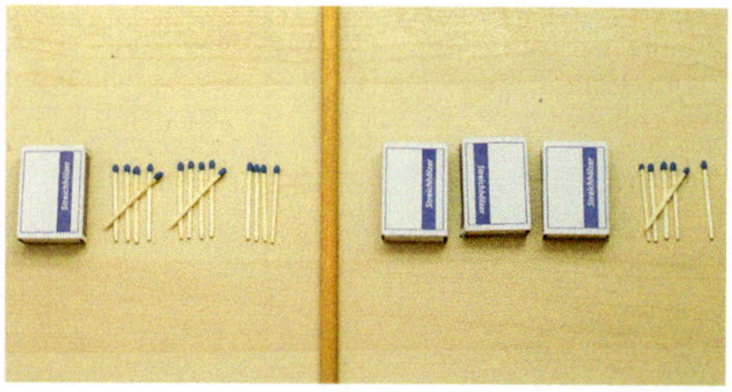

Wissen

Äquivalenzumformungen

Einfache Gleichungen wie $x + 13 = 22$ kannst du mithilfe der Umkehraufgabe schnell lösen: $x = 22 - 13 = 9$. Wenn die Gleichung komplizierter ist, wie z. B. $3x + 2 = x + 8$, solltest du eine neue Strategie anwenden. Dabei wandelst du die Gleichung schrittweise in immer einfachere Gleichungen um.
Eine Gleichung kannst du dir als eine Waage im Gleichgewicht vorstellen.

Drei Dosen und zwei Massestücke sind genauso schwer wie eine Dose und acht Massestücke.

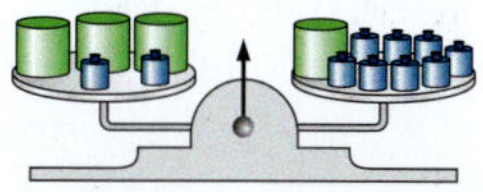

$3x + 2 = x + 8$

Wenn du auf jeder Seite eine Dose wegnimmst, bleibt die Waage im Gleichgewicht.

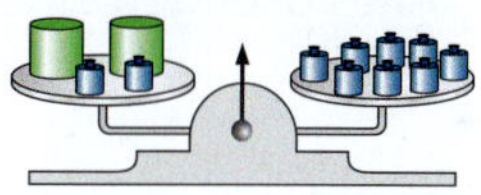

$3x - x + 2 = x - x + 8$
$2x + 2 = 8$

Wenn du auf jeder Seite zwei Massestücke wegnimmst, bleibt die Waage im Gleichgewicht.

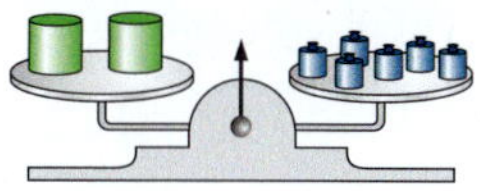

$2x + 2 - 2 = 8 - 2$
$2x = 6$

Wenn du die Inhalte auf jeder Seite halbierst, bleibt die Waage im Gleichgewicht.

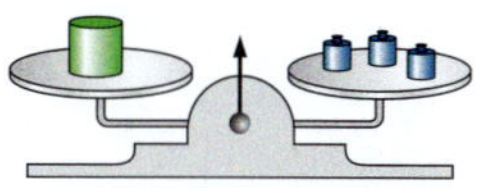

$2x : 2 = 6 : 2$
$x = 3$

Bei den Änderungen ist die Waage immer im Gleichgewicht geblieben. Somit hat sich die Lösung der Gleichung nicht verändert.

Umformungen, bei denen sich die Lösung einer Gleichung nicht verändert, heißen **Äquivalenzumformungen**. Äquivalenzumformungen sind:
- Addieren/Subtrahieren derselben Zahl auf beiden Seiten
- Addieren/Subtrahieren desselben Vielfachen von x auf beiden Seiten
- Multiplizieren beider Seiten der Gleichung mit derselben Zahl ungleich Null
- Dividieren beider Seiten der Gleichung durch dieselbe Zahl ungleich Null

Oft ist es hilfreich, die Terme auf jeder Seite soweit wie möglich zu vereinfachen, z. B. durch Ausmultiplizieren oder Zusammenfassen. Beginne erst danach mit den Äquivalenzumformungen.

Beispiel 1: eine Gleichung durch Äquivalenzumformungen lösen

Löse die Gleichung $3x - (4 - x) = 5(x + 1) - 3x$.

Lösung:

1. Vereinfache zunächst beide Seiten der Gleichung einzeln: multipliziere aus und fasse zusammen.
   $3x - (4 - x) = 5(x + 1) - 3x$
   $3x - 4 + x = 5x + 5 - 3x$
   $4x - 4 = 2x + 5$
2. Subtrahiere auf jeder Seite das Doppelte von x.
   $4x - 4 = 2x + 5 \quad | -2x$
3. Addiere auf jeder Seite die Zahl 4.
   $2x - 4 = 5 \quad | +4$
4. Dividiere jede Seite durch 2.
   $2x = 9 \quad | :2$
   $x = 4{,}5$

Überprüfe mit einer Probe dein Ergebnis. Berechne hierfür die Seiten getrennt.

Linke Seite: $3 \cdot 4{,}5 - (4 - 4{,}5) = 13$ Rechte Seite: $5(4{,}5 + 1) - 3 \cdot 4{,}5 = 13$

Da du auf beiden Seiten das gleiche Ergebnis erhältst, ist $x = 4{,}5$ die Lösung.

Lösungsmengen

Eine Gleichung kann auch mehrere Lösungen haben, z. B. $x^2 = 9$. Hier kannst du für die Variable x sowohl die Zahl 3 als auch die Zahl −3 einsetzen.

Zur Erinnerung
Mengen schreibst du in geschweifte Klammern, z. B. $L = \{-3; 3\}$.

Alle Lösungen einer Gleichung werden in der Lösungsmenge L zusammengefasst. Gleichungen mit derselben Lösungsmenge heißen äquivalent.

Beispiel 2: Äquivalente Gleichungen

Entscheide, welche Gleichungen äquivalent sind. Begründe deine Zuordnung.

$u + 2 = 0$ $u^2 = 4$ $u - 2 = 0$ $u^2 - 4 = 0$

$u - 4 = -2$ $(u - 2)(u + 2) = 4$ $-u - 2 = 0$

Lösung:

$u + 2 = 0;\ -u - 2 = 0$

Beide Gleichungen haben die Lösungsmenge $L = \{-2\}$, also sind sie äquivalent. Wenn du die erste Gleichung mit (−1) multiplizierst, dann erhältst du die zweite Gleichung.

$u - 2 = 0;\ u - 4 = -2$

Beide Gleichungen haben die Lösungsmenge $L = \{2\}$, also sind sie äquivalent. Wenn du bei der ersten Gleichung auf beiden Seiten 2 subtrahierst, dann erhältst du die zweite Gleichung.

$(u - 2)(u + 2) = 4;$
$u^2 = 4;\ u^2 - 4 = 0$

Alle drei Gleichungen haben die Lösungsmenge $L = \{-2; 2\}$, also sind sie äquivalent. Durch Ausmultiplizieren der ersten Gleichung erhältst du die zweite. Wenn du von dieser 4 auf beiden Seiten subtrahierst, erhältst du die dritte Gleichung.

Beachte
Zum Beispiel sind $u + 2 = 0$ und $u^2 = 4$ nicht äquivalent, da die Lösungsmengen $\{-2\}$ bzw. $\{-2; 2\}$ unterschiedlich sind.

Du hast bereits gelernt, dass eine Gleichung eine oder auch mehrere Lösungen haben kann. Es gibt aber auch noch weitere Spezialfälle.

Unlösbare Gleichung

$2(x + 1) + 2 = 4(0{,}5x + 0{,}25)$

$2x + 4 = 2x + 1$

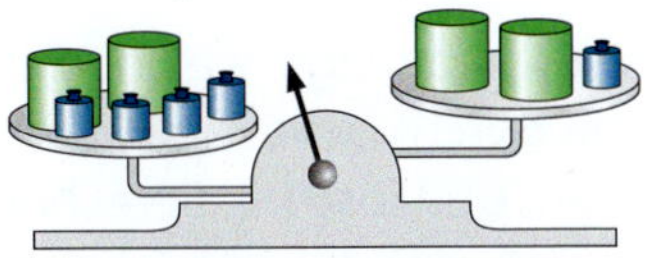

Die Waage ist nicht im Gleichgewicht, denn auf beiden Seiten steht nicht dasselbe. Formst du weiter um, erhältst du einen Widerspruch: $4 = 1$

Egal, welche Zahl du für x einsetzt, die Aussage ist immer falsch. Somit ist die Gleichung **unlösbar**. Die Lösungsmenge ist leer, $L = \{\ \}$.

Allgemeingültige Gleichung

$2(0{,}5x - 1) + 3 = x + 1$

$x + 1 = x + 1$

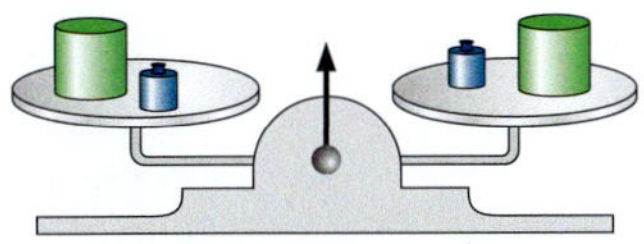

Die Waage ist im Gleichgewicht, denn auf beiden Seiten steht exakt dasselbe. Formst du weiter um, erhältst du eine wahre Aussage: $1 = 1$

Egal, welche Zahl du für x einsetzt, die Aussage ist immer richtig. Somit ist die Gleichung **allgemeingültig**. Die Lösungsmenge besteht aus allen Zahlen, $L = \mathbb{Q}$.

Ergibt sich beim Umformen der Gleichung eine
- falsche Aussage, dann ist die Gleichung **unlösbar.**
- wahre Aussage, dann ist die Gleichung **allgemein gültig.**

Anwendungen im Sachzusammenhang

Viele Sachprobleme lassen sich mithilfe einer Gleichung lösen. Du weißt schon, dass du überlegen musst, welche Zahlen für die Variable im Sachzusammenhang einen Sinn ergeben. Interpretiere zum Schluss das Ergebnis.

Hinweis

Auf Seite 114 erfährst du noch mehr dazu.

Zur Erinnerung

Damit es zum Rechnen leichter ist, kannst du in der Rechnung die Einheiten weglassen. Denke aber bei der Interpretation daran.

Beispiel 3: Lösungen interpretieren

Martin hat von seiner Mutter 30 € bekommen, um drei Kinokarten für jeweils 7,20 € zu kaufen. Er möchte nun noch Süßigkeiten kaufen. Diese gibt es in 100-g-Tüten zu je 2,40 €. Ermittle, wie viele Tüten er sich höchstens kaufen kann.

Lösung:

1. Lege die Variable fest und überlege, welche Zahlen für x sinnvoll sind.
   x steht für die Anzahl der Tüten, somit sind nur natürliche Zahlen für x sinnvoll: $x \in \mathbb{N}$
2. Stelle die Gleichung auf.
   $3 \cdot 7{,}20 + x \cdot 2{,}40 = 30$
3. Löse die Gleichung.
   $21{,}60 + 2{,}40x = 30 \quad | -21{,}60$
   $2{,}40x = 8{,}40 \quad | :2{,}4$
   $x = 3{,}5$
4. Interpretiere das Ergebnis.
   Martin kann keine 3,5 Tüten kaufen, er kann sich also maximal 3 leisten.

Methode

Mit Gleichungen Probleme lösen

Manche Probleme sind komplexer. Beim Lösen ist es daher sehr wichtig, dass du strukturiert vorgehst, um den Sachverhalt richtig zu verstehen.

1. **Lies den Text genau und markiere wichtige Satzteile farbig. Oft ist eine Skizze hilfreich.**
2. **Lege die Variable fest und überlege, welche Zahlen für diese sinnvoll sind.**
3. **Drücke weitere Größen durch die Variable aus.**
4. **Stelle eine Gleichung auf und löse sie. Berechne alle gesuchten Größen.**
5. **Überprüfe und interpretiere die Lösung im Kontext der Aufgabe. Formuliere einen Antwortsatz.**

▼ **Beispiel: Problemlösen mithilfe von Gleichungen**

Verlängere bei einem Quadrat eine Seite und die gegenüberliegende jeweils um 9 cm und verkürze die anderen beiden Seiten jeweils um 4 cm. Der Flächeninhalt des entstandenen Rechtecks soll im Vergleich zum Flächeninhalt des Quadrats um 14 cm^2 größer sein. Berechne die Seitenlänge des Quadrats.

Lösung:

Schritt 1: Text lesen, Wichtiges farbig markieren, Skizze erstellen

Verlängere bei einem Quadrat eine Seite und die gegenüberliegende jeweils um 9 cm und verkürze die anderen beiden Seiten jeweils um 4 cm. Der Flächeninhalt des entstandenen Rechtecks soll im Vergleich zum Flächeninhalt des Quadrats um 14 cm^2 größer sein. Berechne die Seitenlänge des Quadrats.

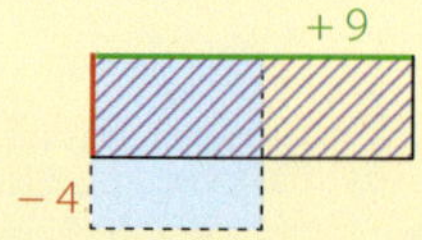

Schritt 2: Variable festlegen

Variable x: Seitenlänge des Quadrats in cm, da diese gesucht ist

Zahlenbereich: Die Zahlen müssen positiv und größer als 4 sein, da die Seitenlänge um 4 cm verkürzt wird, also: $x > 4$.

Schritt 3: weitere Größen durch die Variable ausdrücken

	Seitenlänge 1	Seitenlänge 2	Flächeninhalt
Quadrat	x	x	x^2
Rechteck	$x+9$	$x-4$	$(x+9)\cdot(x-4)$

Schritt 4: Gleichung aufstellen und lösen, gesuchte Größen berechnen

Da der Flächeninhalt des Rechtecks 14 cm^2 größer ist, musst du zum Flächeninhalt des Quadrats noch 14 cm^2 addieren:

$$A_R = A_Q + 14$$
$$(x+9)(x-4) = x^2 + 14$$
$$x^2 + 5x - 36 = x^2 + 14 \quad | -x^2$$
$$5x - 36 = 14 \quad | +36$$
$$5x = 50 \quad | :5$$
$$x = 10$$

Schritt 5: Überprüfen der Ergebnisse und ggf. Interpretation

Da 10 größer als 4 ist, ist das Ergebnis im Sachzusammenhang sinnvoll. Außerdem solltest du das Ergebnis noch rechnerisch überprüfen. Vergleiche dafür die Flächeninhalte: $A_Q = 10\,cm \cdot 10\,cm = 100\,cm^2$; $A_R = 19\,cm \cdot 6\,cm = 114\,cm^2$

Der Flächeninhalt des Rechtecks ist also 14 cm^2 größer.

▲ Antwort: Das Quadrat hat eine Seitenlänge von 10 cm.

Aufgaben

Trainieren | Vertiefen | Herausforderung

Äquivalenzumformungen

1 Die Waagebilder zeigen, wie du die Masse einer Dose bestimmen kannst. Beschreibe zuerst in Worten, wie die Masse bestimmt wird, und löse dann die Gleichung $4x + 5 = 2x + 11$. Notiere auch die Äquivalenzumformungen.

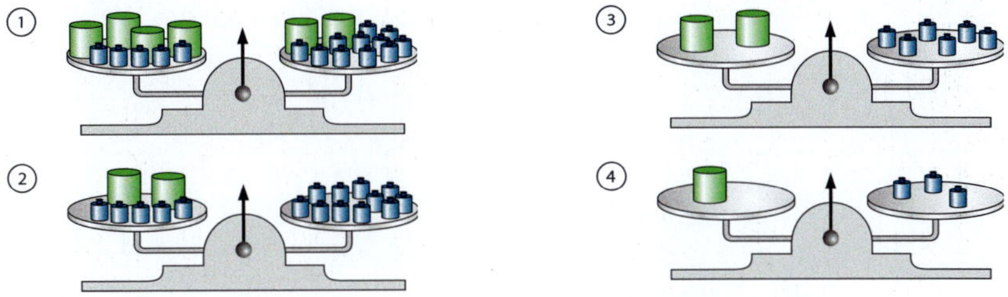

2 In jeder Schachtel sind gleich viele Münzen. Links und rechts der Linie liegen insgesamt gleich viele Münzen. Stelle eine Gleichung auf. Berechne die Anzahl der Münzen in einer Schachtel.

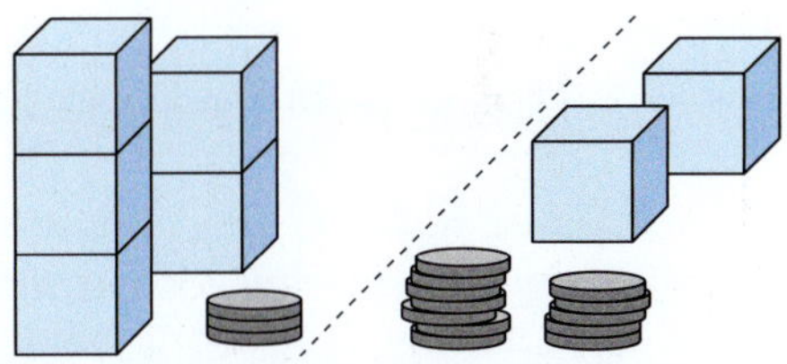

3 Löse die Gleichung durch Äquivalenzumformungen. Denke daran, dein Ergebnis mithilfe einer Probe zu überprüfen.

a) $2x + 47 = 81 + x$
b) $2z + 4{,}5 = 23 + z$
c) $x - 12 = 51 - x$
d) $30 - 3y = 12 - 4y$
e) $\frac{2}{3} + \frac{1}{2}x = \frac{8}{9}$
f) $10x - 3{,}7 = -5x - 1{,}3$
g) $\frac{3}{4}x + 5{,}25 = 8 - 7{,}25x$
h) $-\frac{2}{3} - \frac{1}{2}x = \frac{8}{9} + \frac{1}{2}x$

4 Übertrage die Aufgaben in dein Heft und vervollständige sie.

a)
$8x - 3 = 3x + 12 \quad | \square$
$5x - 3 = 12 \quad | \square$
$5x = 15 \quad | \square$
$x = \square$

b)
$-3x + 5 = -2x \quad | \square$
$-x - 5 = 0 \quad | \square$
$-x = 5 \quad | \square$
$x = \square$

c)
$\frac{1}{3}(-5x + 4) = 8 \quad | \square$
$-5x + 4 = 24 \quad | \square$
$-5x = 20 \quad | \square$
$x = \square$

d)
$x - 3{,}5 = 2\frac{1}{2} + 3x \quad | -x$
$-3{,}5 = 2{,}5 + \square \quad | \square$
$-6 = \square \quad | : \square$
$\square = x$

Lösungswort
$\frac{1}{3}$ (l); 5 (n); 8 (a); –2 (o); 0 (d); –1 (w); –14 (o); 3 (e); 3 (d); 4 (n)

5 Vereinfache zunächst jede Seite und löse dann die Gleichung.

a) $14x - 8 - 5x = 19$
b) $0 = -22 - 7y - 12 - 10y$
c) $21 = 38t + 43 - 16t$
d) $3x + 9 + 2x = 17x + 2 - 7x - 18$
e) $32{,}5z - 15{,}8 + 52{,}2z = 17{,}2 - 14{,}3z$
f) $6x - 11 = 3(3x + 10) + 1$
g) $-5x = -(128 - 11x)$
h) $6(2x - 1) + x = 6(2x - 1)$
i) $3(x - 1) = 2(5 - x) + 2$
j) $4(x - 1) = 2\left(\frac{1}{2}x + 3\right) + 2$

6 Nick und Aaron haben für eine Aufgabe unterschiedliche Ansätze notiert. Entscheide und begründe, welche Äquivalenzumformung zielführend ist.
Nick: $6x = 36 \quad | -6$ Aaron: $6x = 36 \quad | :6$

7 Jeli, Pia und Zoe haben eine Aufgabe unterschiedlich gelöst.
a) Vergleicht die Rechenwege und beschreibt, was euch auffällt.
b) Löst dann einzeln die Gleichung $3 - 1{,}6x = 1{,}9 + 0{,}5x$ auf drei verschiedenen Wegen. Tauscht euch anschließend aus, welcher Weg euch leichter fällt.

Jeli:	Pia:	Zoe:
$1{,}4x + 2{,}6 = 4{,}6x - 5{,}4$	$1{,}4x + 2{,}6 = 4{,}6x - 5{,}4$	$1{,}4x + 2{,}6 = 4{,}6x - 5{,}4$
$2{,}6 = 3{,}2x - 5{,}4$	$-3{,}2x + 2{,}6 = -5{,}4$	$14x + 26 = 46x - 54$
$8 = 3{,}2x$	$-3{,}2x = -8$	$80 = 32x$
$2{,}5 = x$	$x = 2{,}5$	$2{,}5 = x$

8 Stelle eine Gleichung auf und löse sie.
a) Subtrahierst du 2 von der Hälfte einer gedachten Zahl, so erhältst du das Dreifache dieser Zahl. Bestimme die Zahl.
b) Das Doppelte der um 3 verminderten Zahl ist um 10 größer als das Dreifache der Zahl.
c) Die Summe aus dem Fünffachen und der um 3 verminderten Zahl ist genau so groß wie die Summe aus dieser Zahl und ihrem Nachfolger.

Lösungsmengen

9 Zwei der drei Gleichungen sind jeweils äquivalent. Finde sie und begründe.

a)	b)	c)
$x - 5 = 8$	$13 - x = 3 + x$	$3 - x = -25$
$x - 8 = 5$	$14 - x = 4 + x$	$x - 25 = 3$
$x + 8 = 5$	$12 - x = 4 + x$	$2x - 6 = -50$

10 Gib drei Gleichungen an, die zur gegebenen Gleichung äquivalent sind.
a) $x - 3 = 0$ b) $x + 4 = 8$ c) $6x - 3 = 5$

11 Als Manja die Lösung von Sophie sieht, sagt sie gleich: „Du hast dich verrechnet." Sophie antwortet: „Nö." Begründe, wer Recht hat.

$4\left(x - \frac{1}{2}\right) = \left(\frac{4}{3}x + 1\right) \cdot 3 + 2$
$4x - 2 = 4x + 5 \quad | -4x$
$-2 = 5$

12 Ordnet den Gleichungen die richtige Lösungsmenge zu und erläutert eure Überlegungen. Erklärt anschließend an diesen Beispielen die Begriffe **allgemeingültig** und **unlösbar**.

$\{0; 3{,}5\}$ $\{-6\}$ $\{\,\}$ $\{4\}$ $\mathbb{Q}$ $\{-14; 8\}$

$0 = x\left(x - \frac{7}{2}\right)$ | $x^3 + 7 = -209$ | $4x - 5 = 19 - 2x$ | $(x + 3)^2 = 121$ | $2(x - 4) = -8 + 2x$ | $-8 = |2x - 6|$

13 Erläutere, wie du die Gleichung $-\frac{1}{2}x - 5 = \frac{1}{2}x + \square$ ergänzen musst, damit die Gleichung folgende Anzahl an Lösungen hat.
a) keine b) eine c) unendlich viele

Hinweis
Wenn du Hilfe bei den Aufgaben benötigst, kannst du auf Seite 114 nachlesen.

Anwendungen im Sachzusammenhang

14 Olivia will mit ihren Freundinnen zum Stand Up Paddling. Für die Ausleihe des Materials haben sie die Preise recherchiert. Die erste Stunde kostet 11,20 €, jede weitere nur noch 6,70 €. Olivia hat 30 € dabei.

a) Berechne mithilfe einer Gleichung, wie lange Olivia paddeln kann.
b) Olivia möchte danach noch einen Burger für 6,50 € essen. Erläutere, wie du die Gleichung verändern musst.

15 Ein Draht der Länge 90 cm soll zu einem Rechteck gebogen werden. Die längere Seite ist um 9 cm länger als die kürzere Seite. Ermittle auf zwei verschiedenen Wegen die Seitenlängen des Rechtecks. Vergleiche dann die Lösungswege.

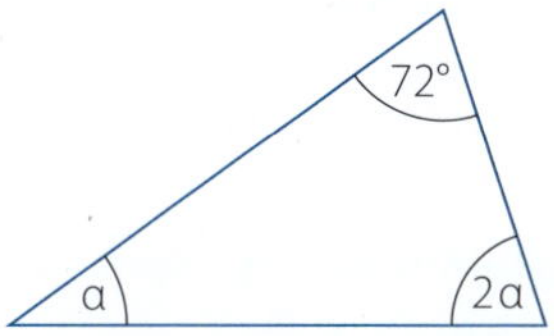

16 Winkel im Dreieck
a) Berechne die Größe der Innenwinkel im abgebildeten Dreieck.
b) In einem anderen Dreieck ist β doppelt so groß wie α und γ dreimal so groß wie β. Berechne, wie groß die Winkel sind.
c) In einem anderen Dreieck ist β um 55° größer als α und γ um 110° kleiner als α und β zusammen. Berechne, wie groß die Winkel sind.

17 Piete ist 13 Jahre alt. Seine Mutter ist jetzt 39. In wie viele Jahren ist die Mutter nur noch doppelt so alt?
a) Löse die Aufgabe durch systematisches Probieren.
b) Löse die Aufgabe mithilfe einer Gleichung.
c) Anna hat die Aufgabe so gelöst: „39 − 13 = 26, d. h. wenn Piete 26 Jahre alt ist, ist seine Mutter doppelt so alt. Also in 13 Jahren." Erläutere, was sich Anna dabei überlegt hat.

Vermischte Aufgaben

18 Bestimme die Lösungsmenge.
a) $6b + 7 = 5(2b + 3)$
b) $2(x - 4) = 5x - 8 - 3x$
c) $-3(2 - 2w) = 5(w - 1)$
d) $2(3s - 11) + 22 = 4s$
e) $4t - 5 + 3t = 7t$
f) $\frac{1}{5}\left(3x + \frac{1}{2}\right) = \frac{3}{5}\left(x + \frac{1}{6}\right)$

19 Division von Summen
Als José den Lösungsweg von Tom sieht, meint er, dass man das doch viel schneller rechnen kann. Vergleicht die Rechenwege und erläutert, wie José vorgegangen ist und warum er so rechnen darf.

Tom
$$14x + 7 = \frac{7}{50} \quad |-7$$
$$14x = \frac{7}{50} - \frac{350}{50}$$
$$14x = -\frac{343}{50} \quad |:14$$
$$x = -\frac{343}{700}$$
$$x = -\frac{49}{100}$$

José
$$14x + 7 = \frac{7}{50} \quad |:7$$
$$2x + 1 = \frac{1}{50} \quad |-1$$
$$2x = \frac{1}{50} - \frac{50}{50}$$
$$2x = -\frac{49}{50} \quad |:2$$
$$x = -\frac{49}{100}$$

20 Nenne jeweils alle Äquivalenzumformungen.

a) $3x + 9 = 6$
$x + 3 = 2$

b) $1 - 0{,}7x = 0{,}1 - 0{,}5x$
$0{,}2x = 0{,}9$

c) $\frac{1}{2}x - \frac{2}{3} + \frac{3}{5}x = 0$
$15x + 18x = 20$

21 Kontrolliere die Rechnungen und beschreibe den Fehler. Korrigiere ihn dann.

a) $2x = 18$
$x = 16 \quad \mathcal{L} = \{16\}$

b) $3x + 12 = 18$
$x + 12 = 6$
$x = -6 \quad \mathcal{L} = \{-6\}$

c) $4x + 2{,}5 = \frac{5}{2}(1{,}6x + 1)$
$4x + 2{,}5 = 4x + 2{,}5$
$4x = 4x$
$0 = 0 \quad \mathcal{L} = \{\,\}$

22 Marie erklärt: „Die Gleichung $\frac{5}{6}x - 4 = 5x + \frac{2}{3}$ kann ich ganz geschickt lösen, indem ich beide Seiten der Gleichung mit 6 multipliziere."

a) Forme die Gleichung entsprechend um. Erläutere, warum dies vorteilhaft ist.

b) Löse folgende Gleichungen mithilfe des gleichen Tricks:

$\frac{7}{2}x + 8 = \frac{3}{4}(32 - 2x)$

$\frac{3}{5}\left(\frac{2}{3}x - 1\right) = \frac{3}{10}x + \frac{1}{10}$

$\frac{1}{6}\left(\frac{3}{2}x - 8\right) = -\frac{1}{4}\left(x + \frac{13}{3}\right)$

114

23 André stellt Carsten folgende Aufgabe: „In einem Dreieck ist α um 40 % größer als die beiden anderen Winkel zusammen. Zudem ist der Winkel β um 80° größer als γ." Carsten kommt beim Lösen der Aufgaben ins Grübeln, erläutere warum.

24 Eine Gleichung aus dem gelben Feld ist 1 Punkt wert, aus dem roten 2 Punkte, aus dem grünem 3 Punkte und aus dem blauen 4 Punkte. Sammle 12 Punkte, du darfst aber maximal 3 Aufgaben aus einem Feld lösen.

a) $6x - 4(x + 2) = 16$
b) $14x - 4(4x + 2) = 18x - 6(3x + 4)$
c) $2 - 4(5 + x) = 2x - 6(3 + x)$
d) $4x - 2(9x + 14) = 6 - 17(x + 2)$
e) $2x - 4(x - 1) = 5x - 7(x + 1)$
f) $3x - 3(x - 1) = 5 - 3(2x + 1)$

a) $-x - [-x + 9(-3 + x)] = -10 - 9(x - 4)$
b) $-15{,}5 - [2{,}5(x - 3) - 1{,}5(4 - x) - 2(2x + 1)] = 0$
c) $x - [6(3 - 2x) - 3(5 - x)] = -17 - 3(7 - x)$
d) $-[-2(-4x + 12) - (-31 + 2x)] = 3x - [21 - 5(6 - x)]$
e) $46 - [3(7 - 2x) - 5(7x + 22)] = 4 \cdot [2x - (2x - 3)]$

a) $4x - 2(1{,}5 - 7x) = x - 2(3 - 4x)$
b) $(3x - 25) - (3 - x) - \frac{1}{2} \cdot (62 - 6x) = 4$
c) $\frac{1}{5} - 4\left(\frac{1}{2} + \frac{x}{2}\right) = 4x - 6\left(\frac{3}{10} + \frac{x}{3}\right)$
d) $3(3 - 4x) = 4(1 - x) - (8x + 7)$
e) $3(x + 1) - 2(1 - 5x) = 7 - 3(2 - 2x)$
f) $\frac{1}{2}\left(4x + \frac{1}{3}\right) - \frac{1}{3}\left(9x - \frac{1}{4}\right) = \frac{1}{4}(12x + 1)$

a) $52 - 4 \cdot [14x - 5(1 + x)] = 6x - 3 \cdot \{-2(5 - 11x) - [4 + 3(5x + 1)]\}$
b) $48 - 4 \cdot [-26x - 5(1 - 2x)] = -12x - 2 \cdot \{-3(22x + 5) - [8 - 5(8x - 1)]\}$
c) $-\{x + [x - (x - x)]\} - \{x - [x - (x + x)]\} = 5(1 - x)$

Noch fit?

I Berechne.

a) $\frac{2}{3} - \left(2{,}25 - \frac{5}{14}\right) : \frac{3}{7}$

b) $\left(-2\frac{1}{3}\right)^2 : 0{,}\overline{2} \cdot (1{,}75 - 2)$

Trainieren **Vertiefen** Herausforderung

25 In einer Werkstatt wurden bei 16 Fahrzeugen (Autos und Motorräder) alle Reifen gewechselt. Insgesamt waren es 36 Reifen.

a) Lia notiert folgenden Ansatz: $4x + 2 \cdot (16 - x) = 36$. Erläutere diesen und löse damit die Aufgabe.

b) Tim beginnt seine Rechnung folgendermaßen: $36 - 2 \cdot 16 = 4$. Erläutere Tims Gedanken und setze die Rechnung fort.

26 Susan kommt bei der Gleichung $x^2 - 3x = 0$ nicht weiter. Da meint ihr Bruder Michael: „Du musst doch nur einen Trick anwenden. Du kannst die Variable x ausklammern. Du erhältst dann ein Produkt und ein Produkt ist immer Null, wenn einer der beiden Faktoren Null ist."

a) Löse die Gleichung mit dem Hinweis von Michael.

b) Löse die folgenden Aufgaben genauso.

$4x^2 - 12x = 0$ $\frac{2}{3}x^2 - \frac{5}{6}x = 0$ $x^3 - 7{,}5x^2 = 0$ $0{,}4x^2 - \frac{1}{5}x = 0$

c) Ihr Nachbar schlägt vor: „Du kannst doch auch einfach durch x teilen und dann die Gleichung $x - 3 = 0$ lösen." Diskutiere mit deinem Nachbarn, ob dieser Lösungsweg auch richtig ist.

27 Entscheidet, welche Umformung keine Äquivalenzumformung ist. Gebt gegebenenfalls ein Gegenbeispiel an, bei dem die Gleichung nach der Umformung nicht äquivalent zur Ausgangsgleichung ist.

a) Addition von -3 auf beiden Seiten
b) Multiplikation beider Seiten mit 0
c) Multiplikation beider Seiten mit $x - 2$
d) Addition von $2x - 3$ auf beiden Seiten
e) Division beider Seiten durch $\frac{2}{7}$
f) Quadrieren beider Seiten

28 Zwei Liter 100 °C warmes Wasser werden mit 2,5 Litern 35 °C warmen Wasser vermischt.

a) Ermittle, wie hoch die Endtemperatur ist.

b) Berechne mithilfe einer Gleichung, wie viele Liter man vom 35 °C warmen Wasser benötigt, um eine Mischtemperatur von 60 °C zu erhalten.

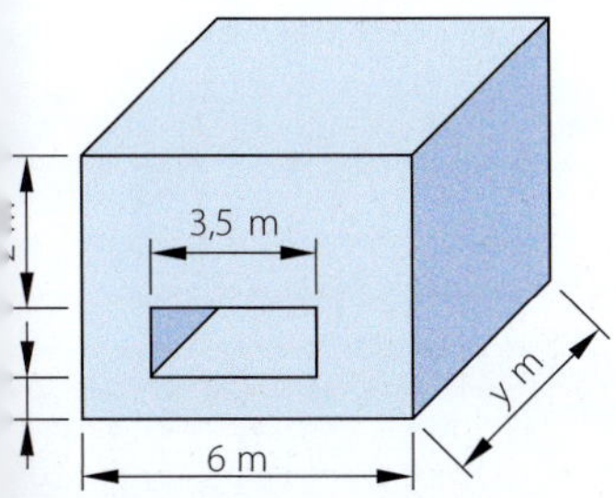

29 Aus einem quaderförmigen Metallklotz wurde ein Loch mit rechteckigem Querschnitt gebohrt, so dass das Volumen um 25 % reduziert wurde. Berechne die Maße des Rechtecks.

30 Bestimme die Streckenlänge x.

a)

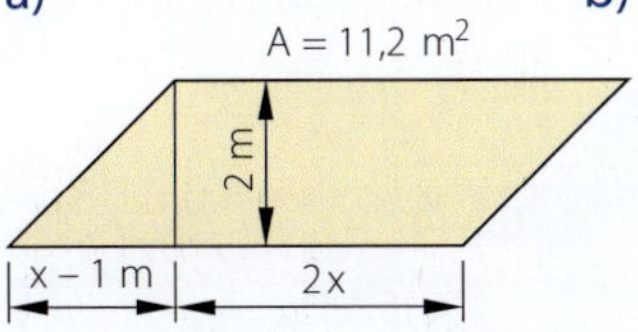

b)

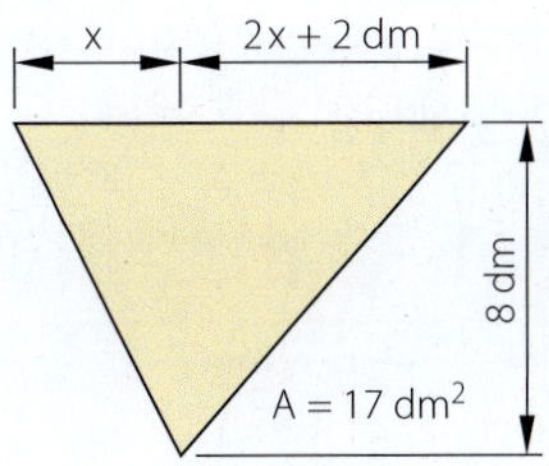

c)

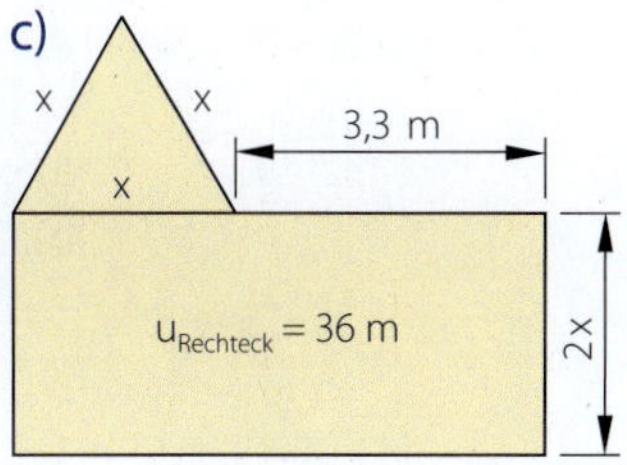

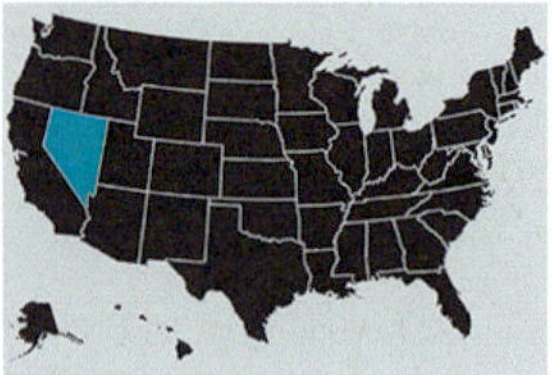

31 Der USA-Bundesstaat Nevada hat einen Flächeninhalt von etwa 290 000 km^2.

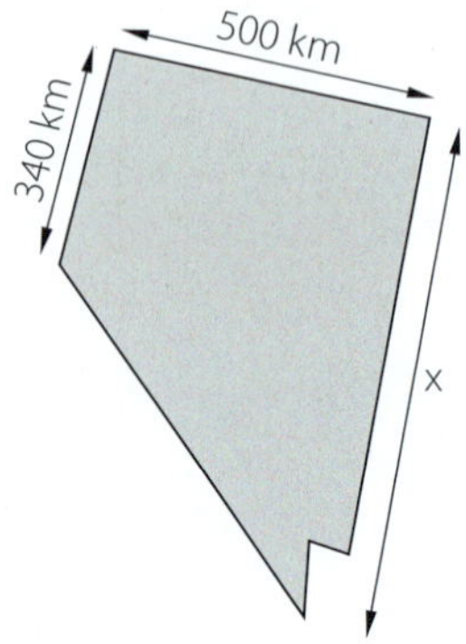

a) Bestimme mithilfe einer Gleichung die ungefähre Länge der Strecke x. Erläutere, welche Annahmen du dafür getroffen hast.

b) Bestimme die Länge der vierten Grenze mithilfe einer Skizze. Verwende dazu einen sinnvollen Maßstab.

32 Eine 23 cm hohe Kerze brennt in einer Stunde 1 cm nieder. Eine zweite, 17 cm hohe Kerze brennt in einer Stunde 5 mm nieder und eine dritte, 9 cm hohe Kerze 3 mm in einer Stunde. Alle drei Kerzen werden zugleich angezündet.

a) Berechne mithilfe einer Gleichung, wann die große und die kleinste Kerze gleich hoch sind und gib deren Höhe an.

b) Nachdem Aydin berechnet hat, zu welchem Zeitpunkt die mittelgroße und kleinste Kerze gleich hoch sind, hat er die Höhe der Kerzen bestimmt. Er hat ein negatives Ergebnis erhalten. Erläutere warum.

114

33 Wenn man bei einem Quadrat zwei gegenüberliegende Seiten um je 10 % vergrößert und die beiden anderen Seiten um je 3 cm verkürzt, so entsteht ein Rechteck. Der Umfang des Rechtecks ist 7,2 cm größer als beim Quadrat. Berechne die Seitenlänge des Quadrats.

34 Familie Lehn möchte in den Ferien an die Ostsee fahren. Sie hat dafür zwei Angebote. Erläutere, wie sich die Familie entscheiden soll. Gehe dabei auf deine getroffenen Annahmen ein.

FH an der Düne		**HS**	**NS**
18375 Born a. Darß	1. Nacht*	155 €	125 €
Promenade 10	jede weitere	**95 €**	**65 €**
80 m^2 bis zu 6 Pers.			

FH Meeresblick		**HS**	**NS**
18375 Zingst	1. Nacht*	140 €	110 €
Dünenstrand 5	jede weitere	**100 €**	**70 €**
87 m^2 bis zu 6 Pers.			

HS: Hauptsaison; NS: Nebensaison

**Der Preis für die erste Nacht enthält die Kosten für die Endreinigung.*

Trainieren | Vertiefen | **Herausforderung**

35 Überprüfe, ob die Gleichung wirklich nicht lösbar ist, und nimm Stellung zum Lösungsweg.

$$6x + 55 = 22x + 15$$
$$6x - 15 = 22x - 55$$
$$3(2x - 5) = 11(2x - 5)$$
$$3 = 11$$

36 Bestimme, wie groß x ist. Die Variable a kann eine beliebig, ganze Zahl sein.

a) $x^2 + (a - 3)(a + 3) = (x + a)^2$

b) $7a - \{2ax - [4{,}5ax + 3a(4 - \frac{1}{2}x)] - 0{,}5x(a - 1)\} = 28a - 1{,}5ax - 0{,}5$

Check up

Was kannst du? Was musst du noch üben?
Mit diesen Aufgaben kannst du deinen Lernfortschritt überprüfen.
Lösungen findest du im Anhang.

1 Bestimme eine Lösung der Gleichung $x^2 + 1 = 13 - x$ durch systematisches Probieren. Eine Tabelle kann dir dabei helfen.

2 Finde passende Paare. Begründe deine Antwort.

$0x = 0$ | $x^2 = 1$ | $x^2 = -4$ | $3x = -1$

eine Lösung | keine Lösung | unendlich viele Lösungen | zwei Lösungen

3 Löse die folgenden Gleichungen.

a) $5 + 7x = 26$

b) $37 - 12x = 56 + 7x$

c) $\frac{3}{5}\left(\frac{2}{3}x - 1\right) = \frac{3}{10}x + \frac{1}{10}$

d) $4(2x - 3) - 2(3 - x) = 5x - 3$

4 Finde die Fehler, die beim Lösen der Gleichung gemacht wurden, und korrigiere sie.

a)
$$\begin{aligned} 14x + 7 &= 56 \quad &&|:7 \\ 2x &= 8 \quad &&|:2 \\ x &= 4 \end{aligned}$$

b)
$$\begin{aligned} 4x + 3 &= 15 \quad &&|-3 \\ 4x &= 15 \quad &&|:4 \\ x &= 3{,}75 \end{aligned}$$

5 Formuliere eine passende Frage und stelle dazu eine Gleichung auf. Bestimme anschließend ihre Lösung.

a) Die Morgentemperatur steigt bis Mittag um 7,5 °C und sinkt bis zum Abend um 12,8 °C, so dass gerade Frost einsetzt.

b) Ein Brett wird in 5 gleich lange Teile zersägt. Jedes Teilstück wird an beiden Enden um 3 mm abgefeilt, so dass es 16,4 cm lang ist.

6 Bestimme die Streckenlänge x.

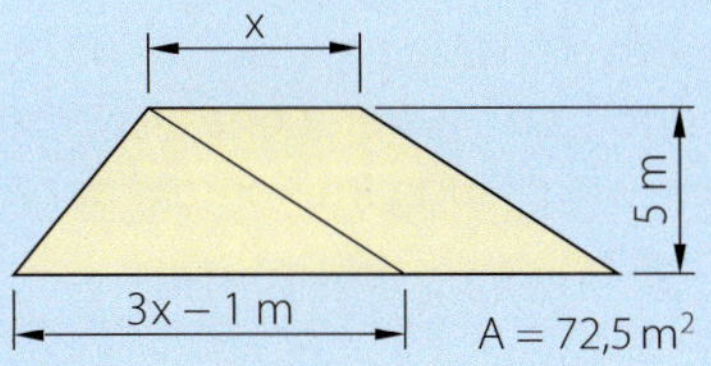

Auf einen Blick

Grundbegriffe

Zwei Terme, die mit einem Gleichheitszeichen verbunden sind, bilden eine **Gleichung**, z. B. $x + y = 5$. Zahlen, die beim Einsetzen in die Variable eine wahre Aussage ergeben, sind **Lösungen der Gleichung**.

Du kennst folgende Strategien, um die Lösung einer Gleichung zu bestimmen: Systematisches Probieren, Rückwärtsarbeiten, Lösen mithilfe einer Zeichnung.

Äquivalenzumformungen

Umformungen, bei denen sich die Lösung einer Gleichung nicht verändert, heißen Äquivalenzumformungen. Äquivalenzumformungen sind:
- Addieren/Subtrahieren derselben Zahl auf beiden Seiten
- Addieren/Subtrahieren desselben Vielfachen von x auf beiden Seiten
- Multiplizieren beider Seiten der Gleichung mit derselben Zahl ungleich Null
- Dividieren beider Seiten der Gleichung durch dieselbe Zahl ungleich Null

Mithilfe von Äquivalenzumformungen kannst du Gleichungen lösen.

$$
\begin{aligned}
4x - 4 &= 2x + 5 \quad && |-2x \\
2x - 4 &= 5 && |+4 \\
2x &= 9 && |:2 \\
x &= 4{,}5
\end{aligned}
$$

Lösungsmengen einer Gleichung

Alle Lösungen einer Gleichung werden in der **Lösungsmenge L** zusammengefasst. Gleichungen mit derselben Lösungsmenge heißen **äquivalent**.

Es gibt bei den Lösungsmengen zwei Spezialfälle:

Unlösbare Gleichung

$$
\begin{aligned}
2(x + 1) + 2 &= 4(0{,}5x + 0{,}25) \\
2x + 4 &= 2x + 1 \\
4 &= 1 \quad \text{falsche Aussage}
\end{aligned}
$$

Lösungsmenge: $L = \{\,\}$

Allgemeingültige Gleichung

$$
\begin{aligned}
2(0{,}5x - 1) + 3 &= x + 1 \\
x + 1 &= x + 1 \\
1 &= 1 \quad \text{wahre Aussage}
\end{aligned}
$$

Lösungsmenge: $L = \mathbb{Q}$

Anwendungen im Sachzusammenhang

1. Lies den Text genau und markiere wichtige Satzteile farbig. Oft ist eine Skizze hilfreich.
2. Lege die Variable fest und überlege, welche Zahlen für diese sinnvoll sind.
3. Drücke weitere Größen durch die Variable aus.
4. Stelle eine Gleichung auf und löse sie. Berechne alle gesuchten Größen.
5. Überprüfe und interpretiere die Lösung im Kontext der Aufgabe. Formuliere einen Antwortsatz.

Kapitel 6

Prozentrechnung und Daten

Letztes Jahr hast du bereits die Grundlagen der Prozentrechnung kennengelernt. Da dir im Alltag oft prozentuale Zu- und Abnahmen begegnen, beschäftigst du dich in diesem Kapitel noch einmal intensiver mit der Prozentrechnung, zum Beispiel bei mehrfachen prozentualen Veränderungen.
Zudem lernst du für die Auswertung von Daten neben dem arithmetischen Mittel noch weitere Kenngrößen kennen. Diese kannst du dann übersichtlich in einem Boxplot-Diagramm darstellen.

Wiederholung

Grundbegriffe der Prozentrechnung

Im Alltag begegnest du häufig Prozentangaben:

40 %	von	250 €	sind	100 €.
Prozentsatz PS		Grundwert GW		Prozentwert PW

Je nachdem, was gegeben ist, gibt es drei verschiedene Grundaufgaben in der Prozentrechnung. Zum Lösen kannst du zwei verschiedene Wege nutzen:

(1) Schlussrechnung

(2) Grundgleichung der Prozentrechnung $PS \cdot GW = PW$

Zur Erinnerung

$12{,}5\,\% = 0{,}125 = \frac{1}{8}$

$20\,\% = 0{,}2 = \frac{1}{5}$

$25\,\% = 0{,}25 = \frac{1}{4}$

$33\frac{1}{3}\,\% = 0{,}\overline{3} = \frac{1}{3}$

$50\,\% = 0{,}5 = \frac{1}{2}$

$75\,\% = 0{,}75 = \frac{3}{4}$

$100\,\% = 1$

Beispiel 1: Berechnung des Prozentwerts

Kilian muss mindestens 85 % der 20 Aufgaben bei einem Geographie-Quiz richtig lösen, um eine Urkunde zu erhalten. Berechne, ab wann er eine Urkunde erhält.

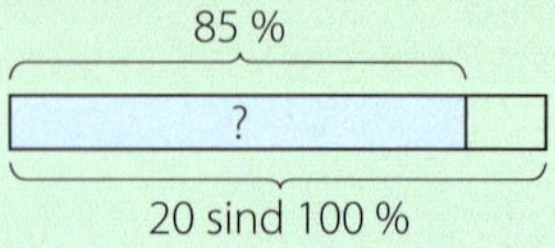

Lösung:

1. Notiere die gegebenen Angaben. — GW: 20, PS: 85% = 0,85
2. Berechne mithilfe der Grundgleichung. — $0{,}85 \cdot 20 = 17$

Kilian muss mindestens 17 Aufgaben richtig lösen.

Beispiel 2: Berechnung des Grundwerts

40 Schüler stellen 20 % der siebten Jahrgangsstufe dar. Berechne, wie viele Schüler in der gesamten Jahrgangsstufe sind.

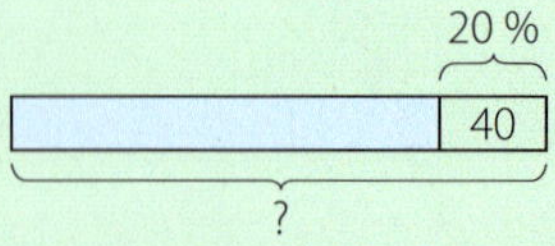

Lösung:

1. Notiere die gegebenen Angaben. — PW: 40, PS: 20 % = 0,20
2. *Lösung mithilfe der Gleichung:*
   $0{,}2 \cdot GW = 40$
   $GW = 40 : 0{,}2 = 200$

Lösung mithilfe der Schlussrechnung:

: 20 (20 % sind 40 Schüler.) : 20

· 100 (1 % sind 2 Schüler.) · 100

100 % sind 200 Schüler.

Es sind insgesamt 200 Schüler.

Beispiel 3: Berechnung des Prozentsatzes

Ein Test hat ergeben, dass 51 von 340 Grundschulkindern Linkshänder sind. Berechne den Prozentsatz der Linkshänder in der Testgruppe.

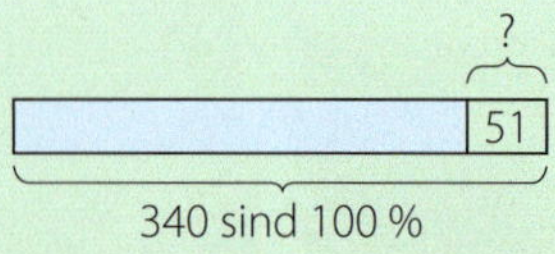

Lösung:

1. Notiere die gegebenen Angaben. — GW: 340, PW: 51
2. Stelle die Grundgleichung nach dem Prozentsatz um und berechne ihn dann. — $PS \cdot GW = PW$

$PS = \frac{PW}{GW} = \frac{51}{340} = 0{,}15 = 15\,\%$

15 % der Schüler sind Linkshänder.

Aufgaben

1 Bestimme jeweils – soweit angegeben – Prozentwert, Grundwert sowie Prozentsatz und veranschauliche den Sachverhalt in einem Streifendiagramm.

a) Ein Fitness-Müsli enthält 306 g Vollkorngetreideflocken. Es wird in einer 450 g-Packung verkauft und wirbt mit einem Getreideflockenanteil von 68 %.

b) Beim Sportfest haben 8 % der teilnehmenden 949 Schülerinnen und Schüler einen Medaillenplatz geschafft.

c) Tabea erhält bei der Klassensprecherwahl 40 % der insgesamt 30 Stimmen. 18 ihrer Klassenkameraden haben nicht für sie gestimmt.

2 Berechne den Prozentwert möglichst im Kopf.

a) 50 % von 650 kg
b) 80 % von 80 Schafen
c) 65 % von 2 l
d) 4 % von 3500 cm
e) 19 % von 320 €
f) 98 % von 2 m²

3 Berechne die fehlende Angabe.

a)

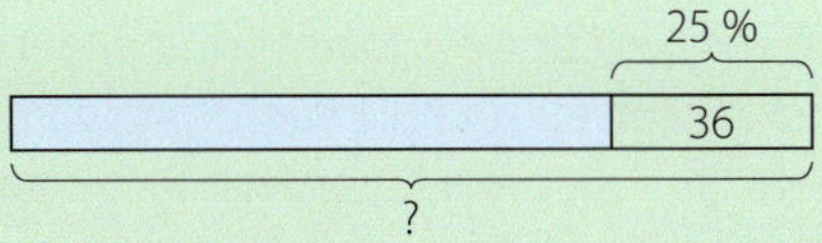

b)

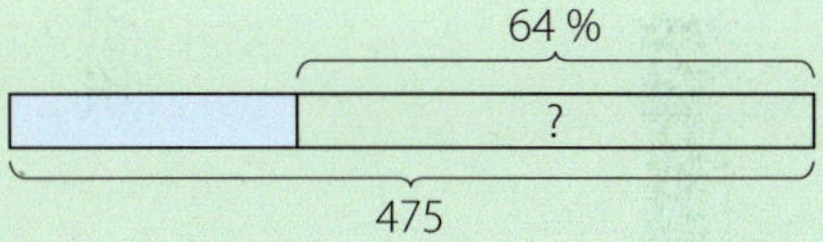

4 Schätze zunächst den Prozentsatz und berechne dann das exakte Ergebnis.

a) 250 g von 510 g
b) 24 min von 1 h
c) 16 cm von 5 m
d) 999 € von 1299 €

5 Timo löst die folgende Aufgabe: „Ein Fahrradhändler gibt dem Kunden 15 % Rabatt auf sein neues E-Bike. Der Kunde spart somit 374,85 €. Berechne, wie teuer das Fahrrad ist." Korrigiere Timos Rechnung und erkläre die Fehler.

PS · GW = PW
GW = 374,85 € : 15 = 24,99
374,85 € + 24,99 = 399,84 €
Das E-Bike kostet ursprünglich 399,84 €.

6 Beim Quiz „Deutschland sucht den Superschüler" müssen die Finalisten 60 Fragen aus verschiedenen Wissensbereichen beantworten.

a) Kevin kann 80 % der Fragen richtig lösen, Luis schafft 51 richtige Antworten und Mia gibt nur 11 falsche Antworten. Ermittle den Spielstand.

b) In den Vorrunden hatte sich Kevin am besten geschlagen. Er hatte stolze 86 % aller Fragen, nämlich 272, richtig beantwortet. Gib an, wie viele Fragen in der Vorrunde gestellt wurden.

c) Die Einschaltquote beim Finale lag deutschlandweit bei 24 %. Berechne, auf wie vielen der 40 Millionen gemeldeten Fernsehgeräte in Deutschland die Sendung gesehen wurde.

6.1 Vertiefung der Prozentrechnung

Einstieg

Gewichtsvergleich

Ordne jeder Fragestellung die passende Rechnung zu und begründe deine Entscheidung. Erläutere, warum die Rechnungen noch kein Endergebnis sind.

Max wiegt 56 kg, Moritz wiegt 48 kg. Um wie viel Prozent ist Max schwerer als Moritz?

$\frac{56}{48} \approx 1{,}17$, also 117 %

Max wiegt 56 kg, Moritz wiegt 48 kg. Um wie viel Prozent ist Moritz leichter als Max?

$\frac{48}{56} \approx 0{,}86$, also 86 %

Wissen

Prozentuale Zu- und Abnahme

Letztes Jahr hast du die Grundgleichung der Prozentrechnung kennengelernt. Mithilfe deines Wissens aus Kapitel 5 kannst du bei der Gleichung für das Unbekannte die Variable x einsetzen und die Rechnung somit übersichtlich lösen. Folgendes Vorgehen kann dir beim Lösen von Prozentaufgaben helfen.

1. Markiere im Text den Grundwert, den Prozentwert und den Prozentsatz.
2. Achte darauf, dass du bei prozentualen Zunahmen bzw. Abnahmen den gegebenen Prozentsatz zu 100 % addierst bzw. von 100 % subtrahierst.
3. Löse die Aufgabe mit einer der beiden Möglichkeiten.
(1) Schlussrechnung
(2) Grundgleichung der Prozentrechnung: PS · GW = PW

Beispiel 1: prozentuale Abnahme

Hannes hat statt 199 € für sein Fahrrad nur 169 € bezahlt. Er rechnet dann $\frac{169\,€}{199\,€} \approx 0{,}85$ und meint, dass er 85 % gespart hat. Nimm Stellung dazu.

Lösung:

Hannes hat nicht Recht, da 85 % der Prozentsatz zum Prozentwert von 169 € sind. Der Rabatt beträgt 100 % − 85 % = 15 %.

Beispiel 2: prozentuale Zunahme

Die Einwohnerzahl Neustadts ist innerhalb eines Jahres um 5 % auf 50 925 angestiegen. Berechne die Einwohnerzahl vor einem Jahr.

Lösung:

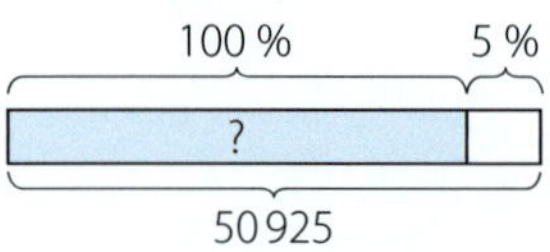

Gesucht ist hier die ursprüngliche Einwohnerzahl, also der Grundwert. Er entspricht 100 %. Ein Jahr später sind es dann 105 % = 1,05.

Lösen durch Schlussrechnung

: 105 (105 % sind 50 925 EW.) : 105
1 % sind 485 EW.
· 100 ( ) · 100
100 % sind 48 500 EW.

Lösen einer Gleichung

$1{,}05 \cdot x = 50\,925 \quad |:1{,}05$
$x = 50\,925 : 1{,}05$
$x = 48\,500$

Ein Jahr zuvor betrug die Einwohnerzahl Neustadts noch 48 500.

Kombination von prozentualen Zu- und Abnahmen

Bei Aufgaben, in denen prozentuale Zu- bzw. Abnahmen mehrfach vorkommen, musst du besonders auf den **Grundwert** achten, da sich dieser jeweils ändert. Dies kannst du sehr gut mit einer Zeichnung veranschaulichen, wie das Beispiel einer 25 %igen Zunahme und einer anschließenden 25 %igen Abnahme zeigt.

Du siehst, dass sich nach der prozentualen Zunahme der Grundwert verändert hat. Reduzierst du nun den neuen Streifen, ist die Anzahl der Kästchen, um den der Prozentstreifen abnimmt, größer.

Beachte
Bei mehrfachen prozentualen Änderungen darfst du nicht einfach die Summe oder Differenz der Prozentsätze bilden.

▼ Beispiel 3: Veränderter Grundwert

Der Wert einer Sammlermünze von 40 € nimmt um 3 % ab. Ein Jahr später steigt der Wert der Münze um 5 %. Berechne, um wie viel Prozent ihr jetziger Wert im Vergleich zum Anfangswert zugenommen hat.

Lösung:

Um den gesuchten Prozentsatz zu berechnen, musst du nun die 40 € als Grundwert und die 40,74 € als Prozentwert nehmen: $\frac{40{,}74}{40} = 1{,}0185$, also ist der Wert um 1,85 % gestiegen. Du kannst dies auch in einem Schritt berechnen.

▲ $(0{,}97 \cdot 40\,€) \cdot 1{,}05 = (0{,}97 \cdot 1{,}05) \cdot 40\,€ = 1{,}0185 \cdot 40\,€ = 40{,}74\,€$.

Hinweis
Unter Skonto versteht man eine Reduzierung des Preises, wenn die Ware bar bezahlt wird.

▼ Beispiel 4: Mehrfache prozentuale Änderungen

Die Firma Schulz kauft immer beim Händler Heinz und erhält daher 5 % Stammkundenrabatt. Bei Barzahlung erhält er zusätzlich 2 % Skonto. Jedoch ist in den Listenpreisen die 19 % Mehrwertsteuer nicht enthalten. Begründe, warum bei der Berechnung des Endpreises die Reihenfolge der prozentualen Änderungen beliebig ist. Gib die gesamte Preisänderung im Vergleich zur Liste an.

Lösung:

Da du den Kaufbetrag nicht kennst, kannst du hierfür die Variable x verwenden. Multipliziere die Variable dann mit den prozentualen Änderungen.

$((x \cdot 0{,}95) \cdot 0{,}98) \cdot 1{,}19 = x \cdot (0{,}95 \cdot 0{,}98 \cdot 1{,}19) = x \cdot 1{,}10789$

Da du nach dem Kommutativgesetz die Faktoren vertauschen kannst, ist die Reihenfolge der Faktoren beliebig. Die gesamte prozentuale Zunahme gegenüber des Listenpreises beträgt rund 10,8 %. ▲

Mehrere prozentuale Zu- und Abnahmen können zu einem Faktor zusammengefasst werden. Der erste Grundwert wird dann mit diesem Faktor multipliziert.

Aufgaben

Trainieren | Vertiefen | Herausforderung

Prozentuale Zu- und Abnahme

1 Ergänze die Tabelle in deinem Heft.

Prozentsatz	Grundwert	Prozentwert
114 %	770	
88 %		149,6
	345	285
240 %		360
	520	830

2 Der Gewinn beim diesjährigen Schulfest liegt um 38 % über dem des letzten Jahres. Im letzten Jahr betrug der Gewinn 840 €. Wie hoch ist der Gewinn in diesem Jahr? Anna und Leyla haben die Aufgabe unterschiedlich gelöst. Erläutere, wie sie jeweils vorgegangen sind.

Anna
$\frac{38}{100} \cdot 840\text{ €} = 319{,}20\text{ €}$
$840\text{ €} + 319{,}20\text{ €} = 1159{,}20\text{ €}$
Der diesjährige Gewinn beträgt 1159,20 €.

Leyla
$1{,}38 \cdot 840$
$= 1159{,}20$
Der Gewinn beträgt 1159,20 €.

3 Streifendiagramme

a) Berechne jeweils die gesuchten Größen und formuliere eine passende Aufgabe.

① 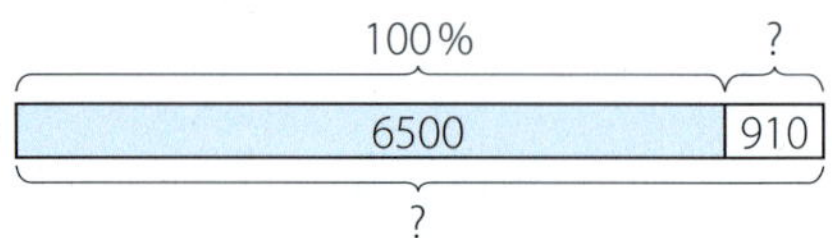

② 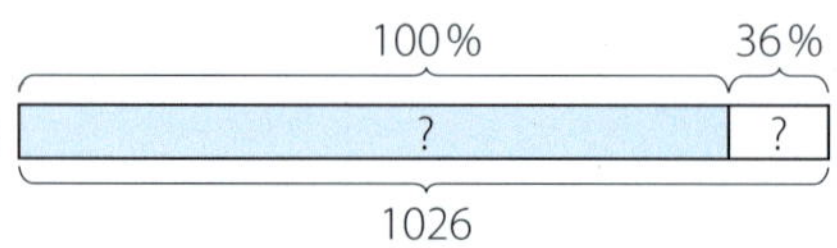

b) Schreibe selbst eine Aufgabe und lasse deinen Nachbarn das passende Streifendiagramm dazu erstellen.

4 Christian versucht folgende Aufgabe zu lösen: „Der Elefantenbulle Assam wiegt 2 t, während die gleichaltrige Elefantenkuh Lola nur 1,4 t schwer ist. Berechne, um wie viel Prozent Lola leichter ist als Assam."

a) Er beginnt mit der Rechnung, ist dann aber verunsichert. Erläutere, warum er sich wundert, und erkläre, wie er die Aufgabe lösen muss.

$\frac{2}{1{,}4} \approx 1{,}43$

b) Gib an, um wie viel Prozent Assam schwerer ist als Lola, und erkläre den Unterschied zur ursprünglichen Aufgabenstellung, die Christian lösen wollte.

5 Bei Bäcker Wolf hängt die nebenstehende Werbung. Nimm Stellung dazu.

20 % mehr
... zum gleichen Preis!
5 Semmeln mitnehmen
aber nur
4 Semmeln bezahlen

6 Kilian misst 1,45 m, seine beiden Schwestern Klara und Julia sind 1,30 m bzw. 0,85 m groß.

a) Berechne, um wie viel Prozent Kilian größer ist als Klara bzw. Julia.

b) Berechne, um wie viel Prozent Julia kleiner ist als Klara bzw. Kilian.

c) Kilians Mutter ist um 20 % größer als er. Berechne, um wie viel Prozent Kilian kleiner ist als seine Mutter.

7 Eine Veränderung um einen bestimmten Prozentsatz ist in der Regel etwas anderes als eine Veränderung auf einen bestimmten Prozentsatz.

a) Erläutere, worin der Unterschied liegt. Du kannst zunächst konkrete Zahlenbeispiele als Hilfe nehmen.

b) Maria meint, dass es einen Prozentsatz gibt, bei dem die Veränderung um und die Veränderung auf diesen Prozentsatz dasselbe ist. Nimm Stellung dazu.

8 Laut einer Studie hat sich der Plastikmüll in Europa drastisch erhöht. Das Diagramm veranschaulicht, wie viel Plastikverpackungsabfall in kg je Einwohner im Jahr 2015 in den Ländern entstand und wie hoch der Recyclinganteil war.

a) Beantworte folgende Fragen:
Um wie viel Prozent ist der Plastikmüll in Deutschland höher als in Schweden?
Um wie viel Prozent ist der Plastikmüll in Schweden niedriger als in Deutschland?

b) In Deutschland hat der Plastikmüll von 2005 bis 2015 um 29 Prozent zugenommen. Berechne, wie hoch der Abfall 2005 war.

c) Maria meint, dass Deutschland dennoch besser abschneidet als Italien. Erläutere, wie sie das meinen könnte und nimm zu der Aussage Stellung.

d) Erstelle selbst eine Aufgabe und stelle sie deinem Partner.

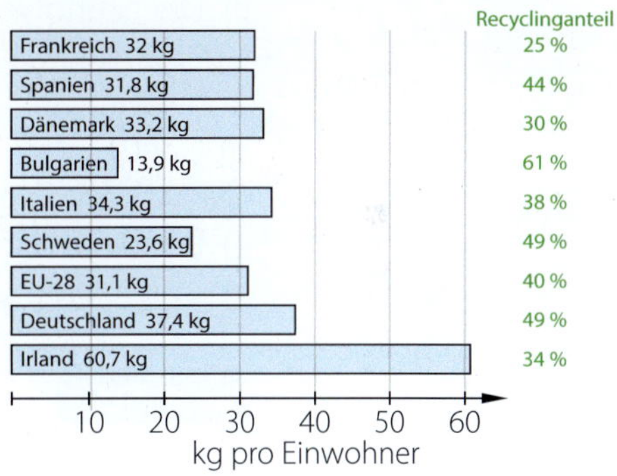

Kombination von prozentualen Zu- und Abnahmen

9 Herr Matheblowski war gestern sehr beunruhigt, weil der Kurs seiner Aktien von vorgestern auf gestern um 50 % gefallen war. Von gestern auf heute ist der Kurs seiner Aktien um 50 % gestiegen, und er freut sich: „Dann ist ja alles beim alten!" Was meinst du dazu? Erkläre mithilfe eines Prozentstreifens.

10 Kati kauft sich einen Laptop, der 450 € kostet. Da es ein Vorjahresmodell ist, erhält sie 12 % Rabatt.

a) Berechne, wie viel Kati bezahlen muss, wenn sie auf den ermäßigten Preis außerdem noch 2 % Skonto für Barzahlung erhält.

b) Kati hat nur 314 €. Berechne, welchen prozentualen Preisnachlass sie aushandeln müsste, damit ihr Geld reicht.

11 Stefans neues Fahrrad hätte ursprünglich 419 € gekostet. Als guter Kunde des Fahrradgeschäfts zahlt er dort 5 % weniger. In einer Aktionswoche bekommt Stefan weitere 7 % Rabatt. Zudem erhält er 3 % Skonto, wenn er das Rad sofort in bar bezahlt. Berechne, wie viel Stefan noch zahlen muss.

12 In einem Spielwarengeschäft wurde der Preis für ein gut verkäufliches Computerspiel mehrmals erhöht: erst um 10 %, anschließend um 5 % und schließlich um weitere 2 %. Es kostet jetzt 39,50 €.
Bestimme, wie teuer es vor den Preiserhöhungen war und um wie viel Prozent der Preis insgesamt erhöht wurde.

13 Jemand behauptet: „Nach der Erhöhung der Mehrwertsteuer zum 1. 1. 2007 von 16 % auf 19 % kostet eine Ware 3 % mehr." Nimm dazu Stellung.

14 Löse die folgenden Aufgaben und vergleiche dann mit deinem Nachbarn. Erläutert euch gegenseitig den Lösungsweg.
a) Der Grundwert beträgt 40 €. Berechne den Prozentwert, der sich bei einer prozentualen Zunahme um 5 % und einer folgenden prozentualen Abnahme um 10 % ergibt.
b) Berechne den Grundwert, wenn sich nach einer prozentualen Zunahme um 25 % und einer weiteren prozentualen Zunahme um 20 % 30 € ergeben.
c) Der Grundwert beträgt 60 €. Nach einer prozentualen Zunahme um 10 % und einer prozentualen Abnahme ergeben sich 56,10 €. Berechne den Prozentsatz der Abnahme.
d) Der Grundwert beträgt 50 €. Nach einer prozentualen Zunahme und prozentualen Abnahme ergeben sich 60 €. Gib zwei mögliche Prozentsätze an.
e) Erstelle selbst eine Aufgabe und lasse sie von deinem Nachbarn lösen.

Noch fit?

I Berechne Oberflächeninhalt und Volumen
a) für einen Würfel mit der Kantenlänge 1,2 m
b) für einen Quader, der 1,5 m lang, 0,8 m breit und 75 cm hoch ist
c) für ein 15 cm hohes Prisma, dessen Grundfläche ein rechtwinkliges Dreieck mit den Seitenlängen 9 cm, 12 cm und 15 cm ist

II Ein 7,50 m langer, 4,20 m breiter und 1,80 m tiefer Swimmingpool soll frisch gestrichen werden. Beantworte folgende Fragen.
a) Wie viele Dosen Farbe werden benötigt, wenn eine Dose für 12 m^2 reicht?
b) Wie lange dauert das Wiedereinfüllen, wenn pro Minute 25 Liter zufließen und das Becken bis 10 cm unter den Rand gefüllt werden soll?
c) Wie groß ist das abfließende Wasservolumen pro Minute, wenn der Swimmingpool in 10 h leer ist?

Trainieren | **Vertiefen** | Herausforderung

15 Familie Jung hat im Reisebüro „Urlaubsträume" einen Pauschalurlaub gebucht. Die Reise kostet für alle Familienmitglieder zusammen 1785 €. Da sie in der Hauptsaison unterwegs sein werden, müssen sie noch einen Aufpreis von 18 % zahlen. Herr Jung hat sich aber bereits im Winter um den Urlaub gekümmert und sie erhalten daher einen Frühbucherrabatt von 12 %. Herr Jung, sein Sohn und der Reisebüroleiter haben allerdings unterschiedliche Vorstellungen, wie der endgültige Reisepreis berechnet wird. Nimm Stellung zu den Aussagen und gib den endgültigen Reisepreis an.

Herr Jung: „Zuerst 12 % Rabatt, dann 18 % Aufschlag"

Reisebüroleiter: „Zunächst 18 % Aufschlag, dann erst der Rabatt"

Sohn: „6 % Aufschlag insgesamt"

Zur Erinnerung
Eine absolute Veränderung von Prozentsätzen gibt man in Prozentpunkten und eine relative Veränderung in Prozenten an.

16 Über die Bürgermeisterwahl in einer kleinen Stadt in den Jahren 2008, 2013 und 2018, bei der nur die Kandidatin Lenz und der Kandidat Winter zur Wahl standen, sind die folgenden Daten bekannt.

	Wahl 2008	Wahl 2013	Wahl 2018
Einwohnerzahl der Stadt	5250	5400	5300
Wahlberechtigte	4320	4400	4380
Stimmen für Kandidatin Lenz	2092	1520	1725
Stimmen für Kandidat Winter	1580	1560	1660

Formuliere dazu mindestens fünf Schlagzeilen für die Zeitung und fertige mindestens zwei geeignete Diagramme an.

17 **Zinsrechung**
Bianca hat zum Geburtstag und zu Weihnachten insgesamt 145 € geschenkt bekommen. Sie zahlt das Geld bei ihrer Bank ein, die ihr 1,25 % Zinsen pro Jahr zahlt.
a) Berechne, wieviel Geld Bianca zurückerhält, wenn sie das Geld für ein Jahr anlegt.
b) Berechne, wie viele Zinsen Bianca erhält, wenn das Geld nur 200 Tage angelegt ist. Beachte, dass Banken zur Vereinfachung von 30 Tagen pro Monat und 360 Tagen pro Jahr ausgehen.
c) Die Bank bietet Bianca die Möglichkeit, ihr Geld für 5 Jahre mit Zinseszins festzulegen, d. h. die Zinsen werden am Ende des Jahres dem Sparbetrag gutgeschrieben und im nächsten Jahr berücksichtigt.
Bianca hat berechnet, wie viel Geld sie dann bekommen würde:
$145\,€ \cdot 1{,}0125^5 = 154{,}29\,€.$
Erläutere ihre Rechnung.
d) Notiere eine Formel, mit der Bianca den Betrag für n Jahre berechnen kann.

18 Die Gesamtproduktion eines Unternehmens ist in zwei Jahren jeweils um 25 % gestiegen. Berechne, wie hoch die Steigerung im dritten Jahr ausfallen müsste, damit sich die Produktion in den drei Jahren insgesamt verdoppelt.

19 Berechnungen mit einer Tabellenkalkulation

Gegeben ist ein Rechteck der Länge l und der Breite b. Das Rechteck soll immer wieder so vergrößert werden, dass pro Wiederholung jede Seite um 10 % vergrößert wird. Löse die Aufgaben mithilfe einer Tabellenkalkulation.

a) Berechne, um wie viel Prozent der Flächeninhalt nach drei Vergrößerungen gewachsen ist.

b) Notiere einen Term für den Flächeninhalt nach n Vergrößerungen.

c) Bestimme, nach wie vielen Wiederholungen sich der Flächeninhalt mindestens verdreifacht hat.

d) Bestimme möglichst genau, wie groß die prozentuale Vergrößerung für jede Seite pro Wiederholung sein muss, wenn nach 4 Wiederholungen der Flächeninhalt viermal so groß ist.

20 Bei durchschnittlicher Abnutzung verliert ein Auto innerhalb eines Jahres ungefähr 20 % des Wertes, den es zu Beginn des Jahres hatte.

a) Gib an, wie viel Prozent des Neupreises der Wert nach 3 Jahren beträgt.

b) Das Auto von Familie Klein hat nach 5 Jahren noch einen Wert von rund 6060 €. Ermittle den ursprünglichen Kaufpreis.

c) Erläutere, wie sich deine Berechnung verändern würde, wenn du weißt, dass das Auto nach 3 Jahren einen Unfallschaden hatte und dadurch der Wert des Autos um 2000 € gesunken ist.

d) Erläutere mindestens zwei weitere Gründe, die für eine Wertminderung sorgen könnten.

Trainieren | Vertiefen | **Herausforderung**

21 Ein Körper K besteht aus vielen Zentimeterwürfeln, die aneinander gesteckt sind. Die Abbildung zeigt zwei Reste, die bei der Entfernung von einzelnen Zentimeterwürfeln aus dem Körper K übriggeblieben sind.

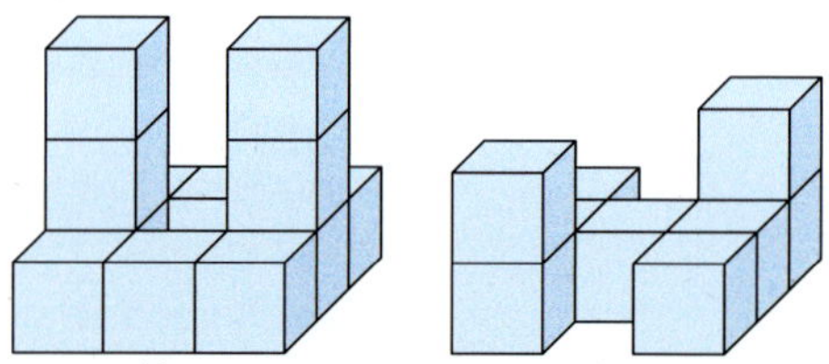

X Y

a) Der Körper X hat 72,7 % des Oberflächeninhalts von Körper K, aber nur $\frac{4}{9}$ des Volumens von K. Berechne den Oberflächeninhalt und das Volumen des Körpers K.

b) Bestimme, wie viel Prozent des Oberflächeninhalts und des Volumens des Körpers X die Figur Y aufweist.

c) Tina soll bestimmen, wie viel Prozent des Oberflächeninhalts und des Volumens des Körpers K die Figur Y aufweist. Als sie verzweifelt die Stirn runzelt, meint ihr Bruder: „Das ist doch nur eine einfache Multiplikationsaufgabe." Erläutere, was er meint, und führe die Rechnung aus.

d) Skizziere einen möglichen Körper K, der zu den Angaben passt. Tausche dich anschließend mit deinem Nachbarn aus und erläutert euch gegenseitig euer Vorgehen.

6.2 Daten darstellen und auswerten

Einstieg

Klassendaten

Die Klasse 7 C hatte letztes Jahr für ein Projekt verschiedene Daten zusammengetragen. Sie möchte sich die Daten jetzt noch einmal genauer anschauen und zunächst das Taschengeld und die Wohnorte auswerten. Beschreibe, welche Möglichkeiten der Auswertung die Schüler nutzen können.

Nr.	Name	Alter	TG*	Stadtviertel
1	Laura	12	7€	Glockenhof
2	Jannis	12	3€	Glockenhof
3	Bilge	13	k. A.**	Dutzendteich
4	Murad	11	10€	Marienvorstadt
5	Paul	11	7€	Gleißhammer
6	Leonie	11	12€	Marienvorstadt
7	Eva	11	10€	Hasenbuck
8	Elena	13	9€	Gleißhammer
9	Sara	11	25€	Marienvorstadt

Nr.	Name	Alter	TG*	Stadtviertel
10	Leon	11	10€	Glockenhof
11	Melanie	10	5€	Marienvorstadt
12	Anne	12	15€	Gleißhammer
13	Nadine	11	11€	Glockenhof
14	Meltem	12	0€	Gleißhammer
15	Peter	11	11€	Glockenhof
16	Tanja	12	5€	Hasenbuck
17	Nina	13	5€	Gleißhammer
18	Anh	12	3€	Glockenhof

*TG = Taschengeld, **k. A. = keine Angabe

Wissen

Kenngrößen

Letztes Jahr hast du schon gelernt, wie du Daten beschreiben und darstellen kannst, zum Beispiel mit dem **arithmetischen Mittel** $\overline{m}$.
Für das Alter der Klasse 7 C wäre dies: $\overline{m} = \frac{1 \cdot 10 + 8 \cdot 11 + 6 \cdot 12 + 3 \cdot 13}{18} = \frac{209}{18} \approx 11{,}6$
d. h. das durchschnittliche Alter beträgt ungefähr 11,6 Jahre.

Um Informationen noch näher beschreiben zu können, kannst du noch weitere Kenngrößen verwenden.

Beispiel 1: Weitere Kenngrößen

Werte das Alter der Kinder der Klasse 7 C aus.

a) Bestimme, wie viele Jahre zwischen dem ältesten und dem jüngsten Kind liegen.

b) Notiere das Alter in einem geordneten Datensatz. Bestimme den mittleren Wert aller Werte.

c) Bestimme jeweils den mittleren Wert der unteren und oberen Hälfte das Datensatzes aus b).

Lösung:

a) Das jüngste Kind ist 10 Jahre alt, das älteste ist 13 Jahre.
Also: 13 – 10 = 3. Zwischen den beiden liegen 3 Jahre.

b) Sortiere das Alter nach der Größe und bestimme dann den mittleren Wert.
Da es 18 Werte sind, liegt der „mittlere" zwischen dem 9. und dem 10. Wert.

10 11 11 11 11 11 11 11 11 ↑ 12 12 12 12 12 12 13 13 13

Da der mittlere Wert zwischen zwei Zahlen liegt, musst du hier das arithmetische Mittel von 11 und 12 bilden, also $\frac{11 + 12}{2} = 11{,}5$.

c) In Teilaufgabe b) hast du zwei gleich große Teile gebildet.

10	11	11	11	11	11	11	11	11	12	12	12	12	12	12	13	13	13

Teile nun jede Hälfte noch einmal. Da es nun in beiden Hälften eine ungerade Anzahl von Daten gibt, gibt es jeweils eine „wirkliche" Mitte.

10 11 11 11 | (11) | 11 11 11 11 || 12 12 12 12 | (12) | 12 13 13 13

Die 11 und die 12 sind somit die „mittleren" Werte der beiden Blöcke. Insgesamt wird der Datensatz durch die 11, 11,5 und 12 in vier gleich große Teile geteilt.

Für diese besonderen Werte in der Datenreihe gibt es folgende Fachbegriffe.

Die Spannweite R gibt die Differenz zwischen dem größten Wert und dem kleinsten Wert an.
Der Wert, der in der Mitte eines sortierten Datensatzes steht, wird Median M genannt. Bei einer geraden Anzahl von Daten musst du das arithmetische Mittel aus den beiden in der Mitte stehenden Werten bilden.
Das unteres Quartil $q_{1/4}$ und das obere Quartil $q_{3/4}$ sind die Mediane der unteren und der oberen Hälfte.
Insgesamt teilen alle drei Quartile den Datensatz in vier gleich große Teile.

Beispiel 2: Kennwerte bestimmen
Bestimme den Median, die Quartile und das arithmetische Mittel der Taschengeldverteilung aus dem Einstiegsbeispiel.

Lösung:
Stelle für die Bestimmung des Medians und der Quartile die Werte in einem sortierten Datensatz dar.

Spannweite: 25 − 0 = 25

TG in €	0	3	3	5	5	5	7	7	9	10	10	10	11	11	12	15	25

unterer Block — oberer Block

unteres Quartil: $\frac{5+5}{2} = 5$ Median: 9 oberes Quartil: $\frac{11+11}{2} = 11$

Das **arithmetische Mittel** bei Beispiel 2 berechnest du so:
$1 \cdot 0€ + 2 \cdot 3€ + 3 \cdot 5€ + 2 \cdot 7€ + 1 \cdot 9€ + 3 \cdot 10€ + 2 \cdot 11€ + 1 \cdot 12€ + 1 \cdot 15€ + 1 \cdot 25€$
$= 148€$, also $\overline{m} = \frac{148€}{17} \approx 8{,}70€$.
Damit unterscheidet sich der Wert kaum vom **Median**. Jedoch beschreiben die Kenngrößen einen Datensatz auf unterschiedliche Art und Weise.
Mache dazu ein Gedankenexperiment: Wie würden sich die Kenngrößen ändern, falls das 17. Kind anstatt 25 € Taschengeld 100 € bekommen würde?
Der Median wäre immer noch M = 9 €, da die ersten 9 Kinder weiterhin 9 € oder weniger erhalten. Das arithmetische Mittel wäre dann aber $\overline{m} = 13{,}12€$. Somit verändert ein „Ausreißer" das arithmetische Mittel sehr, während der Median stabil bleibt. Welcher Mittelwert aussagekräftiger ist, hängt von der Fragestellung ab.

Darstellung mithilfe von Boxplots

Während die Darstellung im Beispiel 2 betont, dass unteres Quartil, Median und oberes Quartil den Datensatz in gleich große Teilmengen zerlegen, erlaubt die folgende Darstellung einen differenzierteren Blick auf die Verteilung der Werte.

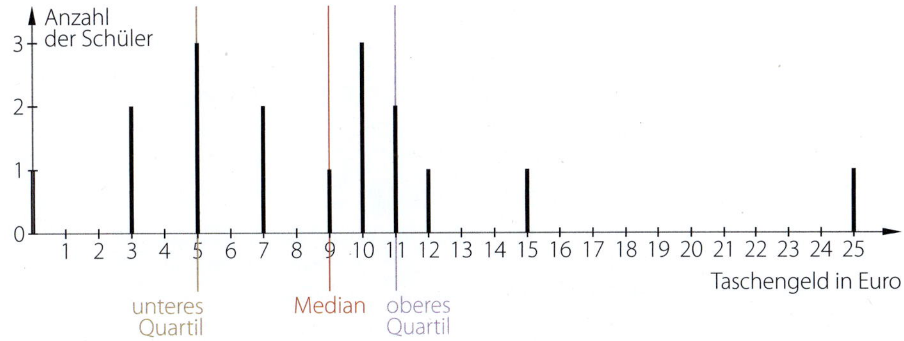

Info
Manchmal siehst du auch Boxplots, die senkrecht dargestellt sind.

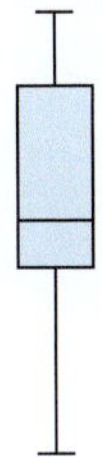

Bei einem Stabdiagramm kannst du sehr gut die Häufigkeitsverteilung erkennen und sehen wie weit die einzelnen Werte auseinanderliegen. Falls die Verteilung der Daten nicht ganz so detailliert dargestellt werden soll, eignet sich auch ein **Boxplot** („Kastenzeichnung").

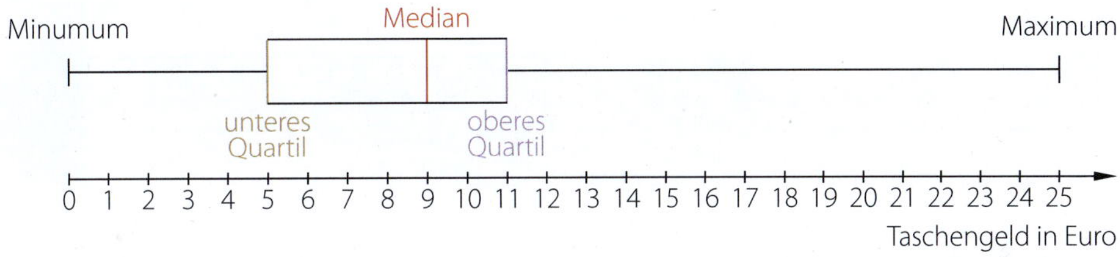

Ein **Boxplot** ist ein Diagramm, das die Verteilung von Daten zwischen dem kleinsten Wert **(Minimum)** und dem größten Wert **(Maximum)** veranschaulicht.
Das Diagramm besteht aus einer Box, die links von dem unteren Quartil und rechts von dem oberen Quartil begrenzt wird. Außerdem ist der Median eingezeichnet. Rechts und links von der Box sind Linien, die bis zum Minimum und Maximum reichen. Diese Linien werden auch Whisker genannt.

Anhand der Breite der Box, der Lage des Medians und der Länge der Whisker kannst du verschiedene Aussagen zu den Werten treffen.
So gilt für den Boxplot der Taschengeldverteilung der Klasse 7 C zum Beispiel:
- Die Höhe des Taschengelds liegt im Bereich von 0 € bis 25 €.
- Bei mindestens einem Viertel der Kinder liegt die Höhe des Taschengelds im Bereich von 5 € bis 9 €.
- Mindestens die Hälfte der Kinder erhalten ein Taschengeld im Bereich von 5 € bis 11 €.
- Mindestens die Hälfte der Kinder erhalten ein Taschengeld im Bereich von 0 € bis 9 €.

Wie du ein Boxplot mithilfe einer DGS erstellen kannst, erfährst du auf der folgenden Methodenseite.

Methode

Mit einer DGS Daten auswerten und darstellen

Mithilfe einer DGS kannst du einen Datensatz leicht und schnell analysieren. Du kannst hier genauso wie bei einer Tabellenkalkulation Werte eintragen und diese dann entsprechend auswerten lassen.
Hierfür benötigt die DGS eine besondere Funktion, die Tabellenansicht. Wähle diese unter „Ansichten" aus.

1. Trage den Datensatz in die Tabelle, die erscheint, ein.
2. Markiere den Zellbereich, den du analysieren möchtest.
3. Wähle den Button .
4. Wähle als Diagrammtyp „Boxplot" aus.
5. Klicke den Button , um dir die einzelnen Kenngrößen anzeigen zu lassen.

Hinweis
Das untere und obere Quartil werden auch als erstes und drittes Quartil bezeichnet.

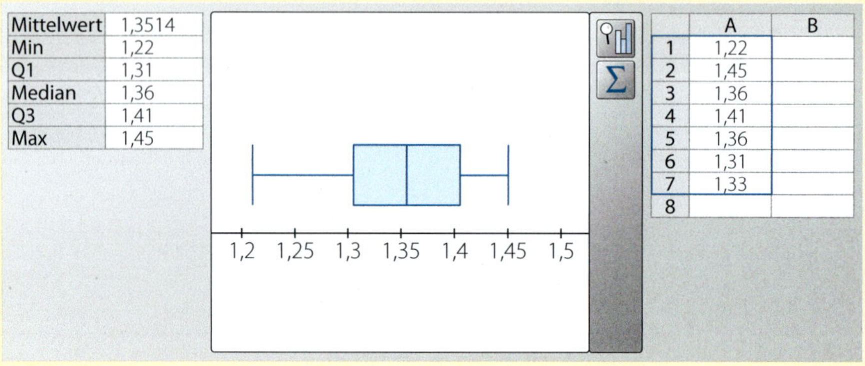

Aufgaben

1 Werte mit einer DGS auswerten

a) Übernimm den Datensatz „3, 12, 28, 14, 17, 2, 5, 20" in die Tabellenansicht einer DGS und zeichne einen Boxplot.
b) Lass dir die Werte für den Median, das arithmetische Mittel, die Quartile und die Spannweite anzeigen.
c) Verändere einen Wert in der Tabelle so, dass sich nur das arithmetische Mittel und das obere Quartil verändert.
d) Verändere mehrere Werte so, dass sich bei den Kenngrößen nur das arithmetische Mittel verändert.
e) Ergänze noch zwei Werte und stelle deinem Nachbarn eine Aufgabe dazu.

2 Erklärfilm

a) Schaut euch im Internet verschiedene Erklärfilme zur Erstellung eines Boxplots mit einer DGS an und vergleicht diese. Erläutert, worauf man bei der Erstellung achten sollte.
b) Wertet mit einer DGS den Datensatz „34, 20, 45, 7, 31, 23, 10, 12, 38, 44, 60, 18, 72, 51, 22, 27, 39, 48, 23, 29, 14, 35, 9, 40" aus und erstellt ein Boxplot.
c) Erstellt dann dazu einen Erklärfilm für das Zeichnen eines Boxplots mithilfe einer DGS.

Aufgaben

Trainieren | Vertiefen | Herausforderung

Kenngrößen

1 Ermittle für die folgenden Werte den Median.

a) 1, 1, 3, 3, 4, 5, 6, 6, 9, 10, 10, 10, 11

b) 0, 2, 10, 5, 6, 5, 8, 13, 14, 7, 2, 14, 15, 1

c) Erläutere ohne Rechnung, wie sich die Kenngrößen von a) und b) verändern, wenn jeweils die Zahl 7 oder die Zahl 100 hinzugefügt wird.

2 Gib die Spannweite, den Median und die Quartile an.

a) für die ersten zwölf Fibonacci-Zahlen: 1, 1, 2, 3, 5, 8, 13, 21, 34, 55, 89, 144

b) für die Quadratzahlen von 1 bis 225

3 Bestimmt für jede Zeile das arithmetische Mittel und den Median. Vergleicht die Ergebnisse jeweils in einem Kasten. Beschreibt, was euch dabei auffällt, und erklärt dies.

a)
- 10, 15, 20, 25, 30
- 16, 18, 20, 22, 24
- 17, 19, 20, 21, 22
- 20, 20, 20, 20, 20

b)
- 3, 7, 15, 37, 49
- 7, 11, 19, 41, 53
- 11, 15, 23, 45, 57
- 15, 19, 27, 49, 61

c)
- 64, 23, 11, 45, 99
- 64, 23, 11, 45, 81
- 73, 23, 45, 11, 81
- 46, 23, 11, 45, 98

4 Notiere eine Zahlenreihe aus vier Werten mit folgenden Eigenschaften. Vergleiche anschließend mit deinem Nachbarn.

a) M = 17

b) $\overline{m} = 13$

c) M = 13 und die erste Zahl ist 1

d) $\overline{m}$ ist kleiner M

5 Erläutere, wie sich die Kenngrößen der Datenreihe 44; 24; 13; 16; 32; 110; 36; 2; 28 verändern,

a) wenn du den kleinsten Wert weglässt?

b) wenn du den größten Wert weglässt?

c) wenn du den größten und den kleinsten Wert weglässt?

6 Gib fünf Zahlen an, für die das arithmetische Mittel und der Median Null sind. Verändere eine oder zwei dieser Zahlen so, dass nun

a) das arithmetische Mittel Zwei und der Median Null ist,

b) das arithmetische Mittel und der Median Zwei sind,

c) das arithmetische Mittel Null und der Median Zwei ist.

7 Tabellenkalkulation

a) Bestimme das arithmetische Mittel, den Median sowie die Spannweite von dem abgebildeten Datensatz. Nutze hierfür die Funktionen Mittelwert, Median, Maximum und Minimum.

b) Verändere dann einzelne Werte und beschreibe, wie sich dies auf die Kenngrößen auswirkt.

	A	B	C
1	Maria	1,22	
2	Niklas	1,45	
3	Timur	1,38	
4	Hannes	1,41	
5	Leyla	1,36	
6	Larissa	1,31	
7	Ela	1,33	
8			

Darstellung mithilfe von Boxplots

Info
Du kannst die Boxplots auch mit einer DGS erstellen.  136

8 Zeichne einen Boxplot.

	Minimum	unteres Quartil	Median	oberes Quartil	Maximum
a)	1	13	16	22	27
b)	10	24	35	42	50
c)	13	19	27	38	55

9 Zeichne jeweils einen Boxplot.
a) 5; 7; 9; 2; 4; 10; 5; 8
b) 3; 19; 6; 4; 7; 10; 13; 21

10 Ermittle aus der Abbildung die Werte für Median, unteres Quartil, oberes Quartil, Minimum, Maximum und Spannweite.

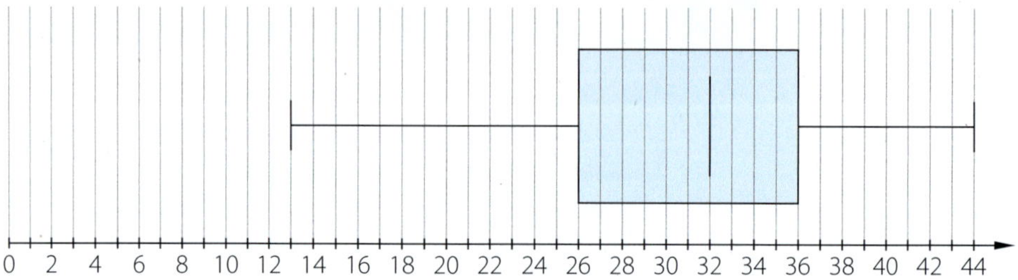

Info
Manchmal werden Boxplots auch aufrecht gezeichnet.

11 Bestimme bei den vier Boxplots jeweils die Werte für unteres Quartil, oberes Quartil, Minimum, Maximum und Spannweite.
Treffe dann drei Aussagen dazu und tausche dich mit deinem Nachbarn aus.

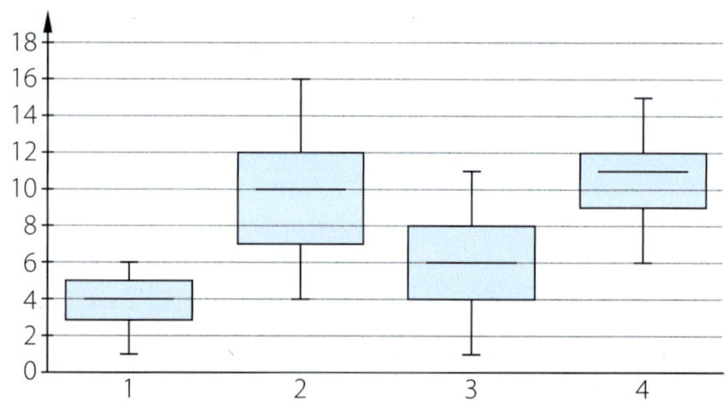

12 Zeichne mithilfe einer DGS den zum Säulendiagramm gehörigen Boxplot.

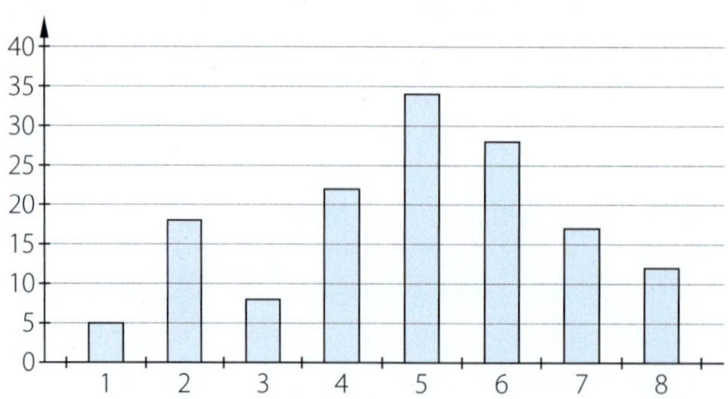

13 Welcher Datensatz passt zu dem dargestellten Boxplot? Begründe deine Entscheidung.

23; 25; 26; 28; 28; 28; 28; 30; 31; 33; 41; 43

23; 27; 28; 28; 33; 43

23; 23; 24; 25; 26; 27; 29; 30; 31; 33; 41; 43

23; 27; 28; 28; 29; 32; 43

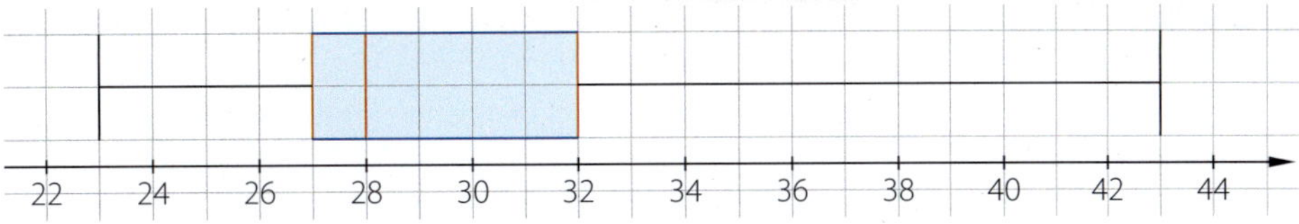

14 Gib eine Liste aus zehn Zahlen an, deren Darstellung zum Boxplot passt. Tausche dich anschließend mit deinem Nachbarn aus. Erläutert euch gegenseitig euer Vorgehen.

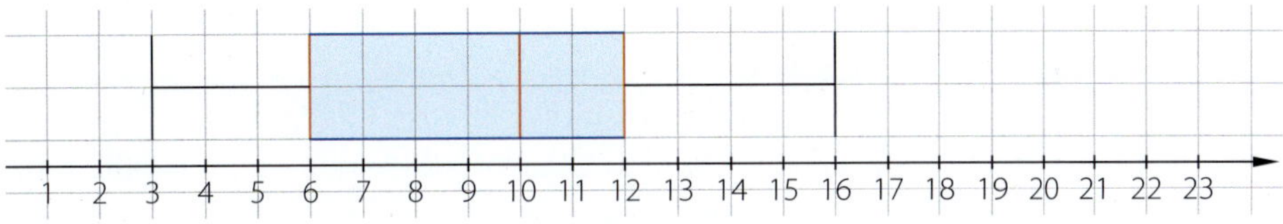

15 Die Schüler der 7 d haben ihre Körpergröße (in cm) gemessen.

Größe	134	136	139	141	142	143	144	145	147	148	149	151	154	158
Anzahl	1	2	1	3	1	5	3	1	3	1	2	3	1	1

a) Berechne das arithmetische Mittel, den Median, die Spannweite und das untere und obere Quartil.

b) Zeichne einen Boxplot und zeichne die Kenngrößen ein.

c) Erläutere die Kenngrößen im Sachzusammenhang.

16 Die beiden Boxplots veranschaulichen eine Notenverteilung von zwei Klassen.
Gib jeweils eine mögliche Notenverteilung der Klasse an und vergleiche die beiden miteinander.
Tausche dich danach mit deinem Nachbarn aus.

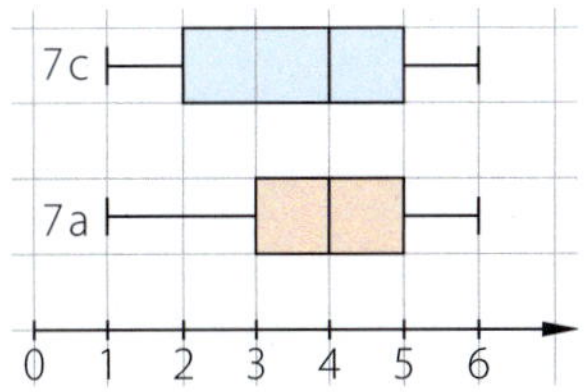

Noch fit?

I Die Geraden g_1 und g_2 sowie die Geraden h_1 und h_2 sind zueinander parallel. Weiter ist $\alpha = 52°$, $\beta = 144°$ und $\gamma = 99°$.
Berechne die Größe der Winkel $\sphericalangle$ CAD und $\sphericalangle$ EBC und begründe deine Rechenschritte.

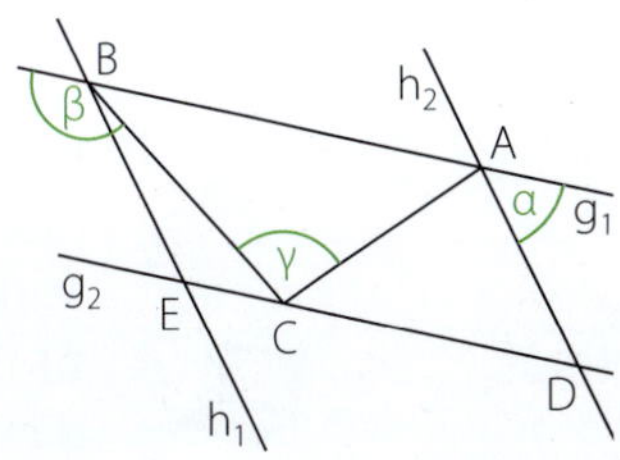

Trainieren **Vertiefen** Herausforderung

schon ab 299 €

bis 459 € (mittlerer Preis: 369 €)

17 Auf einer Internetseite werden die Produktpreise von verschiedenen Händlern miteinander verglichen. Für einen Laptop sieht Antonia die abgebildete Angabe. Sie wundert sich, da 369 € nicht die Mitte ist. Erläutere, was der „mittlere" Preis bedeuten könnte und wie dieser ermittelt wurde.

18 Mika meint nach der Klassenarbeit: „Meine Note liegt über dem Durchschnitt, somit bin ich besser als die Hälfte der Klasse." Nimm dazu Stellung.

19 Das Boxplot zeigt die Verteilung der Körpergröße von Schülerinnen und Schülern einer 5. Jahrgangsstufe. Begründe, warum die Aussagen alle falsch sind.

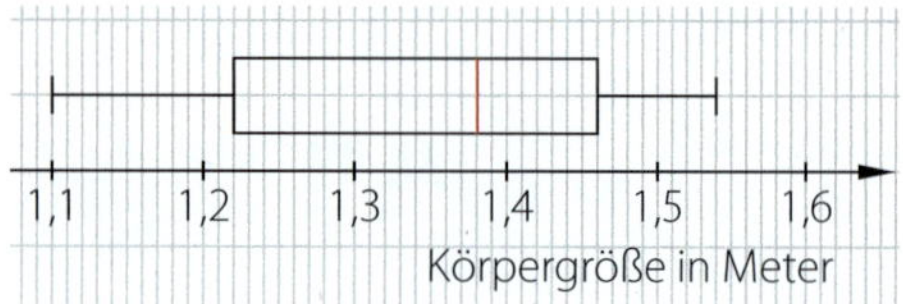

(1) Wenn sich die Kinder der Reihe nach aufstellen, dann ist das Kind in der Mitte 1,38 m groß.
(2) 25 % der Kinder sind kleiner als 1,22 Meter.
(3) Das kleinste Kind ist um 40 % kleiner als das größte Kind.

136

20 Gib mindestens zwei weitere Datenreihen an, die dasselbe Boxplot haben wie 6; 7; 10; 3; 18; 29; 9; 11; 7. Tausche dich danach mit deinem Nachbarn über dein Vorgehen aus. Überprüft eure Ergebnisse, indem ihr die Boxplots digital erstellt.

21 Lisa meint: „Bei einem symmetrischen Strichdiagramm ist der Median immer gleich dem arithmetischen Mittel. Bei einem fallenden Strichdiagramm ist der Median kleiner als das arithmetische Mittel, bei einem ansteigenden Strichdiagramm ist der Median größer als das arithmetische Mittel."
Diskutiere diese Aussagen mit deinem Nachbarn.

22 Leon behauptet: „Ordnet man vier Zahlen der Größe nach, so liegt das arithmetische Mittel stets zwischen der zweiten und der dritten Zahl."
Nimm Stellung zu der Aussage.

Trainieren Vertiefen **Herausforderung**

23 Harmonisches Mittel

a) Maria meint, sie kennt noch einen weiteren Mittelwert, das harmonische Mittel. Für die Zahlenpaare (2; 3), (4; 5) und (3; 6) hat sie die Werte $\frac{12}{5}$; 4 und $\frac{40}{9}$ ermittelt. Leider weiß sie nicht mehr, welcher Wert zu welchem Zahlenpaar gehört. Versuche die Zuordnung zu finden und eine allgemeine Berechnung für das harmonische Mittel zweier Zahlen aufzustellen.

b) Recherchiere im Internet zum harmonischen Mittel und erläutere, wie man dieses für mehr als zwei Zahlen berechnet. Gib drei Zahlen an, deren harmonisches Mittel 3 beträgt. Erläutere deinen Lösungsweg.

Check up

Was kannst du? Was musst du noch üben?
Mit diesen Aufgaben kannst du deinen Lernfortschritt überprüfen.
Lösungen findest du im Anhang.

1 Prozente im Alltag

a) Der Preis eines Snowboards, das bisher 185 € kostete, wird um 20 % gesenkt. Berechne den neuen Preis.

b) Eine Zimmerpflanze ist innerhalb eines Jahres von 0,85 m auf 1,19 m gewachsen. Berechne die prozentuale Zunahme.

2 Karl und Willi haben ihre Körpergrößen gemessen. Karl rechnet aus: „Ich bin 20 % größer als du." „Dann bin ich 20 % kleiner als du, Karl." folgert Willi. Nimm Stellung.

3 Susan wünscht sich für ihr Zimmer eine neue Couch, die eigentlich 450 € kostet. Momentan ist im Möbelhaus eine Rabattaktion von 15 %. Zudem hat sie noch einen Coupon, mit dem sie nochmals 10 % Rabatt erhält. Susan hat den neuen Preis berechnet. Korrigiere ihre Lösung und erläutere ggf. Fehler.

450 € · (0,15 + 0,10) = 450 € · (0,25) = 112,50 €

4 Bestimme für die folgenden Werte den Median, die beiden Quartile und die Spannweite. Zeichne anschließend ein Boxplot.

5, 7, 3, 9, 3, 6, 2, 1, 2, 7, 3, 6

5 Gib eine Notenverteilung mit dem Median 3, dem unteren Quartil 2 und dem oberen Quartil 4 an. Bestimme dazu das arithmetische Mittel und die Spannweite.

6 Leon behauptet, dass der Median immer kleiner als das arithmetische Mittel ist. Nimm dazu begründet Stellung.

7 Vergleiche die Boxplots miteinander. Treffe mindestens drei richtige Aussagen über den zugrundeliegenden Datensatz dazu.

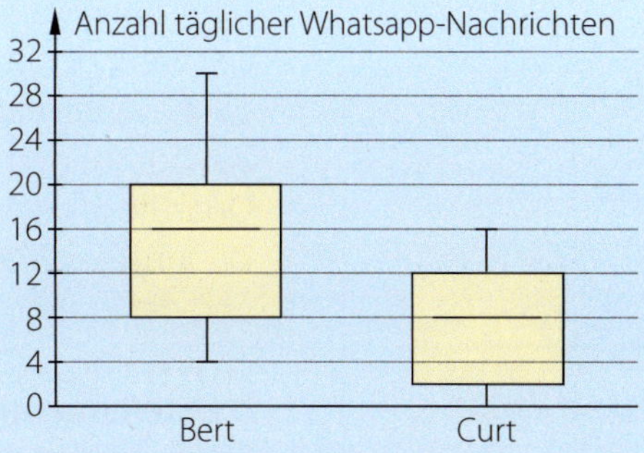

Auf einen Blick

Prozentuale Zu- und Abnahme

Folgendes Vorgehen kann dir beim Lösen von Prozentaufgaben helfen.

1. Markiere im Text den Grundwert, den Prozentwert und den Prozentsatz.
2. Achte darauf, dass du bei prozentualen Zunahmen bzw. Abnahmen den gegebenen Prozentsatz zu 100 % addierst bzw. von 100 % subtrahierst.
3. Löse die Aufgabe mit einer der beiden Möglichkeiten.
   (1) Schlussrechnung
   (2) Grundgleichung der Prozentrechnung: $PS \cdot GW = PW$

Kombination von prozentualen Zu- und Abnahmen

Bei Aufgaben, in denen prozentuale Zu- bzw. Abnahmen mehrfach vorkommen, musst du besonders auf den **Grundwert** achten, da sich dieser jeweils ändert. Dies kannst du sehr gut mit einer Zeichnung veranschaulichen, wie das Beispiel einer 25 %igen Zunahme und einer anschließenden 25 %igen Abnahme zeigt.

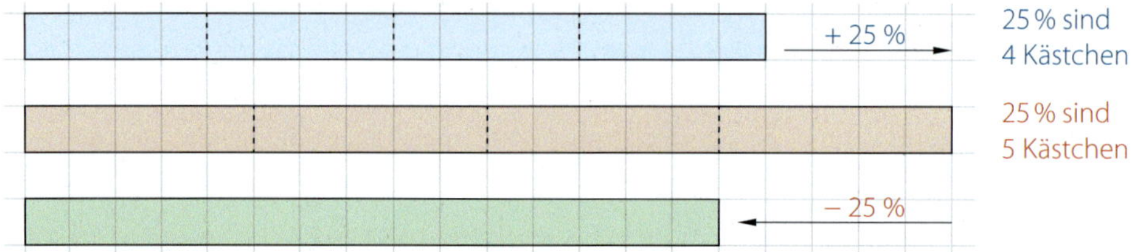

Mehrere prozentuale Zu- und Abnahmen können zu einem Faktor zusammengefasst werden. Der erste Grundwert wird dann mit diesem Faktor multipliziert.

$$(16 \cdot 1{,}25) \cdot 0{,}75 = 16 \cdot (1{,}25 \cdot 0{,}75) = 16 \cdot 0{,}9375 = 15$$

Kenngrößen

Die **Spannweite R** gibt die Differenz zwischen dem größten Wert und dem kleinsten Wert an.

Der Wert, der in der Mitte eines sortierten Datensatzes steht, wird **Median M** genannt. Bei einer geraden Anzahl von Daten musst du das arithmetische Mittel aus den beiden in der Mitte stehenden Werten bilden.

Quartile unterteilen den sortierten Datensatz in vier gleich große Teile.

Das **untere Quartil $q_{1/4}$** und das **obere Quartil $q_{3/4}$** sind die Mediane der unteren und der oberen Hälfte.

Darstellung mithilfe von Boxplots

Ein Boxplot veranschaulicht die Verteilung von Daten. Die Box wird mithilfe der Kenngrößen erstellt.

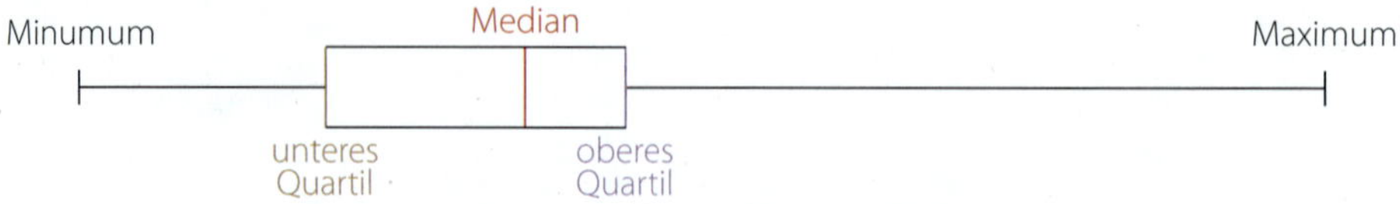

Kapitel 7

Kongruente Dreiecke

In der Kunst und in der Architektur findest du immer wieder Dreiecke, die dieselbe Form und Größe haben.
In diesem Kapitel lernst du hierfür allgemein den Begriff „Kongruenz" kennen und untersuchst, ob Figuren deckungsgleich sind. Außerdem lernst du für Dreiecke wichtige Kongruenzsätze kennen, mit denen du Dreiecke konstruieren und deren Kongruenz begründen kannst.

Wiederholung

Winkelbeziehungen an Geradenkreuzungen

An einer Geradenkreuzung gibt es Scheitel- und Nebenwinkel. **Scheitelwinkel**, wie z. B. α_1 und γ_1, sind gleich groß. **Nebenwinkel**, wie z. B. α_1 und β_1, ergeben zusammen 180°.

An einer Doppelkreuzung gibt es **Stufenwinkel (F-Winkel)**, wie z. B. α_1 und α_2, und auch **Wechselwinkel (Z-Winkel)**, wie z. B. γ_1 und α_2. An Doppelkreuzungen mit parallelen Geraden sind diese Winkel jeweils auch gleich groß.

Mithilfe der Winkelbeziehungen kannst du die Lagebeziehung von Geraden untersuchen und die Größe von Winkeln miteinander vergleichen.

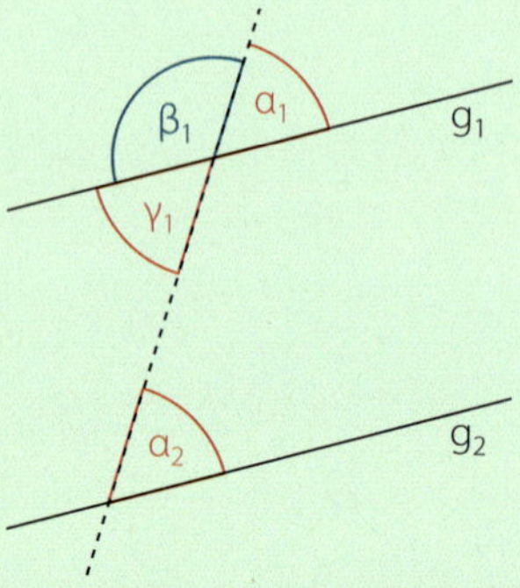

Das Dreieck und seine Eigenschaften

Im Dreieck bezeichnest du die Ecken gegen den Uhrzeigersinn mit Großbuchstaben, z. B. mit A, B und C, und die zugehörigen Winkel mit den griechischen Buchstaben, z. B. mit α, β und γ. Die gegenüberliegende Seite eines Eckpunkts wird mit dem entsprechenden Kleinbuchstaben bezeichnet. In jedem Dreieck beträgt die **Innenwinkelsumme** 180°.

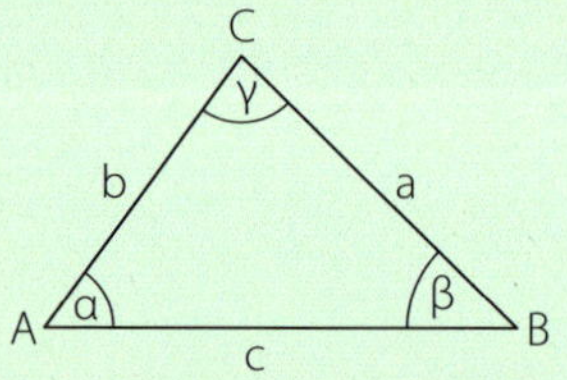

Die **Höhe** im Dreieck ist die kürzeste Verbindung eines Eckpunktes zur gegenüberliegenden Seite. Sie steht senkrecht auf der Dreiecksseite. Ein Dreieck hat drei Höhen.

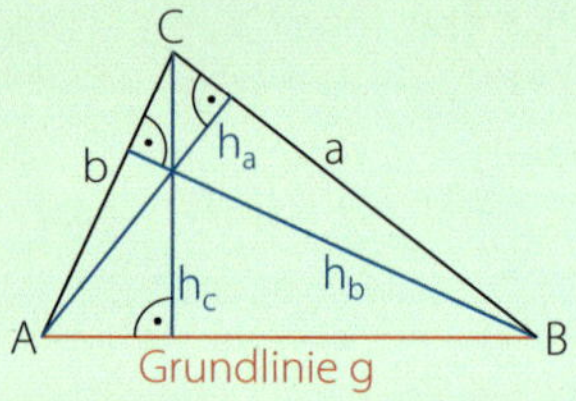

Den **Flächeninhalt** eines Dreiecks kannst du mit folgender Formel berechnen:
$A = \frac{1}{2} \cdot$ Länge der Grundlinie · Länge der zugehörigen Höhe

Als Grundseite kannst du jeweils die Dreiecksseite a, b oder c wählen. Du musst dann die entsprechende Höhe verwenden:

$\frac{1}{2} \cdot a \cdot h_a$ oder $\frac{1}{2} \cdot b \cdot h_b$ oder $\frac{1}{2} \cdot c \cdot h_c$

Aufgaben

1 Zeichne die Figur in dein Heft und bestimme die Größen aller benannten Winkel, ohne zu messen.

a)

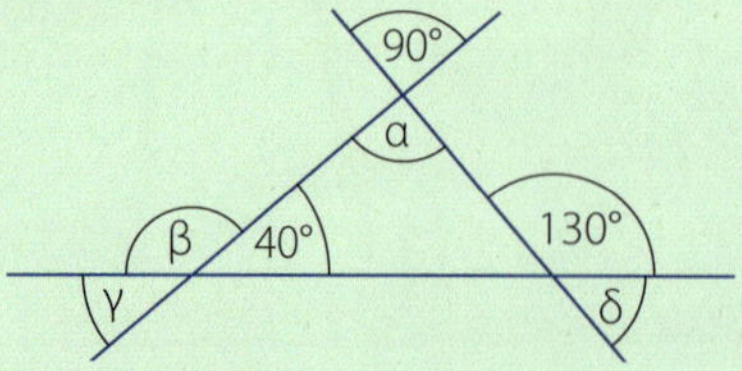

b)

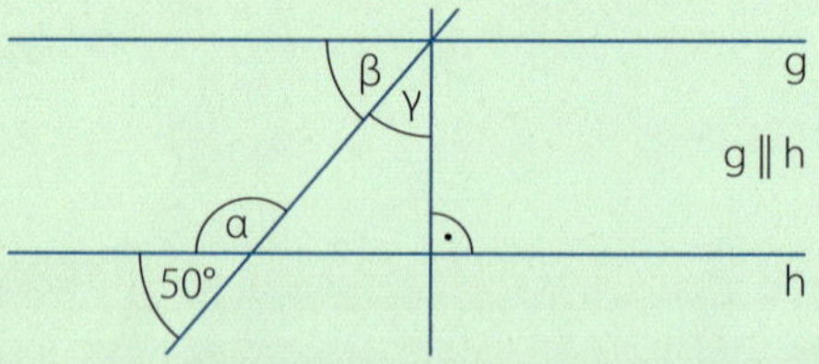

2 Welche der folgenden Aussagen trifft auf die nebenstehende Zeichnung zu? Begründe.

a) $\alpha = \eta$
b) $\beta + \gamma = \rho$
c) $\gamma = \mu$
d) $\gamma + \sigma = 180°$
e) $\alpha + \beta = \mu$
f) $\sigma = \varepsilon + \delta$
g) $\sigma = 180° - \mu$

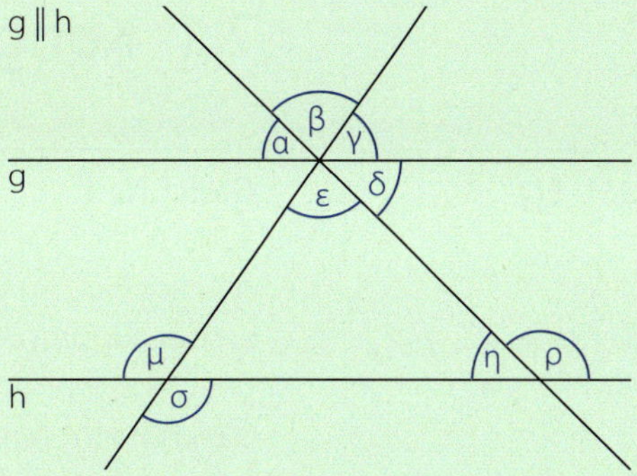

3 Welche Größe haben die benannten Winkel? Begründe.

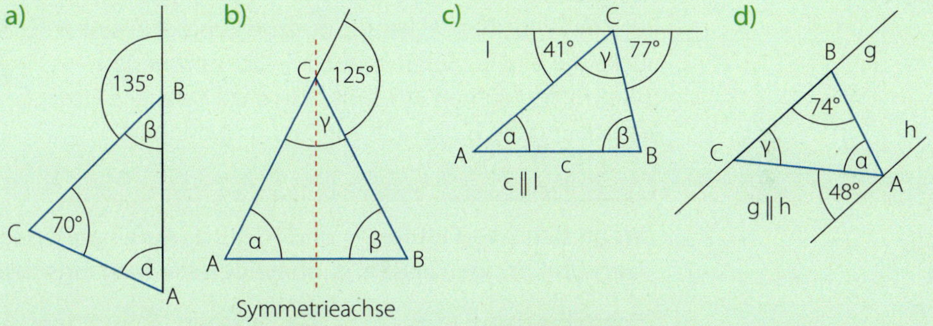

4 ABC ist ein Dreieck. Ermittle die Größe des Winkels γ.

a) $\alpha = 70°, \beta = 45°$

b) $\alpha = 50°, \beta = 2\alpha$

5 Susan hat die Winkel in einem Dreieck gemessen: $\alpha = 45°$, $\beta = 110°$ und $\gamma = 65°$. Ihr großer Bruder meint, das wäre falsch. Erläutere, woran er dies erkennt.

6 Begründe, weshalb

a) das Dreieck A'CB' ein achsensymmetrisches Dreieck zu ABC ist,

b) das Dreieck A''B''C'' ein punktsymmetrisches Dreieck zu ABC ist.

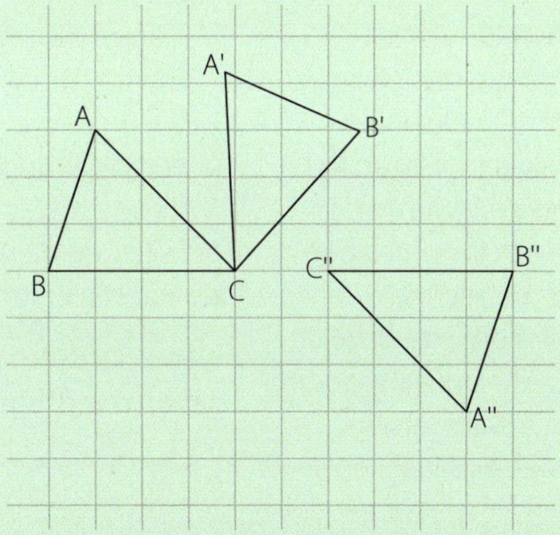

7 Dreiecksvergleiche

a) Zeichne zwei verschiedene Dreiecke, die aber beide einen Flächeninhalt von $24\,cm^2$ haben.

b) Zeichne zwei Dreiecke, die beide einen Umfang von 15 cm haben, aber deren Flächeninhalt unterschiedlich groß ist.

7.1 Kongruenz von Figuren

Einstieg

Gleichheit

Schau dir die abgebildeten Figuren genau an. Beschreibe, was das Besondere an den Figuren ist.
Erläutere, warum die Aussage „sie sind gleich" nicht ausreicht.

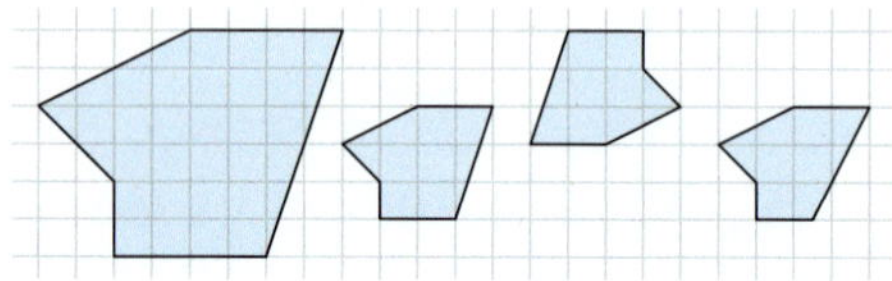

Wissen

Kongruenz

Bei einem Puzzlespiel kannst du zum Beispiel in eine Lücke nur ein Puzzleteil einsetzen, das ganz genau passt. In der Mathematik sagt man dazu, dass das Puzzlestück und die Lücke sich zur Deckung bringen.

Wenn sich zwei Figuren F_1 und F_2 durch Aufeinanderlegen vollständig zur Deckung bringen lassen, dann heißen sie deckungsgleich oder kongruent.

Schreibweise: $F_1 \cong F_2$ Gesprochen: „F_1 ist kongruent zu F_2."

Info
congruere (lat.)
= übereinstimmen

Hinweis
Damit du gut erkennen kannst, welche Eckpunkte zur Deckung kommen, wurde das Dreieck im Uhrzeigersinn bezeichnet. Üblicherweise bezeichnest du Dreiecke gegen den Uhrzeigersinn: $\triangle ABC \cong \triangle DEF$

Beispiel 1: Kongruente Figuren
Prüfe, ob die beiden Dreiecke ABC und DEF kongruent sind.

Lösung:
Klappe das Dreieck DEF an der Seite $\overline{DE}$ um. Drehe es anschließend um 90° im Uhrzeigersinn um E. Durch Verschiebung der Dreiecke können diese zur Deckung gebracht werden.

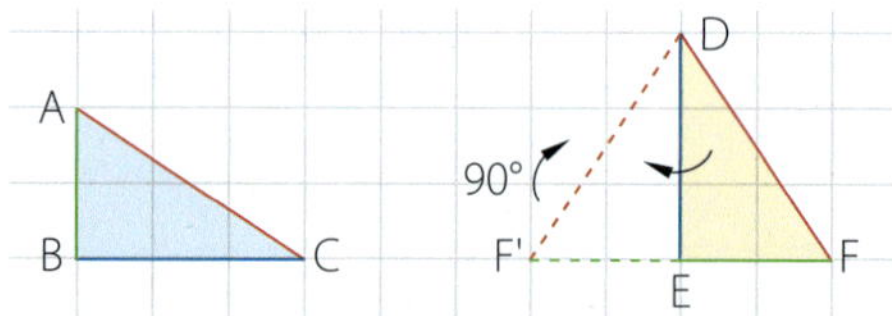

Es liegen dann die Eckpunkte A und F, B und E sowie C und D aufeinander, also sind die beiden Dreiecke kongruent: $\triangle ABC \cong \triangle FED$

Wenn du also zwei Figuren, z. B. Dreiecke, zur Deckung bringen kannst, dann haben diese Figuren gleich lange Seiten und gleich große Winkel, z. B. $|\overline{AB}| = |\overline{EF}|$ und $\sphericalangle CBA = \sphericalangle FED$. Umgekehrt gilt auch, dass zwei Figuren kongruent sind, wenn alle entsprechenden Strecken und Winkel gleich groß sind.

Zwei kongruente Figuren stimmen folglich in ihrer Form und in einander entsprechenden Seiten und Winkeln überein. Sie haben denselben Flächeninhalt.

Somit sind zwei zueinander achsen- oder punktsymmetrische Figuren kongruent.

Beispiel 2: Aussagen überprüfen

Entscheide, ob die Aussage richtig oder falsch ist. Begründe.

a) „Zwei gleich lange Strecken sind kongruent."

b) „Zwei Quadrate mit gleichem Flächeninhalt sind kongruent."

c) „Zwei Parallelogramme mit gleichem Flächeninhalt sind kongruent."

Lösung:

a) Da Strecken nur durch ihre Länge bestimmt sind, ist die Aussage richtig.

b) Aus dem Flächeninhalt eines Quadrats kannst du die Seitenlänge eindeutig bestimmen. Alle Seiten sind gleich lang. Da auch alle Winkel eines Quadrats 90° groß sind, haben die Quadrate die gleiche Größe und Form und können zur Deckung gebracht werden. Die Aussage ist also richtig.

c) Das Gegenbeispiel zweier Parallelogramme mit gleich langer Grundlinie und Höhe zeigt, dass die Aussage falsch ist.

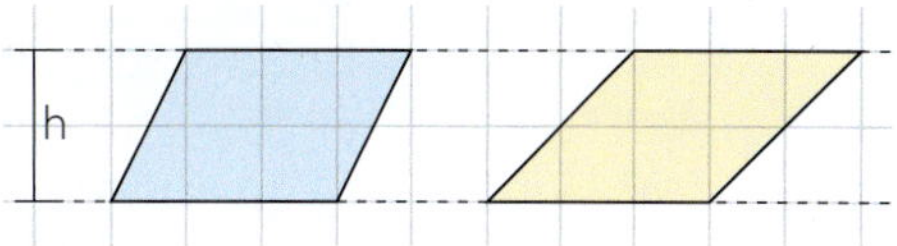

Wie du im Beispiel 2 c) siehst, sind zwei Figuren, die denselben Flächeninhalt haben, nicht immer kongruent. Bei sehr einfachen geometrischen Figuren kannst du dagegen sehr leicht prüfen, ob sie kongruent zueinander sind.

Zwei Strecken sind kongruent, wenn sie gleich lang sind, z. B. $\overline{AB} \cong \overline{AC}$.
Zwei Winkel sind kongruent, wenn sie gleich groß sind, z. B. $\sphericalangle CAB \cong \sphericalangle FDE$.
Zwei Kreise sind kongruent, wenn sie den gleichen Radius haben, z. B. $k_1 \cong k_2$.

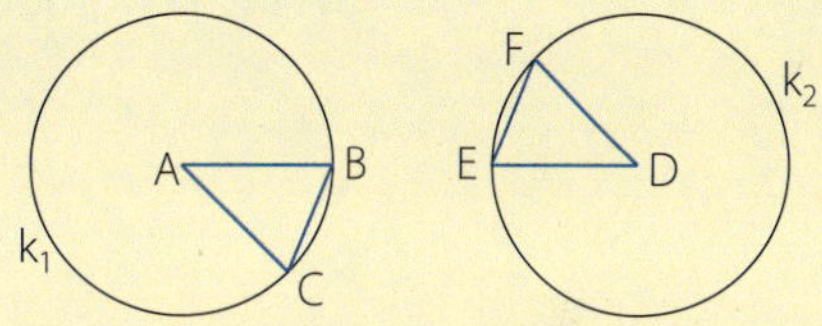

Aufgaben

Trainieren | Vertiefen | Herausforderung

Kongruenz

1 Erkläre deinem Nachbarn den Begriff Kongruenz in eigenen Worten.

2 Auf einem Angebotstisch im Kaufhaus findest du einzelne Schuhe des gleichen Typs, aber von unterschiedlicher Größe. Beschreibe, wie du vorgehen würdest, um ein passendes Paar Schuhe zu erhalten.

3 Begründe, welche Figuren kongruent sind.

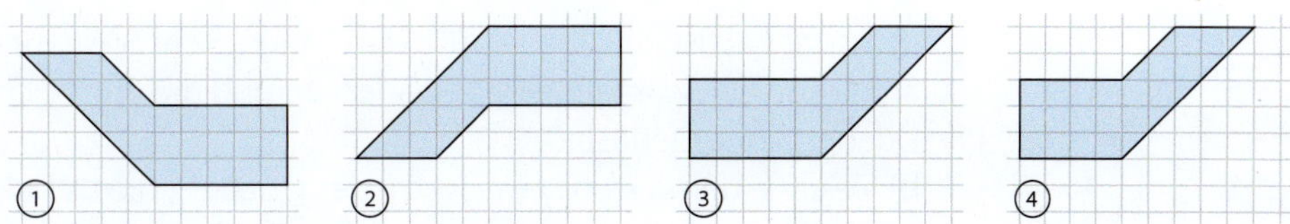

4 Entscheide, welche der abgebildeten Dreiecke zum Dreieck ABC kongruent sind. Gib für alle kongruenten Dreiecke gleich lange Seiten und gleich große Winkel in mathematischer Kurzschreibweise an.

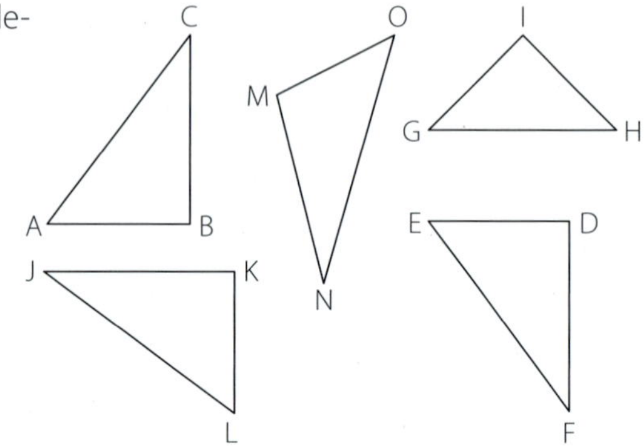

5 Entscheide und begründe, ob die Aussage richtig oder falsch ist.

a) Zwei Rechtecke sind kongruent, wenn sie in Breite und Länge übereinstimmen.
b) Zwei Rechtecke sind kongruent, wenn sie im Umfang übereinstimmen.
c) Zwei Dreiecke mit gleichem Flächeninhalt sind kongruent.
d) Zwei Vierecke, bei denen alle vier Seiten 3 cm lang sind, sind kongruent.
e) Zwei zueinander punktsymmetrische Kreise sind kongruent.

6 Zeichne die abgebildeten Figuren in dein Heft und zerlege jede in
a) kongruente Teilfiguren,
b) vier kongruente Teilfiguren.

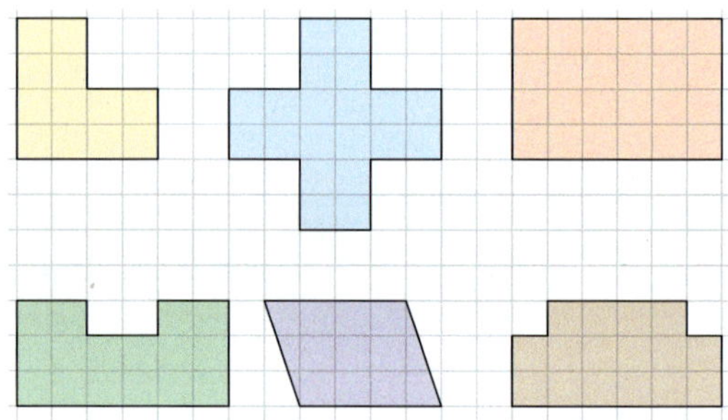

7 Boris behauptet: „Zwei Figuren, die sich jeweils in gleich viele kongruente Teilstücke zerlegen lassen, sind kongruent." Nehmt Stellung zu dieser Aussage.

Noch fit?

I Beschreibe zunächst die Fehler, die gemacht wurden. Rechne dann richtig.

a) $3u^3v^2w - 12u^2v^3 + 3u^2v^2 + 6u^3v^2w = 9u^3v^2w - 12u^2v^3 + 3u^2v^2$
$= 3u^2v^2(3uw - 4v)$

b) $17ab - 9abc + 4ab - 5abc = 17ab - 4ab + 9abc - 5abc$
$= 13abc + 4abc$

Trainieren | **Vertiefen** | Herausforderung

8 Gegeben ist ein Quader mit 5 cm Länge, 3 cm Breite und 2 cm Höhe.
a) Fertige ein Schrägbild des Quaders an und gib an, welche Seitenflächen des Quaders kongruent sind.
b) Zeichne mindestens zwei Netze des Quaders, die nicht kongruent sind.
c) Bestimme das Volumen und den Oberflächeninhalt des Quaders.

9 Emma behauptet: „Ich kann das gesamte Quadrat so zerlegen, dass es nur aus lauter kongruenten L-Stücken besteht."

a) Widerlege ihre Behauptung ohne die Zerlegung durchzuführen.

b) Ändere das große Quadrat so ab, dass Emmas Behauptung erfüllt wird. Lass die Figur anschließend von deinem Partner zerlegen.

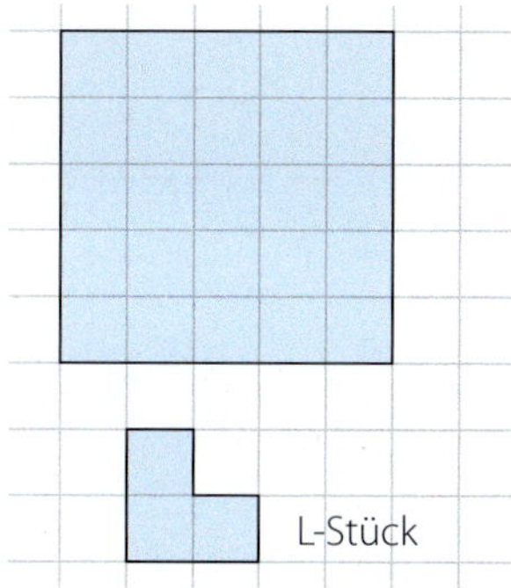

10 Gib an, zu welchem Grundkörper das Netz gehört, wenn es aus folgenden Figuren besteht.

a) sechs kongruente Quadrate

b) sechs kongruente Rechtecke

c) zwei kongruente Dreiecke und drei kongruente Rechtecke

11 Überprüfe die nachfolgende Aussage. Widerlege eine falsche Aussage mit einem Gegenbeispiel. Begründe eine richtige Aussage.

a) Kongruente Figuren haben den gleichen Umfang und den gleichen Flächeninhalt.

b) Kongruente Figuren sind entweder zueinander achsen- oder zueinander punktsymmetrisch.

c) Rauten mit gleichem Umfang sind kongruent.

d) Zwei gleichschenklige Trapeze mit gleich langen Schenkeln sind kongruent.

e) Finde ähnliche Aussagen und lass sie von deinem Nachbarn überprüfen.

12 Übertrage die Figur in dein Heft und zerlege sie – sofern möglich – in 2, 3, 4, 5, 6 bzw. 8 kongruente Teilfiguren.

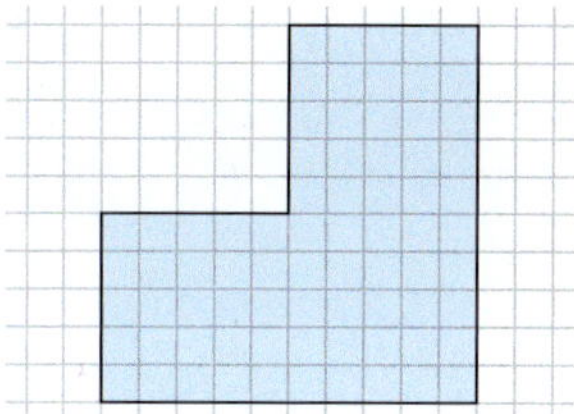

Trainieren | Vertiefen | Herausforderung

13 Zerlegung eines Quadrats

a) Zerlege ein Quadrat mithilfe einer Geraden in zwei kongruente Teilstücke. Finde mindestens sechs verschiedene Möglichkeiten.

b) Vergleiche deine Lösungen und beschreibe, was dir auffällt.

c) Untersuche, ob diese Besonderheit auch bei anderen Vierecken vorliegt.

14 Übertrage den „Tropfen" mithilfe deines Zirkels in dein Heft. Finde einen Kreisbogen so, dass die Figur in zwei kongruente „Hälften" zerlegt wird.

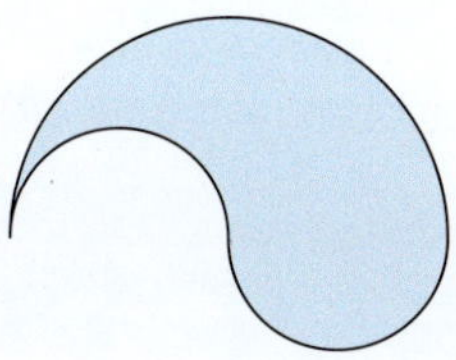

7.2 Kongruenzsätze für Dreiecke

Einstieg

Kinderspielzeug

Tobias hat sein altes Legepuzzle gefunden. Es fehlen aber drei Teile für die Lücken. Für seine kleine Schwester will er aus Pappe Figuren anfertigen, die in die Lücken passen. Tobias überlegt, welche Größen er dafür messen muss.

a) Vervollständige die ersten Gedanken. Begründe, warum der dritte falsch ist.

b) Erläutere, wie du überprüfen kannst, ob es reicht, nur die drei Seiten des Dreiecks zu messen.

Wissen

Drei Winkel oder drei Seitenlängen gegeben

Wenn du alle Seitenlängen und Winkel eines Dreiecks kennst, kannst du es eindeutig konstruieren. Wie viele Angaben benötigst du aber mindestens?

Wie du beim Beispiel rechts siehst, genügen zwei gegebene Stücke nicht, um ein Dreieck eindeutig zu bestimmen. Mit $c = 5\,\text{cm}$ und $\alpha = 40°$ kannst du beliebig viele nichtkongruente Dreiecke konstruieren.

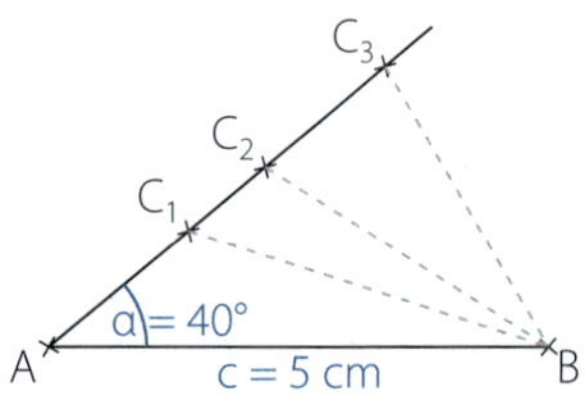

Demnach benötigst du auf jeden Fall drei gegebene Stücke. Wenn dies drei Winkel eines Dreiecks sind, ergibt sich auch kein eindeutiges Dreieck.

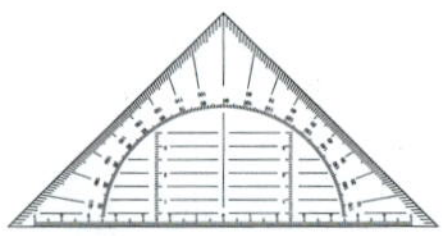

Das siehst du sofort, wenn du dein Geodreieck mit dem Tafelgeodreieck vergleichst. Obwohl beide Dreiecke einen rechten Winkel und zwei 45°-Winkel haben, sind sie nicht kongruent.

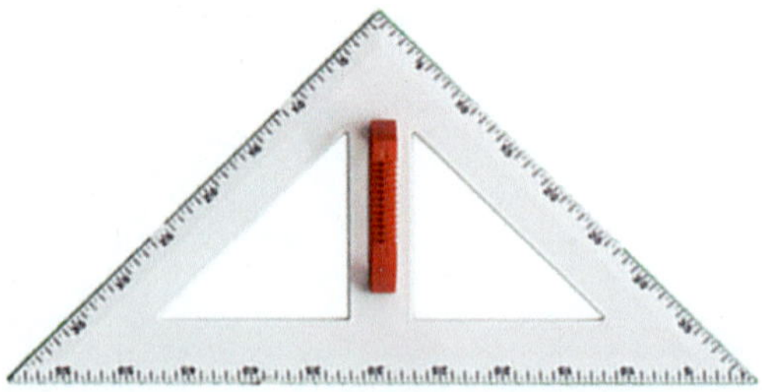

Sind jedoch drei Seitenlängen gegeben, kannst du ein eindeutiges Dreieck konstruieren. Wie du dabei vorgehen musst, siehst du im folgenden Beispiel.

Beispiel 1: Drei Seiten gegeben

Konstruiere ein Dreieck mit den Seitenlängen a = 4 cm, b = 3 cm und c = 6 cm und notiere eine Konstruktionsbeschreibung.

Lösung:

1. Zeichne eine **Planfigur**. Markiere die gegebenen Stücke.

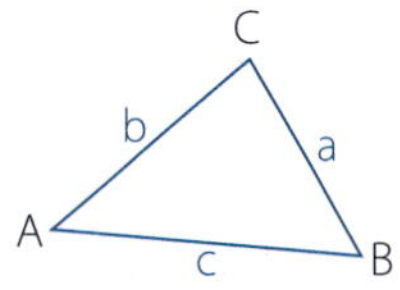

2. **Konstruktionsbeschreibung:**
   (1) A und B sind durch c = 6 cm festgelegt.
   (2) C liegt auf dem Kreis k_1 um A mit Radius b = 3 cm
   (3) C liegt auf dem Kreis k_2 um B mit Radius a = 4 cm

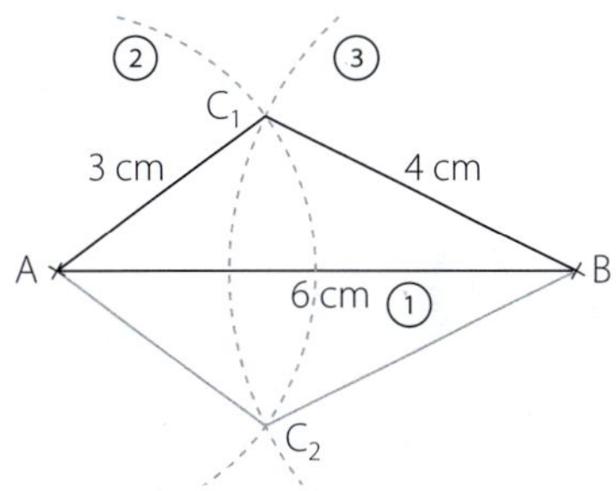

Im Beispiel haben sich die beiden Kreise zweimal geschnitten. Die beiden Dreiecke sind achsensymmetrisch zur Achse $\overline{AB}$. Somit sind sie kongruent. Daher ist ein Dreieck durch drei gegebene Seiten eindeutig bestimmt.
Das bedeutet aber auch, dass du immer ein Dreieck derselben Form und Größe erhältst, wenn du es so konstruierst. Demnach folgt aus der eindeutigen Konstruierbarkeit die Kongruenz des Dreieckes.

Zwei Dreiecke sind kongruent, wenn sie in ihren Seitenlängen übereinstimmen. (SSS-Satz)

Dennoch musst du bei der Konstruktion des Dreiecks etwas beachten:
Wenn du zum Beispiel ein Dreieck mit den Seitenlängen a = 2 cm, b = 3 cm und c = 6 cm konstruieren möchtest, siehst du, dass sich die Kreise nicht schneiden.

Da von A nach B der Umweg über C immer länger ist, müssen die beiden Seitenlängen a und b zusammen mehr ergeben als die Seitenlänge c. Dies ist hier aber nicht der Fall.
Allgemein ist dies in der **Dreiecksungleichung** formuliert.

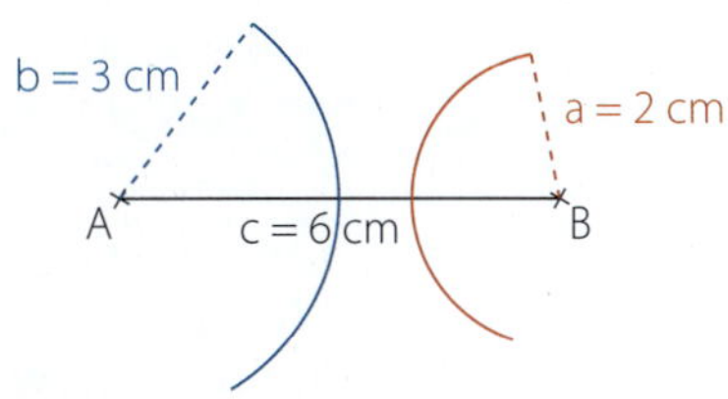

In jedem Dreieck ist die Summe zweier Seitenlängen stets größer als die Länge der dritten Seite:
$a + b > c \qquad a + c > b \qquad b + c > a$

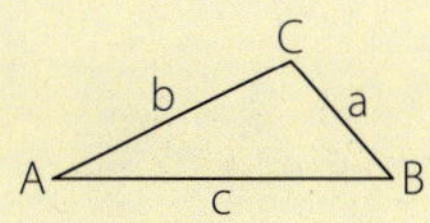

Zwei Winkel und eine Seite gegeben

Ist aber ein Dreieck auch eindeutig beschrieben, wenn du zwei Winkel und eine Seite kennst? Du kannst dies wieder überprüfen, indem du das Dreieck konstruierst.

Beispiel 2: Eine Seite und die anliegenden Winkel gegeben

Konstruiere ein Dreieck mit a = 4 cm sowie den Winkeln $\beta = 50°$ und $\gamma = 70°$ und notiere eine Konstruktionsbeschreibung.

Lösung:

1. Zeichne eine **Planfigur**. Du kannst ihr entnehmen, dass es sinnvoll ist, mit Seite a zu beginnen , da du anschließend die Winkel antragen kannst..

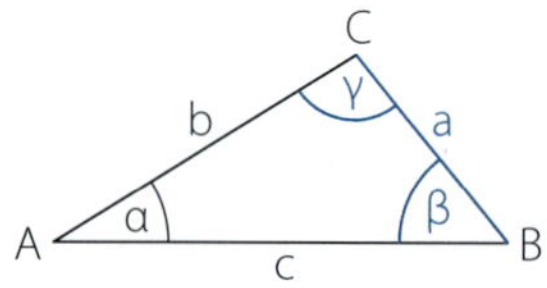

2. **Konstruktionbeschreibung:**
   (1) B und C sind durch die Seite a = 4 cm festgelegt.
   (2) A liegt auf dem freien Schenkel von $\beta = 50°$
   (3) A liegt auf dem freien Schenkel von $\gamma = 70°$

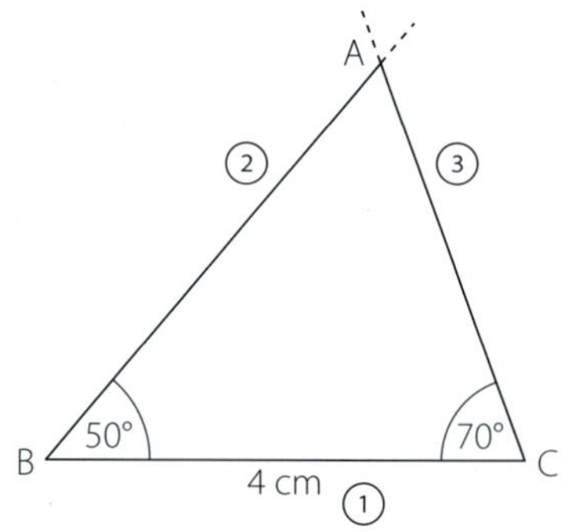

Das Beispiel zeigt, dass ein Dreieck bei einer gegebenen Seite und den anliegenden Winkel eindeutig konstruierbar ist. Es stellt sich aber die Frage, was passiert, wenn nur einer der beiden Winkel anliegt.

Aufgrund der Innenwinkelsumme von 180° im Dreieck kannst du bei zwei gegebenen Winkeln den dritten immer berechnen. Dieser liegt dann an der gegebenen Seite an. Somit kann die Konstruktion auf Beispiel 2 zurückgeführt werden. Sind zum Beispiel die Seite a und die Winkel β und α gegeben, erhältst du durch $\gamma = 180° - \beta - \alpha$ den bekannten Fall.

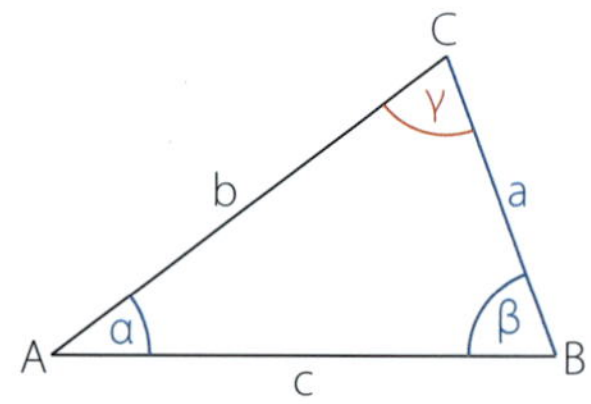

Somit genügt für die eindeutige Konstruierbarkeit eines Dreiecks die Angabe von zwei Winkeln und einer beliebigen Seite. Es ergeben sich folgende Sätze:

Zwei Dreiecke, die in einer Seite und den zwei anliegenden Winkeln übereinstimmen, sind kongruent. (WSW-Satz)

Zwei Dreiecke, die in einer Seite, einem anliegenden und einem nicht anliegenden Winkel übereinstimmen, sind kongruent. (SWW-Satz)

Mithilfe der Kongruenzsätze kannst du nicht nur die eindeutige Konstruierbarkeit überprüfen, sondern auch begründen, ob gegebene Dreiecke kongruent sind.

Beispiel 3: Überprüfen von Kongruenz

Entscheide begründet, welche der drei Dreiecke kongruent sind.

$c_1 = 7\,cm, \alpha_1 = 25°, \beta_1 = 70°$ | $a_2 = 7\,cm, \alpha_2 = 25°, \gamma_2 = 70°$ | $b_3 = 7\,cm, \alpha_3 = 25°, \gamma_3 = 70°$

Lösung:

Zeichne zu den Angaben jeweils die Planfiguren.

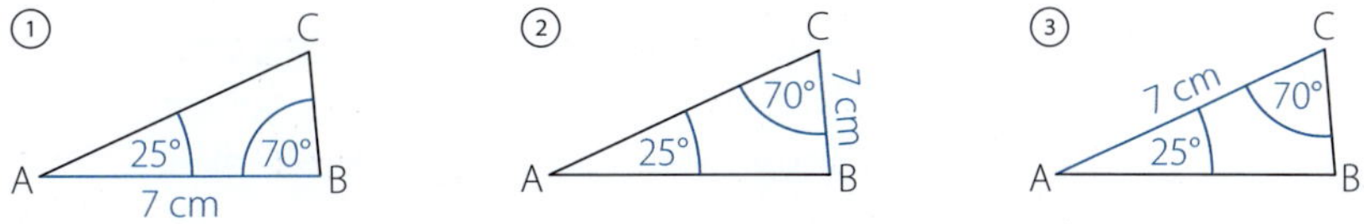

Bei den Dreiecken 1 und 3 liegen die beiden Winkel mit den Größen von 25° und 70° an der gegebenen Seite mit einer Länge von 7 cm an. Die Dreiecke sind nach dem WSW-Satz kongruent. Dreieck 2 ist zu den beiden Dreiecken nicht kongruent, da der 25°-Winkel der gegebenen Seite gegenüberliegt und der dritte Winkel nicht 25° sein kann.

Zwei Seiten und ein Winkel gegeben

Auch hier kannst du zwei Fälle unterscheiden. Gehe zunächst davon aus, dass zwei Seiten und der eingeschlossene Winkel gegeben sind.

Beispiel 4: Zwei Seiten und der von ihnen eingeschlossene Winkel gegeben

Konstruiere ein Dreieck mit $b = 4\,cm$, $c = 3\,cm$ und $\alpha = 75°$ und notiere eine Konstruktionsbeschreibung.

Lösung:

1. Mithilfe der **Planfigur** erkennst du, dass du sowohl mit Seite b als auch c beginnen kannst.
2. **Konstruktionsbeschreibung:**
   (1) A und B sind durch $c = 3\,cm$ festgelegt
   (2) C liegt auf dem freien Schenkel von $\alpha = 75°$
   (3) C liegt auf dem Kreis um A mit dem Radius $r = 4\,cm$

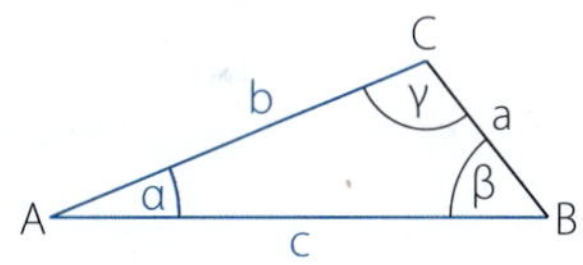

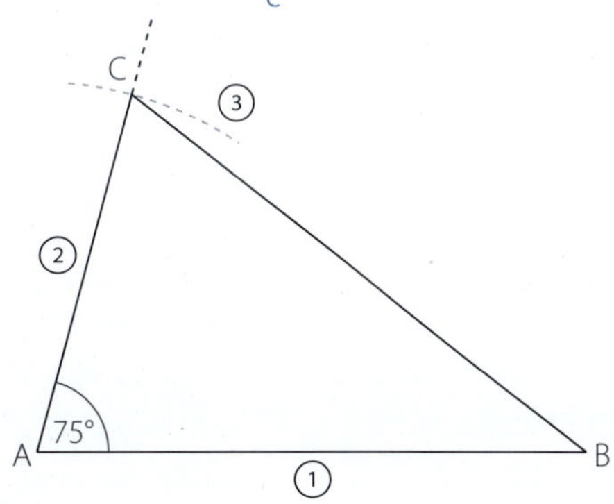

Du erhältst den fehlenden Eckpunkt, das Dreieck ist also eindeutig konstruierbar.

Zwei Dreiecke, die in zwei Seiten und dem eingeschlossenen Winkel übereinstimmen, sind kongruent. (SWS-Satz)

Ob ein Dreieck eindeutig bestimmt ist, wenn zwei Seiten und der Gegenwinkel einer Seite gegeben sind, kannst du an folgendem Beispiel untersuchen.

Beispiel 5: Zwei Seiten und der Gegenwinkel einer Seite gegeben

Konstruiere ein Dreieck mit den Seitenlängen a = 3,5 cm, c = 4,5 cm und dem Winkel $\alpha = 45°$.

Lösung:

1. Mithilfe der **Planfigur** erkennst du, dass es sinnvoll ist, die Konstruktion mit der Seite c zu beginnen, da hier der gegebene Winkel anliegt.

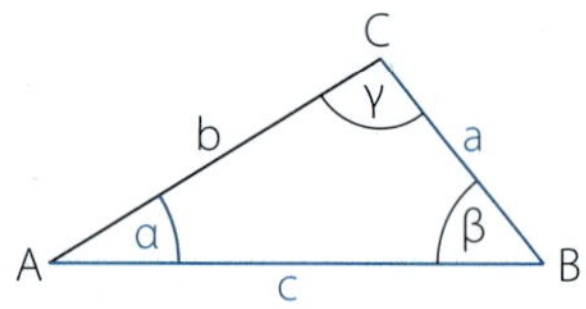

2. **Konstruktionbeschreibung:**
   (1) A und B sind durch c = 4,5 cm festgelegt
   (2) C liegt auf dem freien Schenkel von $\alpha = 45°$
   (3) C liegt auf dem Kreis k um B mit dem Radius a = 3,5cm

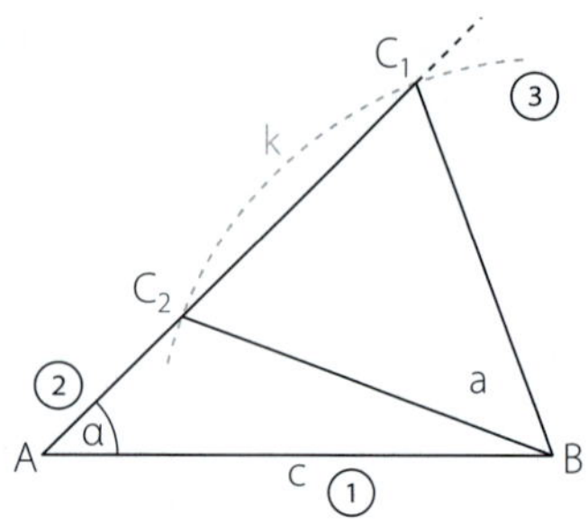

Du siehst, dass der Kreis um B den freien Schenkel des Winkels α zweimal schneidet, so dass zwei nicht kongruente Dreiecke ABC_1 bzw. ABC_2 entstehen. Es gibt also keine eindeutige Lösung.

Wenn du im Beispiel 5 die Länge der Seite a, die dem gegebenen Winkel gegenüberliegt, veränderst, dann verändert sich der der Radius des Kreises um B.
Du kannst sehen, dass es dann je nach Radiusgröße kein Lösungsdreieck, ein Lösungsdreieck oder zwei Lösungsdreiecke gibt.

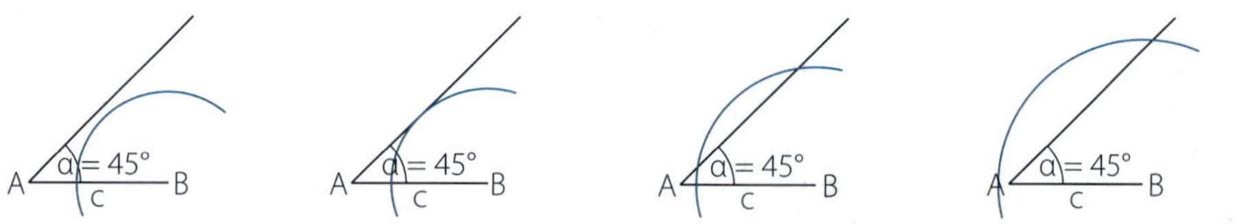

Ist die Seitenlänge a und damit der Radius zu klein, gibt es keine Lösung.	In dem schwer auszumachenden „Berührfall" gibt es genau eine Lösung.	Wenn der Radius wächst, dann gibt es „normalerweise" zwei Lösungen.	Ist der Radius größer als die Seite c, gibt es immer genau eine Lösung.

Hinweis
In Aufgabe 21 kannst du dies mit einer DGS nachvollziehen.

Du siehst also, dass du auf jeden Fall eine eindeutige Lösung bei der Konstruktion erhältst, wenn die Seite, die dem gegebenen Winkel gegenüberliegt, die größere ist.

Zwei Dreiecke, die in zwei Seiten und dem Gegenwinkel der größeren Seite übereinstimmen, sind kongruent. (SsW-Satz)

Aufgaben

Trainieren Vertiefen Herausforderung

Drei Winkel oder drei Seiten gegeben

1 Begründe,

a) warum zwei gegebene Seiten ein Dreieck noch nicht eindeutig bestimmen,

b) warum eine Diagonale ein Rechteck in zwei kongruente Dreiecke zerlegt.

2 Begründe zunächst, ob das Dreieck eindeutig konstruierbar ist. Falls möglich, führe die Konstruktion durch, erstelle eine Konstruktionsbeschreibung und lies die Winkel α, β und γ auf ein Grad genau aus deiner Zeichnung ab.

a) $a = 3\,cm$, $b = 4\,cm$, $c = 5\,cm$

b) $a = 2{,}5\,cm$, $b = 5\,cm$, $c = 3\,cm$

c) $a = 5\,cm$, $b = 8\,cm$, $c = 2\,cm$

d) $a = 3\,cm$, $b = 2a$, $c = 5\,cm$

3 Felix benötigt für sein Baumhaus ein dreieckiges Fenster mit den Seitenlängen 100 cm, 80 cm und 60 cm. Der Glaser liefert ein Fenster mit den Seitenlängen 100 cm, 60 cm und 80 cm. Beurteile, ob man mit dem gelieferten Fenster zufrieden sein sollte.

4 Erstelle mithilfe einer DGS die Abbildung und erkunde durch Verschieben der Eckpunkte B und C, wie lang die Seite a mindestens bzw. maximal ist. Begründe deine Erkenntnis danach mithilfe der Dreiecksungleichung.

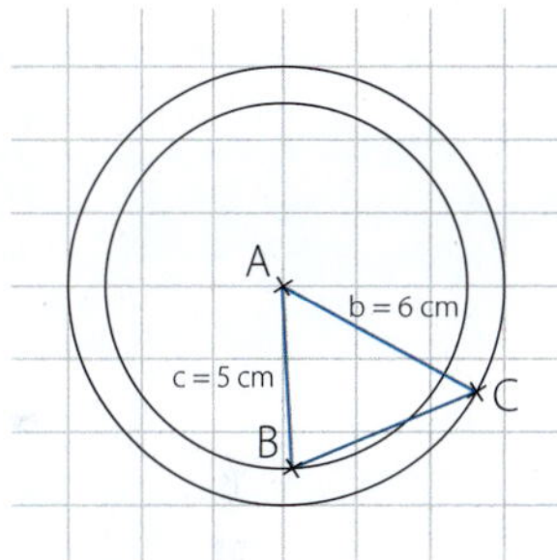

5 Bestimme die Anzahl von nicht kongruenten Dreiecken, die du aus genau 12 Streichhölzern legen kannst.

Zwei Winkel und eine Seite gegeben

6 Erstelle eine Planfigur. Begründe, ob das Dreieck eindeutig konstruierbar ist. Falls möglich, führe die Konstruktion durch und erstelle eine Konstruktionsbeschreibung.

a) $a = 2\,cm$, $\beta = 55°$, $\gamma = 75°$

b) $b = 3{,}5\,cm$, $\alpha = \gamma = 75°$

c) $b = 4\,cm$, $\beta = 60°$, $\gamma = 80°$

d) $c = 6\,cm$, $\beta = 25°$, $\gamma = 95°$

7 Begründe, ob die angegebenen Dreiecke kongruent sind.

a) $a_1 = 4\,cm$; $\alpha_1 = 42°$; $\gamma_1 = 67°$ und $b_2 = 4\,cm$; $\alpha_2 = 67°$; $\beta_2 = 42°$

b) $c_1 = 8\,cm$; $\alpha_1 = 30°$; $\beta_1 = 60°$ und $b_2 = 8\,cm$; $\alpha_2 = 30°$; $\beta_2 = 60°$

c) $a_1 = 7\,cm$; $\beta_1 = 60°$; $\gamma_1 = 45°$ und $b_2 = 7\,cm$; $\beta_2 = 60°$; $\gamma_2 = 45°$

8 Lotta möchte die Dreiecke mit $a_1 = 7\,cm$, $\alpha_1 = 50°$, $\beta_1 = 80°$ und $c_2 = 7\,cm$, $\alpha_2 = 50°$, $\beta_2 = 80°$ auf Kongruenz überprüfen. Sie zeichnet zwei Planfiguren und meint dann: „Da bei dem ersten Dreieck die anliegenden Winkel gegeben sind und bei dem anderen ein gegenüberliegender, sind die Dreiecke nicht kongruent.“ Nimm Stellung zu der Aussage.

Zwei Seiten und ein Winkel gegeben

9 Erstelle eine Planfigur und begründe, ob das Dreieck eindeutig konstruierbar ist. Falls möglich, führe die Konstruktion durch und erstelle eine Konstruktionsbeschreibung.

a) $a = 4\,cm$, $b = 5\,cm$, $\gamma = 55°$
b) $a = 4\,cm$, $b = 5\,cm$, $\beta = 55°$
c) $a = 4\,cm$, $b = 5\,cm$, $\alpha = 55°$
d) $a = 5\,cm$, $b = 4\,cm$, $\alpha = 55°$

10 Konstruiere ein Dreieck, das mit dem abgebildeten Dreieck in zwei Seiten und einem Winkel übereinstimmt, und trotzdem zu diesem nicht kongruent ist. Vergleiche deine Lösung mit einem Partner.

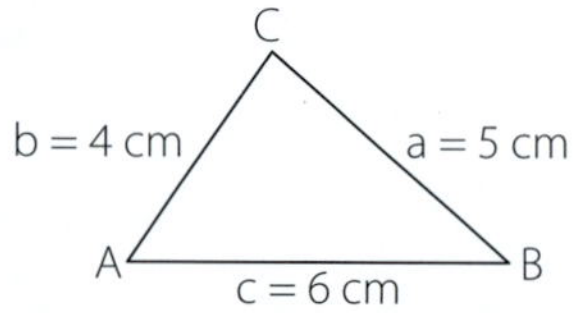

11 Begründe, ob die angegebenen Dreiecke kongruent sind.

a) $a_1 = 4\,cm$; $b_1 = 7\,cm$; $\gamma_1 = 67°$ und $b_2 = 4\,cm$; $c_2 = 7\,cm$, $\alpha_2 = 67°$
b) $a_1 = 7\,cm$; $b_1 = 9\,cm$; $\beta_1 = 80°$ und $c_2 = 7\,cm$; $a_2 = 9\,cm$, $\alpha_2 = 80°$
c) $a_1 = 7\,cm$; $b_1 = 6\,cm$; $\alpha_1 = 45°$ und $b_2 = 7\,cm$; $c_2 = 6\,cm$, $\alpha_2 = 45°$

Vermischte Aufgaben

12 Konrad hat einige Dreiecke ausgemessen und die Werte in nicht maßstabsgetreuen Skizzen notiert. Begründe, welche der Dreiecke zu dem blauen Dreieck kongruent sind.

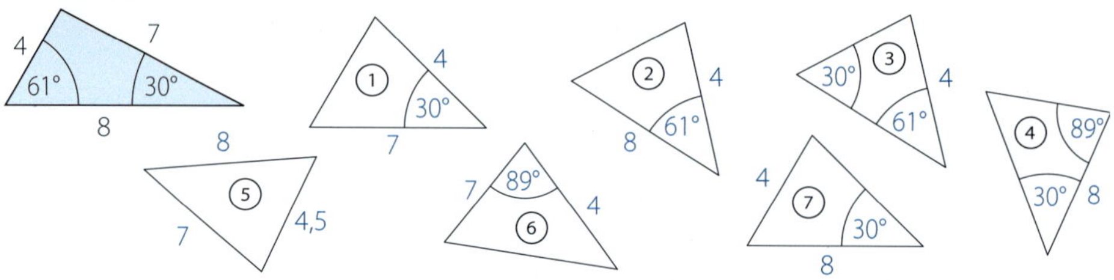

13 Entscheide begründet, welches Dreieck eindeutig konstruierbar ist.

a) $a = 5\,cm$; $\alpha = 30°$; $\beta = 80°$
b) $a = 6\,cm$; $b = 2\,cm$; $c = 4\,cm$
c) $c = 2\,cm$; $\alpha = 45°$; $\beta = 55°$
d) $a = 4\,cm$; $c = 5\,cm$; $\beta = 120°$
e) $b = 4\,cm$; $\alpha = 35°$; $\gamma = 115°$
f) $b = 4\,cm$; $c = 5\,cm$; $\beta = 40°$

14 Berit hat Planskizzen angefertigt. Gib den passenden Kongruenzsatz an.

a)

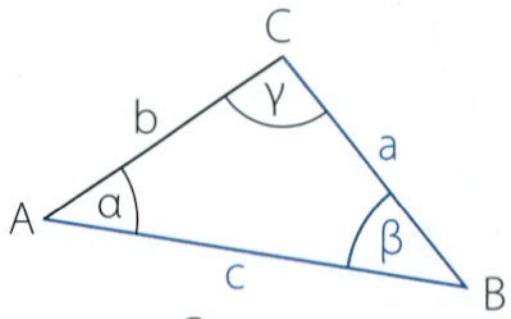

b)

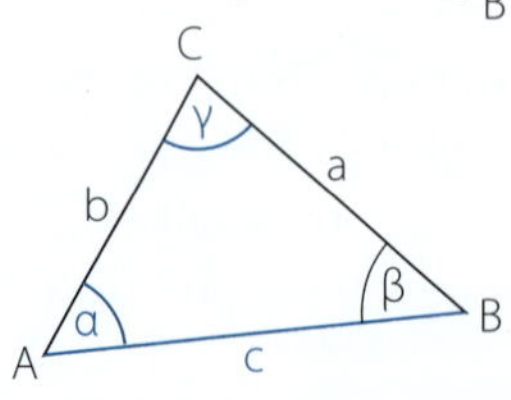

c)

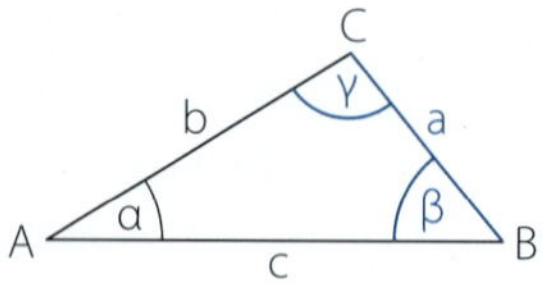

d)

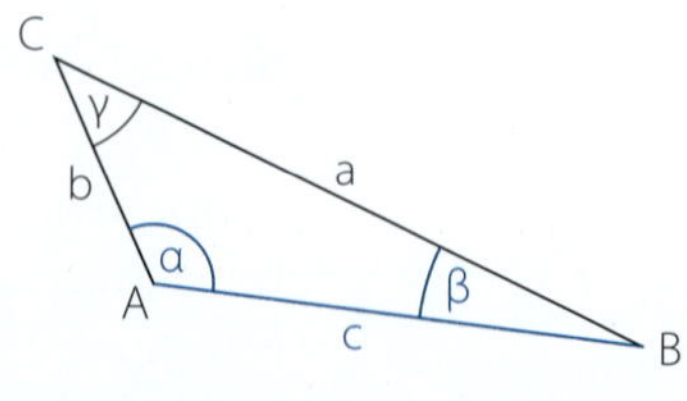

Noch fit?

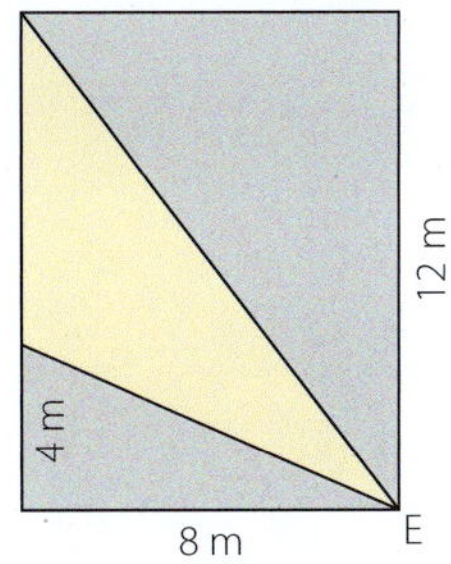

I Der rechteckige Grundriss eines Raumes hat die in der Skizze angegebenen Maße.
In der Ecke E steht ein Scheinwerfer. Er beleuchtet den hell dargestellten Teil des Bodens.
Ermittle den Inhalt der beleuchteten Bodenfläche. Gib an, wie viel Prozent der gesamten Bodenfläche das sind.

Trainieren | **Vertiefen** | Herausforderung

15 Gib zu den Konstruktionsbeschreibungen jeweils eine Planfigur an und nenne den zugehörigen Kongruenzsatz.

a) Zeichne die Strecke $\overline{AB}$ mit der Länge 6 cm. Trage an $\overline{AB}$ im Punkt B den Winkel $\beta = 35°$ an. Zeichne um B einen Kreisbogen mit Radius 4,5 cm; er schneidet den freien Schenkel von β im Punkt C.

b) Zeichne die Strecke $b = 6$ cm mit den Endpunkten A und C. Zeichne um C den Kreisbogen mit Radius 4 cm und um A den Kreisbogen mit Radius 7 cm. Die Kreisbögen schneiden sich im Punkt B.

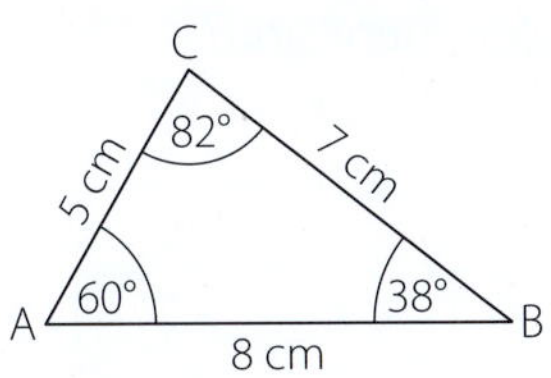

16 Tom möchte das abgebildete Dreieck durch die Angabe von drei Größen eindeutig beschreiben. Gib alle hierzu möglichen Lösungen an und begründe deine Entscheidung jeweils durch die Angabe des zugehörigen Kongruenzsatzes.

17 Beim Geocaching stehst du an der Station 1 und erhältst folgende Information: „Der Punkt B liegt von hier 100 m in nördlicher Richtung. Für den 60 m entfernten Punkt C musst du 80° gegen den Uhrzeigersinn peilen. Für die Koordinaten des Finals brauchst du die Entfernung zwischen B und C."
Bestimme die gesuchte Länge.

18 Zeige jeweils durch Angabe zweier Dreiecke, dass Dreiecke nicht kongruent sein müssen, wenn sie die folgende Eigenschaft besitzen:
a) gleicher Flächeninhalt
b) gleicher Umfang
c) Übereinstimmung in zwei Seitenlängen und einem Winkel
d) Übereinstimmung in zwei Winkeln und einer Seitenlänge

19 Nathalie hat folgende Konstruktionsbeschreibung notiert:
(1) B und C sind durch $a = 5$ cm festgelegt;
(2) A liegt auf dem freien Schenkel von $\gamma = 70°$;
(3) A liegt auf dem Kreis k(C, 4 cm)
Gib an, welche Stücke des Dreiecks gegeben waren und nach welchem Kongruenzsatz die Konstruktion eindeutig ist.

20 Gib an, welche wichtige Formel für Dreiecke durch die Skizze veranschaulicht wird. Begründe die Formel mithilfe der Skizze und den Kongruenzsätzen.

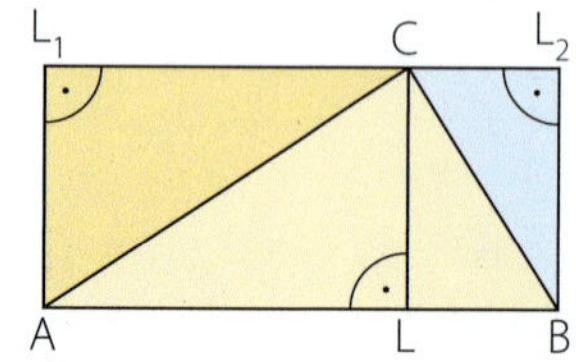

Hinweis
Mit folgendem Button [Schieberegler-Symbol] könnt ihr einen Schieberegler einfügen.

21 Ein Dreieck ABC ist mit $c = 7\,\text{cm}$, $\alpha = 50°$ sowie der Seite a gegeben. Zeichne mit einer DGS die Strecke $\overline{AB}$ und den Winkel α. Füge dann einen Schieberegler für a im Intervall von 0 bis 10 mit Schrittweite 0,01 ein.
Zeichne anschließend einen Kreis mit Radius a um B. Verändere nun mit dem Schieberegler den Radius des Kreises und beschreibe deine Beobachtungen.

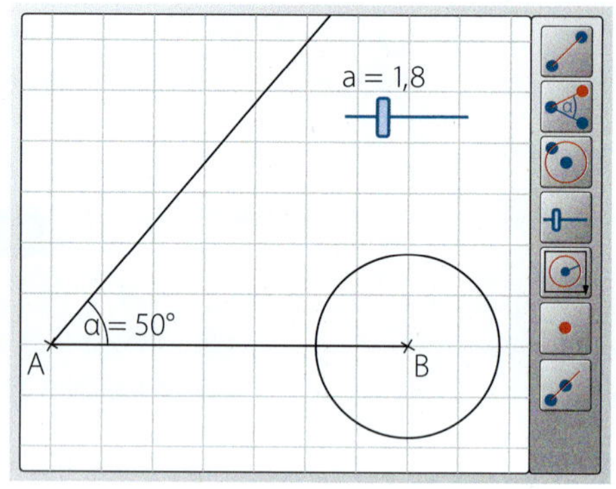

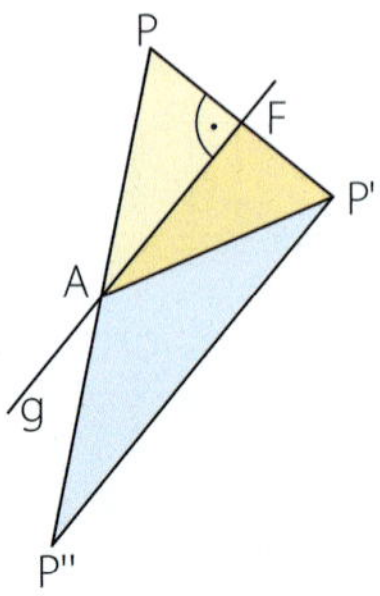

22 Gegeben ist eine Gerade g, ein Punkt A auf g und ein Punkt P, der nicht auf g liegt. P' ist der zu P achsensymmetrische Punkt mit g als Symmetrieachse und P'' ist der zu P punktsymmetrische Punkt mit A als Symmetriezentrum. F ist der Schnittpunkt von g und der Strecke $\overline{PP'}$.

a) Sind die Dreiecke APF und AP'F kongruent? Begründe deine Aussage.

b) Kannst du P so wählen, dass die Dreiecke AP'P'' und APP' kongruent sind?

23 Um die Höhe eines belagerten Turms zu bestimmen, wurde seine Spitze von zwei Orten A und B aus angepeilt. Bekannt sind die Entfernung $|\overline{AB}| = 160\,\text{m}$ und die beiden Höhenwinkel $\varepsilon = 38°$ und $\tau = 42°$. Zwischen den Punkten A und B und der Basis des Turms wurden die Winkel $\alpha = 54°$ und $\beta = 68°$ gemessen.
Bestimme die Höhe des Turms mittels Konstruktion geeigneter Dreiecke. Gib die entsprechenden Kongruenzsätze an.

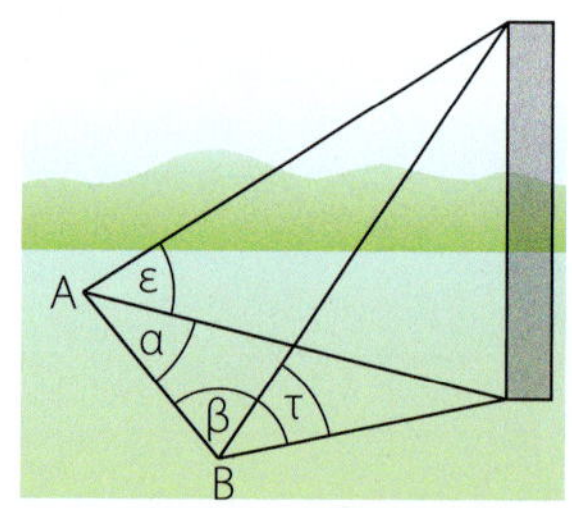

24 Eine Getränkepackung mit den Maßen $6{,}5\,\text{cm} \times 4\,\text{cm} \times 8{,}4\,\text{cm}$ wird zusammen mit dem Trinkhalm verkauft. Der Trinkhalm ist auf der Vorderseite der Packung befestigt. Ermittle, wie lang der Trinkhalm mindestens sein muss, damit er nicht hineinrutscht.

Trainieren | Vertiefen | **Herausforderung**

25 Du hast 6 Holzleisten in den Längen 1 cm, 2 cm, 3 cm, 101 cm, 102 cm und 103 cm zur Verfügung. Bestimme, wie viele verschiedene Dreiecke du aus diesen Holzleisten bilden kannst. Gib jeweils den Umfang an.

Check up

Was kannst du? Was musst du noch üben?
Mit diesen Aufgaben kannst du deinen Lernfortschritt überprüfen.
Lösungen findest du im Anhang.

1 Übertrage die Figur in dein Heft.
a) Zerlege sie in vier kongruente Teilfiguren.
b) Begründe, weshalb eine Zerlegung in acht kongruente Quadrate nicht möglich ist.

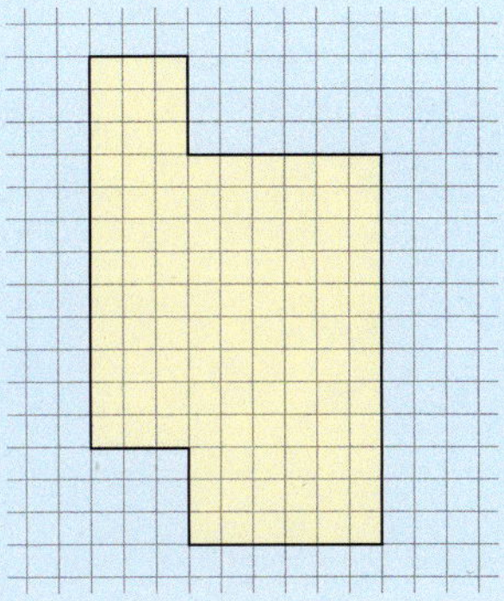

2 Gib an, welche Dreiecke kongruent sind. Begründe deine Antwort.

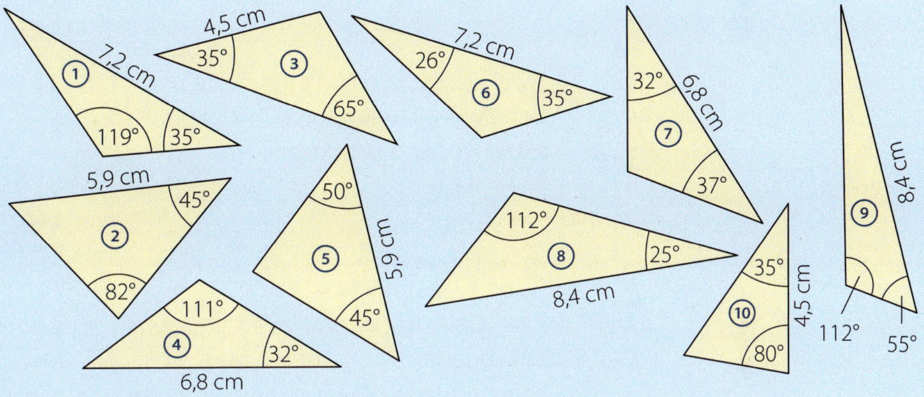

3 Entscheide, ob die Konstruktion zu der abgebildeten Planfigur eindeutig ist und gib eine Konstruktionsbeschreibung an.

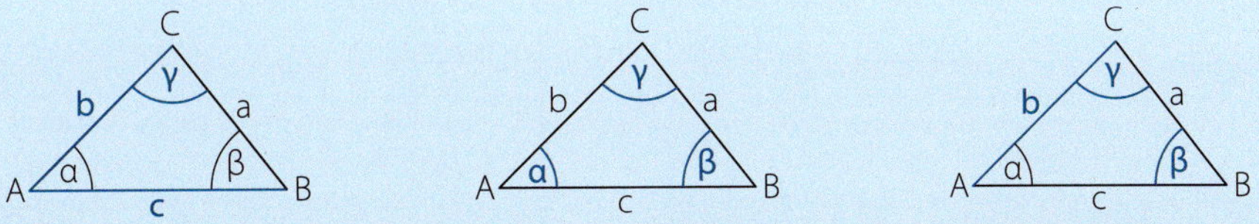

4 Die Breite eines Flusses soll bestimmt werden. Dazu wird am Flussufer eine Strecke $\overline{AB}$ von 300 m Länge abgesteckt. Von den beiden Punkten A und B wird ein auf der anderen Seite des Flusses liegender Turm T angepeilt. Man misst ∢ BAT = 55° und ∢ TBA = 75°. Bestimme die Entfernung von B zum Turm und die Breite des Flusses.

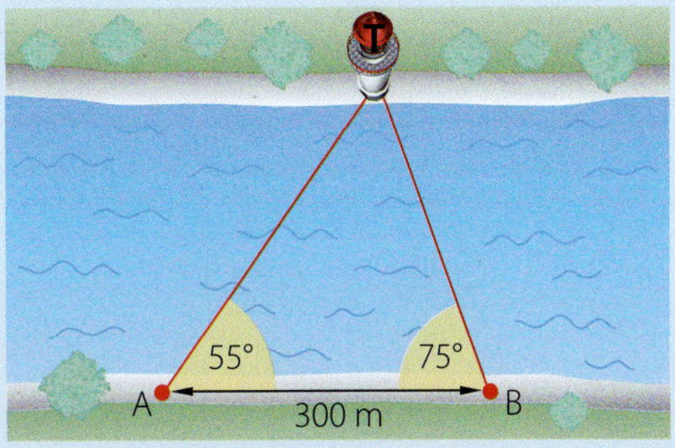

Auf einen Blick

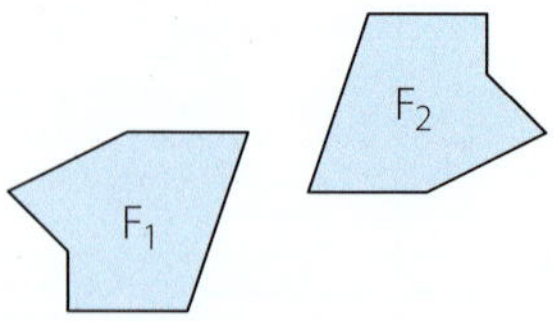

Kongruenz

Wenn sich zwei Figuren F_1 und F_2 durch Aufeinanderlegen vollständig zur Deckung bringen lassen, dann heißen sie deckungsgleich oder **kongruent**. Schreibweise: $F_1 \cong F_2$. „F_1 ist kongruent zu F_2". Zwei kongruente Figuren stimmen in ihrer Form und in entsprechenden Seiten und Winkeln überein. Sie haben denselben Flächeninhalt.

Kongruenzsätze für Dreiecke

Dreiecksungleichung: In jedem Dreieck ist die Summe zweier Seiten stets größer als die dritte Seite: $a + b > c$, $a + c > b$ und $b + c > a$

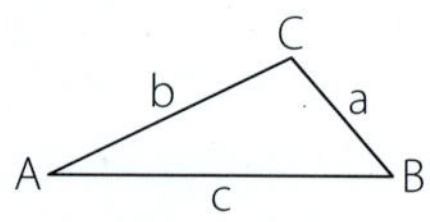

SSS

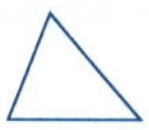

Zwei Dreiecke sind kongruent, wenn sie in ihren Seitenlängen übereinstimmen.

$a = 4\,cm$, $b = 3\,cm$, $c = 6\,cm$

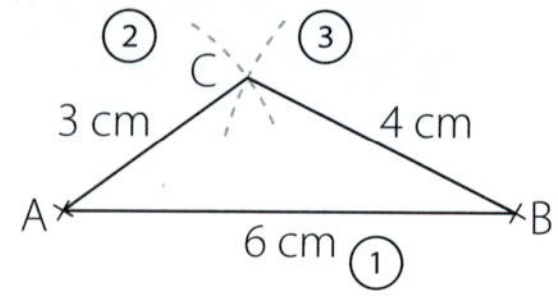

WSW

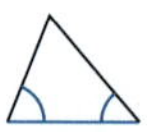

Zwei Dreiecke, die in einer Seite und den zwei anliegenden Winkeln übereinstimmen, sind kongruent.

$a = 4\,cm$, $\beta = 50°$, $\gamma = 70°$

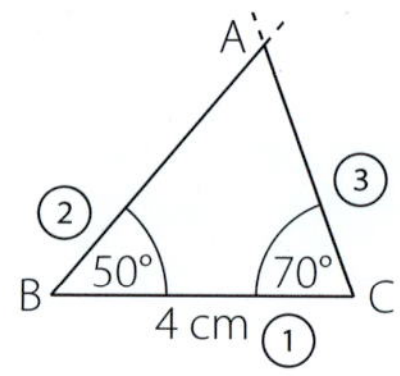

SWW

Zwei Dreiecke, die in einer Seite, dem anliegenden Winkel und einem nicht anliegenden Winkel übereinstimmen, sind kongruent.

$a = 4\,cm$, $\beta = 50°$, $\alpha = 60°$
$\alpha + \beta + \gamma = 180°$, also $\gamma = 70°$,
nun nach WSW konstruieren

SWS

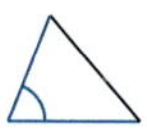

Zwei Dreiecke, die in zwei Seiten und dem eingeschlossenen Winkel übereinstimmen, sind kongruent.

$b = 4\,cm$, $c = 3\,cm$, $\alpha = 75°$

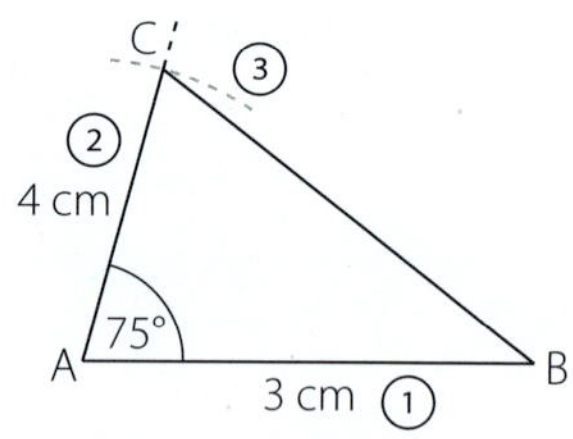

SsW

Zwei Dreiecke, die in zwei Seiten und dem Gegenwinkel der größeren Seite übereinstimmen, sind kongruent.

$c = 3\,cm$, $a = 4\,cm$, $\alpha = 80°$

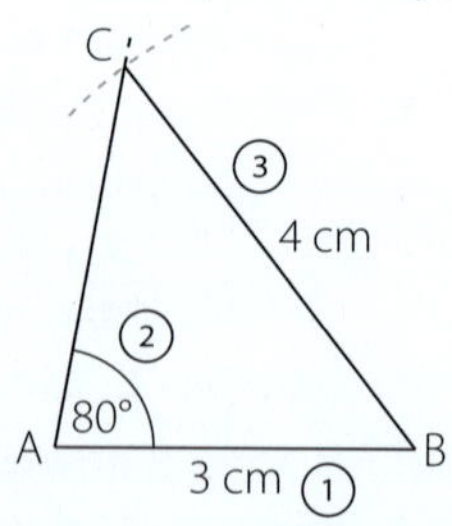

Kapitel 8

Besondere Dreiecke

In Kapitel 3 hast du schon einiges über Symmetrieeigenschaften erfahren. In diesem Kapitel lernst du spezielle Dreiecke und ihre Eigenschaften kennen. Beziehungen zwischen dem Kreis und Dreiecken mit einem rechten Winkel werden im Satz des Thales behandelt, der vom „Vater der Geometrie" bereits vor über 2500 Jahren bewiesen wurde.

Wiederholung

Lage von Gerade und Kreis

Geraden an einem Kreis haben besondere Namen.

tangere (lat.) berühren; *secare* (lat.) schneiden; *passare* (lat.) vorbeigehen

Zeichnest du einen Kreis und eine Gerade, so können diese einen **(Tangente)**, zwei **(Sekante)** oder gar keinen Punkt **(Passante)** gemeinsam haben.
Die Tangente berührt den Kreis in genau einem Punkt. Verbindest du diesen Berührpunkt mit dem Mittelpunkt, so steht diese Strecke senkrecht auf der Tangente.

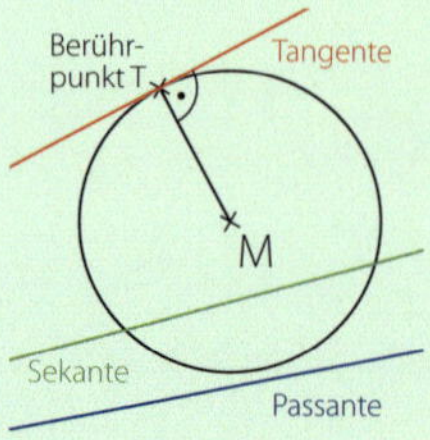

Grundkonstruktionen

Die **Mittelsenkrechte m** einer Strecke $\overline{AB}$ verläuft senkrecht zur Strecke $\overline{AB}$ und halbiert diese. Sie ist die Symmetrieachse zu den Punkten A und B.

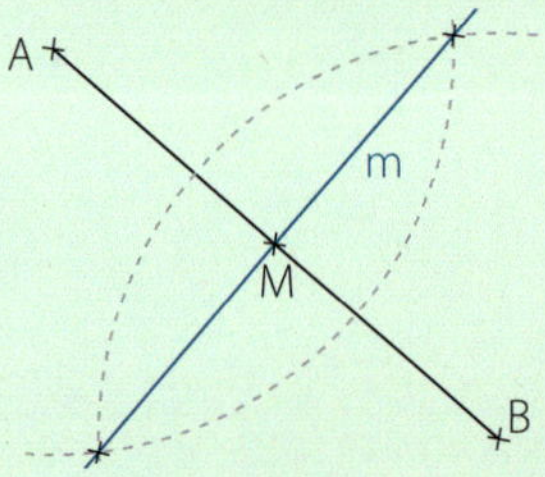

Die **Winkelhalbierende w** eines Winkels α verläuft durch den Scheitel S des Winkels und teilt den Winkel in zwei gleich große Teile.

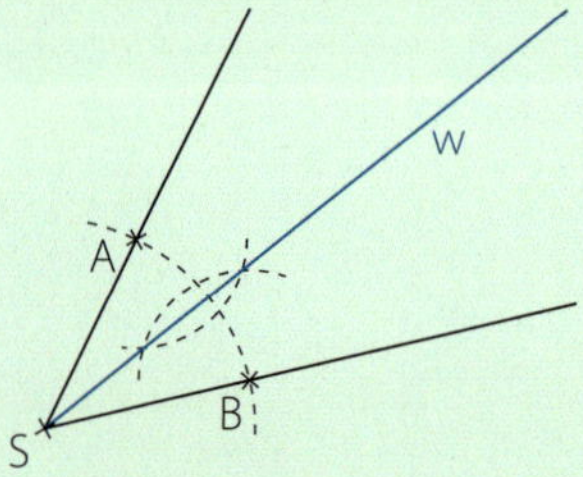

Lot

Ein **Lot l** verläuft senkrecht zu einer Geraden oder Strecke. Da die Symmetrieachse auch senkrecht auf einer Strecke $\overline{AB}$ steht, kannst du diese für die Konstruktion des Lots nutzen. Wenn du zu einer Geraden g das Lot durch einen Punkt P konstruieren möchtest, musst du zwei Fälle unterscheiden:

Fall I: Lot errichten
P liegt auf der Geraden g.
Idee: Wenn Punkt P der Mittelpunkt einer Strecke $\overline{AB}$ ist, dann ist das Lot die Symmetrieachse.

Zeichne hierfür einen Kreis k um P mit einem beliebigen Radius. Dieser schneidet die Gerade g in A und B.

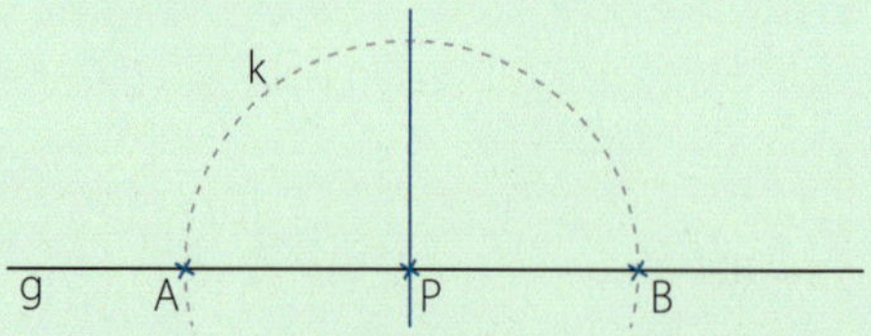

Fall II: Lot fällen
P liegt nicht auf der Geraden g.
Idee: Wenn Punkt P zu zwei Punkten A und B auf der Geraden gleich weit entfernt ist, dann liegt der Punkt P auf der Symmetrieachse.

Zeichne einen Kreis k um P mit einem genügend großen Radius, sodass dieser die Gerade g in A und B schneidet.

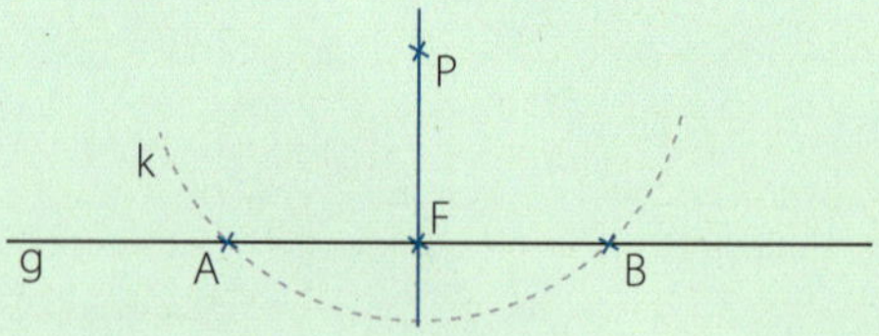

Merke
Der Schnittpunkt F des Lotes l mit der Gerade g heißt **Lotfußpunkt**.

Konstruiere nun bei beiden Fällen die Symmetrieachse zu A und B. Diese ist das Lot zu der Geraden g durch den Punkt P.

Satz und Kehrsatz

92/93 Aussagen kannst du auch in der Wenn-Dann-Form formulieren, z. B. „Jedes Quadrat ist ein Rechteck."

„**Wenn** ein Viereck ein Quadrat ist, **dann** ist es ein Rechteck."

Voraussetzung:
Das Viereck ist ein Quadrat.

Behauptung:
Es ist auch ein Rechteck.

Zu jedem Satz kannst du auch den **Kehrsatz** bilden, indem du die Voraussetzung und die Behauptung vertauschst.

„**Wenn** ein Viereck ein Rechteck ist, **dann** ist es ein Quadrat."

Die Umkehrung ist aber falsch, da es auch Rechtecke mit unterschiedlich langen Seiten gibt.

Aufgaben

1 Konstruiere die Mittelsenkrechte der Strecke $\overline{FG}$ mit Zirkel und Lineal.
a) $|\overline{FG}| = 4{,}3\,\text{cm}$
b) $|\overline{FG}| = 5{,}9\,\text{cm}$
c) Der Punkt F hat von G den Abstand 3,5 cm.
d) $F(-2|-4)$, $G(3|5)$

2 Konstruiere die Winkelhalbierende des Winkels α mit Zirkel und Lineal. Miss den Winkel $\frac{\alpha}{2}$ zur Kontrolle nach.
a) $\alpha = 54°$
b) $\alpha = 76°$
c) $\alpha = 110°$
d) $\alpha = 230°$

3 Zeichne einen Kreis mit Mittelpunkt M und Radius 4 cm. Zeichne eine Sekante ein. Konstruiere dann die Tangente an den Kreis, die parallel zur Sekante verläuft.

4 Zeichne einen Kreis mit Radius 3 cm. Konstruiere ein Quadrat, bei dem jede Seite eine Tangente an den Kreis ist.

5 Trage in ein Koordinatensystem die Punkte $A(2|1)$, $B(3|6)$ und $C(6|1)$ ein. Konstruiere bezüglich der Achse BC den zu A achsensymmetrischen Punkt A'. Zeichne das Dreieck ABA' ein und beschreibe Besonderheiten des Dreiecks. Begründe diese mithilfe der Eigenschaften der Achsensymmetrie.

6 Formuliere die Aussage in der Wenn-Dann-Form. Gib dann den Kehrsatz an. Entscheide und begründe, ob die Sätze wahr oder falsch sind.
a) Die Diagonalen in einem Rechteck sind gleich lang.
b) Bei kongruenten Dreiecken sind einander entsprechende Seiten gleich lang.
c) Sind in zwei Dreiecken entsprechende Winkel gleich groß, so sind sie kongruent.

8.1 Gleichschenkliges und gleichseitiges Dreieck

Einstieg

Dreiecke zählen

In der nebenstehenden Figur kannst du verschiedene Dreiecke entdecken.
Zähle, wie viele Dreiecke sich insgesamt in der Figur befinden. Beschreibe anschließend, welche besonderen Eigenschaften die Dreiecke besitzen.

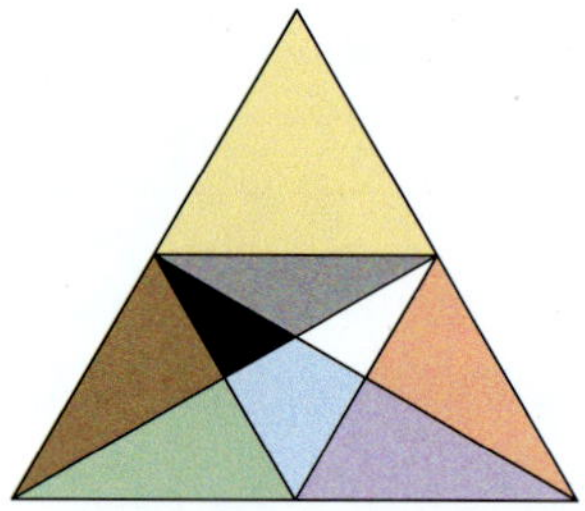

Wissen

Gleichschenkliges Dreieck

Es gibt besondere Dreiecke, bei denen zwei Seiten gleich lang sind. Diese Dreiecke nennt man **gleichschenklig**.
Die gleich langen Seiten sind die **Schenkel** und die dritte Seite heißt **Basis**. Die an der Basis anliegenden Innenwinkel nennt man **Basiswinkel**. Der Schnittpunkt der Schenkel ist die **Spitze** des Dreiecks.

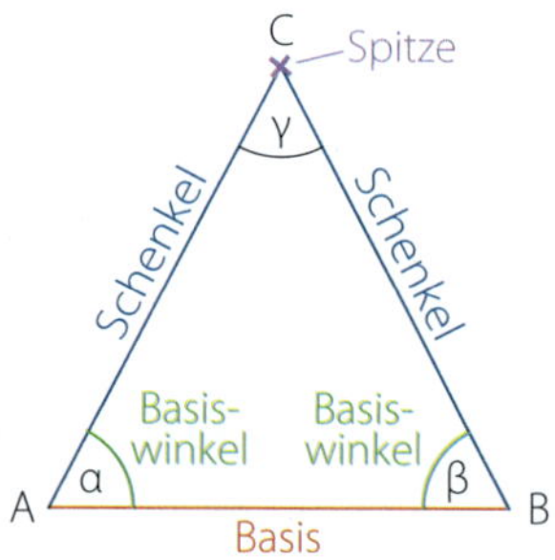

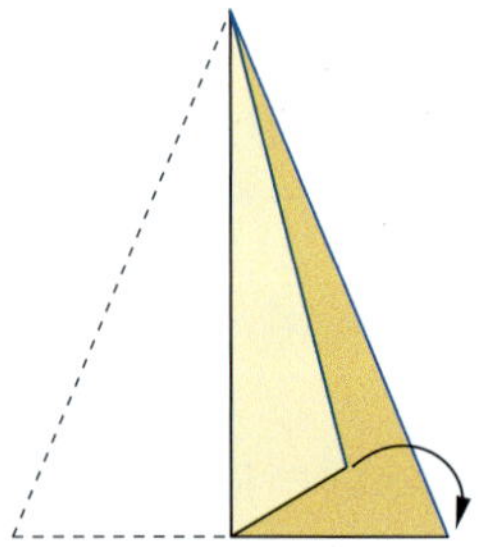

Eigenschaften

Wenn ein Dreieck achsensymmetrisch ist, kannst du es an der Symmetrieachse so spiegeln, dass die Teildreiecke aufeinanderliegen. Also ist das Dreieck auch gleichschenklig.
Ist aber umgekehrt jedes gleichschenklige Dreieck auch achsensymmetrisch?
Du musst also in einem gleichschenkligen Dreieck eine Symmetrieachse suchen.

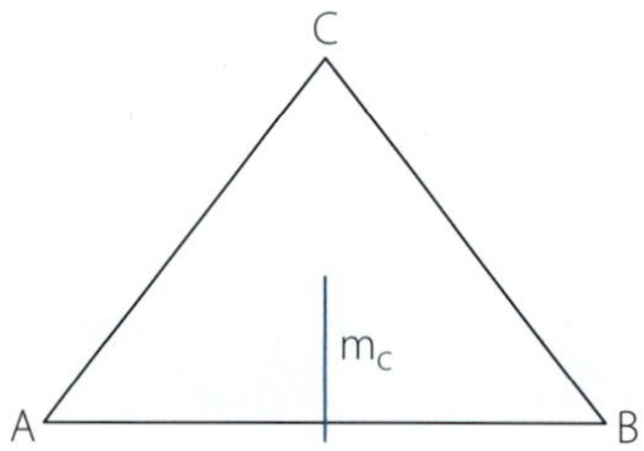

Die Mittelsenkrechte von $\overline{AB}$ teilt die Seite in zwei gleich lange Strecken. Damit die Mittelsenkrechte eine Symmetrieachse ist, müsste der Punkt C auf der Verlängerung von m_c liegen.

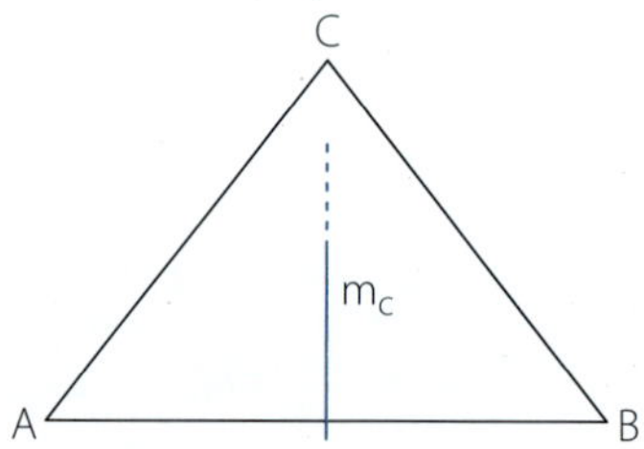

Du weißt: Alle Punkte der Mittelsenkrechten sind gleich weit von A und B entfernt. Da $|\overline{AC}| = |\overline{BC}|$ gilt, ist C von A und B gleich weit entfernt. Also liegt der Punkt C auf m_c. Die Mittelsenkrechte ist die Symmetrieachse.

Hinweis
Du kannst diese Merksätze auch in der Wenn-Dann-Form formulieren. 92/93

Jedes gleichschenklige Dreieck ist **achsensymmetrisch**. Umgekehrt ist auch jedes achsensymmetrische Dreieck gleichschenklig.

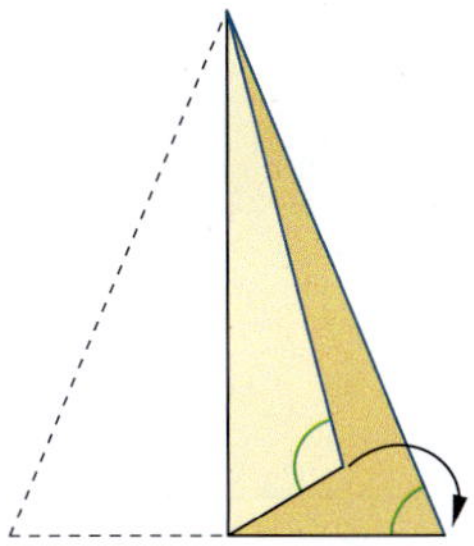

Wenn ein gleichschenkliges Dreieck an der Symmetrieachse gefaltet ist, dann sind nicht nur die Schenkel gleich lang, sondern auch die Basiswinkel gleich groß.
Also hat jedes gleichschenklige Dreieck gleich große Basiswinkel.
Ist aber auch umgekehrt jedes Dreieck mit zwei gleich großen Innenwinkeln ein gleichschenkliges Dreieck?
Dies kannst du mit einem sogenannten Kongruenzbeweis überprüfen.

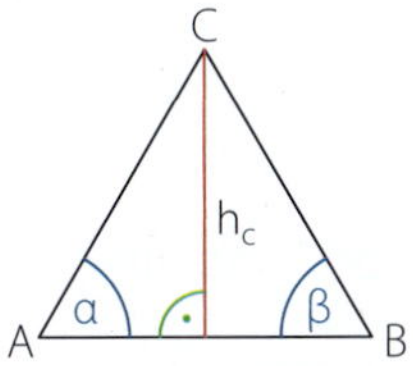

Im Dreieck ABC sind die Winkel α und β gleich groß. Zeichne nun die Höhe h_c ein, die das Dreieck ABC in zwei Teildreiecke mit jeweils einem rechten Winkel teilt.

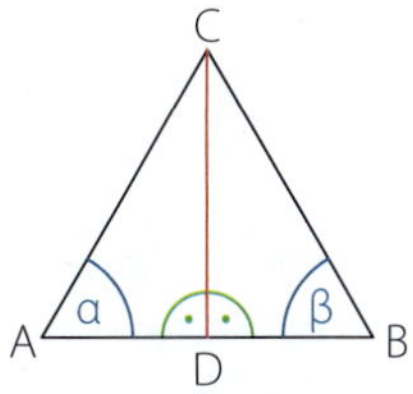

Die Teildreiecke ADC und BCD sind nach SWW kongruent, da
- h_c eine gemeinsame Seite ist,
- ∢ CDA = ∢ BDC = 90°,
- α = β.

Somit sind a und b gleich lang. Also ist das Dreieck ABC gleichschenklig.

Zur Erinnerung
Die Höhe im Dreieck ist die kürzeste Verbindung eines Eckpunktes zur gegenüberliegenden Seite. Sie bildet einen rechten Winkel mit der Seite.

Basiswinkelsatz: In einem gleichschenkligen Dreieck sind die Basiswinkel gleich groß.
Umkehrung: Ein Dreieck mit zwei gleich großen Innenwinkeln ist gleichschenklig.

Beispiel 1: Winkel berechnen
Berechne die Größen der fehlenden Winkel. Erläutere deinen Lösungsweg schrittweise.

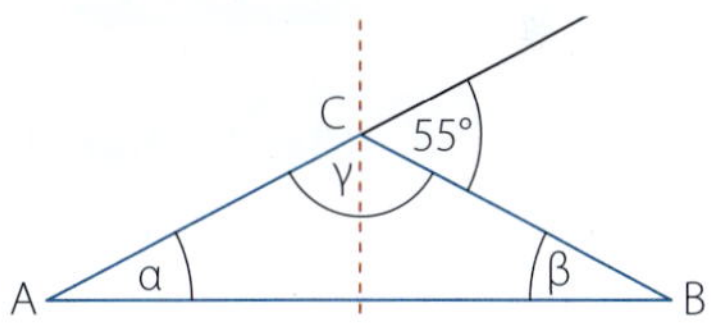

Lösung:
1. Nebenwinkel ergeben zusammen 180°. Berechne damit γ.
   $\gamma = 180° - 55° = 125°$
2. Da die Basiswinkel gleich groß sind, gilt α = β. Mithilfe der Innenwinkelsumme im Dreieck kannst du die Basiswinkel berechnen.
   $\alpha + \beta + \gamma = \alpha + \alpha + 125° = 180°$
   $2\alpha + 125° = 180°$
   $2\alpha = 55°$
   $\alpha = \beta = 27{,}5°$

Beispiel 2: Eigenschaften begründen
Entscheide und begründe, ob ein Dreieck mit 67° und 46° großen Innenwinkeln gleichschenklig ist.

Lösung:
Du kannst mithilfe des Innenwinkelsummensatzes den dritten Winkel berechnen: 180° – 67° – 46° = 67°. Somit sind zwei der Innenwinkel gleich groß. Nach der Umkehrung des Basiswinkelsatzes ist demnach das Dreieck gleichschenklig.

Gleichseitiges Dreieck

Wenn auch die Basis die gleiche Länge wie jeder der beiden Schenkel hat, dann ergibt sich ein **gleichseitiges Dreieck**.
Da jede Seite als Basis eines gleichschenkligen Dreiecks aufgefasst werden kann, hat das gleichseitige Dreieck drei Symmetrieachsen. Somit sind alle Innenwinkel gleich groß. Jeder Winkel ist 180° : 3 = 60° groß.

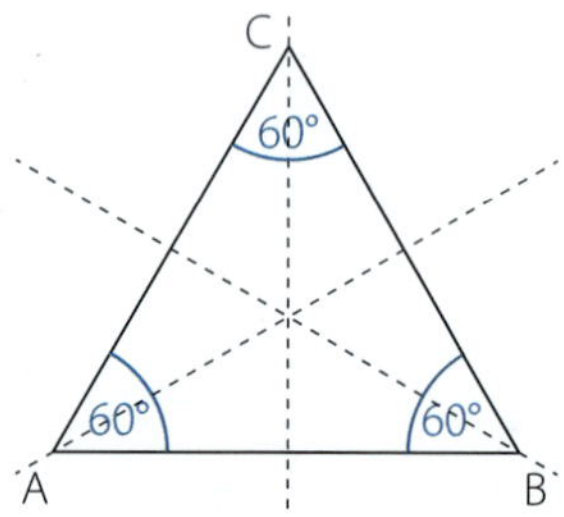

Die Innenwinkel im gleichseitigen Dreieck sind alle gleich groß und betragen 60°.

Beispiel 3: 120°-Winkel konstruieren
Beschreibe, wie du einen 120°-Winkel konstruieren kannst.

Lösung:
Mithilfe eines gleichseitigen Dreiecks kannst du den 60°-Winkel konstruieren.
Zuerst zeichnest du eine Gerade g und markierst zwei beliebige Punkte A und B. Danach konstruierst du mithilfe der Streckenlänge $|\overline{AB}|$ nach SSS ein gleichseitiges Dreieck. Der Nebenwinkel eines Innenwinkels beträgt 120°.

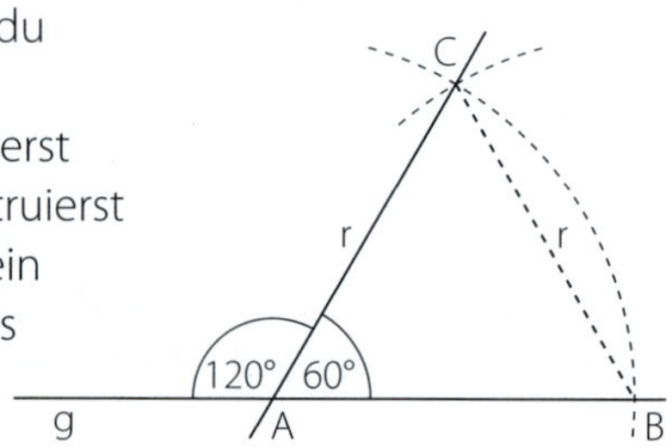

Aufgaben

Trainieren | Vertiefen | Herausforderung

Gleichschenkliges Dreieck und Eigenschaften

1 Das gleichschenklige Dreieck ABC hat die Symmetrieachse CM. Berechne alle Winkelgrößen, wenn folgende Winkelgröße bekannt ist.
a) $\alpha = 37°$
b) $\gamma = 121°$
c) $\gamma_2 = 45°$

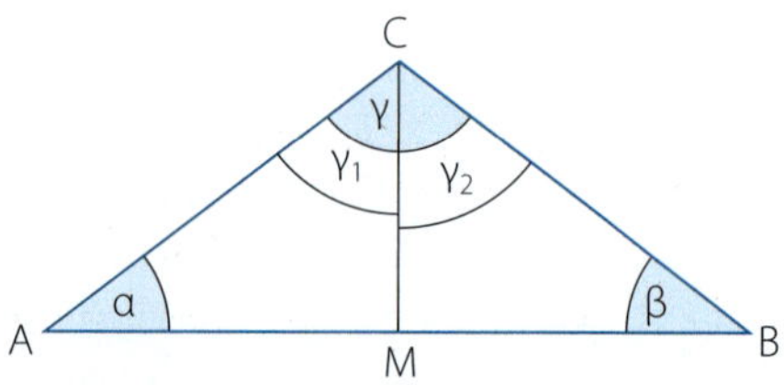

2 Berechne jeweils die fehlenden Winkelgrößen des gleichschenkligen Dreiecks mit folgenden Eigenschaften.
a) Der Winkel an der Spitze beträgt 75°.
b) Ein Basiswinkel beträgt 30°.
c) Ein Winkel beträgt 105°.
d) Ein Winkel beträgt 35°.
e) Ein Basiswinkel ist um 21° kleiner als der Winkel an der Spitze.
f) Ein Basiswinkel ist 30 % größer als der Winkel an der Spitze.
g) Ein Basiswinkel ist siebenmal so groß ist wie der Winkel an der Spitze.

3 Berechne alle Winkelgrößen und begründe jeweils deine Rechenschritte.

a)

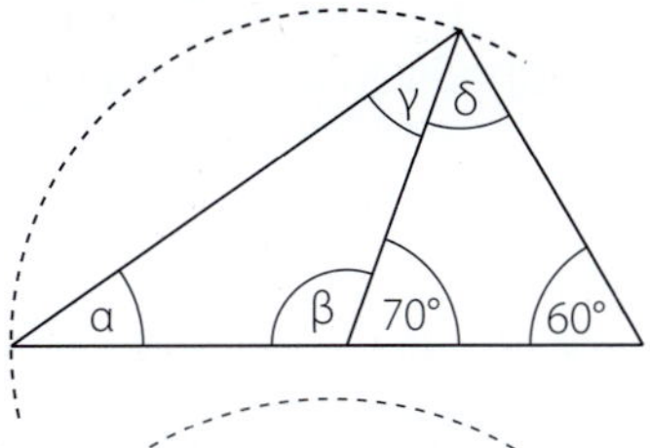

b)

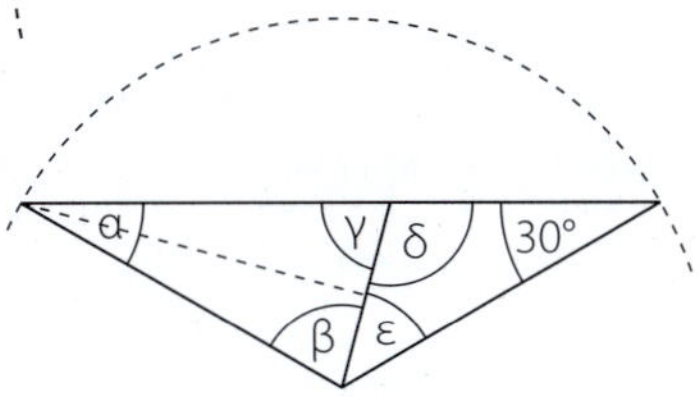

c)

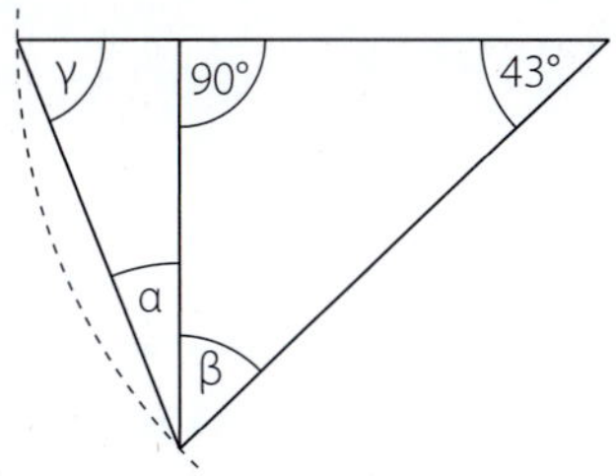

d) β = 26,57°

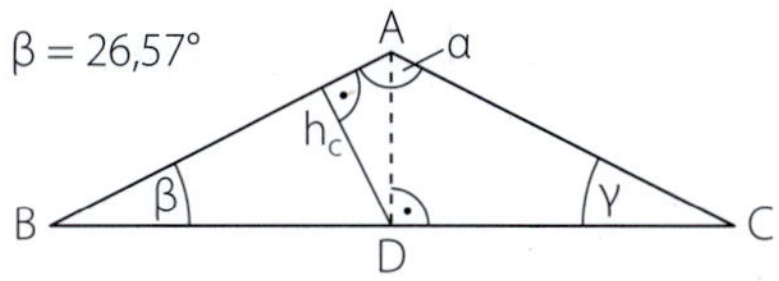

4 Entscheide und begründe, ob ein Dreieck mit folgender Eigenschaft immer gleichschenklig ist. Das Dreieck …

a) hat einen 60°-Winkel.
b) hat einen 100°-Winkel.
c) hat einen 54°- und einen 73°-Winkel.
d) ist eine halbe Raute.

Hinweis
Die Aufgaben 5 und 6 kannst du auch mit einer DGS lösen. Hilfe dazu findest du auf Seite 72/73.

5 Begründe zunächst, dass das gleichschenklige Dreieck mit folgenden Eigenschaften eindeutig konstruierbar ist. Konstruiere es anschließend.

a) ein Schenkel mit einer Länge von 8 cm, eine Basis mit einer Länge von 6 cm
b) eine Basis mit einer Länge von 4 cm, Umfang von 16 cm
c) ein Schenkel mit einer Länge von 7 cm, Umfang von 25 cm
d) eine Basis mit einer Länge von 6 cm, einem Winkel an der Spitze mit 55°

6 Konstruiere jeweils ein gleichschenkliges Dreieck ABC.

a) $|\overline{BC}| = 4{,}6\,cm$, $|\overline{AC}| = |\overline{AB}| = 3{,}1\,cm$
b) $\beta = 86°$, $a = c = 5{,}5\,cm$
c) $|\overline{AC}| = |\overline{BC}| = 4{,}6\,cm$, $\sphericalangle ACB = 57°$
d) $|\overline{AB}| = 3{,}8\,cm$, $|\overline{AC}| = |\overline{BC}|$, $\sphericalangle ACB = 136°$
e) $a = b$, $c = 3{,}9\,cm$, $\alpha = 70°$
f) $|\overline{AB}| = 4{,}7\,cm$, $|\overline{AB}| = |\overline{BC}|$, $\sphericalangle CBA = 23°$

7 Alexej meint: „Bei einem gleichschenkligen Dreieck musst du ja nur einen Winkel kennen, um die anderen Winkel zu berechnen." Nachdem Jonas kurz überlegt hat, antwortet er: „Das stimmt nur zum Teil, wenn der Winkel eine Mindestgröße hat." Tausche dich mit deinem Partner aus und nehmt Stellung.

Gleichseitiges Dreieck

8 Ein gleichseitiges Dreieck wird durch eine Höhe in zwei Teildreiecke zerlegt. Erläutere, wie groß die Innenwinkel sind.

9 Konstruiere den Winkel und beschreibe dein Vorgehen.

a) 60° b) 30° c) 15° d) 150° e) 345° f) 105°

10 Mareike meint: „Bei einem gleichseitigen Dreieck genügt es, wenn man eine Größe kennt. Dann kann man das Dreieck eindeutig konstruieren." Nimm Stellung zu der Aussage.

11 Regelmäßiges Sechseck

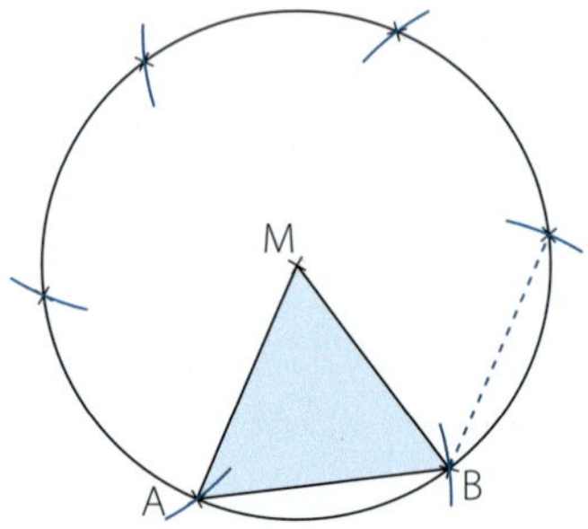

a) Zeichne einen Kreis mit dem Radius $r = 4\,cm$. Trage auf der Kreislinie den Radius r einmal ab und bezeichne die Endpunkte der Strecke mit A und B. Verbinde die Punkte mit dem Kreismittelpunkt. Begründe, was für ein Dreieck dabei entstanden ist.

b) Trage nun vom Punkt B aus immer wieder den Radius auf der Kreislinie ab. Begründe, weshalb nach dem sechsten Mal der Endpunkt auf den Punkt A fällt. Beschreibe, welche Figur dabei entstanden ist.

c) Konstruiere ein regelmäßiges Zwölfeck und erläutere dein Vorgehen.

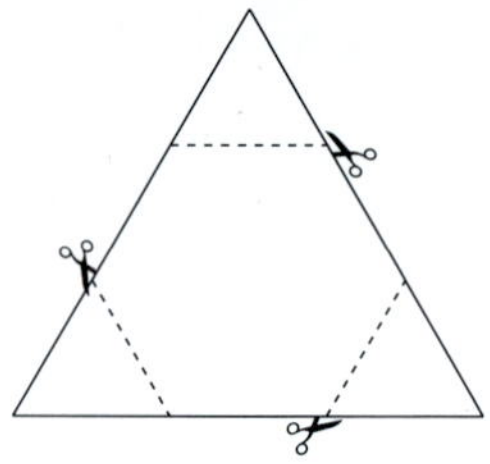

12 Ein gleichseitiges Dreieck hat einen Flächeninhalt von $36\,cm^2$. An jeder Ecke wird ein Stück so abgeschnitten, dass ein regelmäßiges Sechseck entsteht. Erläutere, wie groß der Flächeninhalt des Sechsecks ist.

Vermischte Aufgaben

13 Überlege, wann zwei gleichschenklige bzw. gleichseitige Dreiecke kongruent sind. Formuliere für diese Spezialfälle „neue" Kongruenzsätze. Tausche dich anschließend mit deinem Partner aus.

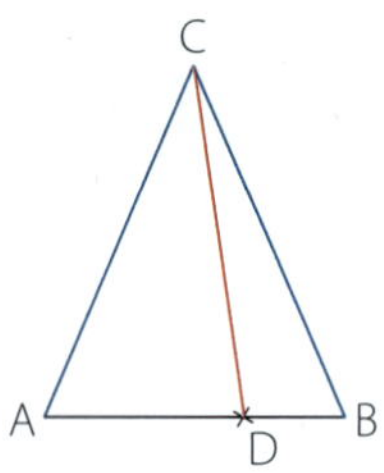

14 Das Dreieck ABC ist gleichschenklig. Mikel soll nun überprüfen, ob die Teildreiecke ADC und BCD kongruent sind. Er hat dafür die Stücke, die übereinstimmen, farbig markiert und meint: „Die Dreiecke sind nach SsW kongruent." Nimm Stellung zu seiner Aussage.

15 Entscheidet, ob die Aussage richtig oder falsch ist und begründet. Zwei Dreiecke sind kongruent, wenn sie

a) gleichschenklig sind und die gleiche Basislänge haben,

b) gleichseitig sind und den gleichen Umfang haben,

c) gleichschenklig sind und gleich große Basiswinkel haben,

d) gleichseitig sind und denselben Flächeninhalt besitzen.

Noch fit?

I Multipliziere.

a) $a^3 \cdot a^4$

b) $x^3 \cdot x \cdot x^2$

c) $\frac{3}{5}x^3 \cdot 2{,}5\,x$

d) $0{,}25\,a \cdot (-4\,a^2)$

e) $0{,}3\,y \cdot (-6\,y^2) \cdot 0{,}5\,y$

f) $\frac{2}{3}x^2 \cdot (-0{,}5\,x) \cdot \frac{3}{2}x^2$

II Faktorisiere.

a) $2{,}5\,y^3 - 4\,y + 1{,}5\,y^2$

b) $6\,a^2 b - 3\,a\,b^2$

c) $\frac{3}{4}x^3 y - \frac{1}{2}xy + \frac{3}{2}xy^2$

Trainieren | **Vertiefen** | Herausforderung

92/93

16 Begründe, dass in der nebenstehenden Zeichnung das Dreieck BHC den gleichen Flächeninhalt hat wie das Dreieck mit den Ecken D, I und J.

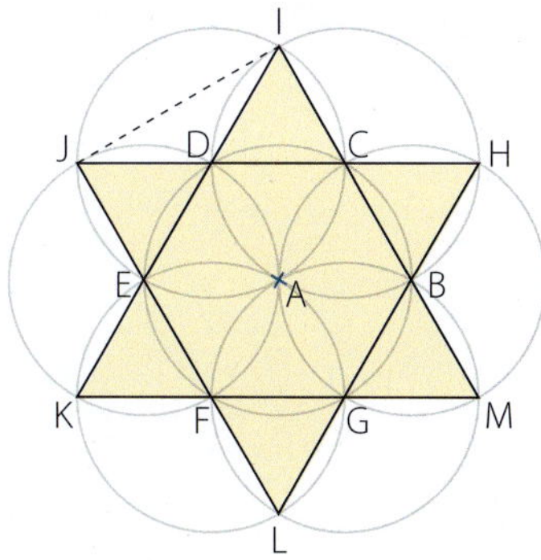

17 Zeichne ein gleichschenkliges Dreieck mit einem 36°-Winkel an der Spitze und beliebiger Schenkellänge. Verlängere nun die Basis um die Länge eines Schenkels und verbinde den Endpunkt mit der Spitze des Dreiecks.

a) Berechne die Größen der Innenwinkel des dadurch entstandenen Dreiecks.

b) Beschreibe, wie die Winkelgrößen allgemein voneinander abhängen und begründe deine Vermutung.

c) Anne hat eine geniale Idee: „Ich kann mir ja ganz leicht ein Gerät basteln, das einen Winkel halbiert. Ich brauche nur zwei lange und einen kurzen Streifen Papier und zwei Klammern". Erläutere, wie sie dabei vorgeht und was sie beachten muss.

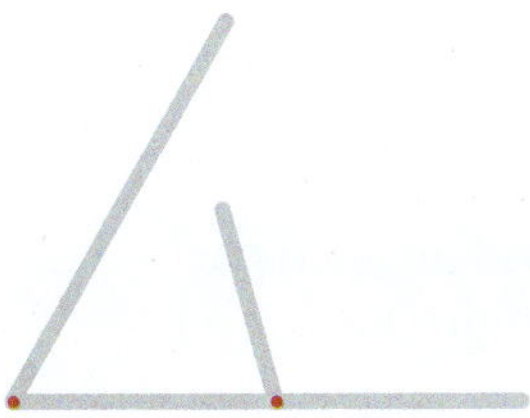

Tipp
Überlege, welche Winkel in der Figur gleich groß sind.

18 In einem Dreieck ABC ist CE die Winkelhalbierende von $\gamma = \sphericalangle ACB$. Die Parallele zu CE durch den Punkt B schneidet die Gerade AC im Punkt D. Begründe, warum die Strecken $\overline{BC}$ und $\overline{CD}$ gleich lang sind.

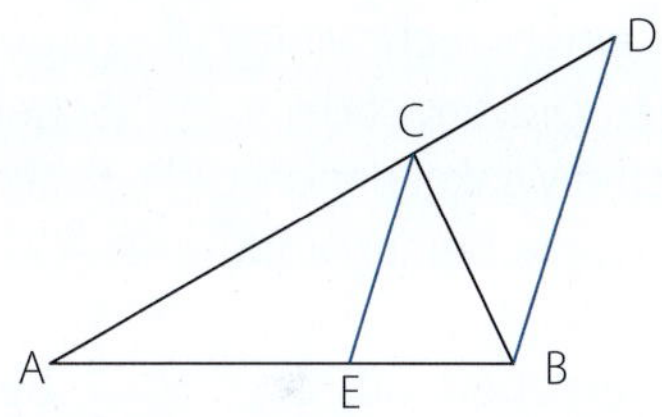

19 Zeichne einen beliebigen Winkel und zwischen die beiden Schenkel einen beliebigen Punkt K. Konstruiere eine Gerade, die durch K verläuft und auf beiden Schenkeln jeweils eine Strecke gleicher Länge abschneidet. Erläutere dein Vorgehen.

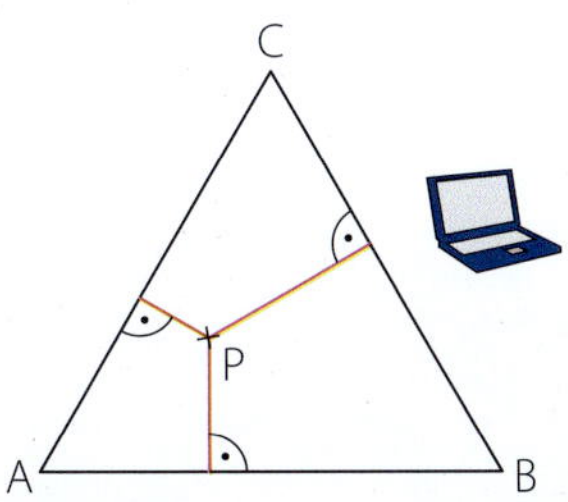

20 Satz von Viviani
Wenn du innerhalb eines gleichseitigen Dreiecks einen Punkt P markierst und die Abstände des Punktes zu allen Seiten addierst, dann erhältst du immer denselben Summenwert. Veranschauliche diesen Satz durch eine Konstruktion mit einer DGS und begründe ihn anschließend, indem du den Flächeninhalt des gleichseitigen Dreiecks als die Summe dreier Teildreiecke berechnest.

Trainieren | Vertiefen | **Herausforderung**

21 Überlege, wie du nur durch Falten eines DIN-A4-Blattes ein gleichseitiges Dreieck „konstruieren" kannst. Beschreibe dein Vorgehen.

22 Erläutere, wie ein gleichschenkliges Dreieck mit Basiswinkeln von je 72° in zwei gleichschenklige Dreiecke zerlegt werden kann.

8.2 Rechtwinkliges Dreieck

Einstieg

Experiment mit dem Geodreieck

Stecke Reißzwecken von unten durch ein Blatt Papier an zwei Punkten A und B, die ungefähr 10 cm voneinander entfernt sind. Lege nun das Geodreieck wie in der Abbildung an, sodass es die beiden Reißzwecken berührt. Drehe das Geodreieck entlang der Reißzwecken und markiere die Bahn der Spitze. Beschreibe, was dir dabei auffällt.

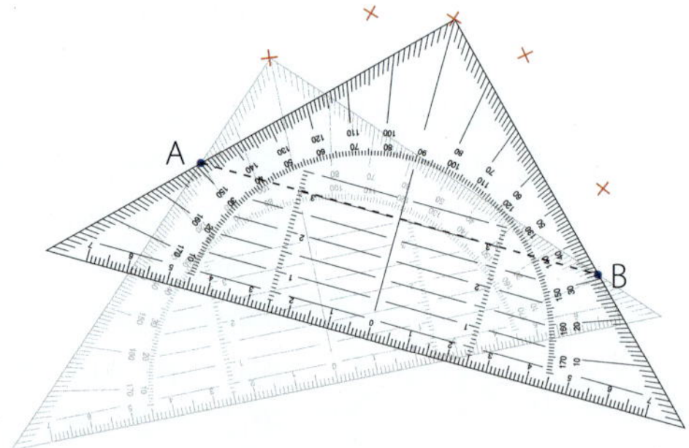

Wissen

Begriffe und Satz des Thales

Du kannst Dreiecke nicht nur nach ihren Seiten benennen, sondern auch nach ihren Winkeln. Ein besonderes Dreieck ist dabei das **rechtwinklige Dreieck** mit einem Innenwinkel von 90°.

Die Seite, die dabei dem rechten Winkel gegenüberliegt, heißt **Hypotenuse**. Die Schenkel des rechten Winkels werden **Katheten** genannt.

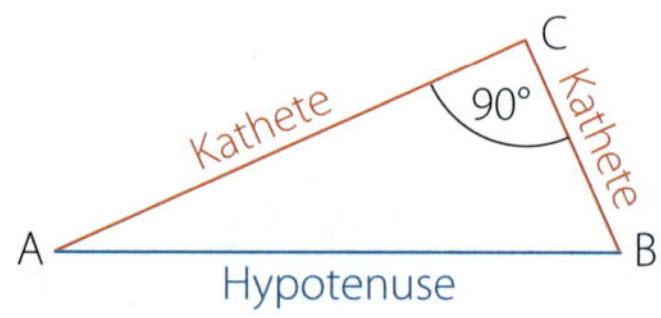

Hinweis
Bei einem rechtwinkligen Dreieck ist der rechte Winkel der größte, da die beiden anderen Winkel zusammen 90° ergeben müssen. Somit ist die Hypotenuse die längste Seite.

Beispiel 1: Konstruktion eines rechtwinkligen Dreiecks

Begründe, dass das Dreieck ABC mit $a = 4\,cm$, $c = 6\,cm$ und $\gamma = 90°$ eindeutig konstruierbar ist. Beschreibe anschließend die Konstruktion.

Lösung:

Da der größte Winkel und die längste Seite gegeben sind, ist das Dreieck nach Kongruenzsatz SsW eindeutig konstruierbar.

1. Die Punkte B und C sind durch $a = 4\,cm$ festgelegt.
2. Konstruiere dann im Punkt C ein Lot auf a.
3. Der Kreis um B mit dem Radius $c = 6\,cm$ schneidet das Lot in A.

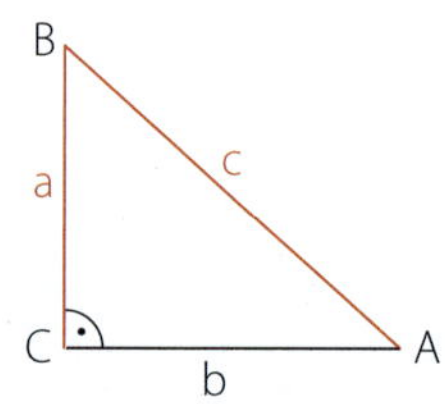

Das Dreieck aus Beispiel 1 kannst du auch auf eine andere Weise konstruieren. Hierfür musst du noch eine neue Überlegung anstellen.

Hinweis
In Aufgabe 17 kannst du dies auch beweisen.

Wenn du über einer Strecke $\overline{AB}$ verschiedene rechtwinklige Dreiecke einzeichnest, sieht es so aus, als ob alle Punkte C der Dreiecke auf einem Halbkreis liegen.

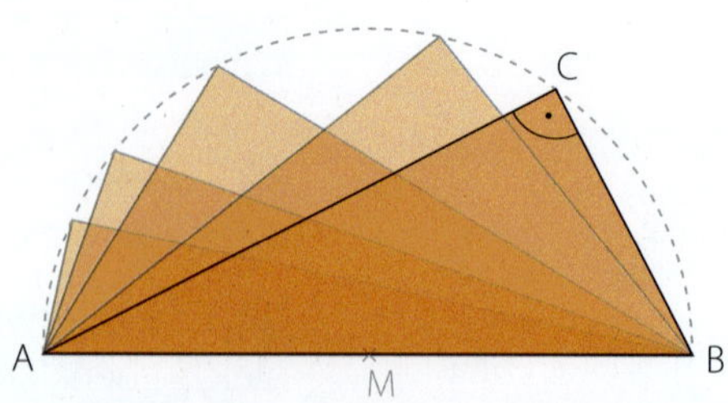

Hinweis
Du kannst dies auch sehr gut mit einer DGS ausprobieren. 72/73

Überlege nun weiter: Was passiert, wenn du den Punkt C eines Dreiecks weiter nach oben bzw. nach unten schiebst, sodass der Punkt C nicht mehr auf dem Halbkreis liegt?
Du kannst sehen, dass der Winkel entweder kleiner oder größer als 90° wird.

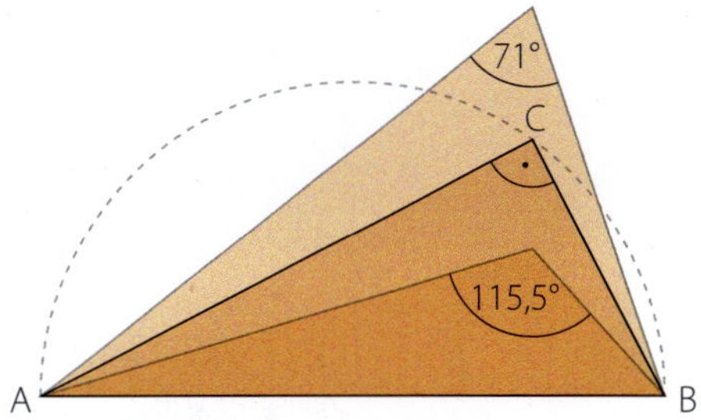

Somit ergibt sich die Vermutung, dass ein Dreieck immer rechtwinklig ist, wenn der Punkt C auf dem Halbkreis über der Strecke $\overline{AB}$ liegt.
Um zu überprüfen, ob die Vermutung immer gilt, musst du einen Beweis führen.

Hinweis
Auf der Methodenseite „Aussagen formulieren und beweisen" kannst du nachlesen, wie du einen Beweis führst. 92/93

Voraussetzung: C liegt auf dem Halbkreis über der Strecke $\overline{AB}$ mit dem Mittelpunkt M.

Behauptung: $\gamma = 90°$

Beweis: Zeichne die Hilfslinie $\overline{MC}$ ein und bezeichne alle Winkel des Dreiecks ABC. Den Winkel γ kannst du zerlegen: $\gamma_1 + \gamma_2$

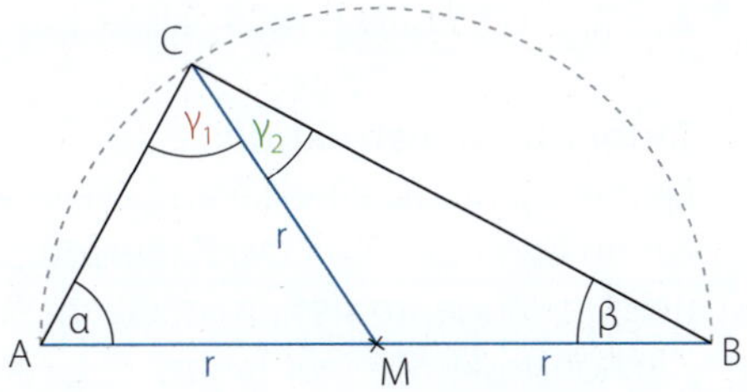

Nach der Voraussetzung gilt: $|\overline{MA}| = |\overline{MB}| = |\overline{MC}| = r$
Somit sind die Dreiecke AMC und BCM gleichschenklig,
Also gilt nach dem Basiswinkelsatz $\alpha = \gamma_1$ und $\beta = \gamma_2$.
Im Dreieck ABC gilt:

$$\begin{aligned} \alpha + \beta + \gamma_1 + \gamma_2 &= 180° \\ \underbrace{\gamma_1 + \gamma_2}_{\gamma} + \underbrace{\gamma_1 + \gamma_2}_{\gamma} &= 180° \\ \gamma + \gamma &= 180° \end{aligned}$$

Also: $\gamma = 90°$

Diese jetzt allgemeingültig bewiesene Aussage ist eine der ältesten in der Geometrie. Der Grieche Thales von Milet soll sie vor mehr als 2500 Jahren formuliert haben. Sie wird daher als **Satz des Thales** bezeichnet. Der Kreis mit der Strecke $\overline{AB}$ als Durchmesser heißt **Thaleskreis** über $\overline{AB}$.
Die Gültigkeit des Kehrsatzes kann man ebenso beweisen (siehe Aufgabe 17).

Satz des Thales und seine Umkehrung
Wenn in einem Dreieck ABC der Punkt C auf dem Kreis mit dem Durchmesser $\overline{AB}$ liegt, dann hat das Dreieck bei C einen rechten Winkel.
Umgekehrt gilt aber auch: Wenn ein Dreieck bei C einen rechten Winkel hat, dann liegt der Punkt C auf dem Kreis mit dem Durchmesser $\overline{AB}$.

Thales von Milet (624–545 v. Chr.)

Da das Dreieck ABC aus Beispiel 1 bei C einen rechten Winkel hat, kannst du es also mithilfe des Thaleskreises konstruieren.

Beispiel 2: Konstruktion eines rechtwinkligen Dreiecks

Konstruiere ein Dreieck ABC mit $a = 4\,cm$, $c = 6\,cm$ und $\gamma = 90°$.

Lösung:

Die Punkte A und B sind durch $c = 6\,cm$ festgelegt. Weges des Thalessatzes liegt C auf dem Thaleskreis über $\overline{AB} = c$ und auf dem Kreis um B mit dem Radius $a = 4\,cm$.

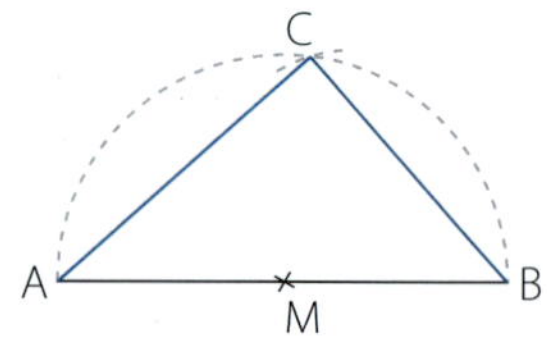

Beispiel 3: Winkelbeziehungen begründen

Bestimme die Winkelgrößen und begründe.

Lösung:

Da der Punkt D auf dem Thaleskreis über $\overline{AB}$ liegt, gilt $\delta = 90°$. Im Dreieck ABD hat α_1 wegen der Innenwinkelsumme eine Größe von 35°. Da A und B auf demselben Kreisbogen um C liegen, ist das Dreieck ABC gleichschenklig.

Somit gilt: $\alpha_1 + \alpha_2 = 55°$, also ist $\alpha_2 = 20°$.

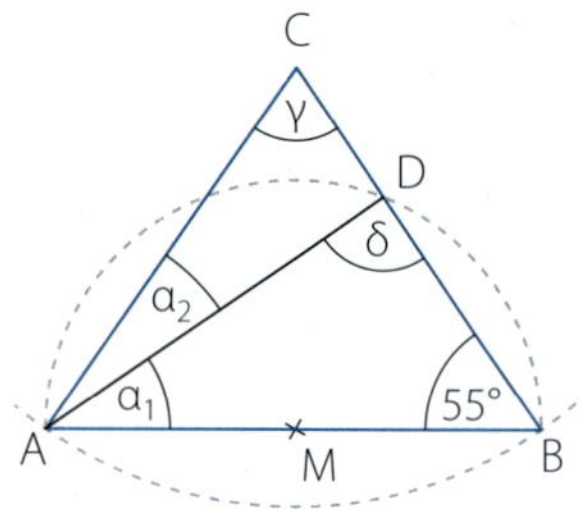

Tangentenkonstruktion

Hinweis

Du kannst eine Tangente auch mithilfe einer DGS konstruieren. Nutze dafür den Button:

Eine Tangente ist eine Gerade, die einen Kreis in nur einem Punkt berührt. Der Radius zu dem Berührpunkt und die Tangente stehen senkrecht aufeinander.

Die Konstruktion einer Tangente zu einem gegebenen Kreispunkt hast du im Kapitel 3.2 gelernt. Neu ist für dich, wenn der Punkt außerhalb des Kreises liegt. Hier hilft dir der Satz des Thales weiter.

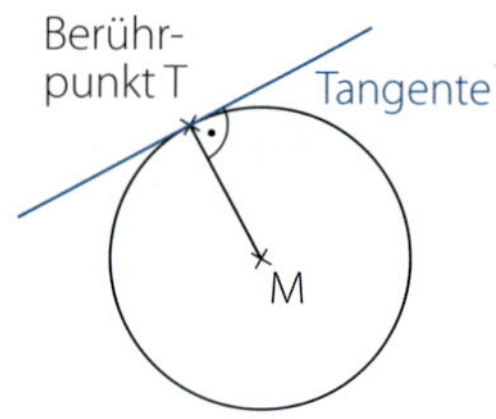

Beispiel 4: Tangentenkonstruktion

Ein Punkt P liegt außerhalb eines Kreises mit dem Mittelpunkt M. Beschreibe, wie man vom Punkt P aus eine Tangente an den Kreis konstruieren kann.

Lösung:

Da die gesuchte Tangente im Berührpunkt A senkrecht auf dem zugehörigen Radius steht, besitzt das Dreieck MPA bei A einen rechten Winkel. Somit liegt der Punkt A auf dem Thaleskreis über der Strecke $\overline{MP}$.

1. Konstruiere den Mittelpunkt S von $\overline{MP}$.
2. Zeichne den Thaleskreis über $\overline{MP}$. Der Schnittpunkt des Thaleskreises und des gegebenen Kreises ist der Berührpunkt der Tangente.
3. Zeichne die Tangente durch den Punkt P und den Schnittpunkt A bzw. B.

   Insgesamt gibt es zwei mögliche Tangenten, die bezüglich $\overline{MP}$ symmetrisch zueinander liegen.

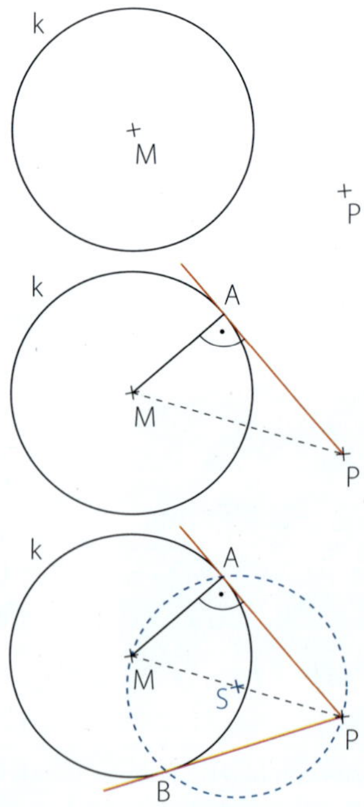

Aufgaben

Trainieren | Vertiefen | Herausforderung

Begriffe und Satz des Thales

1 Ordne den abgebildeten Dreiecken jeweils den richtigen Begriff zu. Erläutere anschließend, zu welcher Nummer sie im Mengendiagramm gehören.

rechtwinklig | gleichseitig | gleichschenklig | gleichschenklig-rechtwinklig

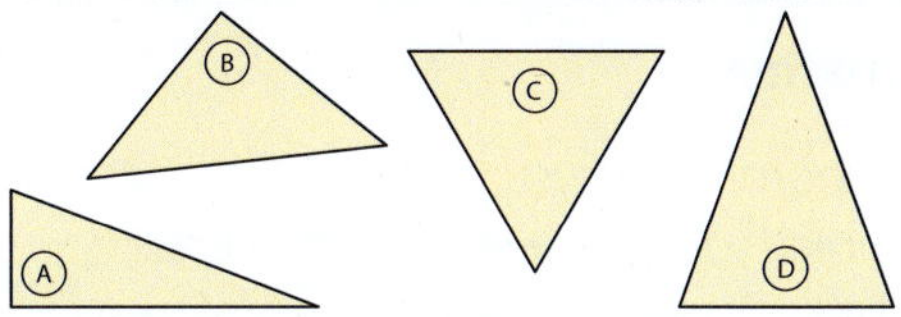

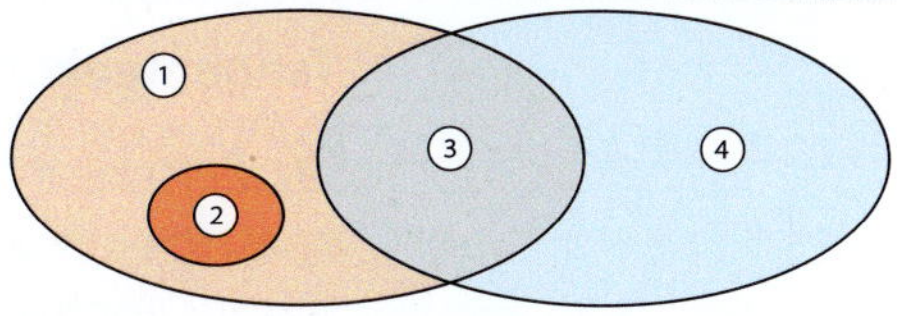

2 Zwei rechtwinklige Dreiecke stimmen in einer Kathete überein. Du möchtest überprüfen, ob die beiden Dreiecke kongruent sind. Erläutere, welche Stücke dafür noch bekannt sein müssen.

92/93

3 Schreibe in mathematischer Kurzschreibweise jeweils die Voraussetzung und die Behauptung für den Satz des Thales und für seine Umkehrung auf.

4 Fertige zunächst eine Planfigur an und begründe, dass die Konstruktion eindeutig ist. Konstruiere anschließend das Dreieck ABC.

a) $a = 5\,\text{cm}$, $c = 8\,\text{cm}$, $\gamma = 90°$
b) $c = 8\,\text{cm}$, $\alpha = 40°$, $\gamma = 90°$
c) $a = 7\,\text{cm}$, $b = 4\,\text{cm}$, $\alpha = 90°$
d) $c = 5\,\text{cm}$, $a = b$, $\gamma = 90°$

5 Stina und Ronja haben das Dreieck ABC mit $c = 6\,\text{cm}$, $\beta = 50°$ und $\gamma = 90°$ unterschiedlich konstruiert. Beschreibe, wie sie jeweils vorgegangen sind.

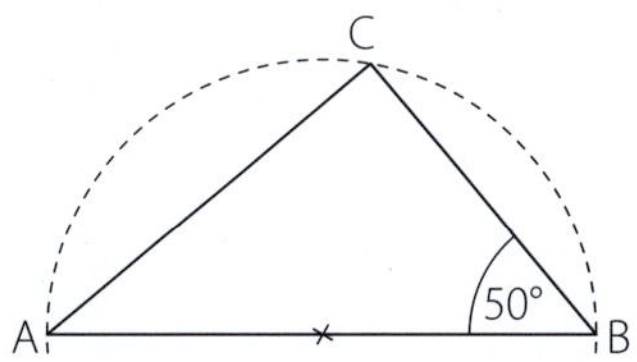

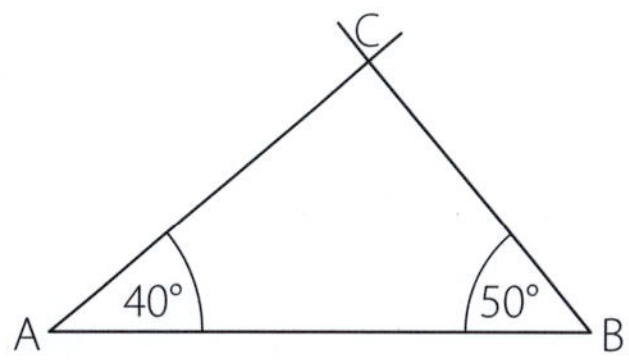

6 Konstruiere auf zwei verschiedene Arten. Erläutere, welchen Weg du jeweils leichter findest. Tausche dich mit deinem Nachbarn aus.

a) $b = 5\,\text{cm}$, $c = 9\,\text{cm}$, $\gamma = 90°$
b) $a = 7\,\text{cm}$, $\alpha = 90°$, $\gamma = 60°$
c) $a = 5{,}5\,\text{cm}$, $\beta = 35°$, $\alpha = 90°$
d) $b = 6\,\text{cm}$, $\alpha = 25°$, $\gamma = 65°$

7 Bestimme die Größen für die Winkel γ und δ. Begründe deine Rechenschritte. Die Kärtchen können dir dabei helfen.

Das Dreieck ist gleichschenklig. | Die Seite ist ein Radius des Kreises. | Nebenwinkel ergeben 180°. | Scheitelwinkel sind gleich groß.

Die Innenwinkelsumme beträgt 180°. | Der Punkt liegt auf dem Thaleskreis.

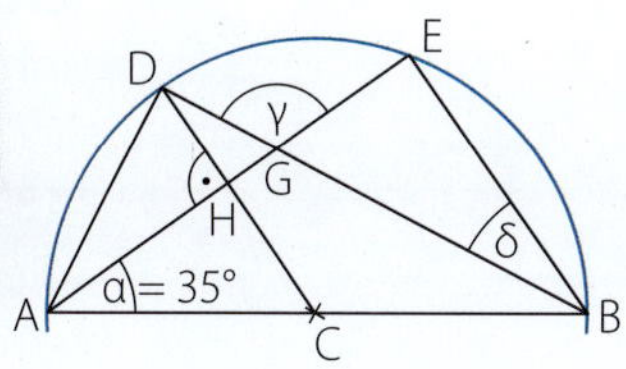

8 Konstruktion mit einer Höhe

Ricardo soll in der Hausaufgabe ein Dreieck mit $|\overline{BC}| = 7\,cm$, $\alpha = 90°$, $h_a = 3\,cm$ konstruieren. Er wundert sich, da er keinen passenden Kongruenzsatz kennt. Seine Mutter gibt ihm einen Tipp: „Du kennst doch den Satz des Thales und zwei parallele Geraden haben immer denselben Abstand voneinander."

a) Besprich mit deinem Partner, wie man das Dreieck konstruieren kann.

b) Konstruiere folgende Dreiecke:

① $c = 8{,}6\,cm$, $h_c = 3{,}4\,cm$ und $\gamma = 90°$ ② $a = 7{,}4\,cm$, $h_a = 4{,}2\,cm$ und $\gamma = 90°$

Tangentenkonstruktion

9 Zeichne in ein Koordinatensystem den Kreis k (M; r) und den Punkt P. Konstruiere vom Punkt P die Tangenten an den Kreis. Gib zur Kontrolle die Koordinaten der Berührpunkte an.

a) $M(3|3{,}5)$; $r = 2{,}5\,cm$; $P(8|6)$ b) $M(2|0)$; $r = 2\,cm$; $P(3|5)$

92/93

10 Janina hat vom Punkt C aus die Tangenten an den Kreis um M konstruiert. Sie überlegt, ob die Strecken $\overline{CD}$ und $\overline{CE}$ gleich lang sind. Hilf ihr dabei. Zeige dafür, dass die Dreiecke MCD und MEC kongruent sind. Überlege genau, was du voraussetzen kannst.

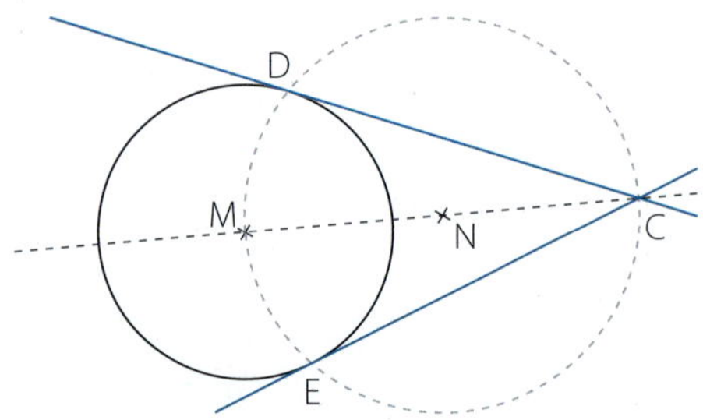

Vermischte Aufgaben

11 Die Eckpunkte des Dreiecks ABC liegen auf der Kreislinie um den Mittelpunkt M. Die Gerade g ist eine Tangente des Kreises im Punkt C. Übernimm den Lückentext in dein Heft und ergänze: „Das Dreieck ABC hat bei C einen rechten Winkel, weil □. Der Winkel ∢ ACM ist also □ groß. Die Winkel ∢ ACM und ε müssen zusammen 90° ergeben, weil □. Also ist ε 40° groß."

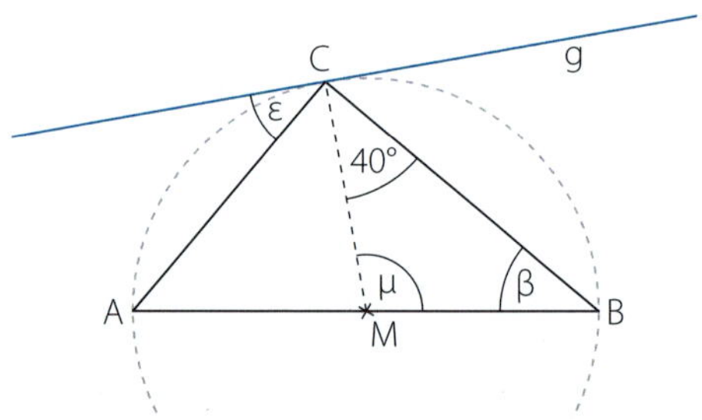

12 Flächeninhalt eines rechtwinkligen Dreiecks

a) Konstruiere ein gleichschenklig-rechtwinkliges Dreieck mit einer Basislänge von 8 cm.

b) Beschreibe, wie sich der Flächeninhalt des Dreiecks aus a) ändert, wenn die Basislänge halbiert wird.

c) Erläutere, wie du die Längen der Katheten verändern musst, um den Flächeninhalt des Dreiecks aus a) zu vervierfachen.

13 Celia soll in einem rechtwinkligen Dreieck mit $a = 3\,cm$, $b = 4\,cm$ und $c = 5\,cm$ die Höhe h_c berechnen. Isabella meint: „Das kann man über den Flächeninhalt ermitteln". Beschreibe in Worten, was Isabella meint. Berechne dann die Höhe.

14 Bestimme die fehlenden Winkelgrößen. Begründe deine Überlegungen.

a)

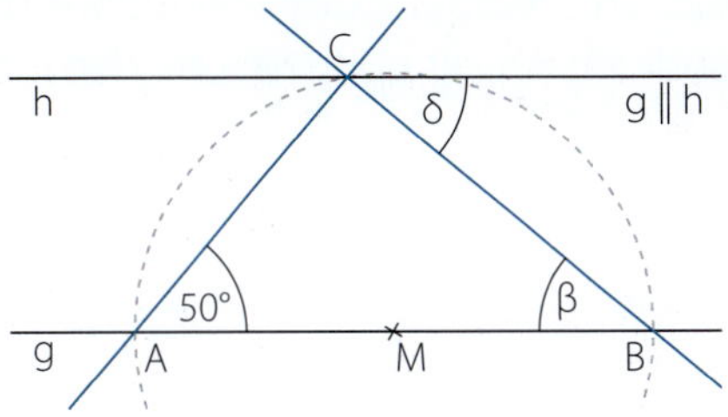

b)

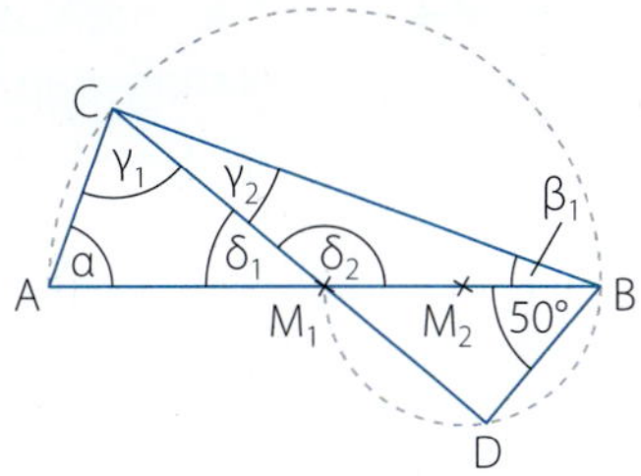

72/73

15 Beim Diskuswurf dreht sich ein Sportler zunächst gegen den Uhrzeigersinn mehrere Runden und lässt dann den Diskus los, der dann tangential abfliegt. Dabei bewegt sich seine Hand auf dem Kreis mit r = 1 m um den Mittelpunkt. Zum Schutz befindet sich um den Wurfkreis ein Auffanggitter mit einem Radius von 2,50 m und einer Öffnung von 35°.

a) Ein Diskus ist im Punkt D(10|1) gelandet. Beschreibe, wie man den Punkt P, in dem der Sportler den Diskus losgelassen hat, konstruiert.

b) Bestimme mithilfe einer DGS die Koordinaten des Abwurfpunktes P.

c) Bestimme mithilfe einer DGS den Bereich, in welchem der Sportler den Diskus loslassen muss, damit er nicht am Auffanggitter hängen bleibt.

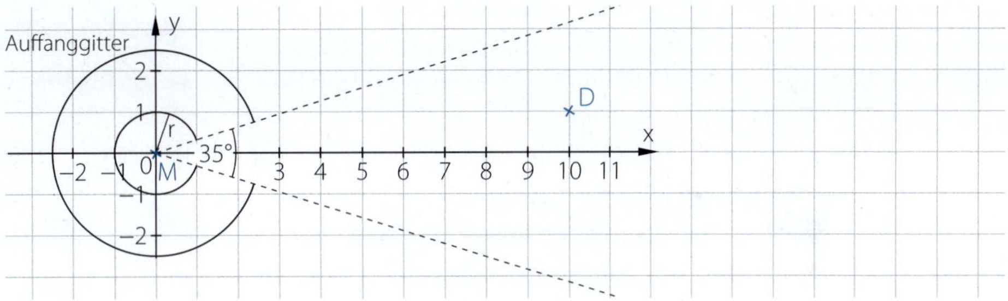

Noch fit?

I Fasse so weit wie möglich zusammen und berechne dann den Termwert.

a) $\frac{1}{4}bx^2 - \frac{1}{2}x(b^2 - bx) + \frac{3}{4}b^2x$; $b = 8$, $x = -1$

b) $6 \cdot (ps^2)^2 + 3ps(3p^2 - 2ps^3)$; $p = \frac{2}{3}$, $s = 6$

Trainieren | **Vertiefen** | Herausforderung

16 **Konstruktion von Rechtecken**

a) Begründe, warum alle Eckpunkte eines Rechtecks auf einer Kreislinie liegen.

b) Konstruiere folgende Rechtecke:

① $|\overline{AC}| = 7{,}5\,\text{cm}$, $|\overline{BC}| = 3{,}8\,\text{cm}$

② $|\overline{BD}| = 7{,}2\,\text{cm}$, $\sphericalangle ADB = 72{,}5°$

③ $|\overline{AC}| = 9{,}8\,\text{cm}$, $\sphericalangle ADB = 30°$

④ Quadrat mit $|\overline{AC}| = 6{,}4\,\text{cm}$

92/93

17 Beweis für die Umkehrung des Thalessatzes

Tyler hat Notizen für den Beweis der Umkehrung des Thalessatzes gemacht. Notiere den vollständigen Beweis und erläutere den Beweis in Worten.

Voraussetzung: $\gamma = 90°$

Beweis: $\alpha + \beta + \gamma = 180° = \alpha + \beta + 90°$

also: $\alpha + \beta = 90°$

$|\overline{AS}| = |\overline{CS}|$, $|\overline{BS}| = |\overline{CS}|$, also $|\overline{AS}| = |\overline{CS}| = |\overline{BS}| = r$.

C liegt auf dem Kreis k(S; r).

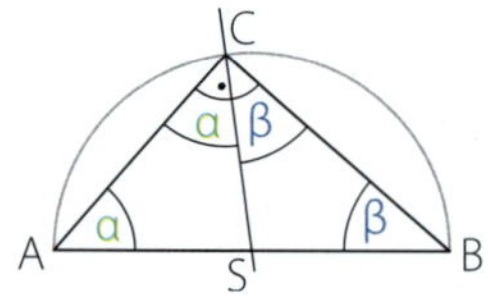

18 Max soll das Lot von einem Punkt P zu einer Geraden g mithilfe des Thaleskreises konstruieren. Sein Bruder hilft ihm: „Wähle einen beliebigen Punkt Q auf der Geraden g und verbinde P mit Q. Mit dem gesuchten Lot entsteht ein rechtwinkliges Dreieck." Beschreibe, wie Max das Lot konstruieren kann und konstruiere es.

72/73

19 Zeichne mithilfe einer DGS einen Kreis, drei Kreispunkte P, A und B sowie die Strecke $\overline{AB}$. Bestimme die Größen aller Winkel im Dreieck ABP. Bewege den Punkt P auf dem Kreisbogen. Beschreibe deine Beobachtungen.

Hinweis
Diese Aufgabe kannst du auch mit deiner DGS lösen, da du hier geometrische Objekte bewegen kannst.

72/73

20 In einer Siedlung soll ein Kreisverkehr gebaut werden. Der Radius des äußeren Kreises soll 8 m betragen, der Radius des inneren Kreises 5 m.

a) Bestimme, wie lang ein Fahrzeug mit einer Breite von 2 m höchstens sein darf, damit es den Ring zwischen den Kreisen befahren kann.

b) Der Kreisverkehr soll auch für Sprinter mit einer Länge von 6,70 m befahrbar sein. Ermittle hierfür einen möglichen Durchmesser des äußeren Kreises.

21 Winkelberechnungen

a) Begründe, dass $\alpha = \beta$ gilt.

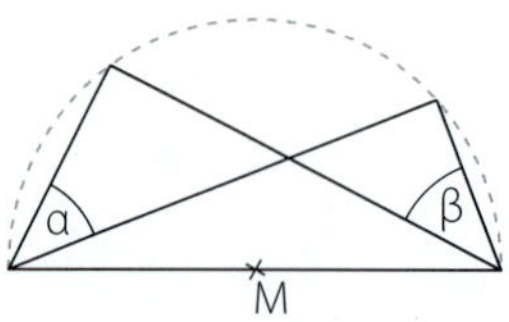

b) Begründe, dass $\alpha + \beta = \gamma + \delta$ gilt.

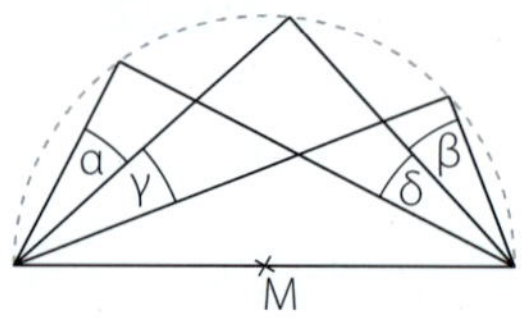

Trainieren | Vertiefen | **Herausforderung**

22 Zeichne ein beliebiges Dreieck ABC und konstruiere über den Mittelpunkten der Seiten $\overline{AB}$ und $\overline{BC}$ jeweils einen Kreis, der durch die Seitenendpunkte verläuft. Begründe, warum sich die beiden Kreise auf der Geraden AC schneiden.

Hinweis
Konstruiere zunächst Tangenten an Hilfskreise, die du dann parallel verschiebst.

23 Zeichne zwei unterschiedlich große Kreise nebeneinander. Beschreibe, wie du eine Gerade findest, die beide Kreise jeweils in nur einem Punkt berührt.

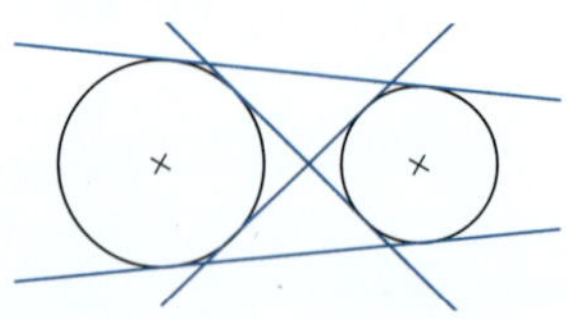

Check up

Was kannst du? Was musst du noch üben?
Mit diesen Aufgaben kannst du deinen Lernfortschritt überprüfen.
Die Lösungen findest du im Anhang.

1 Die Geraden g und h sind parallel. Begründe, dass das Dreieck ADE gleichschenklig ist.

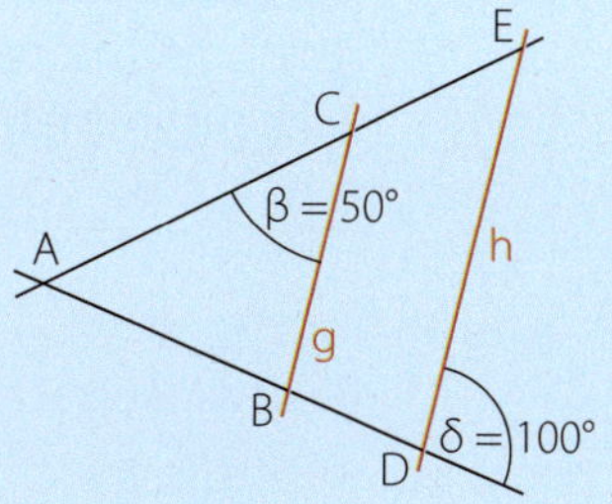

2 Begründe, weshalb man den Kreisradius sechsmal hintereinander auf einem Kreis abtragen kann.

3 Das Viereck ABCD ist ein Trapez. Bestimme die Größe des Winkels ∢ BDC und begründe deine Überlegungen.

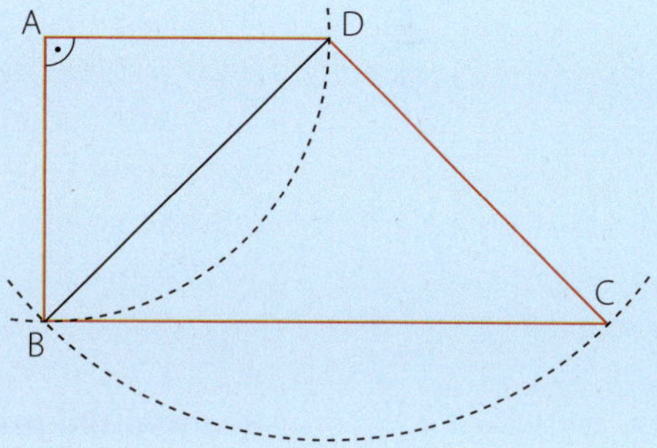

4 Konstruiere das rechtwinklige Dreieck ABC und begründe, ob es eindeutig konstruierbar ist.

a) $a = 7\,cm$, $\alpha = 90°$, $c = 5\,cm$

b) $c = 8{,}6\,cm$, $h_c = 3{,}4\,cm$, $\gamma = 90°$

5 Ein rechtwinkliges Dreieck hat eine Hypotenuse mit einer Länge von 8 cm. Beschreibe, wie du ein solches Dreieck mit einem größtmöglichen Flächeninhalt konstruierst.

6 Die Punkte A, B und C sind Punkte eines Kreises. Nimm zur folgenden Aussage Stellung: Wenn die Strecken $\overline{AB}$ und $\overline{BC}$ senkrecht aufeinander stehen, so ist $\overline{AC}$ immer gleich lang.

7 Zeichne den Kreis k um den Koordinatenursprung mit dem Radius $r = 5\,cm$.

a) Konstruiere im Kreispunkt A (4|3) die Tangente an den Kreis k.

b) Konstruiere vom Punkt P (15|5) die Tangenten an den Kreis k und bestimme die Koordinaten der Berührpunkte B und C.

c) Gib die Koordinaten der Schnittpunkte der Tangente aus a) mit den beiden Tangenten aus Teilaufgabe b) an.

Auf einen Blick

Gleichschenkliges Dreieck

Es gibt besondere Dreiecke, bei denen zwei Seiten gleich lang sind. Diese Dreiecke nennt man gleichschenklig. Jedes gleichschenklige Dreieck ist **achsensymmetrisch** und umgekehrt.

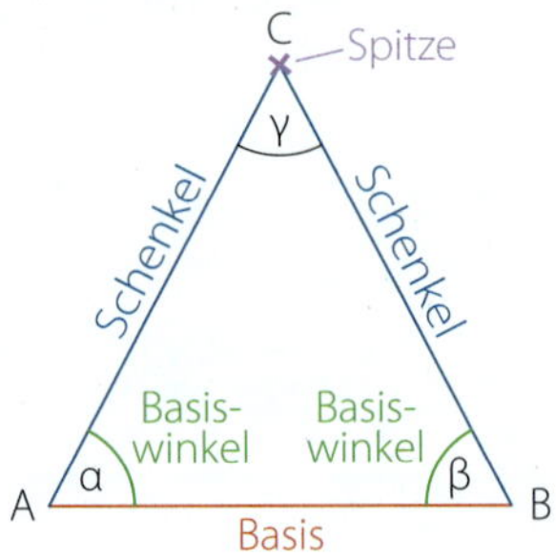

Basiswinkelsatz:
In einem gleichschenkligen Dreieck sind die Basiswinkel gleich groß.
Umkehrung:
Ein Dreieck mit zwei gleich großen Innenwinkeln ist gleichschenklig.

Gleichseitiges Dreieck

Wenn alle Seiten gleich lang sind, liegt ein gleichseitiges Dreieck vor. Die Innenwinkel im gleichseitigen Dreieck sind alle gleich groß und betragen 60°.

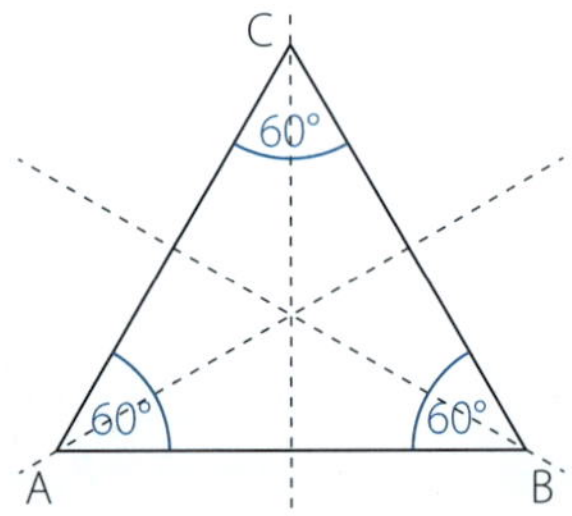

Rechtwinkliges Dreieck

Ein rechtwinklinges Dreieck besitzt einen Innenwinkel von 90°. Die Seite, die dem rechten Winkel gegenüberliegt, heißt Hypotenuse. Die Schenkel des rechten Winkels werden Katheten genannt.

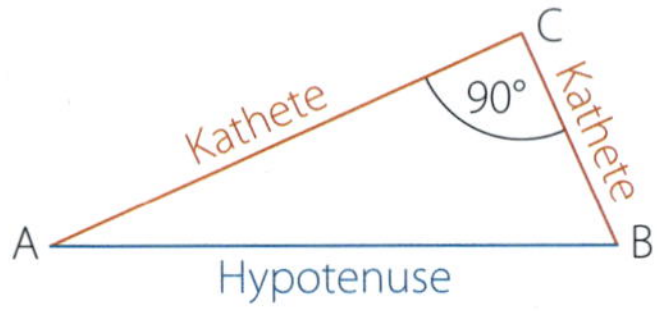

Satz des Thales und seine Umkehrung

Wenn in einem Dreieck ABC der Punkt C auf dem Kreis mit dem Durchmesser $\overline{AB}$ liegt, dann hat das Dreieck bei C einen rechten Winkel. Umgekehrt gilt aber auch: Wenn ein Dreieck bei C einen rechten Winkel hat, dann liegt der Punkt C auf dem Kreis mit dem Durchmesser $\overline{AB}$.

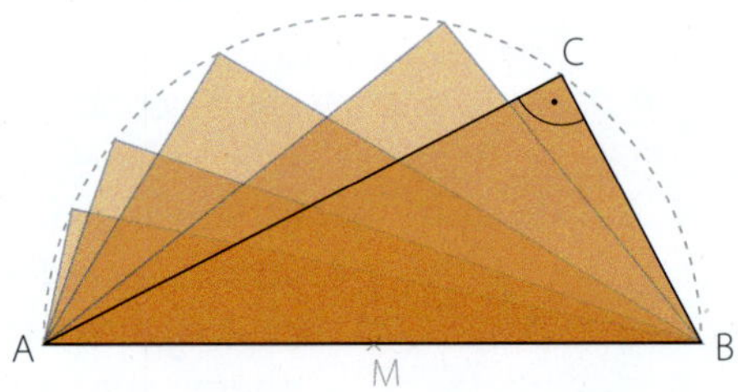

Kapitel 9

Konstruktionen

Aus Kapitel 3 kennst du bereits die Mittelsenkrechte, die Höhe und die Winkelhalbierende.
In diesem Kapitel beschäftigst du dich weiter mit besonderen Linien des Dreiecks und lernst, wie du mit deren Eigenschaften Dreiecke konstruieren kannst. Zudem verknüpfst du dein Wissen aus den letzten beiden Kapiteln, um mithilfe von verschiedenen Strategien Dreiecke mit unterschiedlichen Angaben zu konstruieren.

Wiederholung

Konstruktion von Dreiecken

Bei der Konstruktion von Dreiecken hilft dir ein strukturiertes Vorgehen:

1. Beginne mit einer **Planfigur**, in der du alle gegebenen Stücke farbig markierst. Plane anhand der Skizze dein Vorgehen.
2. Überprüfe, ob die Konstruktion des Dreiecks möglich ist, z. B. mit den **Kongruenzsätzen**, der **Innenwinkelsumme** oder der **Dreiecksungleichung**.
3. Konstruiere das Dreieck mithilfe der Kongruenzsätze und halte dein Vorgehen in einer Konstruktionsbeschreibung fest.

SSS Zwei Dreiecke sind kongruent, wenn sie in ihren Seitenlängen übereinstimmen.

WSW Zwei Dreiecke, die in einer Seite und den zwei anliegenden Winkeln übereinstimmen, sind kongruent.

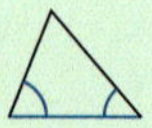

SWW Zwei Dreiecke, die in einer Seite, einem anliegenden Winkel und einem nicht anliegenden Winkel übereinstimmen, sind kongruent.

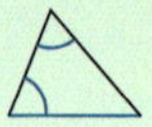

SWS Zwei Dreiecke, die in zwei Seiten und dem eingeschlossenen Winkel übereinstimmen, sind kongruent.

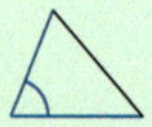

SsW Zwei Dreiecke, die in zwei Seiten und dem Gegenwinkel der größeren Seite übereinstimmen, sind kongruent.

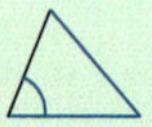

Beispiel 1: Konstruierbarkeit überprüfen

Begründe, weshalb die gegebenen Dreiecke nicht konstruierbar sind.

① $a = 4\,cm$, $b = 4\,cm$, $c = 8\,cm$

② $a = 4\,cm$, $\beta = 110°$, $\gamma = 70°$

③ $c = 3\,cm$, $\beta = 70°$, $b = 2\,cm$

Lösung:

① Die Dreiecksungleichung ist nicht erfüllt, denn $4\,cm + 4\,cm = 8\,cm$.

② Die beiden Winkel ergeben zusammen 180°. Damit müsste der Winkel γ nach der Innenwinkelsumme 0° groß sein, dies ist nicht möglich.

③ Nach SsW müsste der Winkel der längeren Seite gegenüberliegen. Dies ist aber nicht der Fall. Demnach ist eine Konstruktion nicht möglich bzw. nicht eindeutig.

Manchmal konstruierst du auch besondere Dreiecke. Aufgrund der speziellen Eigenschaften sind dann vielleicht weniger als drei Stücke gegeben.

Beispiel 2: Konstruktion eines gleichschenkligen Dreiecks

Konstruiere ein gleichschenkliges Dreieck mit der Basis $a = 6\,cm$ und $b = 4\,cm$.

Lösung:

1. Zeichne eine Planfigur. Da $c = b$ gilt und die Dreiecksungleichung erfüllt ist, kannst du das Dreieck nach SSS konstruieren.

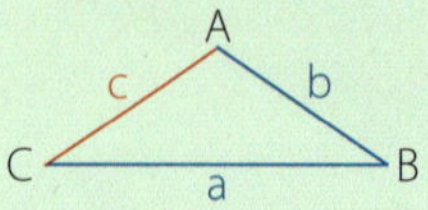

2. Konstruktionsbeschreibung:
(1) B und C sind durch a = 6 cm festgelegt
(2) A liegt auf den Kreisen um B bzw. C mit einem Radius von jeweils b = 4 cm

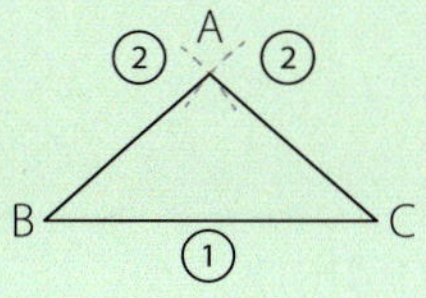

Aufgaben

1 Konstruiere ein Dreieck ABC mit den angegebenen Größen. Fertige eine Planfigur an und nenne den anzuwendenden Kongruenzsatz.
Ermittle aus der Zeichnung die fehlenden Größen.

	a	b	c	α	β	γ
a)	6 cm		8 cm		90°	
b)	5 cm				50°	70°
c)			2 cm		45°	108°
d)		3,5 cm	6,5 cm			135°
e)	4 cm		4 cm		60°	
f)		4,5 cm	1,9 cm		25°	

2 Überprüfe, ob mit den Angaben ein Dreieck ABC konstruierbar ist und ob die Konstruktion gegebenenfalls eindeutig ist. Begründe deine Antwort.

a) a = 7 cm; b = 2 cm; c = 4,5 cm
b) γ = 90°; α = 76°; b = 6,7 cm
c) α = 67°; a = 7 cm; β = 114°
d) a = 10 cm; b = 7 cm; β = 107°
e) a = 7 cm; b = 7 cm; γ = 90°
f) b = 9 cm; c = 9 cm; γ = 90°

3 Gib eine Konstruktionsbeschreibung für das Dreieck an.

a) a = 4,2 cm; b = 5,4 cm; c = 6,6 cm
b) α = 67,3°; β = 45,1°; a = 5,3 cm
c) α = 87,3°; c = 6,3 cm; a = 5,6 cm
d) a = 5,1 cm; γ = 60,3°; b = 4,6 cm

4 Zeichne eine zur Konstruktionsbeschreibung passende Planfigur und nenne den dazugehörigen Kongruenzsatz.

> Zeichne die Strecke a = 4,5 cm mit den Endpunkten B und C. Trage an $\overline{BC}$ im Punkt C den Winkel γ = 44° an. Zeichne um B den Kreisbogen mit Radius 6,2 cm. Der Kreisbogen schneidet den freien Schenkel von γ in A.

5 Überprüfe, ob es spezielle Dreiecke gibt, die durch die Angabe

a) einer Seite,
b) zweier Seiten,
c) zweier Winkel,
d) einer Seite und eines Winkels festgelegt sind.

6 Gegeben sind die Punkte A(−3|2), B(−1|−2) und C(5|−0,5).
Konstruiere den Punkt D so, dass das Dreieck ABC kongruent ist zu Dreieck ACD (BCD bzw. ADB bzw. ABD). Überprüfe jeweils, ob ABCD ein besonderes Viereck ist.

9.1 Besondere Linien und Punkte im Dreieck

Einstieg

Standortwahl

Um die Klimaerwärmung zu beurteilen, untersucht ein Forscherteam in der Antarktis Veränderungen im Eis. Dafür entnimmt es an drei Stellen regelmäßig Proben. Um alle Messpunkte gleich gut zu erreichen, soll das Basecamp in der Mitte aufgebaut werden. Erläutere, wie der Standort bei drei bekannten Punkten A, B und C bestimmt werden kann.

Wissen

Zur Erinnerung

Die Mittelsenkrechte zu einer Strecke $\overline{AB}$ ist zugleich die Symmetrieachse zu den Endpunkten A und B.

Mittelsenkrechte und Umkreis

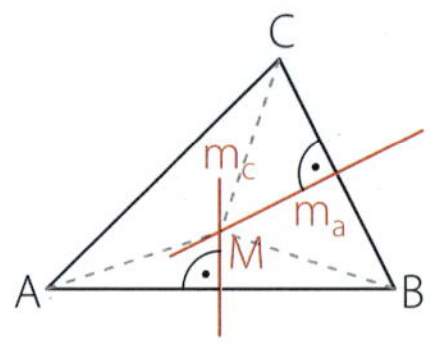

Um einen Punkt zu finden, der gleich weit von drei gegebenen Punkten A, B und C entfernt ist, reduzierst du das Problem zunächst auf zwei Punkte, wie z. B. A und B. In Kapitel 3 hast du gelernt, dass alle Punkte auf der Mittelsenkrechten m_c der Strecke $\overline{AB}$ sowohl von A als auch von B die gleiche Entfernung haben.

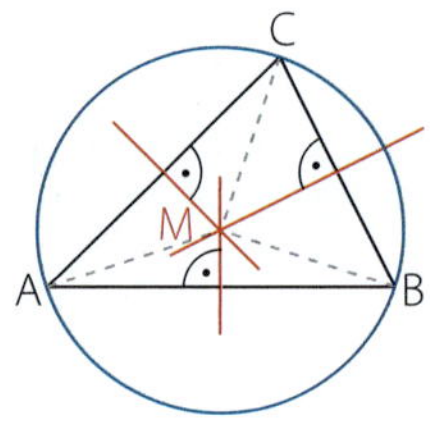

Wählst du statt A und B die zwei Punkte B und C, dann liegen alle Punkte, die gleich weit von B und C entfernt sind, auf der Mittelsenkrechten m_a. Wie du siehst, schneiden sich die beiden Mittelsenkrechten und für den Schnittpunkt gilt:
$|\overline{AM}| = |\overline{BM}|$, da M auf m_c liegt
$|\overline{BM}| = |\overline{CM}|$, da M auf m_a liegt
Also gilt auch $|\overline{AM}| = |\overline{CM}|$ und somit verläuft auch die Mittelsenkrechte m_b durch M.
Da der Abstand vom Punkt M zu den Eckpunkten gleich groß ist, gibt es einen Kreis um M, der durch die drei Eckpunkte des Dreiecks verläuft.

In jedem Dreieck schneiden sich die drei Mittelsenkrechten in einem Punkt M. M ist der Mittelpunkt des Umkreises des Dreiecks.

Beispiel 1: Konstruktion mit Umkreis

Konstruiere ein Dreieck ABC mit Umkreisradius r = 3 cm, b = 2,6 cm und γ = 40°.

Lösung:

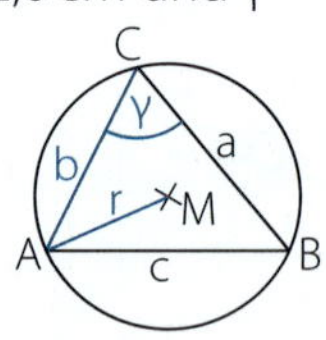

1. Mithilfe der Planfigur siehst du, dass du mit dem Umkreis beginnen und an diesem die Seite b abtragen musst.

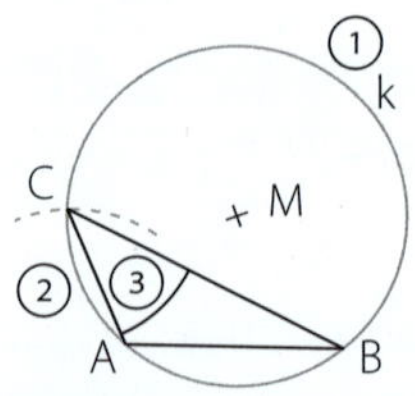

2. **Konstruktionsbeschreibung:**
   (1) A, B und C liegen auf einem Kreis k um M mit Radius r = 3 cm.
   (2) A und C sind durch b = 2,6 cm festgelegt.
   (3) B liegt auf dem freien Schenkel von γ = 40°.

Winkelhalbierende und Inkreis

Bei manchen Problemstellungen ist nicht derjenige Punkt gesucht, der von den drei Eckpunkten eines Dreiecks gleich weit entfernt ist, sondern derjenige, der von den drei Dreiecksseiten gleich weit entfernt ist.

Reduziere auch hier das Problem zunächst auf zwei Seiten, z. B. b und c. Der gesuchte Punkt muss von den Dreiecksseiten b und c gleich weit entfernt sein. Er liegt somit auf deren Symmetrieachse des eingeschlossenen Winkels, also auf der Winkelhalbierenden w_α.

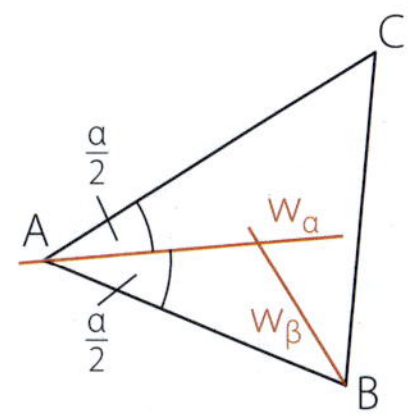

Wählst du statt b und c die zwei Seiten a und c, dann liegen alle Punkte, die gleich weit von a und c entfernt sind, auf der Winkelhalbierenden w_β. Wie du siehst, schneiden sich die beiden Winkelhalbierenden und für den Schnittpunkt gilt:

W ist gleich weit von b und c entfernt

W ist gleich weit von c und a entfernt

Also ist W von allen Seiten gleich weit entfernt und auch die Winkelhalbierenden w_γ verläuft durch W. Es gibt also einen Kreis um W, der alle Seiten in einem Punkt berührt. Um die Entfernung der Berührpunkte zum Mittelpunkt W zu bestimmen, musst du das Lot vom Punkt W auf die Dreiecksseiten fällen.

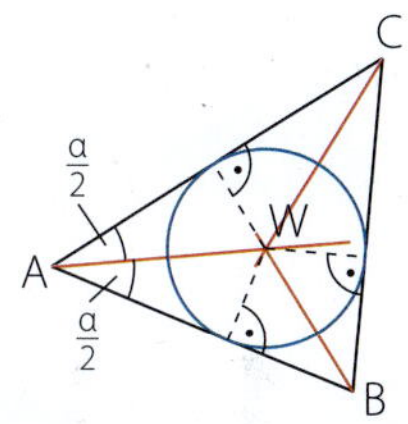

In jedem Dreieck schneiden sich die drei Winkelhalbierenden in einem Punkt W. W ist der Mittelpunkt des Inkreises des Dreiecks.

Beispiel 2: Konstruktion mit Inkreismittelpunkt

Von einem Dreieck ABC sind die Koordinaten der Eckpunkte A und B sowie des Inkreismittelpunkts W gegeben. Erläutere, wie du mit den Angaben das Dreieck konstruieren kannst.

Hinweis
Das Lot wurde in der Zeichnung aufgrund der Übersichtlichkeit nur eingezeichnet und nicht konstruiert.

Lösung:

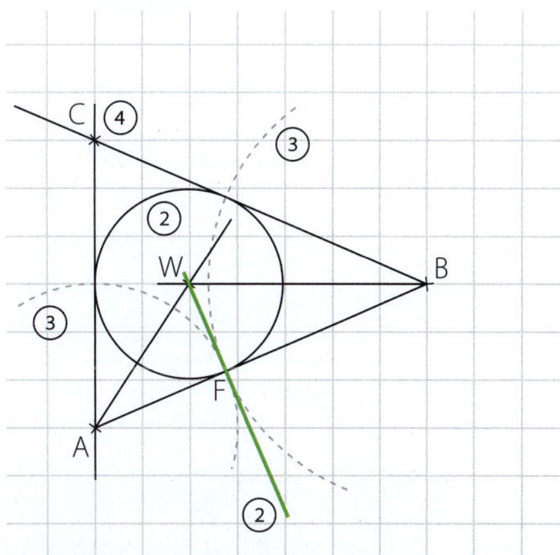

1. Zunächst trägt man die Punkte in ein Koordinatensystem ein.
2. Um den Inkreis zu zeichnen, benötigt man den Radius. Hierfür konstruiert man das Lot von W auf $\overline{AB}$ und erhält F als Lotfußpunkt.
3. Da der Inkreis die Dreiecksseiten in einem Punkt berührt, sind die Seiten Tangenten. Außerdem sind die zwei Tangenten, die von einem Punkt ausgehen, achsensymmetrisch bezüglich der Winkelhalbierenden. Daher kann man den achsensymmetrischen Punkt zu F bzgl. w_α und w_β konstruieren und damit die Dreiecksseiten a und b einzeichnen.
4. Der Schnittpunkt der konstruierten Tangenten ist der Eckpunkt C.

Hinweis
Höhen können auch außerhalb des Dreiecks liegen.

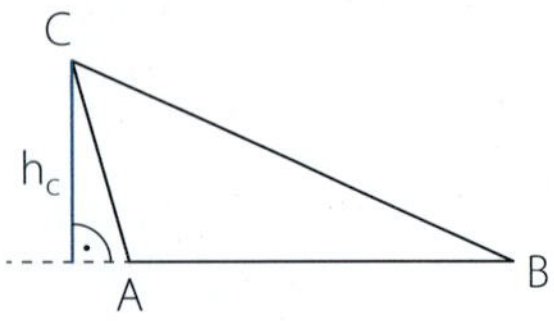

Weitere besondere Linien im Dreieck

Die senkrechte Strecke von einem Eckpunkt auf die jeweils gegenüberliegende Dreiecksseite wird im Dreieck Höhe genannt. Ein Dreieck hat drei Höhen: h_a, h_b und h_c. Manchmal musst du die Dreiecksseite verlängern, um die Höhe zu konstruieren.

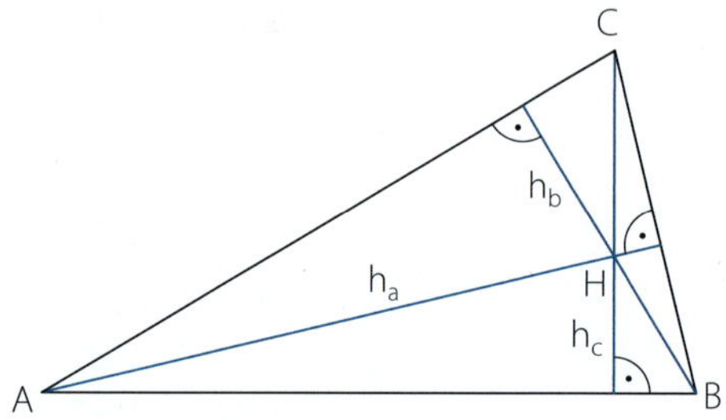

In einem Dreieck schneiden sich die drei Höhen oder ihre Verlängerungen im Höhenschnittpunkt H.

Wenn du dein Geodreieck auf der Spitze eines Bleistifts balancieren möchtest, gibt es genau einen Punkt, bei dem dir das gelingt. Dies ist der sogenannte **Schwerpunkt** des Dreiecks. Hier schneiden sich die Seitenhalbierenden eines Dreiecks.

Die Seitenhalbierende verläuft von einem Eckpunkt des Dreiecks durch die Mitte der gegenüberliegenden Seite.
Kurzschreibweise: s_a bzw. s_b bzw. s_c.

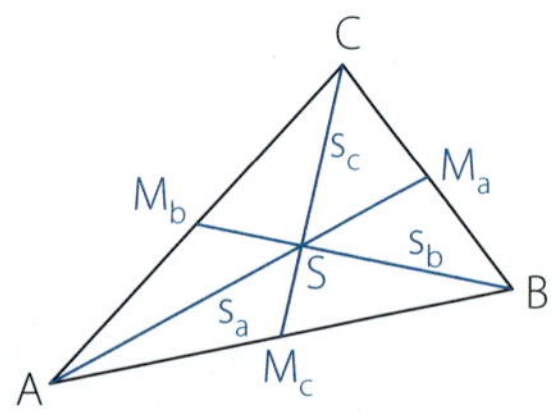

In einem Dreieck schneiden sich die drei Seitenhalbierenden im Schwerpunkt S.

Aufgaben

Trainieren | Vertiefen | Herausforderung

Mittelsenkrechte und Umkreis

1 Konstruiere für das Dreieck ABC jeweils den Umkreis.
a) A(−2|−1); B(3|2); C(0|3)
b) A(5|1); B(2|−1); C(3|7)
c) A(−3|2); B(2|2); C(2|−6)
d) A(1|1); B(3|−2); C(6|5)

2 Konstruiere aus den gegebenen Stücken das Dreieck und seinen Umkreis.
a) $b = 6{,}2\,\text{cm}$, $\alpha = 72°$, $\gamma = 40°$
b) $a = 8\,\text{cm}$, $b = 5{,}5\,\text{cm}$, $\alpha = 50°$
c) $a = b = c = 6\,\text{cm}$
d) $a = b = 4{,}8\,\text{cm}$, $\alpha = 70°$

3 Konstruiere das Dreieck mit folgenden gegebenen Stücken.
a) $a = 5\,\text{cm}$; $\beta = 70°$; Umkreisradius 4,5 cm
b) $b = 7{,}5\,\text{cm}$; $c = 5{,}8\,\text{cm}$; Umkreisradius 5,2 cm
c) $a = 4{,}5\,\text{cm}$; $b = 3\,\text{cm}$; Umkreisradius 7 cm
d) Umkreisradius 6 cm; $\gamma = 90°$; $\alpha = 30°$

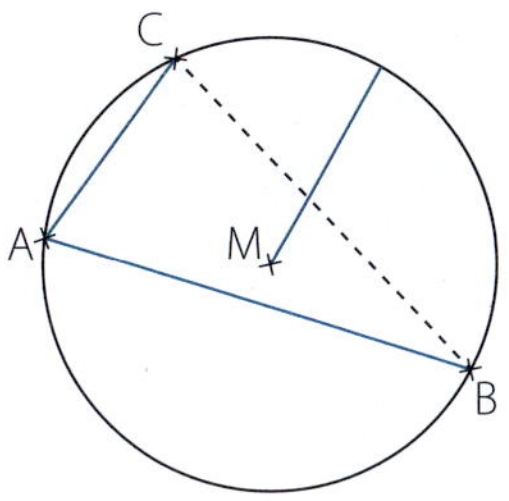

4 Gegeben ist ein Dreieck ABC mit Umkreisradius r = 3 cm, b = 2,6 cm, c = 5,2 cm.

Kreis um A mit Radius b = 2,6 cm

Das ist der Punkt B.

Kreis um A mit Radius c = 5,2 cm

Zeichne den Mittelpunkt M.

Kreis um M mit Radius r = 3 cm

Das ist der Punkt C.

Punkt A auf Kreislinie

Dreieck ABC einzeichnen

a) Konstruiere mithilfe der Karten das Dreieck. Nutze die Planfigur und die Kärtchen als Hilfe.
b) Erläutere, weshalb die Konstruktion nicht eindeutig ist.
c) Gib an, wie lang die Seite c sein müsste, damit
(1) die Lösung eindeutig ist, (2) es keine Lösung gibt.

5 Zeichne mit einer DGS ein beliebiges Dreieck ABC. Zeichne anschließend die drei Mittelsenkrechten mithilfe des Werkzeugs , benenne ihren Schnittpunkt mit M und zeichne den Umkreis des Dreiecks. Bewege nun einen der Eckpunkte des Dreiecks. Wann liegt M innerhalb, wann auf einer Dreiecksseite und wann außerhalb des Dreiecks ABC? Beschreibe deine Beobachtungen.

6 Ein Archäologe hat bereits an drei verschiedenen Stellen alte Steine gefunden. Er vermutet, dass es sich dabei um Überreste eines kreisförmigen Amphitheaters handelt. Erläutere, wie er seine Suche fortsetzen sollte.

7 Aiko behauptet, dass sie bei einem Papierkreis durch dreimaliges Falten den Mittelpunkt findet. Beschreibe, wie sie dabei vorgeht.

Winkelhalbierende und Inkreis

8 Konstruiere für das Dreiecks ABC jeweils den Mittelpunkt W des Inkreises. Zeichne dann vom Punkt W aus die Senkrechte auf eine Dreiecksseite. Ermittle so den Radius des Inkreises und trage den Inkreis ein.
a) A(−2|0); B(5|−2); C(4|4) b) A(−2|0); B(7|−1); C(5|3)

9 Bringe die Konstruktionsschritte in die richtige Reihenfolge. Was wird konstruiert? Formuliere eine passende Aufgabe dazu. Vergleiche anschließend mit deinem Nachbarn.

Der Schnittpunkt von w_1 und w_2 ist S.

Zeichne die Winkelhalbierende w_1 von β.

Trage an c in B den Winkel β an.

Zeichne die Winkelhalbierende w_2 von α.

Zeichne die Strecke $\overline{AB}$ mit c = 6 cm.

Die freien Schenkel von α und β schneiden sich in C.

Trage an c in A den Winkel α an.

Zeichne den Kreis um S mit Radius $|\overline{SD}|$.

Zeichne die Senkrechte s zu BC durch S. s schneidet BC in D.

Hinweis
Wenn du die verschiedenen Linien unterschiedlich darstellst, z. B. mit Farben, wird deine Zeichnung übersichtlicher.

10 Konstruiere das Dreieck mit den gegebenen Stücken und den Inkreis.
a) $a = b = c = 4\,cm$
b) $a = 5\,cm$, $\alpha = 40°$, $\gamma = 80°$
c) $\beta = 90°$, $b = 5\,cm$, $c = 4\,cm$
d) $a = 5{,}5\,cm$, $b = 6{,}1\,cm$, $\gamma = 85°$

11 Konstruiere ein Dreieck ABC mit
a) A(1|0,5); B(7|1,5); W(4|3)
b) B(6,5|1); C(4,5|7,5); W(4,5|3,5)
Dabei ist W der Schnittpunkt der Winkelhalbierenden.

12 Zeichne mithilfe einer DGS ein Dreieck und trage sowohl die Winkelhalbierenden als auch die Lote vom Schnittpunkt zu den Dreiecksseiten ein. Untersuche durch Verschieben der Eckpunkte, für welche Dreiecke die Winkelhalbierenden mit den Loten zusammenfallen.

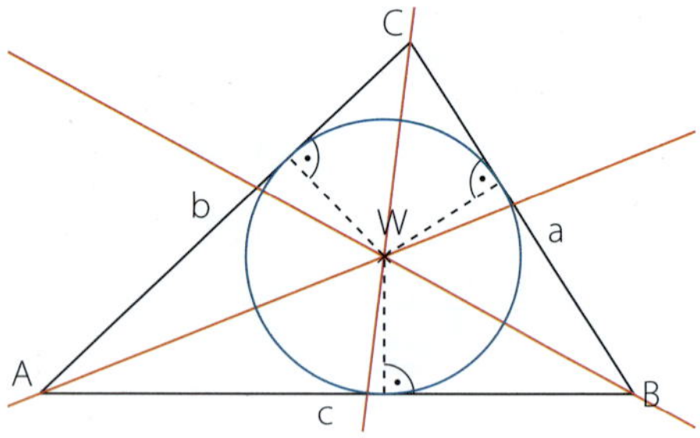

Weitere besondere Linien im Dreieck

13 Emma hat den Höhenschnittpunkt eines Dreiecks konstruiert und wundert sich dann, dass sie ebenso einen Umkreis damit zeichnen kann. Notiere eine Antwort für Emma.

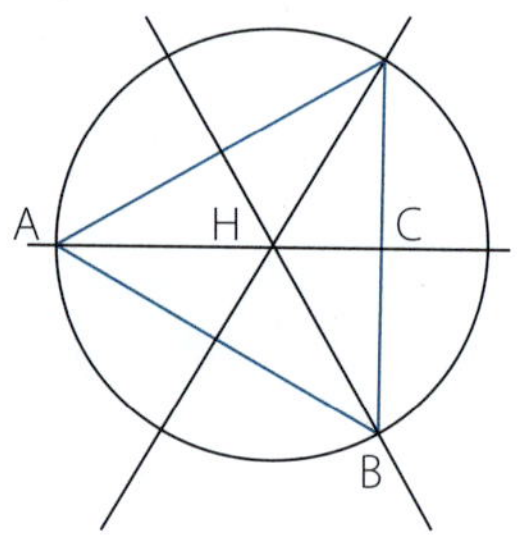

14 Schneide aus fester Pappe ein Dreieck aus.
a) Balanciere das Dreieck auf der Seite eines Stifts. Wie viele Möglichkeiten findest du? Skizziere die Linien auf die Pappe und beschreibe deren Lage.
b) Erläutere, wie du nun den Punkt findest, wo du die Spitze des Stifts ansetzen musst, so dass das Dreieck ausbalanciert ist.

15 Zeichne mit einer DGS ein beliebiges Dreieck ABC. Zeichne anschließend die drei Höhen und die drei Seitenhalbierenden ein. Benenne den Schnittpunkt mit H bzw. mit S. Bewege nun einen Eckpunkt des Dreiecks. Wann liegt H bzw. S innerhalb des Dreiecks ABC, wann auf einer Dreiecksseite und wann außerhalb des Dreiecks ABC? Beschreibe deine Beobachtungen.

16 Pia hat ein Dreieck gezeichnet, bei dem $h_c = s_c$ gilt. Beschreibe das Dreieck.

Vermischte Aufgaben

17 Zeichne jeweils das Dreieck ABC mit A(0|0); B(9|3) und C(6|6).
a) Konstruiere den Mittelpunkt des Umkreises.
b) Zeichne den Höhenschnittpunkt.
c) Konstruiere den Schwerpunkt.
d) Gib jeweils näherungsweise die Koordinaten der Punkte an.

18 Beschreibe deinem Nachbarn in Worten, was man unter der Mittelsenkrechten, der Winkelhalbierenden, der Seitenhalbierenden bzw. der Höhe in einem Dreieck versteht und benenne die farbigen Linien in der Abbildung entsprechend.

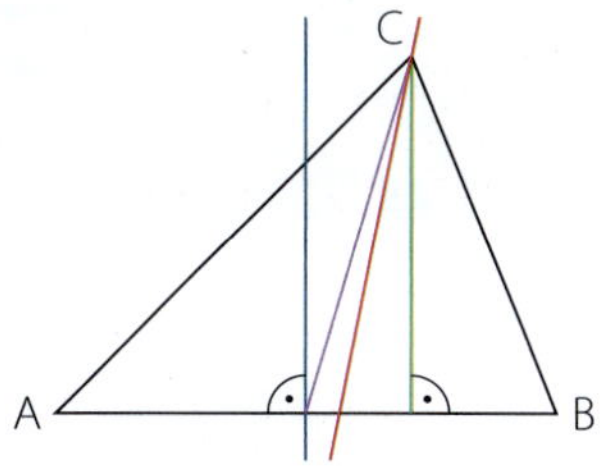

19 Beantwortet folgende Fragen. Eine DGS kann euch dabei helfen.
Was wisst ihr über ein Dreieck, bei dem
a) eine Höhe gleichzeitig Mittelsenkrechte ist?
b) zwei Höhen gleichzeitig Mittelsenkrechten sind?
c) eine Höhe gleichzeitig Winkelhalbierende ist?
d) eine Winkelhalbierende gleichzeitig Mittelsenkrechte ist?

20 Erläutere jeweils, was Martha konstruieren wollte, und beschreibe den Fehler, den sie gemacht hat.

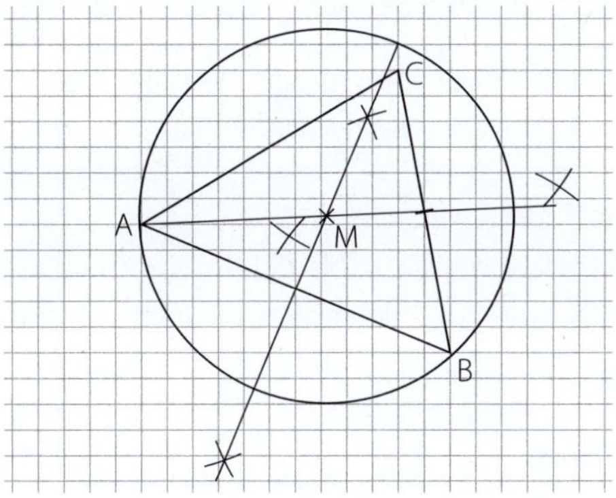

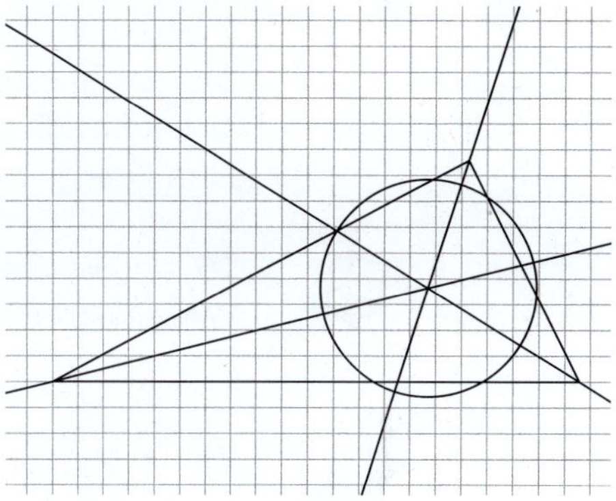

21 Überprüfe folgende Aussage. Begründe deine Antwort.
a) Je größer der Umkreisradius eines Dreiecks ist, desto größer ist der Flächeninhalt des Dreiecks.
b) Wenn eine Seitenlänge des Dreiecks zugleich ein Durchmesser des Umkreises ist, dann besitzt dieses Dreieck einen rechten Winkel.
c) Der Umkreisradius ist immer kleiner als die größte Dreiecksseite.
d) Bei einem gleichschenkligen Dreieck liegt der Umkreismittelpunkt immer auf einer Winkelhalbierenden.

Noch fit?

I Löse die Gleichungen.
a) $2 - 4(7 + x) = 10x - 6(3 + x)$
b) $3{,}5 - 0{,}5(3x - 2{,}2) = 2{,}5x - 0{,}2(5x - 8)$
c) $6(5x - 2) - 5(6x - 3) = 2(4x + 9) - 7(2x + 9)$
d) $(x + 5)^2 - (x - 7)^2 = 24$

Trainieren | **Vertiefen** | Herausforderung

22 Konstruiere drei Dreiecke mit $a = 3\,\text{cm}$, $b = 4\,\text{cm}$ und $\gamma_1 = 70°$, $\gamma_2 = 90°$ und $\gamma_3 = 120°$ so, dass sie die Seite a gemeinsam haben. Konstruiere die dazugehörenden Umkreismittelpunkte, beschreibe deine Beobachtung und begründe sie. Tausche dich mit deinem Nachbarn aus.

23 Konstruiere das Dreieck. Erstelle eine Planfigur und eine Konstruktionsbeschreibung.
Ist deine Konstruktion eindeutig? Begründe.

a) $b = 6\,\text{cm};\ \alpha = 50°;\ w_\alpha = 5\,\text{cm}$
b) $b = 7\,\text{cm};\ \alpha = 30°;\ w_\gamma = 3{,}5\,\text{cm}$
c) $a = b = 9\,\text{cm};\ \alpha = 90°;\ r_{\text{Umkreis}} = 5\,\text{cm}$
d) $b = 3\,\text{cm};\ \gamma = 65°;\ s_a = 3{,}4\,\text{cm}$

24 In der Silvesternacht, pünktlich um 0:00 Uhr, zünden Carina, Martin und Yasmin gleichzeitig Böller. Ihre Koordinaten sind C (6 | 1), M (1 | 7,5), und Y (−2 | 1). Ein Beobachter steht bei B (1,5 | 4).

a) Notiere, in welcher Reihenfolge er es aus aus den verschiedenen Richtungen knallen hört.
b) Bestimme den Standort, an dem er alle drei gleichzeitig hört.
c) Entscheide und begründe, ob es möglich ist, dass er es genau zweimal knallen hört.

25 Untersuche mithilfe einer DGS, ob sich in einem Viereck Mittelsenkrechte oder Winkelhalbierende in einem Punkt schneiden. Gibt es eventuell nur spezielle Vierecke, für die Entsprechendes gilt? Beschreibe deine Beobachtungen.

26 Teilungsverhältnis
Maxim hat mit einer DGS folgende Abbildung konstruiert.

a) Erläutere, welche besonderen Linien die Geraden BG und CF darstellen.
b) Maxim meint, dass bei seiner Zeichnung die drei Kreise alle denselben Radius haben. Erstelle selbst eine solche Zeichnung mit einer DGS und verändere die Lage der Eckpunkte. Was kannst du über den Punkt G aussagen? Notiere deine Beobachtung.

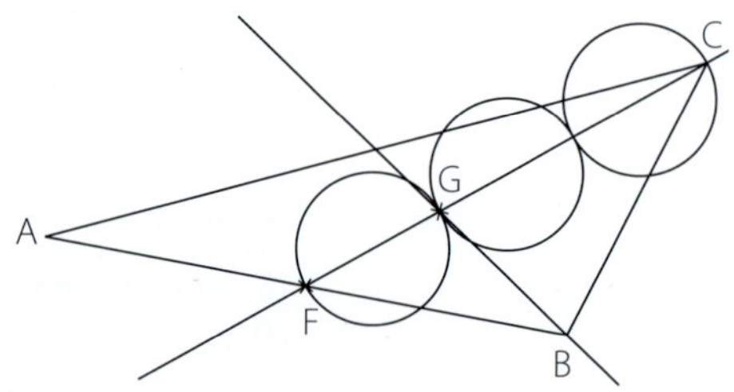

27 Mittendreieck

a) Konstruiere das Mittendreieck $M_aM_bM_c$ zum Dreieck ABC mit A (−2 | −1); B (5 | 1); C (2 | 6). Dabei sind M_a, M_b, M_c die Mittelpunkte der Seiten a, b, c.
b) Beschreibe die Eigenschaften des Mittendreiecks.
c) In einem Dreieck ABC sind M_a (5,5 | 8,5), M_b (2 | 6,5) und M_c (5,5 | 4) die Mittelpunkte der Seiten. Konstruiere das Dreieck ABC sowie seinen Umkreismittelpunkt und zeichne den Schnittpunkt der Höhen.

28 Du möchtest aus einer Holzscheibe einen Kerzenständer basteln. Hierzu soll in der Scheibe eine Vertiefung für die Kerze entstehen. Dafür musst du zunächst den Mittelpunkt der Scheibe finden.
In manchen Werkzeugkästen befindet sich ein Zentrierwinkel. Erkläre, wie du mit diesem Hilfsmittel den Mittelpunkt bestimmen kannst.
An diesem Punkt kannst du dann einen Bohrer ansetzen, um eine Vertiefung für die Kerze zu erhalten.

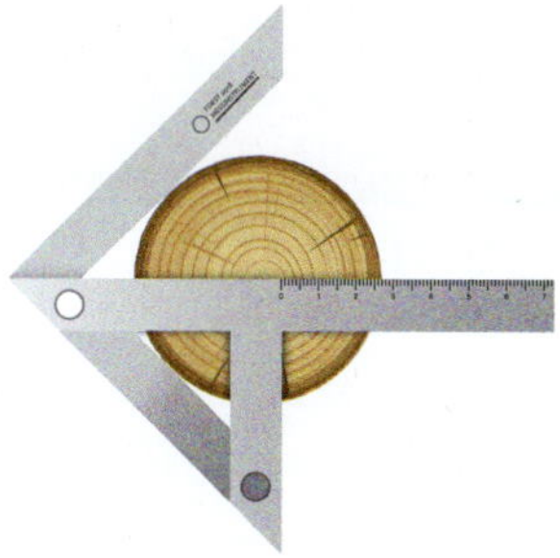

29 Arbeite mit Atlas und Transparentpapier.
Eine Firma mit Standorten in Nürnberg, München und Linz sucht einen geeigneten Ort für eine neue Zentrale. Von ihr aus sollen Ingenieure mit einem Kleinflugzeug möglichst schnell die Flughäfen der drei Städte erreichen können.
a) Bestimme den Ort, der von den drei Flughäfen gleich weit entfernt ist.
b) Begründe, dass dieser nicht der optimale Standort für die Zentrale ist. Markiere alle Orte, die besser geeignet sind.
c) Die Firma eröffnet ein weiteres Werk in Prag. Finde nun Vorschläge für die Lage einer Zentrale.

Trainieren | Vertiefen | **Herausforderung**

30 Zu einem Dreieck ABC sind der Inkreismittelpunkt I, der Umkreismittelpunkt U, der Höhenschnittpunkt H und der Schwerpunkt S konstruiert. Erforsche die Situation mithilfe einer DGS.

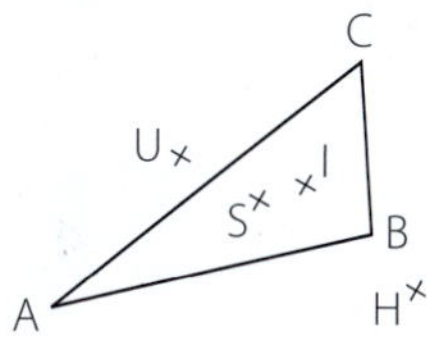

a) Variiere die Eckpunkte des Dreiecks und beobachte die Lage von I, U, H, S. Beschreibe, was du feststellst.
b) Berücksichtige auch die verschiedenen Formen eines Dreiecks. Notiere, welche Sonderfälle du feststellen kannst.
c) Beschreibe, was du speziell für die verschiedenen Lagen von S feststellen kannst. Überlege, ob es Verbindungen zu dir bereits bekannten Erkenntnissen über Punkte bzw. Linien im Dreieck gibt. Tausche dich mit deinem Nachbarn aus.
d) Drei der zum Dreieck ABC konstruierten Punkte I, U, H und S liegen auf der sogenannten „Euler'schen Geraden". Recherchiere (zum Beispiel im Internet) über den Mathematiker Leonhard Euler und die Euler'sche Gerade.

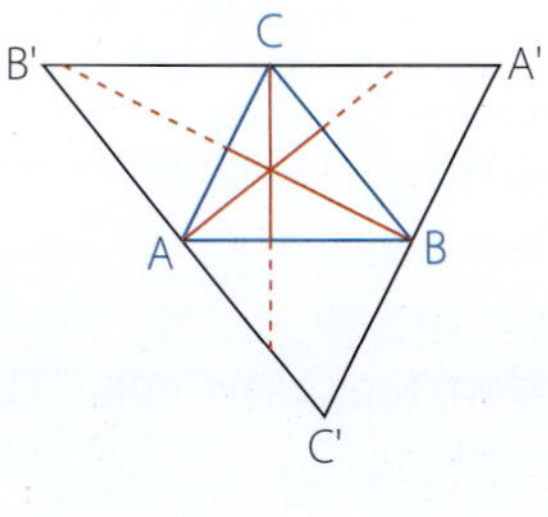

31 Zeichne ein spitzwinkliges Dreieck ABC und die drei Höhen des Dreiecks. Zeichne zu jeder Seite des Dreiecks eine Parallele durch die gegenüberliegende Ecke. So entsteht das große Dreieck A'B'C',
a) Beschreibe, welche Rolle die Punkte A, B und C für das Dreieck A'B'C' spielen. Begründe dies.
b) Verlängere die Höhen des Dreiecks ABC. Welche besonderen Linien sind diese für das Dreieck A'B'C'? Begründe damit, weshalb sich die Höhen des Dreiecks ABC in einem Punkt schneiden.

9.2 Konstruktionen mithilfe von Dreiecken

Einstieg

Mindmap

Du hast in diesem Schuljahr vieles über Dreiecke und Konstruktionen kennen gelernt. Erstelle eine Mindmap mit allen Begriffen und Sätzen, die dir bei einer Konstruktion helfen können.

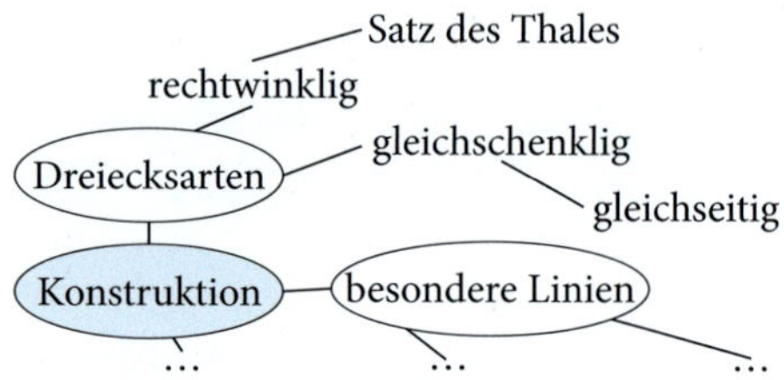

Wissen

Strategien zum Konstruieren

Du weißt bereits, wie du mithilfe der Kongruenzsätze Dreiecke konstruieren kannst. Wie musst du aber vorgehen, wenn du statt der Seitenlänge oder der Winkelgröße andere Eigenschaften gegeben hast?

▼ **Beispiel 1: Strategie Teildreiecke**

Beschreibe, wie du ein Dreieck mit $c = 4\,cm$, $a = 5\,cm$, $s_a = 6\,cm$ konstruieren kannst.

Lösung:

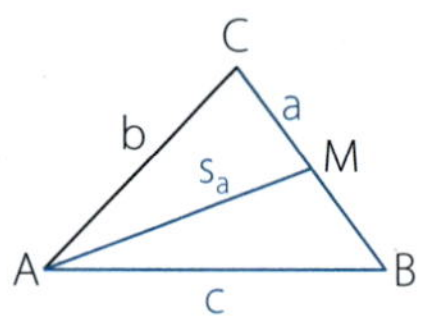

1. Markiere in einer Planfigur die gegebenen Stücke.
2. Du weißt, dass die Seitenhalbierende s_a die Strecke $\overline{BC}$ in der Mitte teilt, somit ist $|\overline{BM}| = 2{,}5\,cm$.
3. Du kannst das Dreieck ABM nach SSS konstruieren.
4. Wenn du nun $\overline{BM}$ verlängerst und $a = 5\,cm$ abträgst, erhältst du den Eckpunkt C und somit das Dreieck ABC. ▲

Manchmal gibt es auch mehrere Strategien, um ein Dreieck zu konstruieren, zum Beispiel, wenn ein rechter Winkel durch eine Höhe gegeben ist.

▼ **Beispiel 2: Strategie Teildreieck oder Hilfslinie anwenden**

Gegeben ist ein Dreieck mit $c = 5\,cm$, $b = 6\,cm$ und $h_c = 3\,cm$. Gib verschiedene Wege an, wie du das Dreieck konstruieren kannst.

Lösung:

Zeichne zunächst eine Planfigur und markiere die gegebenen Stücke.

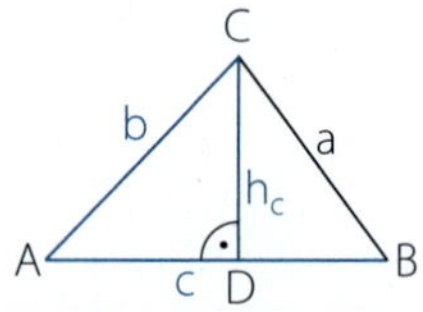

Möglichkeit A: Teildreieck ADC

Konstruiere zunächst das Teildreieck ADC mit einem rechten Winkel bei D.

Für die Konstruktion von ADC gibt es verschiedene Möglichkeiten:

(1) mithilfe von SsW, da $b = 5\,cm$, $h_c = 3\,cm$ und $\sphericalangle CDA = 90°$

(2) mithilfe des Thaleskreises über der Hypotenuse $\overline{AC}$ und dem Kreis um C mit dem Radius $|\overline{AD}| = 3\,cm$

Trage dann auf der Verlängerung der Seite $\overline{AD}$ den Eckpunkt B ab.

Möglichkeit B: ABC mithilfe einer Hilfslinie konstruieren

Da die Höhe h_c gegeben ist, muss der Eckpunkt C auf einer Parallelen g liegen, die von AB einen Abstand von 3 cm hat. Außerdem liegt der Punkt C auf dem Kreis um A mit dem Radius b = 6 cm.

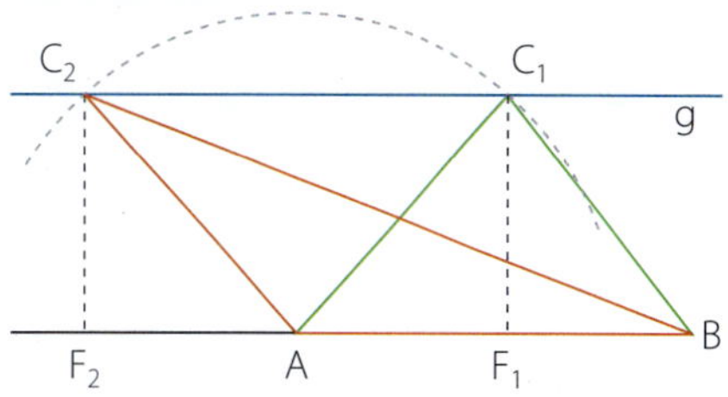

Du siehst, dass die Konstruktion nicht eindeutig ist und zwei nicht kongruente Dreiecke ABC_1 und ABC_2 entstehen.

Diese würden auch bei der Möglichkeit A entstehen, wenn man bei der Planfigur die zwei Fälle „Höhe innerhalb bzw. außerhalb des Dreiecks" beachten würde, denn nur das Teildreieck ADC ist aufgrund von SsW eindeutig konstruierbar. Du siehst auch bei Möglichkeit B, dass die Teildreiecke AF_1C_1 und AC_2F_2 kongruent sind.

Im Beispiel 2 hast du gesehen, dass eine Konstruktion nicht immer eindeutig sein muss. Manchmal kann es auch sein, dass das Dreieck mit den gegebenen Stücken gar nicht konstruierbar ist. Daher solltest du dies immer vorher prüfen.

Beispiel 3: Konstruktionen überprüfen

Marcus will ein Dreieck ABC mit c = 5 cm, $\gamma = 90°$ und $h_c = 4$ cm konstruieren. Sein älterer Bruder sagt sofort, dass das nicht geht. Begründe, weshalb.

Lösung:

Nach der Umkehrung des Thalessatzes muss der Eckpunkt C auf dem Kreis über den Durchmesser $\overline{AB}$ liegen. Da die Höhe immer senkrecht zur gegenüberliegenden Seite ist, kannst du eine Parallele zu $\overline{AB}$ als Hilfslinie einzeichnen. Damit die Parallele den Kreisbogen schneidet bzw. berührt, kann diese maximal einen Abstand von 2,5 cm zu $\overline{AB}$ haben. Die Höhe soll aber 4 cm lang sein. Somit ist das Dreieck nicht konstruierbar.

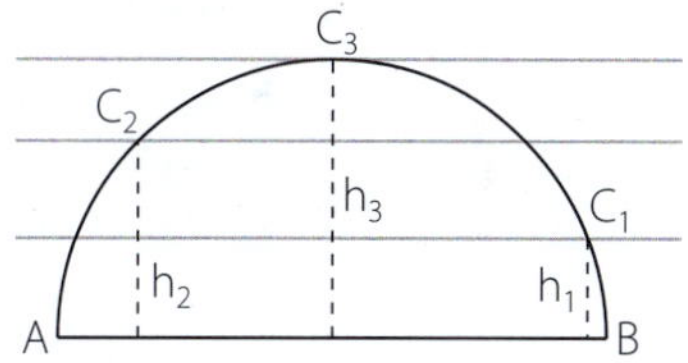

Beim Lösen von Konstruktionsproblemen kannst du also verschiedene Strategien anwenden, ein strukturiertes Vorgehen hilft dir dabei.

1. **Zeichne eine Planfigur und markiere gegebene Stücke farbig.**
2. **Überlege, welche Strategie dir beim Konstruieren helfen kann, wie z. B.**
   - **geeignetes Teildreieck suchen – Hilfslinie (Parallele) verwenden, z. B. bei Höhen**
   - **Eigenschaften besonderer Linien, z. B. Seitenhalbierende, Winkelhalbierende**
   - **Thaleskreis bei rechtwinkligen Dreiecken**

Aufgaben

Trainieren Vertiefen Herausforderung

1 Ein Dreieck ABC soll aus $a = 9\,cm$, $b = 7\,cm$ und $s_b = 6\,cm$ konstruiert werden. Zur Vorbereitung hat Martha eine Planfigur angefertigt. Nach der Konstruktion hat sie Konstruktionsschritte auf Kärtchen notiert. Ordne diese der Reihe nach und überprüfe die Reihenfolge, indem du konstruierst.

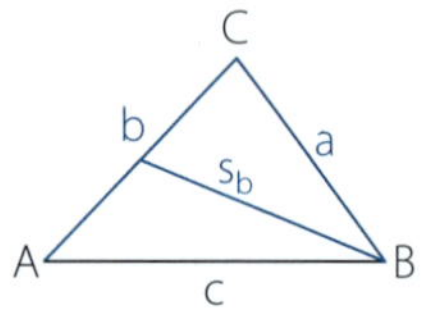

- Zeichne die Strecke $\overline{AC} = b$ mit der Länge 7 cm
- Kreis um M_b mit $r = s_b = 6\,cm$
- Das ist der Punkt B.
- Dreieck ABC einzeichnen
- Kreis um C mit dem Radius $a = 9\,cm$
- Schnittpunkt der Kreise einzeichnen
- Mittelpunkt M_b der Seite b bestimmen

2 Von einem Dreieck ist bekannt:
$a = 5\,cm$; $\gamma = 48°$; $h_a = 4{,}5\,cm$
Begründe anhand der Planfigur, dass das Teildreieck AHC mithilfe eines Kongruenzsatzes konstruiert werden kann. Erläutere dann, mit welchen Konstruktionsschritten das Gesamtdreieck erhalten werden kann.

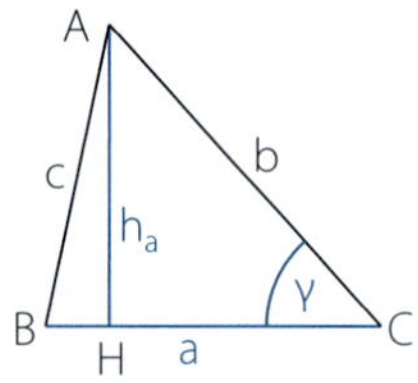

3 Konstruiere die Dreiecke. Erstelle zuerst eine Planfigur.

a) $a = 6{,}5\,cm$; $c = 6\,cm$; $s_c = 4{,}6\,cm$
b) $c = 8{,}5\,cm$; $h_c = 3{,}5\,cm$; $\alpha = 75°$
c) $b = 6\,cm$; $\alpha = 50°$; $w_\alpha = 5\,cm$
d) $b = 3\,cm$; $\gamma = 65°$; $s_a = 3{,}4\,cm$
e) $a = 8\,cm$; $c = 7\,cm$; $h_b = 6{,}4\,cm$
f) $a = 5{,}5\,cm$; $h_b = 3{,}5\,cm$; $w_\gamma = 6\,cm$

4 Maximilian und Veronique haben beide ein Dreieck mit $c = 7{,}5\,cm$, $\alpha = 60°$ und $h_c = 3\,cm$ konstruiert. Sie sind unterschiedlich vorgegangen. Notiere die passende Konstruktionsbeschreibung und nenne die angewendeten Strategien.

Maximilian:

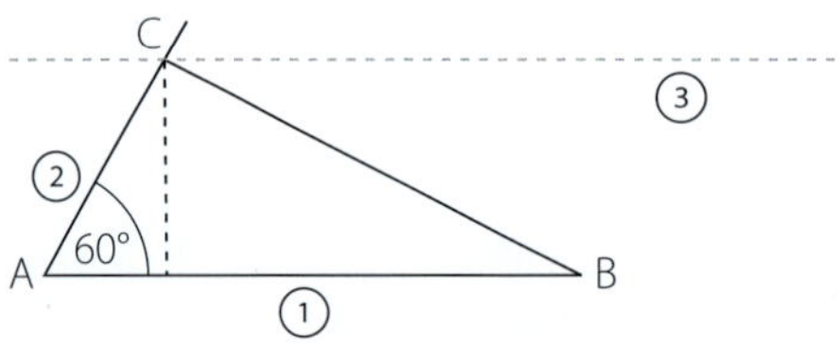

Veronique:

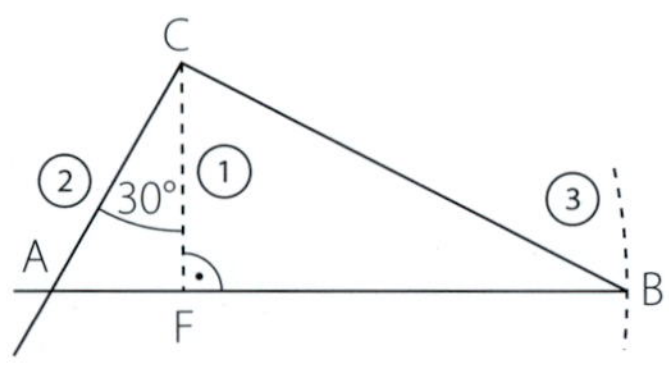

5 Konstruiere das Dreieck mit folgenden Angaben.

a) rechtwinkliges Dreieck mit der Hypotenusenlänge $|\overline{AC}| = 7\,cm$ und $h_b = 2{,}5\,cm$
b) gleichschenklig-rechtwinkliges Dreieck mit der Basislänge 6,5 cm
c) gleichschenkliges Dreieck mit $a = b$, $\gamma = 40°$ und $w_\gamma = 6{,}8\,cm$
d) gleichschenkliges Dreieck mit $b = c$, $h_b = 4\,cm$ und $\alpha = 55°$
e) gleichseitiges Dreieck mit der Höhe 5,5 cm

6 Begründe, weshalb du ein Dreieck ABC mit $s_c = 3\,cm$, $c = 6\,cm$ und $h_c = 4\,cm$ nicht konstruieren kannst. Verändere eine Angabe und konstruiere das Dreieck.

7 Entscheide und begründe, welche Dreiecke du konstruieren kannst. Tausche dich anschließend mit deinem Nachbarn aus.

$h_c = 3\,cm, b = 5\,cm, a = 4\,cm$ | $h_a = 4\,cm, b = c = 5\,cm$ | $c = 5\,cm, h_c = b = 3\,cm, \alpha = 80°$

$c = 5\,cm, h_c = 3\,cm, b = 2{,}5\,cm$ | $b = c = 5\,cm, w_\gamma = 3\,cm$ | $a = c = h_b = 4\,cm$

$a = 4\,cm, h_a = 3\,cm, w_\alpha = 2{,}5\,cm$ | $a = 6\,cm, h_a = 3\,cm, s_a = 4\,cm$ | $h_b = 4\,cm, \alpha = 80°, \gamma = 30°$

8 Emil behauptet, dass er bei einem spitzwinkligen Dreieck mit nur einem Kreis h_c konstruieren kann, wenn er den Mittelpunkt der Seite a oder b kennt. Nimm Stellung zu der Aussage.

9 Erläutere anhand einer Skizze,
a) wo die Ecke C liegen kann, wenn c und h_c gegeben sind.
b) wo der Fußpunkt der Höhe h_a liegt, wenn c und h_a gegeben sind.

10 Konstruiere ein gleichseitiges Dreieck ABC aus:
a) $a = 4{,}0\,cm$ b) $h_c = 4{,}0\,cm$ c) $w_\beta = 4{,}0\,cm$ d) $r_{Umkreis} = 4{,}0\,cm$

11 Von einem Dreieck ABC sind die Seite $a = 5\,cm$ und $\beta = 55°$ bekannt. Ergänze noch eine Angabe, so dass das Dreieck konstruierbar ist. Tausche dich dann mit deinem Nachbarn aus und löst gegenseitig eure Aufgaben.

Noch fit?

I Fülle im Heft die leeren Felder passend aus.

a) $(3a + \square)^2 = \square + 24ab + \square$

b) $(\square - \square)^2 = 64x^2 - \square + 49z^2$

c) $(7b - \square)(\square + \square) = \square - 4y^2$

Trainieren | **Vertiefen** | Herausforderung

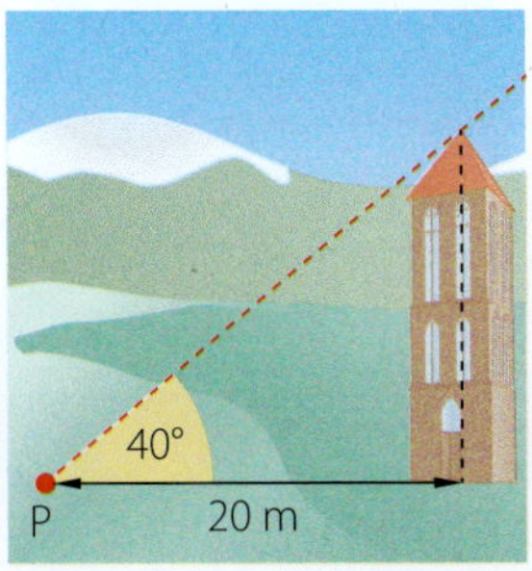

12 Höhenbestimmung
a) Marianne hat mithilfe eines Winkelmessers und eines Maßbandes verschiedene Angaben gemessen. Erläutere, wie sie nun die Höhe des Turmes bestimmen kann.
b) Sie möchte außerdem die Höhe eines zweiten Turms bestimmen. Aus Sicherheitsgründen ist dieser aber abgesperrt, so dass sie die Entfernung zum Turm nicht bestimmen kann. Ihr Bruder meint aber: „Du musst dir dann zwei Punkte auf derselben Seite suchen und die Winkel bestimmen." Überlege, wie sie vorgehen kann, und tausche dich dazu mit deinem Nachbarn aus.

13 Von Dreieck ABC sind zwei Bestimmungsstücke gegeben. Für welche Werte des genannten dritten Stücks hat die Konstruktionsaufgabe keine Lösung, eine Lösung, zwei Lösungen? Erläutere diese Möglichkeit anhand einer Zeichnung.

a) $c = 6{,}0\,\text{cm}$, $\gamma = 90°$, h_c
b) $c = 5{,}0\,\text{cm}$, $\beta = 30°$, s_a
c) $a = 4{,}0\,\text{cm}$, $\gamma = 120°$, α
d) $c = 5{,}0\,\text{cm}$, $h_b = 3{,}0\,\text{cm}$, β
e) $c = 5{,}0\,\text{cm}$, $h_b = 4{,}0\,\text{cm}$, s_c
f) c, h_c, a veränderlich

14 Vierecke konstruieren

a) Claudia hat das Viereck ABCD mit $a = 4\,\text{cm}$, $c = 5\,\text{cm}$, $d = 6\,\text{cm}$, $\alpha = 45°$ und $\delta = 100°$ konstruiert. Erläutere ihre Strategie und notiere die entsprechende Konstruktionsbeschreibung.

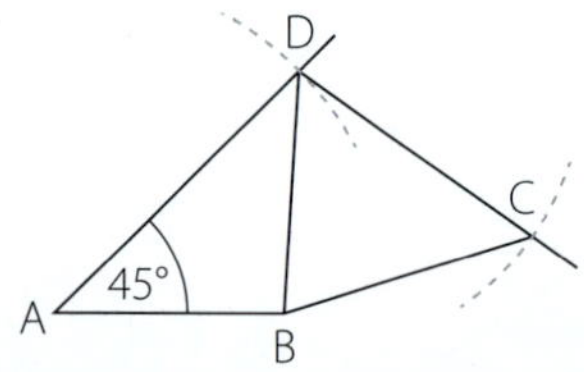

b) Konstruiere die Vierecke mit folgenden Angaben.

$a = 6\,\text{cm}$, $b = 4\,\text{cm}$, $d = 5\,\text{cm}$, $\alpha = 60°$, $\gamma = 90°$

$a = 5\,\text{cm}$, $b = 6\,\text{cm}$, $c = 7\,\text{cm}$, $d = 8\,\text{cm}$, $|\overline{AC}| = 9\,\text{cm}$

$a = 5\,\text{cm}$, $b = 6\,\text{cm}$, $c = 7\,\text{cm}$, $d = 8\,\text{cm}$, $\alpha = 100°$

15 Japanischer Satz für Sehnenvierecke

In der nebenstehenden Abbildung ist ein Viereck mit seinem Umkreis (Sehnenviereck) abgebildet.

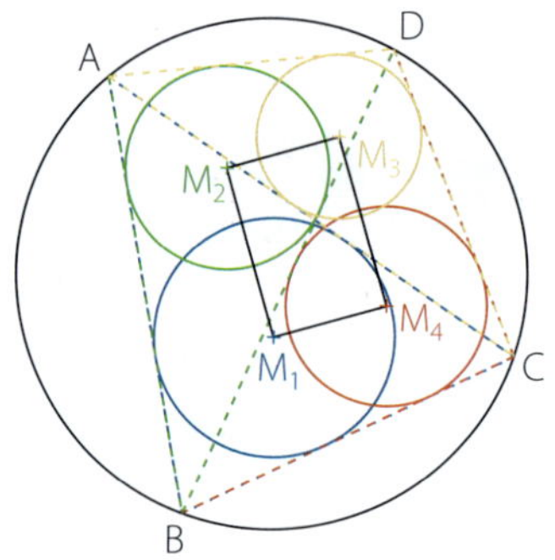

a) Beschreibe, welche besondere Punkte die Punkte M_1, M_2, M_3 und M_4 sind.

b) Konstruiere mithilfe einer DGS ein solches Viereck mit den innenliegenden Kreisen. Verschiebe die Eckpunkte A, B, C und D auf dem Umkreis. Beschreibe, was dir dabei auffällt.

16 Konstruktion mit Seitenhalbierenden

Von einem Dreieck sind die beiden Seitenhalbierenden $s_a = 9\,\text{cm}$ und $s_b = 6\,\text{cm}$ bekannt. Erläutere, wie man das Dreieck konstruieren kann. Du darfst dabei das Lineal zum Abmessen von Strecken verwenden. Für die Lösung benötigst du noch eine weitere Eigenschaft der Seitenhalbierenden. Recherchiere diese zunächst.

Trainieren | Vertiefen | **Herausforderung**

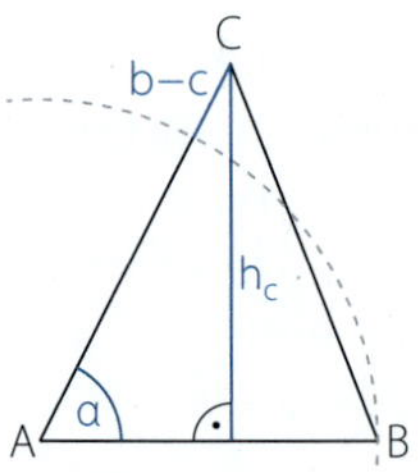

17 Markus möchte das Dreieck mit den Angaben $\alpha = 35°$; $h_c = 8\,\text{cm}$; $b - c = 5\,\text{cm}$ konstruieren und hat hierzu eine Planfigur mit einer Konstruktionsidee erstellt.

a) Erläutere die Idee und konstruiere dann das Dreieck.

b) Erstelle eine Planfigur und konstruiere das Dreieck mit $\gamma = 80°$, $\beta = 40°$ und $c - a = 2\,\text{cm}$.

c) Entwirf selbst eine Planfigur und lass deinen Nachbarn das Dreieck dann konstruieren.

Check up

Was kannst du? Was musst du noch üben?
Mit diesen Aufgaben kannst du deinen Lernfortschritt überprüfen.
Die Lösungen findest du im Anhang.

1 Welche der Begriffe kannst du den Aussagen a) bis h) zuordnen? Auch Mehrfachzuordnungen sind möglich. Betrachte dabei ein allgemeines Dreieck ABC, das weder gleichschenklig noch rechtwinklig ist.

Mittelsenkrechte m_{AB} | Winkelhalbierende w_α | Seitenhalbierende s_a | Höhe h_c

a) Die Linie verläuft durch die Mitte von $\overline{BC}$.
b) Die Linie steht senkrecht auf der Seite $\overline{AB}$.
c) Die Linie teilt die Seite $\overline{AB}$ genau in zwei Hälften.
d) Die Linie steht senkrecht auf $\overline{AB}$ und geht durch C.
e) Die Linie halbiert den Winkel γ.
f) Die Linie verläuft durch den Umkreismittelpunkt des Dreiecks.
g) Die Linie halbiert den Winkel α.
h) Die Linie verläuft durch A.

2 Konstruiere ein gleichschenkliges Dreieck ABC mit der Basis c = 7 cm und dem Basiswinkel mit der Größe α = 50°. Konstruiere den Punkt, der
a) von den Ecken des Dreiecks den gleichen Abstand hat,
b) von den Seiten des Dreiecks den gleichen Abstand hat.

3 Zeichne jeweils zunächst eine Planfigur und erläutere, welches Teildreieck mithilfe eines Kongruenzsatzes konstruiert werden kann. Gib dann an, mit welchen Konstruktionsschritten das Gesamtdreieck erhalten werden kann.
a) $a = 5\,cm$; $\beta = 70°$; $r_{Umkreis} = 4{,}5\,cm$
b) $a = 6\,cm$; $b = 4\,cm$; $h_a = 3\,cm$
c) $w_\beta = 5{,}0\,cm$, $\alpha = 50°$; $\gamma = 70°$
d) $a = 7{,}0\,cm$, $b = 6{,}0\,cm$, $s_b = 5{,}0\,cm$

4 Entscheide und begründe, ob aus den folgenden Angaben jeweils ein Dreieck konstruierbar ist.
a) $c = 5{,}0\,cm$, $a = 4{,}0\,cm$, $\alpha = 90°$
b) $a = 3{,}0\,cm$, $b = 5{,}0\,cm$, $c = 8{,}0\,cm$
c) $b = 6{,}0\,cm$, $\beta = 67{,}5°$, $\gamma = 119{,}5°$
d) $a = 10{,}0\,cm$, $s_a = 4{,}5\,cm$, $\gamma = 95°$
e) $c = 5{,}5\,cm$, $\alpha = 120°$, $\gamma = 30°$
f) $a = 5{,}0\,cm$, $c = 8{,}0\,cm$, $h_c = 6{,}0\,cm$
g) $c = 8{,}0\,cm$, $h_c = 7{,}0\,cm$, $s_c = 6{,}0\,cm$
h) $h_a = 5{,}5\,cm$, $w_a = 4{,}0\,cm$, $\alpha = 60°$

5 Stephanie hat ein Dreieck konstruiert.
Gib an, welche drei Stücke des Dreiecks gegeben waren und mit welcher Strategie sie vorgegangen ist.

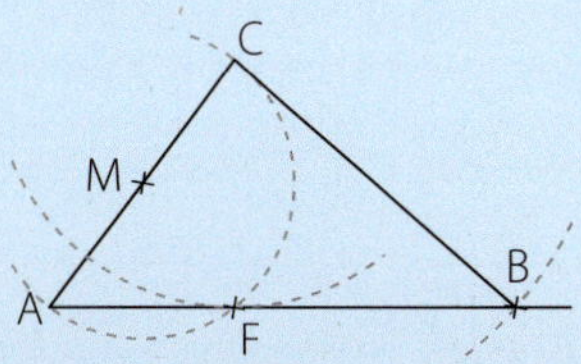

Auf einen Blick

Mittelsenkrechte und Umkreis

In jedem Dreieck schneiden sich die drei Mittelsenkrechten in einem Punkt M. M ist der Mittelpunkt des Umkreises des Dreiecks.

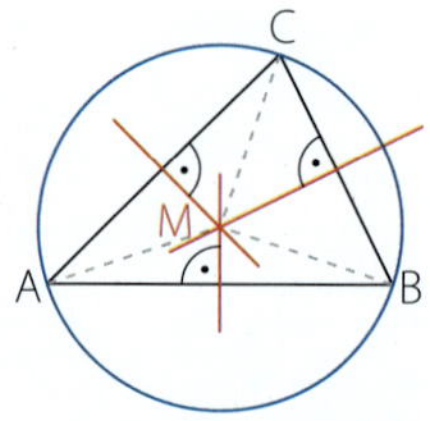

Winkelhalbierende und Inkreis

In jedem Dreieck schneiden sich die drei Winkelhalbierenden in einem Punkt W. W ist der Mittelpunkt des Inkreises des Dreiecks.

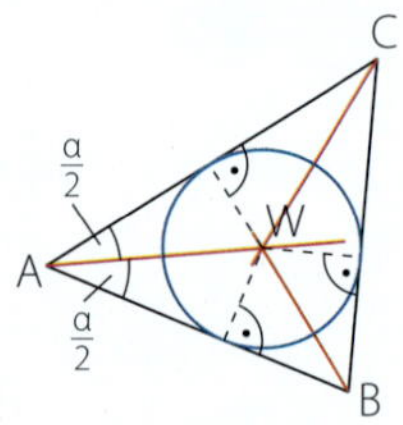

Weitere besondere Linien im Dreieck

In einem Dreieck schneiden sich die drei Höhen oder ihre Verlängerungen im Höhenschnittpunkt H. In einem Dreieck schneiden sich die drei Seitenhalbierenden im Schwerpunkt S.

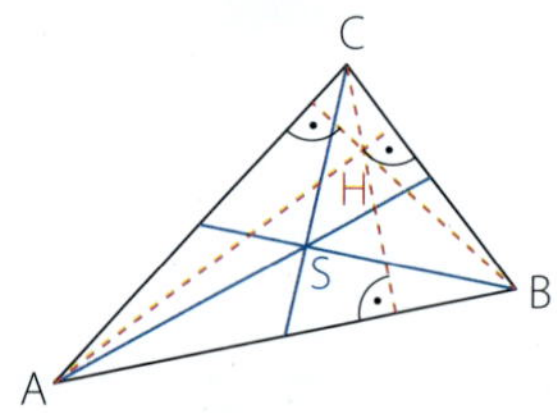

Strategien zum Konstruieren

Beim Lösen von Konstruktionsproblemen kannst du verschiedene Strategien anwenden, ein strukturiertes Vorgehen hilft dir dabei.

1. Zeichne eine Planfigur und markiere gegebene Stücke farbig.

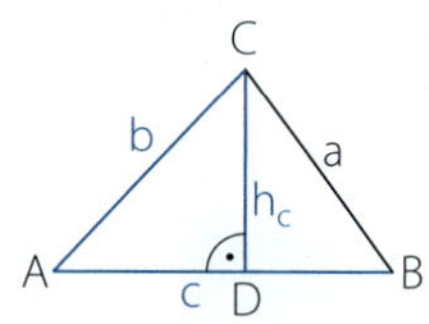

2. Überlege, welche Strategie dir beim Konstruieren helfen kann, wie z. B.
   - geeignetes Teildreieck suchen
   - Hilfslinie (Parallele) verwenden, z. B. bei Höhen
   - Eigenschaften besonderer Linien, z. B. Seitenhalbierende, Winkelhalbierende
   - Thaleskreis bei rechtwinkligen Dreiecken

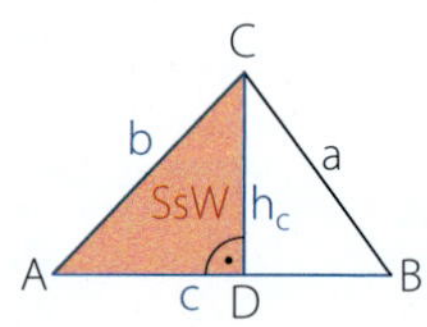

oder

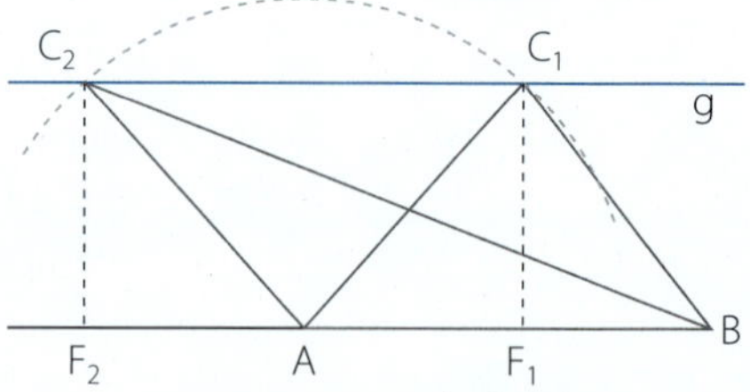

Kapitel 10

Anhang

Lösungen zu Kapitel 1

Kapitel 1 · Wiederholung (S. 8/9)

1 a) −540, Produkt
b) $-26\frac{35}{36}$, Quotient
c) $\frac{1}{6}$, Differenz
d) 1, Quotient
e) −0,1, Produkt
f) −2,48, Differenz

2 a) Quotient

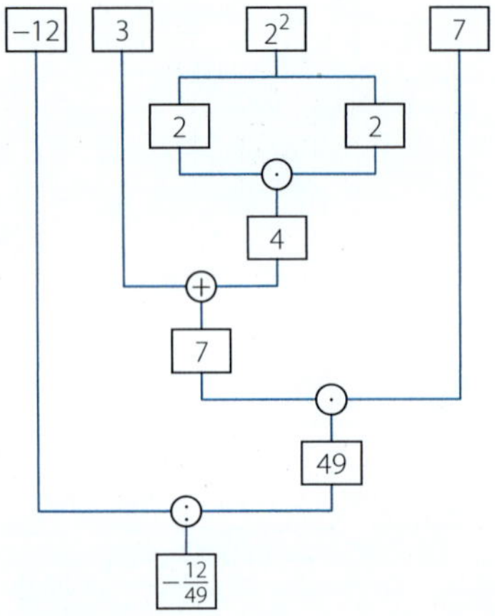

b) Quotient

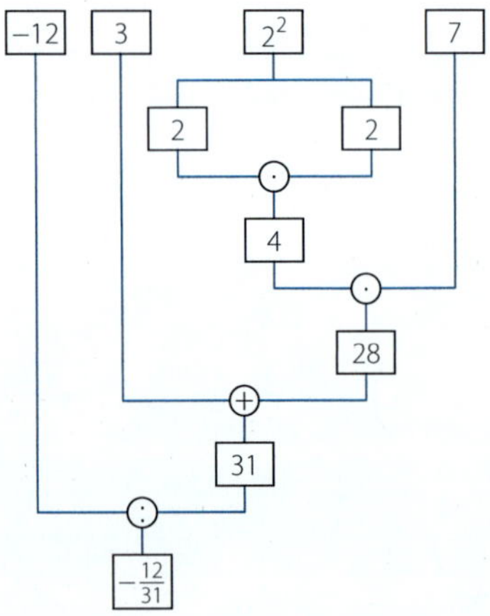

3 a) $(218 + (-38)) - \frac{105}{7} = 165$
b) $\frac{54}{3} \cdot \frac{1}{6} - \left(\frac{1}{5} - \frac{1}{10}\right) = 3\frac{9}{10}$
c) $(3{,}06 + (-0{,}5)) : (-2{,}5 - (-0{,}9)) = -1{,}6$

Kapitel 1.1 · noch fit (S. 14)

I $A_{Dachfläche} = 2\,A_{Trapez} + 2\,A_{Dreieck}$
$A_{Dachfläche} = 2 \cdot \frac{12\,m + 9\,m}{2} \cdot 6{,}4\,m + 2 \cdot \frac{1}{2} \cdot 8\,m \cdot 5{,}2\,m = 176\,m^2$

Kapitel 1.2 · noch fit (S. 21)

I a)

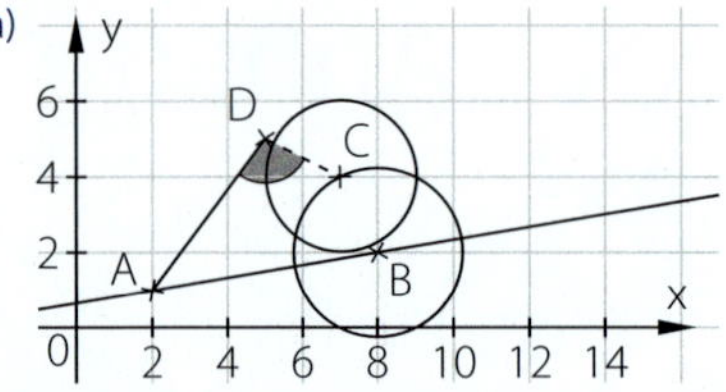

b) $|\overline{AB}| = 6{,}1\,cm$ $|\overline{BD}| = 4{,}2\,cm$ $\sphericalangle ADC = 100°$ $\sphericalangle BAD = 44°$
c) $A_{ABD} = 10{,}5\,cm^2$
d) E(11|6)

Kapitel 1 · Check-up (S. 25)

1 a) $T(x) = 3 \cdot x - 12$
b) $T(x) = 2 \cdot x - (x + 1)$
c) $T(x) = x^2 + 4 \cdot x$

2 a) $T_1(-1) = -8$ $T_1(1) = -4$ $T_1(2) = -2$
$T_2(-1) = 1$ $T_2(1) = -1$ $T_2(2) = -5$

b) $T_1(1; 0) = 0$ $T_1\left(\frac{1}{2}; -\frac{1}{2}\right) = \frac{1}{2}$ $T_1\left(-3; \frac{1}{3}\right) = -\frac{6}{10}$
$T_2(1; 0) = \frac{2}{3}$ $T_2\left(\frac{1}{2}; -\frac{1}{2}\right) = \frac{29}{12}$ $T_2\left(-3; \frac{1}{3}\right) = -\frac{1}{27}$

3 a) $T(x) = 2 \cdot x + 1$

x	2	3	4	6
T(x)	5	7	9	13

b) $T(a) = a^2 - a$

a	−2	0	1	3	4
T(a)	2	−2	−1	7	14

4 Zwei Terme sind äquivalent, wenn beide Terme denselben Termwert für jeden Wert, den man einsetzen kann, liefern.

x	−1	0	1	2	4
$T_1(x) = (x - 2)(x + 4) + 3$	−6	−5	−2	3	19
$T_2(x) = x^2 + 2 \cdot x - 5$	−6	−5	−2	3	19

5 Lisann hat erkannt, dass die Seiten der Dreiecke immer n Punkte haben. Da ein Dreieck drei Seiten hat, hat sie den Term 3 n aufgestellt. Nun hat sie aber die Ecken doppelt gezählt und muss deshalb wieder 3 abziehen.

Romy hat auch erkannt, dass die Seiten der Dreiecke immer n Punkte haben, hat dann aber die Ecken immer einer Seite zugeteilt, sodass jede Seite ohne die nicht zu ihr gehörende Ecke (n − 1) Punkte hat. Da das Dreieck drei Seiten hat, hat sie dann den Term 3(n − 1) aufgestellt.

Juliane hat erst die Seiten der Dreiecke ohne Ecken betrachtet, und erkannt, dass sie aus (n − 2) Kugeln bestehen. Da ein Dreieck drei Seiten hat, hat sie den Term 3 (n − 2) aufgestellt. In diesem Term fehlen aber die Ecken, also muss sie noch 3 addieren.

6 $T(x) = x + 2 \cdot x + 2 \cdot x + 10 = 5 \cdot x + 10$, wobei x die Strecke ist, die sie am ersten Tag zurückgelegt haben

7 a) $A(x) = 100 - 20 \cdot x + 2 \cdot x^2$
b) Die Ecken des kleinsten Quadrats liegen auf den Seitenmitten des Quadrats EFGH.
Der Flächeninhalt des kleinsten Quadrats ist
$A(5) = 100 - 20 \cdot 5 + 2 \cdot 5^2 = 100 - 100 + 50 = 50$.

Lösungen zu Kapitel 2

Kapitel 2 · Wiederholung (S. 28/29)

1 a) Miriam hat zuerst die Multiplikationen ausgerechnet, wobei sie 140 aufgeteilt hat in 100 + 40.
Kira hat erst 5 ausgeklammert, den Term in der Klammer ausgerechnet und dann die Multiplikation durchgeführt.
b) Miriam hat erst die Multiplikation durchgeführt und dann die Differenz ausgerechnet.
Kira hat erst die Klammer aufgelöst und dann multipliziert, indem sie 98 in 90 + 8 aufgeteilt hat.

2 a) −170 g) 500
b) 1329 h) 143
c) 2100 i) 880
d) 350 j) 637
e) 537 k) 10
f) 170 l) 1200

3 a) $14 \cdot 7 = (10 + 4) \cdot 7 = 70 + 28 = 98$
b) $98 \cdot 3 = (90 + 8) \cdot 3 = 270 + 24 = 294$
c) $(-7) \cdot 24 = (-7) \cdot (20 + 4) = -140 - 28 = -168$

4 Die drei Terme sind gleich, da die Werte dieselben sind, nur in verschiedenen Schreibweisen. Außerdem wurde bei den zwei hinteren Termen das Distributivgesetz angewandt, aber bei dem ersten nicht.
(1) $\frac{1}{2} \cdot \left(2{,}5 - \frac{3}{4}\right) = \frac{1}{2} \cdot \frac{7}{4} = \frac{7}{8}$
(2) $\frac{1}{2} \cdot \frac{5}{2} - \frac{1}{2} \cdot \frac{3}{4} = \frac{5}{4} - \frac{3}{8} = \frac{7}{8}$
(3) $2{,}5 : 2 - 0{,}75 : 2 = 1{,}25 - 0{,}375 = 0{,}875 = \frac{7}{8}$

5 a) 81 e) $\frac{1}{16}$
b) 32 f) 1 000 000
c) −125 g) $-\frac{1}{8}$
d) $\frac{1}{125}$ h) 3,375

6 $-27 = (-3)^3 = -3^3$ $-256 = -16^2$ $121 = (-11)^2$
$36 = 6^2$ $-32 = -2^5$ $64 = (-2)^6 = 8^2$
$256 = 16^2$

7 $6 \cdot 19 + 4 \cdot 89 + 6 \cdot 19 + 12 \cdot 39 + 6 \cdot 89 + 8 \cdot 39 + 8 \cdot 19$
$= 20 \cdot 19 + 20 \cdot 39 + 10 \cdot 89 = 2050$
Tim hat 20,50 € für die Klassenfeier ausgegeben.

8 a) $V = (2 \cdot x)^3 = 2^3 \cdot x^3 = 8 \cdot x^3$
Die Aussage ist falsch. Wenn man die Kantenlänge eines Würfels verdoppelt, verachtfacht sich das Volumen.
b) $A = \left(\frac{1}{2} \cdot x\right) \cdot \left(\frac{1}{2} \cdot y\right) = \frac{1}{4} \cdot x \cdot y$
Die Aussage ist richtig.

c) $\frac{1}{2}V = \frac{1}{2}(a \cdot b \cdot c) = \frac{1}{2} \cdot a \cdot b \cdot c$
Die Aussage ist falsch, es halbiert sich nur eine Kantenlänge.

Kapitel 2.1 · noch fit (S. 33)

I
a) 0,34 m
b) $7\frac{1}{3}$ t
c) 3,96 m^2
d) 6 h
e) 41,85 m^2
f) 41,625 m^2
g) 0,5 m
h) 60 000

Kapitel 2.2 · noch fit (S. 40)

I a) Salzstange: 90° von 360° $= \frac{90}{360} = \frac{1}{4} = 25\,\%$
25 % der Schüler kauften eine Salzstange.
Hörnchen: 108° von 360° $= \frac{108}{360} = \frac{3}{10} = 30\,\%$
30 % der Schüler kauften ein Hörnchen.
Der Anteil der „Nichts-Käufer" lässt sich als Rest bestimmen: 45 %.
b) 25 % der Schüler $= \frac{1}{4}$ der Schüler, also 15 Schüler.

Kapitel 2.3 · noch fit (S. 49)

I Die Aufgabe lässt sich am besten mit einer Tabelle lösen.
Die Anzahl der Schüler ist n = 24.

Note	1	2	3	4	5	6
absolute Häufigkeit	3	4	4	8	3	2
rel. Häufigkeit (Bruch)	$\frac{1}{8}$	$\frac{1}{6}$	$\frac{1}{6}$	$\frac{1}{3}$	$\frac{1}{8}$	$\frac{1}{12}$
rel. Häufigk. (dezimal)	0,125	0,167	0,167	0,333	0,125	0,083
rel. Häufigkeit (%)	12,5 %	16,7 %	16,7 %	33,3 %	12,5 %	8,3 %
Winkel für Kreisdiagr.	45°	60°	60°	120°	45°	30°

Kapitel 2.4 · noch fit (S. 55)

I a) Die Einnahmen im ersten Quartal betragen 24 000 €. Das arithmetische Mittel der monatlichen Einnahmen im ersten Quartal beträgt 8000 €, d. h. im ersten Quartal wurde pro Monat durchschnittlich 8000 € Gewinn erzieht.
a) Die Einnahmen im gesamten Jahr betragen −48 000 €, d. h. es wurde ein Verlust von 48 000 € erziehlt. Das arithmetische Mittel der monatlichen Einnahmen im gesamten Jahr beträgt −4000 €.

Kapitel 2 · Check Up (S. 57)

1 In dem Term $3x^2$ bezieht sich die Potenz auf das x, es gilt also $3x^2 = 3 \cdot x \cdot x$.
In dem Term 3^2x bezieht sich die Potenz auf die 3, es gilt also: $3^2x = 3 \cdot 3 \cdot x$.
In dem Term $(3x)^2$ bezieht sich die Potenz auf 3x, es gilt also: $(3x)^2 = 3 \cdot x \cdot 3 \cdot x$.
An den Umformungen kann man sehen, dass die Terme nicht gleich sind.

2 a) $4x + 13{,}5xy$
b) $18u - 2uw + 3w$
c) $7ab - 5b^2$

3 $A_1(x) = x^2 + 2x^2 + 4(7 + x + 2x)$
$A_2(x) = (x + 4)(2x + x) + 4 \cdot 7$
$A_1(x) = 3x^2 + 28 + 4x + 8x = 3x^2 + 12x + 28$
$A_2(x) = (x + 4)3x + 28 = 3x^2 + 12x + 28$

4 Die Aussage ist nicht richtig, wenn man alle Kantenlängen verdoppelt, vervierfacht sich der Oberflächeninhalt eines Quaders.
$O = 2 \cdot (2 \cdot a \cdot 2 \cdot b + 2 \cdot b \cdot 2 \cdot c + 2 \cdot a \cdot 2 \cdot c)$
$= 2 \cdot (4 \cdot a \cdot b + 4 \cdot b \cdot c + 4 \cdot a \cdot c) = 4 \cdot 2 \cdot (ab + bc + ac)$

5 $A = 0{,}5xy + 0{,}5y^2 = 0{,}5 \cdot (xy + y^2) = 0{,}5y \cdot (x + y) = \frac{y}{2} \cdot (x + y)$
Die Höhe, also der Abstand der parallelen Seiten, ist y.

6 a) $2x^2 - 18$
b) $10x^2 - 68x - 14$
c) $0{,}08x^2 - 0{,}4x - 24$
d) $16u^2 + 16v^2u + 4v^4$
e) $4y^2 - 9x^2$
f) $-9r^2 - 12rs - 4s^2$

7 a) $x \cdot (x - 2) - 8$
b) $(x + y)^2 - 4y^2$
c) $3a(3a - 4) + 4$
d) $(7y + 4x)(7y - 4x)$

8 Der Streifen, der im ersten Schritt abgeschnitten wird, hat die Breite a. Nachdem dieser Streifen abgeschnitten wurde, ist aus dem Rechteck ein Quadrat geworden, mit den Seitenlängen a und (a − x). Jetzt wird der Streifen der Länge x an die Seite mit der Seitenlänge (a − x) angeklebt. Also hat der angeklebte Streifen die Breite (a − x) und ist damit kleiner als der Streifen mit der Breite a.

Lösungen zu Kapitel 3

Kapitel 3 · Wiederholung (S. 60)

1

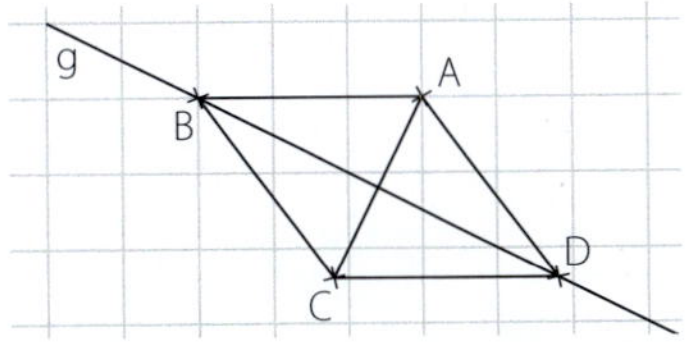

Die Diagonalen einer Raute stehen senkrecht aufeinander.

2 a) Falsch, in einem Quadrat sind alle Seiten gleich lang, bei einem Rechteck muss das nicht gelten.
b) Falsch, in einem Rechteck sind die gegenüberliegenden Seiten gleich lang, in einem Viereck muss das nicht gelten, auch nicht, wenn es zwei rechte Winkel hat.
c) Richtig, da die gegenüberliegenden Winkel in einer Raute gleich groß sind, sind gegenüberliegende Seiten in einer Raute parallel zueinander, damit ist jede Raute auch ein Parallelogramm.

3 individuelle Lösung

Kapitel 3.1 · noch fit (S. 64)

I a) −7,95 c) $-7\frac{1}{6}$
b) −0,1 d) 0,5

Kapitel 3.2 · noch fit (S. 70)

I a) 1700 Kommutativgesetz
b) 117 Assoziativgesetz
c) 187 Distributivgesetz
d) 7,5 Kommutativgesetz
e) 96 Kommutativgesetz
f) 2448 Distributivgesetz
g) 6766 Distributivgesetz
h) −189 Distributivgesetz
i) 105 Distributivgesetz

Kapitel 3.3 · noch fit (S. 77)

I a) 14,1 c) 13,75
b) −0,25 d) $-14\frac{1}{30}$

Kapitel 3.4 · noch fit (S. 81)

I Länge des Drahtes: $l = 2x + 14y$;
Flächeninhalt: $A = 10y^2 - xy$

II a) $(4a)^2 \cdot 4a^2 = 4a \cdot 4a \cdot 4a^2 = 4 \cdot 4 \cdot 4 \cdot a \cdot a \cdot a^2 = 64a^4$
(Kommutativgesetz, Assoziativgesetz)
b) $(-3b) \cdot (3b^2)^3 = (-3) \cdot b \cdot 3b^2 \cdot 3b^2 \cdot 3b^2$
$= (-3) \cdot 3^3 \cdot b \cdot b^2 \cdot b^2 \cdot b^2 = -81b^7$
(Kommutativgesetz, Assoziativgesetz)
c) $-\frac{1}{2}a^2b^2 \cdot 2b = -\frac{1}{2} \cdot -\frac{1}{2} \cdot 2 \cdot a^2 \cdot a^2 \cdot b \cdot b \cdot b$
$= \frac{1}{2}a^4b^3$
(Kommutativgesetz, Assoziativgesetz)

III a) Verbesserung der Fehler: $3 \cdot 6 = 18$; $a^2 \cdot a^3 = a^{2+3} = a^5$
Richtige Umformung: $3a^2 \cdot 6a^3b = 18a^5b$
b) Verbesserung der Fehler:
$(2x)^8 = 2^8 \cdot x^8 = 256x^8$; $(x^2)^3 = x^{2 \cdot 3} = x^6$;
$2x^8 - x^8 = 2x^8 - 1x^8 = (2-1)x^8 = x^8$
Richtige Umformung: $(2x)^8 - (x^2)^3 = 256x^8 - x^6$
c) Verbesserung der Fehler:
$2d(e^2 - 2d) = 2de^2 - 4d^2$;
$2de^2 - 2d \neq e^2$ $\left(2de^2 - 2d = 2d(e^2 - 1)\right)$;
$4de^2 + e^2 \neq 5d$ $e^2\left(4de^2 + e^2 = (4d+1)e^2\right)$
Richtige Umformung:
$4de^2 + 2d(e^2 - 2d) = 4de^2 + 2de^2 - 4d^2 = 6de^2\ 4d^2$

Kapitel 3 · Check Up (S. 83)

1 (1) Gerade g zeichnen
(2) ein Punkt A auf der Geraden g wählen
(3) das Lot in A errichten
(4) Kreis um A mit dem Radius r = 4 cm schneidet die Mittelsenkrechte in B
(5) Lot in B errichten

2 Der Sendemast B liegt auf dem Schnittpunkt der Mittelsenkrechten zu den Städten A und B und der Kreislinie um den Sendemast A. Demnach ist er gleich weit von den Städten entfernt und besitzt eine definierte Entfernung zum Sendemast B, die durch den Radius festgelegt ist.

3 Die Strecke $\overline{AZ}$ ($\overline{BZ}$, $\overline{CZ}$) muss genauso lang sein wie die Strecke $\overline{A'Z}$ ($\overline{B'Z}$, $\overline{C'Z}$) denn zueinander symmetrische Strecken sind gleich lang.

4 a) – b)

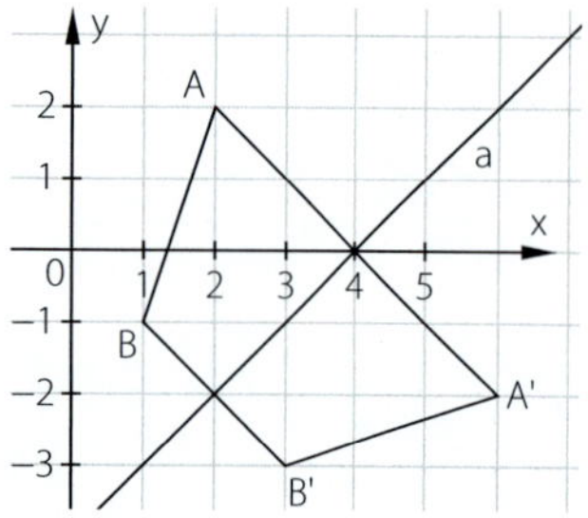

S (0|−4)
B' (3|−3)
Das Trapez ABB'A' ist gleichschenklig, da die Seiten $\overline{AB}$ und $\overline{A'B'}$ achsensymmetrisch zueinander und damit gleich lang sind.

c)

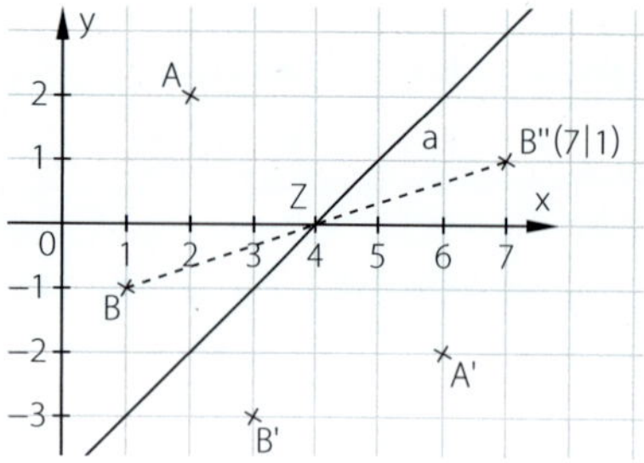

d) Da das Symmetriezentrum Z auf der Symmetrieachse aus a) liegt und $\overline{AZ}$ senkrecht auf der Symmetrieachse steht, sind die Koordinaten identisch.

5 a) Die Strecken $\overline{AB}$ und $\overline{A'B'}$ sind parallel und gleich lang, da sie punktsymmetrisch sind. Damit ist das enstehende Viereck ABA'B' auf jeden Fall ein Parallelogramm. Es kann aber auch ein Spezialfall eines Parallelogramms sein, wie ein Rechteck, eine Raute oder ein Quadrat.

b) Falls der Punkt Z auf der Geraden AB liegt, entsteht kein Viereck, da somit die Punkte A' und B' auch auf dieser Geraden liegen.

Lösungen zu Kapitel 4

Kapitel 4 · Wiederholung (S. 86)

1

Winkel	∢…	Art des Winkels	geschätzt	gemessen
α	∢ DGC	spitz	50°	53°
β	∢ GFE	stumpf	130°	135°
γ	∢ BDG	stumpf	160°	163°
δ	∢ ACB	spitz/ rechter	90°	91°
ε	∢ GDA	spitz	10°	13°
φ	∢ GAD	über- stumpf	325°	325°

Kapitel 4.1 · noch fit (S. 90)

I a) $-7\frac{11}{12}$
b) −6,99
c) 2,85
d) 0,12

Kapitel 4.2 · noch fit (S. 98)

I $T(x) = x + 2 \cdot 4 = x + 2^3 = 4 + x + 4$
$T(x) = x^3 = x \cdot x^2 = x \cdot x \cdot x$
$T(x) = x - 5 - 3 = x - (5 + 3)$
$T(x) = 8 - x = 12 - x - 4$

Kapitel 4 · Check Up (S. 101)

1

	α	β	γ	δ	ε	η
a)	30,7°	50°	99,3°	30,7°	50°	99,3°
b)	22°	68°	90°	22°	68°	90°
c)	45°	45°	90°	45°	45°	90°

d) Da die Winkel α, β und γ Nebenwinkel sind, muss ihre Summe 180° betragen. In diesem Fall gilt aber $\alpha + \beta + \gamma = 50° + \beta + 3 \cdot 50° = 200° + \beta$.
Somit würden die Winkel auf jeden Fall größer als 180° sein und damit kann der Winkel α nicht 50° groß sein.

2 a) Da a und b parallel sind, ist δ Wechselwinkel von 70°. Es gilt δ = 70°.

b) Der Nebenwinkel zum 60° Winkel an der Geraden a ist 120° groß. Da a und b parallel sind, sind dieser Winkel und α Wechselwinkel. Es gilt α = 120°.
Außerdem sind dieser Nebenwinkel und γ Stufenwinkel. Es gilt γ = 120°.
Der Nebenwinkel zu γ ist 60°. Da g und h parallel sind, sind dieser Winkel und β Stufenwinkel. Es gilt β = 60°.
Außerdem sind alle Winkel an der Kreuzung oben links 90° groß, da Neben- und Scheitelwinkel. Somit ist der Winkel ε ein Stufenwinkel zu einem rechten Winkel, deshalb gilt ε = 90°.

3 a) $180° = 90° + 2\gamma + \gamma$
$3\gamma = 90°$
$\gamma = 30°$
$\beta = 2 \cdot 30° = 60°$
b) $\gamma = 10 \cdot 15° - 70° = 80°$
$\delta = 360° - (15° + 70° + 80°) = 195°$

4 $\sphericalangle ADC = 90° - 20° = 70°$
$\sphericalangle CBA = 180° - 80° = 100°$
$\sphericalangle BAD = 180° - (180° - (20° + 60°)) = 80°$
$\sphericalangle DCB = 360° - (70° + 100° + 80°) = 110°$
Da der Winkel $\sphericalangle BAD$ und sein Stufenwinkel an b beide gleich groß sind, sind a und b parallel.

5 Die Innenwinkelsumme eines Sechsecks ist $(6 - 2) \cdot 180° = 720°$. Kathrins Sechseck hat fünf 120°-Winkel, der fehlende Winkel ist damit $720 - 5 \cdot 120° = 120°$. Dieses Sechseck kann konstruiert werden und es ergibt sich ein gleichmäßiges Sechseck.

Lösungen zu Kapitel 5

Kapitel 5 · Wiederholung (S. 104)

1

	−1	0	1,5	2
a) T(a)	−8	0	−6,75	−14
b) T(a)	$\frac{1}{3}$	0	2	$\frac{10}{3}$
c) T(a)	−2	0	0,857	1
d) T(a)	$\frac{25}{4}$	9	14,0625	16

2 a) $\square = 243 - 475 = -232$
b) $\square = 372 - 423 = -51$
c) $\square = 3\frac{2}{5} + 4\frac{1}{6} = 7\frac{17}{30}$
d) $\square = 3{,}2 - 4\frac{1}{4} = -1{,}05$
e) $\square = 225 : 15 = 15$
f) $\square = 143 : 13 = 11$

3 a) $24ac - 4bc$
b) $33u^2v^5w$
c) $-6a^2 + 3a + 18$
d) $c^2d^8 - c^4d^2$

4 a) Die Terme sind äquivalent, da durch Ausmultiplizieren und Zusammenfassen $(x + y)(x - y) = x^2 + y^2$ gilt (Plus-minus-Formel).
b) Die Terme sind nicht äquivalent, da die Temwerte für $c = 1$ und $d = 1$ mit $3 \cdot 1 \cdot 1 - 5 \cdot 1^2 = 3 - 5 = -2$ und $3 \cdot 1 \cdot (1 - 5 \cdot 1) = 3 \cdot (-4) = -12$ verschieden sind.
c) Die Terme sind nicht äquivalent, da die Termwerte für $b = 2$ mit $\frac{1}{1 + 2^2} = \frac{1}{1 + 4} = \frac{1}{5}$ und $\frac{1}{1 + 2} = \frac{1}{3}$ verschieden sind.

Kapitel 5.1 · noch fit (S. 109)

I Achsensymmetrie: $B' \approx (-1|-7{,}3)$, $C'(-5|-4)$
Punktsymmetrie: $B'(-4{,}5|-2)$, $C'(-3|-7)$

Kapitel 5.2 · noch fit (S. 119)

I a) $-3\frac{3}{4} = -3{,}75$
b) $-6\frac{1}{8} = -6{,}125$

Kapitel 5 · Check Up (S. 121)

1

x	$x^2 + 1$	$13 - x$	
1	$1^2 + 1 = 2$	$13 - 1 = 12$	Links zu klein, rechts zu hoch
5	$5^2 + 1 = 26$	$13 - 5 = 8$	Links zu groß, rechts zu klein
3	$3^2 + 1 = 10$	$13 - 3 = 10$	Beide Seiten gleich, Lösung: x = 10

$x = 3$ ist eine Lösung der Gleichung.

2 $0 \cdot x = 0$ hat unendlich viele Lösungen, da für jedes x das Produkt $x \cdot 0$ immer null ergibt. Also ist die Gleichung immer erfüllt.
$x^2 = 1$ hat zwei Lösungen, nämlich $x_1 = 1$ und $x_2 = -1$, da beim Quadrieren das Vorzeichen verloren geht.
$x^2 = -4$ hat keine Lösungen, da Quadratzahlen immer positiv sind, es kann also kein x geben, dass quadriert eine negative Zahl ergibt.
$3x = -1$ hat eine Lösung, nämlich $x = -\frac{1}{3}$, da wir durch Termumformungen zeigen können, dass die Gleichungen $3x = -1$ und $x = -\frac{1}{3}$ äquivalent sind.

3 a) $x = 3$ c) $x = 7$
b) $x = -1$ d) $x = 3$

4 a)
$$\begin{aligned} 14x + 7 &= 56 \quad &|:7 \\ 2x + 1 &= 8 \quad &|-1 \\ 2x &= 7 \quad &|:2 \\ x &= 3{,}5 \end{aligned}$$
Wenn man eine Summe dividiert, muss man jeden Summanden dividieren.

b)
$$\begin{aligned} 4x + 3 &= 15 \quad &|-3 \\ 4x &= 12 \quad &|:4 \\ x &= 3 \end{aligned}$$
Wenn man eine Gleichung umformt, muss man den Rechenschritt auf beiden Seiten der Gleichung durchführen, damit die Gleichheit erhalten bleibt.

5 a) z.B. Welchen Wert hatte die Morgentemperatur?
$x + 7{,}5 - 12{,}8 = 0$
$x = 5{,}3$
Am Morgen war es 5,3 °C warm.

b) z.B. Welche Länge hatte das Brett, bevor es geteilt wurde?
$\frac{x}{5} - 2 \cdot 0{,}3 = 16{,}4$
$x = 85$
Das Brett war 85 cm lang.

6 $x = 6\,m$

Lösungen zu Kapitel 6

Kapitel 6 · Wiederholung (S. 124/125)

1 a) Grundwert: 450 g, Prozentwert: 306 g, Prozentsatz: 68 %

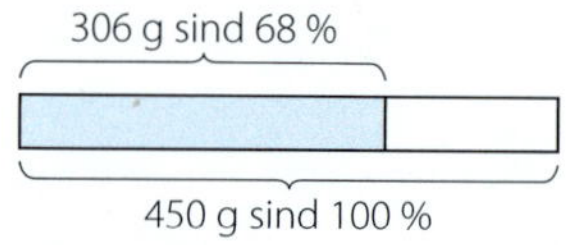

b) Grundwert: 949 Schülerinnen und Schüler, Prozentsatz: 8 %

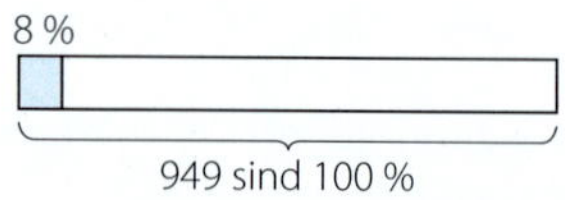

c) Grundwert: 30 Stimmen, Prozentwert: 12 Stimmen, Prozentsatz: 40 %

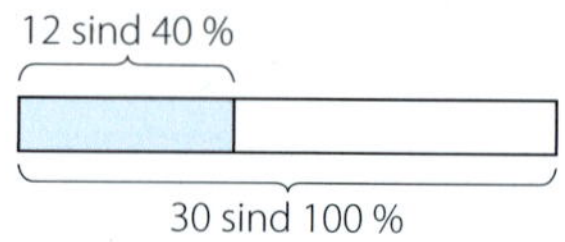

2 a) 325 kg d) 140 cm
b) 64 Schafe e) 60,80 €
c) 1,3 l f) $1{,}96\,m^2$

3 a) Der gesuchte Grundwert ist 144.
b) Der gesuchte Prozentwert ist 304.

4 a) 49,02 % c) 3,2 %
b) 40 % d) 76,91 %

5 $PS \cdot GW = PW$
$GW = PW : PS = 374{,}85\,€ : 0{,}15 = 2499\,€$
$2499\,€ - 374{,}85\,€ = 2124{,}15\,€$
Das E-Bike kostete ursprünglich 2499 € und mit Rabatt kostet es nun 2124,15 €.
Timo hat vergessen, den Prozentsatz in eine Dezimalzahl umzuwandeln. Zudem hat er teilweise die Einheit „€" vergessen. Er hätte auch nicht den Grund- und Prozentwert addieren dürfen.

6 a) Kevin: $60 \cdot 0{,}8 = 48$ richtige Antworten
Luis: 51 richtige Antworten
Mia: $60 - 11 = 49$ richtige Antworten
Momentan ist Luis auf dem ersten, Mia auf dem zweiten und Kevin auf dem dritten Platz.

b) $PS \cdot GW = PW$
$GW = PW : PS = 272 : 0{,}86 \approx 316$
In der Vorrunde wurden 316 Fragen gestellt.

c) $0{,}24 \cdot 40\,000\,000 = 9\,600\,000$
Auf 9,6 Millionen Fernsehgeräten wurde die Sendung gesehen.

Kapitel 6.1 · noch fit (S. 130)

I a) $O = 8{,}64\,m^2$; $V = 1{,}728\,m^3$
b) $O = 5{,}85\,m^2$; $V = 0{,}9\,m^3$
c) $O = 648\,cm^2$; $V = 810\,cm^3$

II a) $A = 73{,}62\,m^2$
Man braucht voraussichtlich 7 Dosen.
b) $V = 53\,550\,l$
Es dauert 2142 min = 35 h 42 min
c) Es fließen 89,25 l pro Minute ab.

Kapitel 6.2 · noch fit (S. 139)

I $\sphericalangle BAD = 180° - 52° = 128°$ und $\sphericalangle CBA = 180° - 144° = 36°$ (Nebenwinkel von α und β)
$\sphericalangle BAC = 180° - (\sphericalangle CBA + \gamma) = 180° - (99° + 36°) = 45°$ (Innenwinkelsumme des Dreiecks ABC)
$\sphericalangle CAD = 180° - (\sphericalangle BAC + \alpha) = 180° - (45° + 52°) = 83°$ (Nebenwinkel)
$\sphericalangle EBC = \beta - \sphericalangle BAD = 144° - 128° = 16°$ (Stufenwinkel)

Kapitel 6 · Check Up (S. 141)

1 Der neue Preis des DVD-Rekorders beträgt 148 €, denn es gilt: $0{,}8 \cdot 185\,€ = 148\,€$. Die Zimmerpflanze ist innerhalb eines Jahres auf 140 %, also um 40 %, gewachsen. Rechnung: $1{,}19\,m : 0{,}85\,m = 1{,}4 = 140\,\%$

2 Wenn Karl um 20 % größer als Willi ist, beträgt Karls Körpergröße 120 % (also das 1,2fache) von Willis Körpergröße (100 %).
Geht man von Karls Größe als Grundwert aus, dann ist Willi nur um ein Sechstel $\left(16\tfrac{2}{3}\,\%\right)$ kleiner als Karl. Willis Folgerung ist also falsch.

3 $450\,€ \cdot (1 - (0{,}15 + 0{,}1)) = 450\,€ \cdot 0{,}75 = 337{,}50\,€$
Susan hat berechnet, wie viel Rabatt sie bekommt, nicht den neuen Preis.

4 Median: 4 unteres Quartil: 2,5
oberes Quartil: 6,5 Spannweite: 8

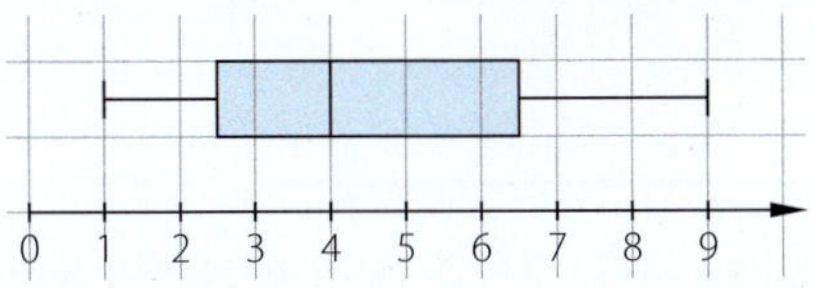

5 z. B.

Note	1	2	3	4	5	6
Anzahl	2	6	7	4	1	1

Spannweite: 5 arithmetisches Mittel: 2,95

6 Die Aussage von Leon ist falsch. Der Median wird von der Spannweite und von Ausreißern nicht beeinflusst, das arithmetische Mittel hingegen schon. Verkleinert man z. B. nur den kleinsten Wert bleibt der Median unverändert, das arithmetische Mittel wird kleiner.

Gegenbeispiel zu Leons Aussage: Bei 2, 13, 14, 15, 16 ist der Median 14, das arithmetische Mittel 12. Somit ist der Median größer.

7 z. B.
Bert schreibt bis zu 30 WhatsApp Nachrichten am Tag.
Es gab Tage, an denen Curt keine Nachrichten geschrieben hat.
Der Median der Nachrichten von Bert ist größer als der von Curt.
Die Spannweite bei Bert ist größer als bei Curt.

Lösungen zu Kapitel 7

Kapitel 7 · Wiederholung (S. 144/145)

1 a) $\alpha = 90°$ $\beta = 140°$ $\gamma = 40°$ $\delta = 50°$
b) $\alpha = 130°$ $\beta = 50°$ $\gamma = 40°$

2

	Die Aussage …	denn…
a)	trifft zu,	α und η sind Stufenwinkel.
b)	trifft zu,	β und γ ergeben zusammen den Stufenwinkel von ρ.
c)	trifft nicht zu,	der Nebenwinkel von γ ist der Stufenwinkel zu μ.
d)	trifft zu,	der Stufenwinkel von σ ist $\delta + \varepsilon$ und ergibt so zusammen mit γ einen gestreckten Winkel.
e)	trifft zu,	α und β ergeben zusammen den Stufenwinkel von μ.
f)	trifft zu,	δ und ε ergeben zusammen den Stufenwinkel von σ.
g)	trifft nicht zu,	σ und μ sind Scheitelwinkel.

3

a)	$\beta = 180° - 135° = 45°$	(Nebenwinkel)
	$\alpha = 180° - 70° - 45° = 65°$	(Winkelsumme im Dreieck)
b)	$\gamma = 180° - 125° = 55°$	(Nebenwinkel)
	$\alpha = \beta = (180° - 55°) : 2 = 62{,}5°$	(Winkelsumme im gleichschenkligen Dreieck)
c)	$\alpha = 41°$	(Wechselwinkel an geschnittenen Parallelen)
	$\beta = 77°$	(Wechselwinkel an geschnittenen Parallelen)
	$\gamma = 180° - 77° - 41° = 62°$	(Winkelsumme im Dreieck)
d)	$\gamma = 48°$	(Nebenwinkel)
	$\alpha = 180° - 74° - 48° = 58°$	(Winkelsumme im Dreieck)

4 a) $\gamma = 65°$ b) $\gamma = 30°$

5 Die Innenwinkelsumme in einem Dreieck beträgt 180°. Da die Summe der gemessenen Winkel $45° + 110° + 65° = 220°$ beträgt, erkennt ihr Bruder, dass Susan sich vermessen haben muss.

6 a) Die Strecken und Winkel im Dreieck sind gleich lang bzw. gleich groß. Zudem liegen die Mittelpunkte der Strecken $\overline{AA'}$ und $\overline{BB'}$ sowie der Punkt C auf einer Geraden.
b) Die Strecken und Winkel im Dreieck sind gleich lang bzw. gleich groß. Zudem ist das Symmetriezentrum der Schnittpunkt Strecken $\overline{AA'}$ und $\overline{BB'}$.

7 a)

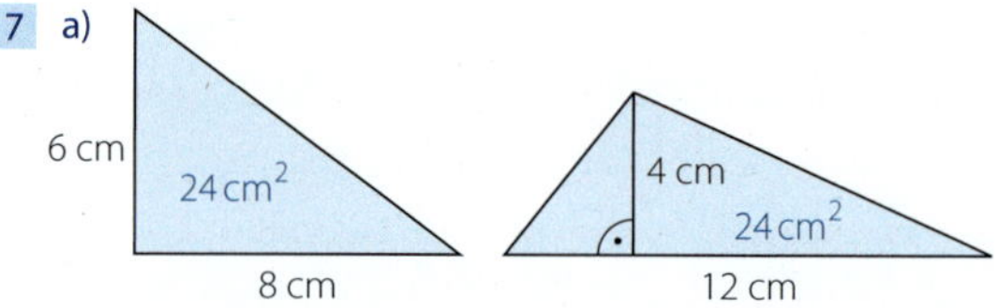

b)

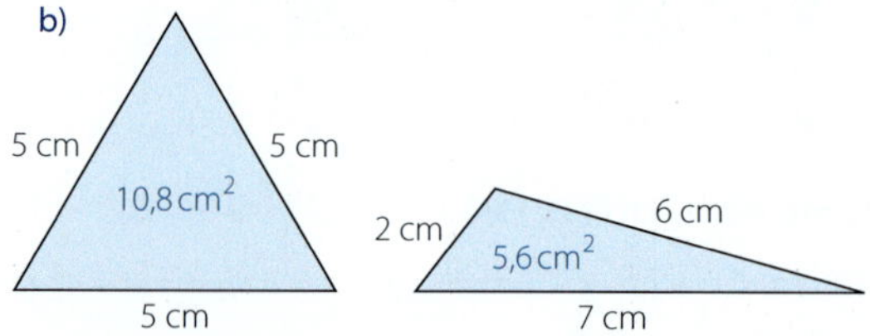

Kapitel 7.1 · noch fit (S. 148)

I a) $17ab - 9abc + 4ab - 5abc$
$= 17ab + 4ab - 9abc - 5abc = 21ab - 14abc$
Beim Vertauschen der Glieder wurde das Vorzeichen nicht mitgenommen. Bei der zweiten Umformung wurde ein c zuviel eingefügt.
b) $3u^3v^2w - 12u^2v^3 + 3u^2v^2 + 6u^3v^2w$
$= 9u^3v^2w - 12u^2v^3 + 3u^2v^2 = 3u^2v^2(3uw - 4v + 1)$
Beim Ausklammern von $3u^2v^2$ muss in der Klammer noch eine +1 hinzugefügt werden.

Kapitel 7.2 · noch fit (S. 157)

I $A_{beleuchtet} = \frac{1}{2}A_{Rechteck} - A_{kleines\ Dreieck}$
$A_{beleuchtet} = \frac{1}{2} \cdot 8\,m \cdot 12\,m - \frac{1}{2} \cdot 8\,m \cdot 4\,m = 32\,m^2$
$32\,m^2$ von $96\,m^2$ sind $33\frac{1}{3}\%$.

Kapitel 7 · Check Up (S. 159)

1 a)

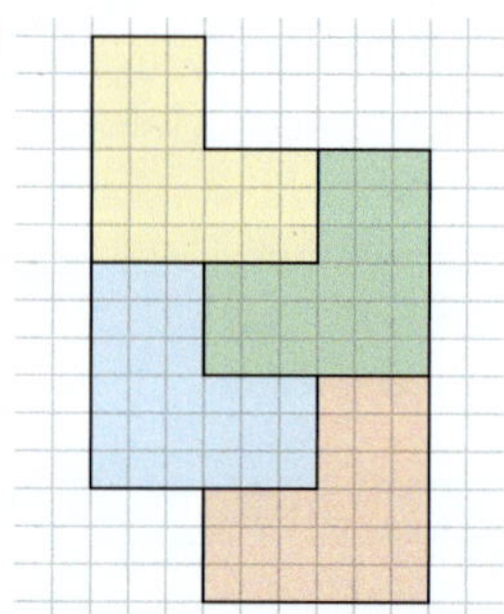

b) Es sind insgesamt 108 Kästchen. Wenn es 8 kongruente Quadrate wären, müsste ein Quadrat aus $108 : 8 = 13{,}5$ Kästchen bestehen. Ein Quadrat könnte aber max. eine Seitenlänge von 3 Kästchenlängen haben, damit die obere linke Ecke ausgefüllt wird. Der Flächeninhalt eines Quadrats wäre dann nur 9 Kästchen groß.

2 Winkelgrößen der Dreiecke:

①	⑥	⑧	⑨	④	⑦	⑤	②	③	⑩
119°	119°	112°	112°	111°	111°	85°	82°	80°	80°
35°	35°	43°	55°	37°	37°	50°	53°	65°	65°
26°	26°	25°	13°	32°	32°	45°	45°	35°	35°

Die Dreiecke mit gleichen Winkelgrößen sind zueinander kongruent nach Kongruenzsatz wsw: Dreieck ① und Dreieck ⑥ stimmen in der Seite mit der Länge 7,2 cm und den beiden angrenzenden Winkeln der Größen 35° bzw. 26° überein. Dreieck ④ und Dreieck ⑦ stimmen in der Seite mit der Länge 6,8 cm und den beiden angrenzenden Winkeln der Größen 32° bzw. 37° überein. Dreieck ③ und Dreieck ⑩ stimmen in der Seite mit der Länge 4,5 cm und den beiden angrenzenden Winkeln der Größem 35° bzw. 80° überein.

3 **a)** Die Konstruktion ist nach SsW eindeutig, falls $c > b$.
(1) A und C sind durch b festgelegt
(2) B liegt auf dem freien Schenkel von γ
(3) B liegt auf dem Kreis um A mit Radius c
b) Das Dreieck ist nicht eindeutig konstruierbar, da drei Winkel nicht ausreichend sind.
c) Die Konstruktion ist nach SWW eindeutig.
(1) Berechne $\alpha = 180° - \beta - \gamma$
(2) A und C sind durch c festgelegt
(3) B liegt auf dem freien Schenkel von γ
(4) B liegt auf dem freien Schenkel von α

4 maßstäbliche Konstruktion anfertigen, z. B. 1 : 10 000
$|\overline{BT}| \approx 3{,}2\,\text{cm}$ $\quad |\overline{CT}| \approx 3{,}1\,\text{cm}$
Die Entfernung von B zum Turm beträgt ca. 320 m. Der Fluss ist ca. 310 m breit.

Lösungen zu Kapitel 8

Kapitel 8 · Wiederholung (S. 162/163)

1 **a)–c)** individuelle Zeichnung
d)

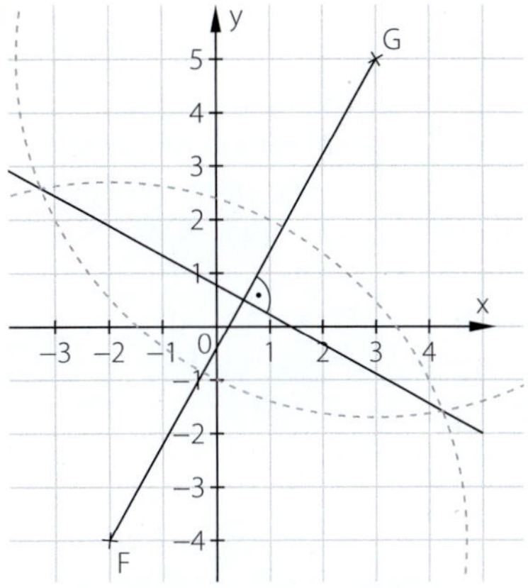

2 individuelle Zeichnungen

3 (1) Mittelsenkrechte der Sekante konstruieren
(2) ein Lot in dem Punkt errichten, in dem die Mittelsenkrechte den Kreis schneidet

4 (1) Kreis zeichnen
(2) einen Durchmesser einzeichnen
(3) Mittelsenkrechte des Durchmessers konstruieren, diese beiden Linien bilden die Diagonalen
(4) jeweils an den Schnittpunkten der Mittelsenkrechte/des Durchmessers ein Lot errichten

5

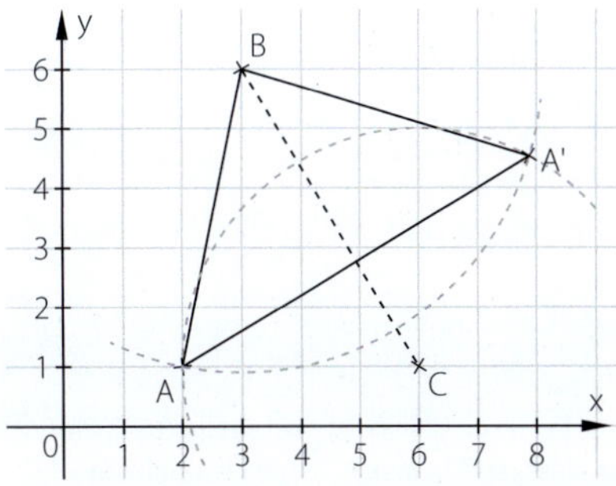

Da der Punkt A' der achsensymmetrische Punkt bezüglich BC zum Punkt A ist und B auf der Symmetrieachse liegt, sind die Seiten $\overline{AB}$ und $\overline{A'B}$ gleich lang und die Winkel bei A und A' gleich groß.

6 **a)** Wenn ein Viereck ein Rechteck ist, dann sind seine Diagonalen gleich lang. Dieser Satz ist wahr.
Kehrsatz: Wenn alle Diagonalen in einem Viereck gleich

lang sind, dann ist es ein Rechteck. Dieser Satz ist falsch, z. B. ein Drachenviereck kann auch gleich lange Diagonalen haben.

b) Wenn zwei Dreiecke kongruent sind, dann sind einander entsprechende Seiten gleich lang. Dieser Satz ist wahr. Kehrsatz: Wenn einander entsprechende Seiten an zwei Dreiecken gleich lang sind, dann sind sie kongruent. Dieser Satz ist wahr nach dem Kongruenzsatz sss.

c) Wenn in zwei Dreiecken entsprechende Winkel gleich groß sind, dann sind sie kongruent. Dieser Satz ist falsch, wenn in zwei Dreiecken entsprechende Winkel gleich groß sind, sind sie ähnlich. Kehrsatz: Wenn zwei Dreiecke kongruent sind, dann sind entsprechende Winkel gleich groß. Dieser Satz ist wahr.

Kapitel 8.1 · noch fit (S. 168)

I
a) $12a - 28b$
b) $3x + 2y$
c) $4a - 4{,}5b$
d) $-2ax + 10ay$
e) $2a^3 - 0{,}2a^2$
f) $0{,}6x^2 - 1{,}125x$

II
a) $-a^3$
b) $-0{,}9y^4$
c) $-0{,}5x^5$

Kapitel 8.2 · noch fit (S. 175)

I
a) $T(b; x) = \frac{1}{4}bx^2 - \frac{1}{2}b^2x + \frac{1}{2}bx^2 + \frac{3}{4}b^2x = \frac{1}{4}b^2x + \frac{3}{4}bx^2$;
$T(8; -1) = -16 + 6 = -10$
b) $T(p; s) = 6p^2s^4 + 9p^3s - 6p^2s^4 = 9p^3s$;
$T\left(\frac{2}{3}; 6\right) = \frac{9 \cdot 8 \cdot 6}{27} = 16$

Kapitel 8 · Check Up (S. 177)

1 Der Winkel δ und der Winkel ∢ EDA sind Nebenwinkel, also ist ∢ EDA = 80°.
Der Winkel β und der Winkel ∢ AED sind Stufenwinkel, also ist ∢ AED = 50°.
Da ein Dreieck eine Innenwinkelsumme von 180° hat, ist ∢ DAE = 180° − 50° − 80° = 50°.
Da ∢ DAE und ∢ AED gleich groß sind, gilt nach dem Basiswinkelsatz, dass das Dreieck ADE gleichschenklig ist.

2 In den Kreis lässt sich ein regelmäsiges Sechseck einzeichnen, indem man sechs gleichseitige Dreiecke einzeichnet mit einem Punkt auf dem Kreismittelpunkt und zwei Punkten auf dem Kreis. Damit ist die Seitenlänge der Dreiecke der Radius des Kreises. Der Umfang des Sechsecks ist sechs mal diese Seitenlänge und damit sechs mal der Kreisradius. Da das Sechseck innerhalb des Kreises ist, ist der Umfang des Kreises größer als der des Sechsecks.

3 Der Winkel ∢ CDB ist ein rechter Winkel.

Da die Punkte B und D auf einem Kreis um A liegen, haben sie denselben Abstand zu A. Das Dreieck ABD ist also gleichschenklig. Nach dem Basiswinkelsatz sind die Winkel ∢ DBA und ∢ ADB gleich groß, also ∢ DBA = ∢ ADB = 45°. Da ABCD ein Trapez ist, sind die Seiten $\overline{AD}$ und $\overline{BC}$ parallel und die Winkel ∢ ADB und ∢ CBD sind Wechselwinkel, also auch gleich groß, 45° = ∢ BDA = ∢ DBC.

B und C liegen auf einem Kreis um D, sie haben also den selben Abstand zu D. Das Dreieck BCD ist also auch gleichschenklig. Deshalb müssen, nach dem Basiswinkelsatz, die Winkel ∢ CBD und ∢ DCB gleich groß sein. Da ∢ CBD = 45° gilt, ist ∢ DCB = 45°.

Nach der Innenwinkelsumme eines Dreiecks gilt also für das Dreieck BCD 45° + 45° + ∢ CDB = 180°, also ∢ CDB = 90°.

4 a) Das Dreieck ist eindeutig konstruierbar, da wir zwei Seiten und den Winkel gegenüber der längeren Seite gegeben haben. (Kongruenzsatz SsW)

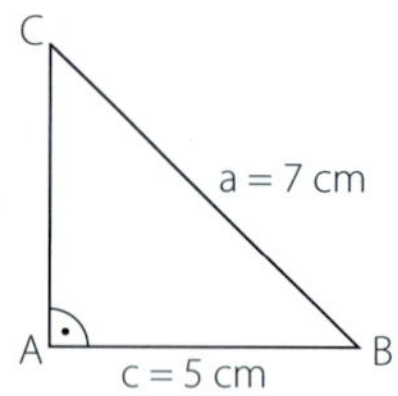

b) Das Dreieck ist nicht eindeutig konstruierbar. Es ist nicht eindeutig, welche Seite a und welche b ist.

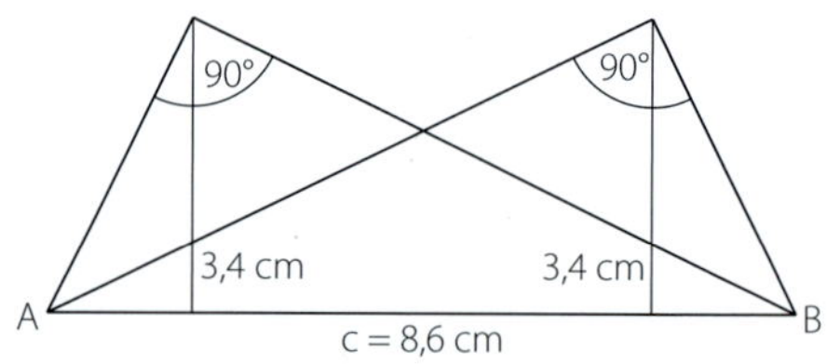

5 Ein rechtwinkliges Dreieck lässt sich mithilfe des Thaleskreis konstruieren.
(1) A und B sind durch die Länge der Hypotenuse mit 8 cm festgelegt
(2) konstruiere den Mittelpunkt der Strecke und zeichne den Kreis um M mit Radius r = 4 cm (Thaleskreis)
(3) C liegt auf dem Halbkreis, da der Flöcheninhalt A = 0,5 · 8 cm · h beträgt, wird dieser mit einer maximalen Höhe am größten, dies ist der Fall, wenn C auf der Mittelsenkrechten der Strecke $\overline{AB}$ und auf dem Thaleskreis liegt

6 Die Aussage ist wahr. Nach der Umkehrung des Thalessatzes gilt: Wenn ein Dreieck bei einem Eckpunkt einen rechten Winkel hat, dann liegt dieser Punkt auf dem Kreis mit dem Durchmesser der gegenüberliegenden Seite. Somit ist B dieser Eckpunkte und $\overline{AC}$ immer der Durchmesser des Kreises und dieser ist immer gleich lang.

7 a) – c)

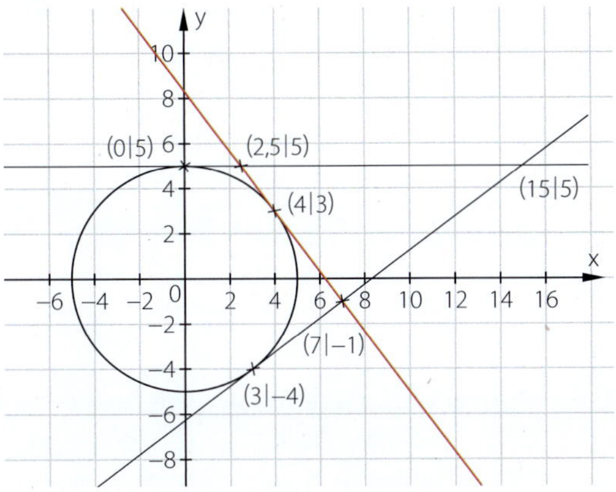

Lösungen zu Kapitel 9

Kapitel 9 · Wiederholung (S. 180/181)

1

	a	b	c	α	β	γ
a)	6 cm	10 cm	8 cm	≈ 37°	90°	≈ 53°
b)	5 cm	≈ 4,4 cm	≈ 5,4 cm	60°	50°	70°
c)	≈ 0,9 cm	≈ 1,5 cm	2 cm	27°	45°	108°
d)	≈ 3,5 cm	3,5 cm	6,5 cm	≈ 23°	≈ 22°	135°
e)	4 cm	4 cm	4 cm	60°	60°	60°
f)	≈ 6,2 cm	4,5 cm	1,9 cm	≈ 145°	25°	≈ 10°

2 a) $2 + 4{,}5 = 6{,}5 < 7$: Nach der Dreiecksungleichung hätte $b + c > a$ gelten müssen, es gibt keine Lösung.
b) Die Konstruktion ist eindeutig nach Kongruenzsatz sww. (Die Summe beider Winkel ist kleiner als 180°.)
c) Die Summe der beiden Winkel ist 181°, also größer als 180°. Es gibt keine Lösung.
d) Zeichne Seite a und trage Winkel β an. Der Kreis um C mit dem Radius b trifft den freien Schenkel von β nicht, weil b kürzer ist als die Länge des Lotes von C auf den freien Schenkel von β. Es gibt also keine Lösung.
e) Die Konstruktion ist eindeutig nach Kongruenzsatz wsw.
f) Es gibt keine Lösung, weil hier Hypotenuse und eine Kathete im rechtwinkligen Dreieck gleich lang wären. (Der rechte Winkel ist der größte Winkel, deshalb muss dessen Gegenseite größer als die andern Seiten sein.)

3 a) Zeichne die Strecke c mit der Länge 6,6 cm und den Endpunkten A und B.
Zeichne um A einen Kreis mit dem Radius b = 5,4 cm.
Zeichne um B einen Kreis mit dem Radius a = 4,2 cm.
Die Kreise schneiden einander im Punkt C.
Die Kreise schneiden einander auch in einem weiteren Punkt C'. Das Dreieck ABC' ist zum Dreieck ABC kongruent, da es durch Achsenspiegelung aus dem Dreieck ABC entstehen kann.
b) Zeichne die Strecke $\overline{BC}$ mit der Länge a = 5,3 cm.
Trage an die Strecke $\overline{BC}$ in B den Winkel β = 45,1° an und trage an die Strecke $\overline{BC}$ in C den Winkel γ = 67,6° an, der sich aus der Innenwinkelsumme im Dreieck ergibt.
A ist der Schnittpunkt der beiden freien Schenkel.

c) Dem Winkel liegt die kleinere Seite gegenüber. Die Konstruktion zeigt, dass keine Lösung möglich ist, weil Winkel α zu groß oder Seite a zu klein ist.

d) Zeichne die Strecke $\overline{AC}$ mit der Länge b = 4,6 cm.
Trage den Winkel γ = 60,3° an die Strecke $\overline{AC}$ im Punkt C an.
Zeichne einen Kreis um C mit dem Radius a = 5,1 cm.
Der Kreis schneidet den freien Schenkel von γ in B.

4 Ssw

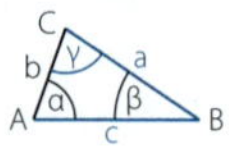

5 a) Gleichseitige Dreiecke sind durch die Angabe ihrer Seitenlänge eindeutig bestimmt.

b) Gleichschenklige Dreiecke sind durch die Angabe der Länge der Basis b und eines Schenkels s eindeutig bestimmt, falls 2 s > b gilt. Bei rechtwinkligen Dreiecken genügt zur eindeutigen Festlegung die Angabe der Längen von beiden Katheten oder von einer Kathete und der Hypotenuse, sofern sie die größere Länge hat.

c) Nein, es ist immer die Angabe einer Seitenlänge erforderlich.

d) Ein rechtwinkliges Dreieck ist durch die Angabe einer Kathetenlänge und eines spitzen Winkels festgelegt oder durch die Angabe der Hypotenusenlänge und eines spitzen Winkels.
Bei einem gleichschenkligen Dreieck genügt es, folgende Längen bzw. Winkelgrößen anzugeben:
Basis und spitzer Basiswinkel oder Basis und Winkel in der Spitze oder Schenkel und spitzer Basiswinkel oder Schenkel und Winkel in der Spitze.

6 a) Fall 1:
ABC ≅ ACD ($\overline{AC}$ gemeinsame Seite)

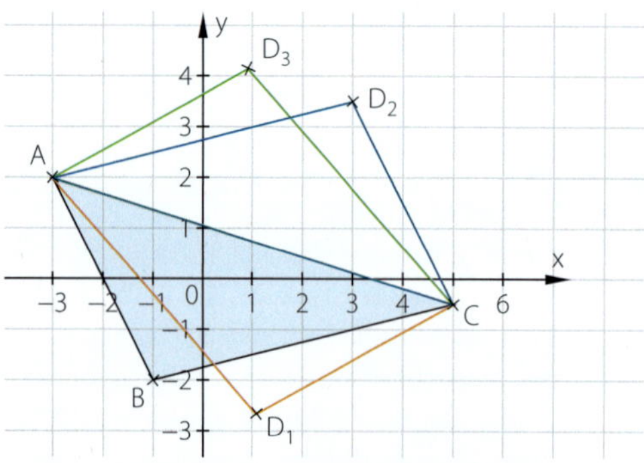

Es gibt drei Punkte D_1, D_2 und D_3, sodass die Dreiecke ACD_1, ACD_2 und ACD_3 zum Dreieck ABC kongruent sind. Das dabei entstehende Viereck $ABCD_2$ ist ein Parallelogramm (Punktspiegelung von ABC an der Seitenmitte von $\overline{AC}$). Das zweite entstehende Viereck $ABCD_3$ ist ein Drachenviereck (Achsenspiegelung an $\overline{AC}$, Diagonale ist also Achse).
$ABCD_1$ ist kein Viereck.

Fall 2:
ABC ≅ BCD ($\overline{BC}$ gemeinsame Seite)

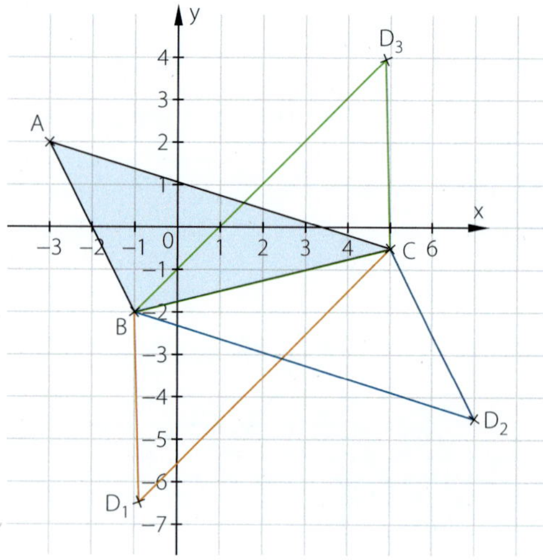

$ABCD_3$ ist ein gleichschenkliges Trapez. (Wegen der Kongruenz der Dreiecke ABC und BCD_3 sind deren Diagonalen gleich lang und die Schenkel ebenfalls.)
$ABCD_1$ und $ABCD_2$ sind keine Vierecke.

Fall 3:
ABC ≅ ADB ($\overline{AB}$ gemeinsame Seite)

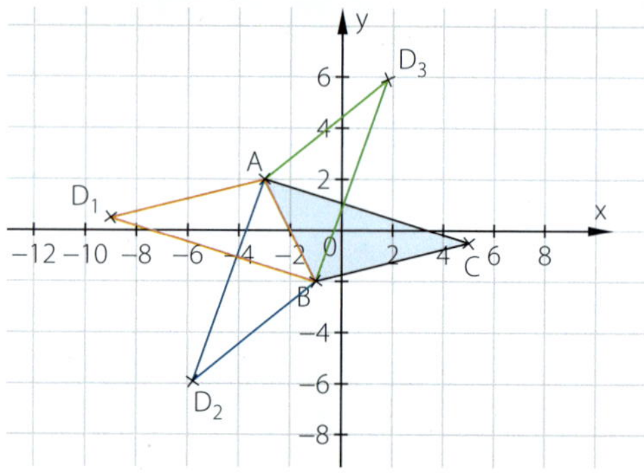

$ABCD_3$ ist ein gleichschenkliges Trapez. (Wegen der Kongruenz der Dreiecke ABC und ABD_3 sind deren Diagonalen gleich lang und die Schenkel ebenfalls.)
$ABCD_1$ und $ABCD_2$ sind keine Vierecke.

Fall 4:
ABC ≅ ABD ($\overline{AB}$ gemeinsame Seite)
Weil die Dreiecke wie in Fall 3 die Seite $\overline{AB}$ gemeinsam haben, ergeben sich die gleichen Werte für D.

Kapitel 9.1 · noch fit (S. 187)

I a) $x = -1$
b) $x = 1$
c) $x = -8$
d) $x = 2$

Kapitel 9.2 · noch fit (S. 193)

I a) $(3a + 4b)^2 = 9a^2 + 24ab + 16b^2$
b) $(8x - 7z)^2 = 64x^2 - 112xz + 49z^2$
c) $(7b - 2y)(7b + 2y) = 49b^2 - 4y^2$

Kapitel 9 · Check Up (S. 195)

1

	a)	b)	c)	d)	e)	f)	g)	h)
Mittelsenkrechte m_{AB}		×	×			×		
Seitenhalbierende s_a	×							×
Winkelhalbierende w_α							×	×
Höhe h_c		×		×				

2 a) U ist der gesuchte Punkt. U ist der Umkreismittelpunkt des Dreiecks.

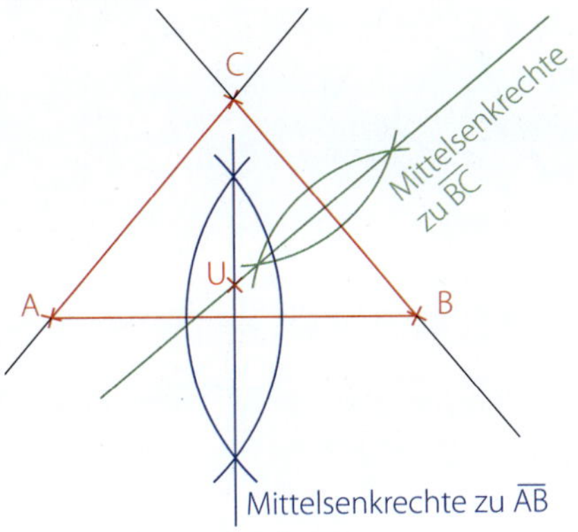

b) I ist der gesuchte Punkt. I ist der Inkreismittelpunkt des Dreiecks.

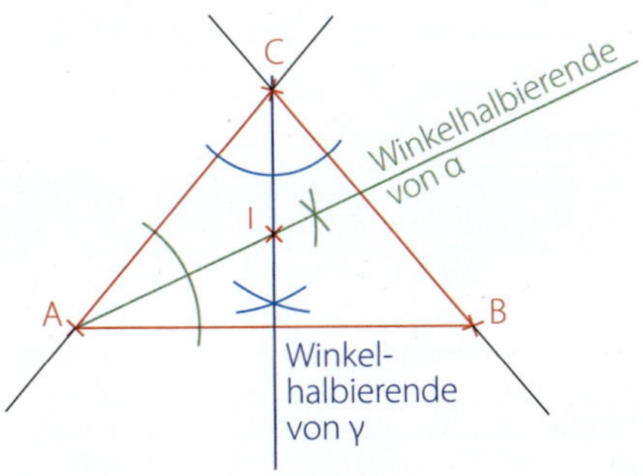

3 a) Planfigur:

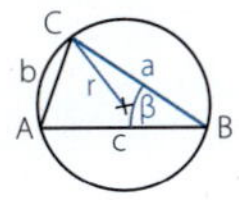

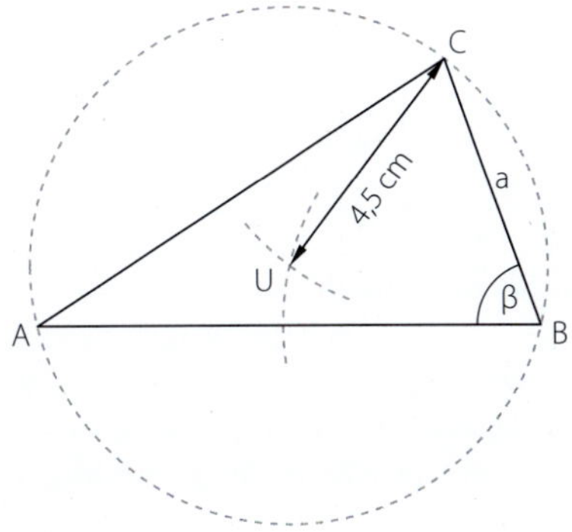

Dreieck UCB wird mithilfe des Kongruenzsatzes sss konstruiert.
- Zeichne $\overline{BC}$ mit $a = 5\,cm$.
- Zeichne je einen Kreis um B und um C mit dem Radius $r = 4{,}5\,cm$. Einer der beiden Schnittpunkte beider Kreise ist Punkt U.
- Trage an a in B den Winkel $\beta = 70°$ an. Zeichne einen Kreis um U mit dem Radius $r = 4{,}5\,cm$. Er schneidet den freien Schenkel von β im gesuchten Punkt A des Dreiecks.

b) Planfigur:

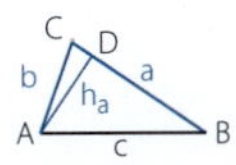

Dreieck ABC_1 wird mithilfe des Kongruenzsatzes Ssw konstruiert, ebenso Dreieck ABC_2.

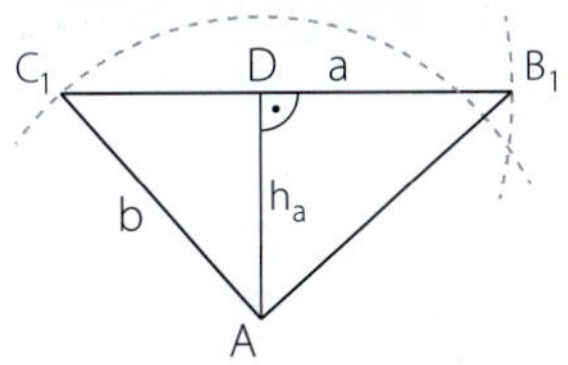

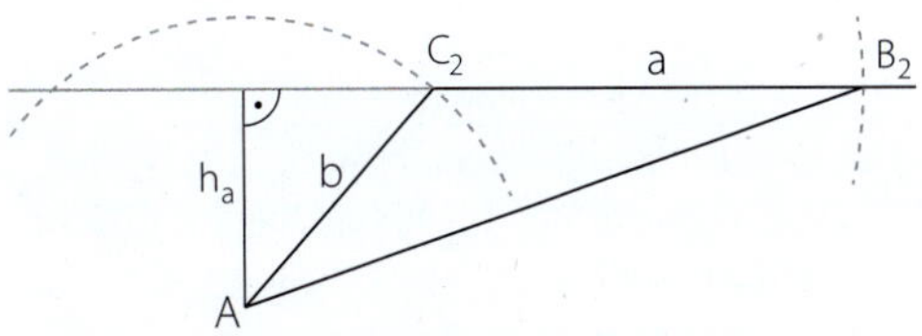

- Zeichne $\overline{AD}$ mit $h_a = 3\,cm$.
- Trage an h_a in D einen rechten Winkel an.
- Zeichne um A einen Kreis mit dem Radius $b = 4\,cm$. Er schneidet die Senkrechte zu ha durch D in C_1 und in C_2.
- Zeichne um C_1 (bzw. um C_2) einen Kreis mit dem Radius $a = 6\,cm$. Er schneidet die Senkrechte zu h_a durch D in B_1 und in B_2.

c) Planfigur:

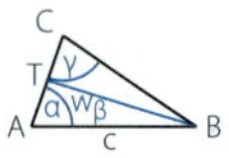

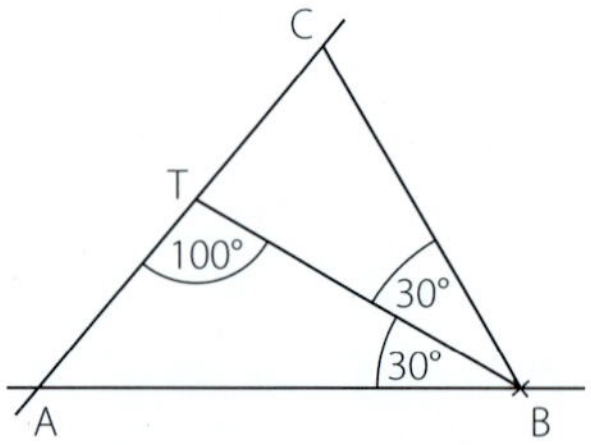

Mithilfe der Innenwinkelsumme gilt
$\beta = 180° - (50° + 70°) = 60°$. Die Winkelhalbierende teilt den Winkel also in zwei 30°-Winkel. Somit ist ∢ ATB = 100° und ∢ BTC = 80°. Die Teildreiecke ABT und TBC werden mithilfe des Kongruenzsatzes WSW konstruiert.

- Zeichne $\overline{BT}$ mit $w_\beta = 5\,cm$
- A und C liegen auf den freien Schenkel der zwei 30°-Winkel an B
- A liegt auf dem freien Schenkel des ∢ ATB = 100°
- C ist der Schnittpunkt der Geraden AT und des einen 30°-Winkels

d) Planfigur:

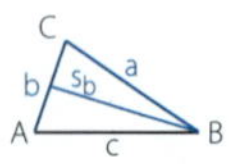

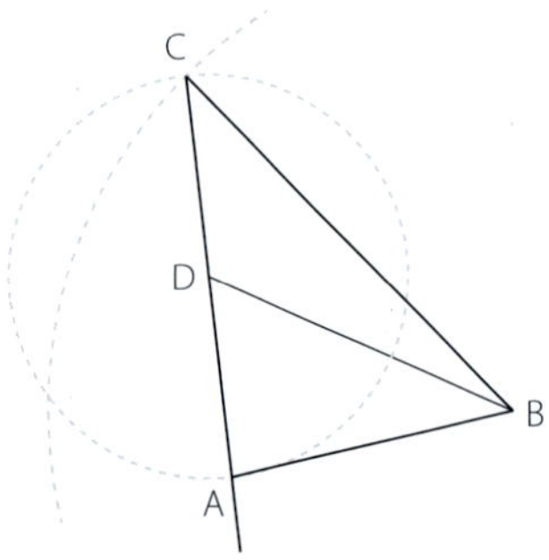

Das Teildreieck BCD ist mit SSS konstruierbar.

- Zeichne $\overline{BD}$ mit $s_b = 5\,cm$
- Zeichne einen Kreis um B mit a = 7 cm
- Zeichne einen Kreis um D mit $\frac{b}{2} = 3\,cm$
- Verlängere $\overline{CD}$ über D hinaus
- Der zweite Schnittpunkt des Kreises k(D, 3 cm) ist der Eckpunkt A.

4 a) Δ ABC ist nicht konstruierbar, denn in einem rechtwinkligen Dreieck, mit α als rechtem Winkel müsste die Gegenseite von α, also a die längste Seite sein.

b) Δ ABC ist nicht konstruierbar, denn in jedem Dreieck muss gelten: $a + b > c$.

c) Δ ABC ist nicht konstruierbar, denn in jedem Dreieck muss gelten: $\beta + \gamma < 180°$.

d) Δ ABC ist nicht konstruierbar, denn in einem stumpfwinkligen Dreieck kann eine anliegende Seite des stumpfen Winkels nicht mehr als doppelt so lang sein wie die zugehörige Seitenhalbierende.

e) Δ ABC ist konstruierbar.

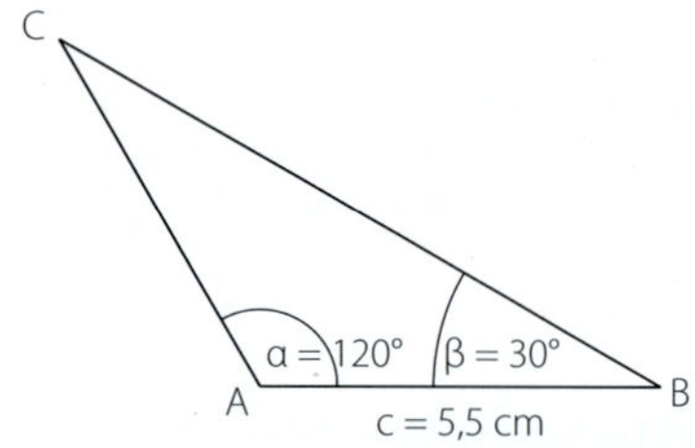

f) Δ ABC ist nicht konstruierbar, denn in einem Dreieck kann eine Höhe nicht länger sein als eine der anliegenden Seiten.

g) Δ ABC ist nicht konstruierbar, denn in einem Dreieck kann eine Höhe nicht länger sein als die zugehörige Seitenhalbierende.

h) Δ ABC ist konstruierbar und es ist gleichseitig.

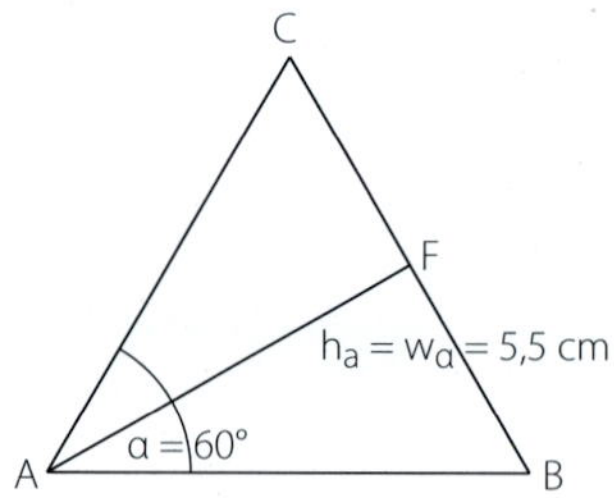

5 Die Seitenlängen $|\overline{AC}|$ und $|\overline{BC}|$ und die Höhe h_c waren gegeben.
Stephanie zeichnete die Seite $\overline{AC}$. Dann zeichnete sie um den Mittelpunkt der Seite $\overline{AC}$ einen Thaleskreis und um C einen Kreisbogen mit Radius h_c. Der Schnittpunkt der beiden Kreisbögen ist der Punkt F. Stephanie zeichnete nun einen Strahl von A durch F. Dann zeichnete sie um C einen Kreisbogen mit Radius $|\overline{BC}|$. Der Punkt, wo sich dieser Kreisbogen und der Strahl schneiden, ist der Punkt B.

Register

Bildquellenverzeichnis

Illustrationen
Cornelsen/Thomas Hartmann

Technische Zeichnungen
Cornelsen/Christian Böhning (S. 71, 82, 86, 100)
Cornelsen/Christian Görke (S. 193)
Cornelsen/ARGE Bildungsmedien/Martin Frech

Abbildungen
Cover iStockphoto/swedewah | **2** PEFC Deutschland e. V. | **7** stock.adobe.com/Spencer | **27** Shutterstock.com/Pinkcandy | **59** Shutterstock.com/Bananafish | **61 o.** www.coulorbox.de/Colourbox. com | **61 u.** Shutterstock.com/Gianna Stadelmyer | **63 r.** Shutterstock.com/Photographee.eu | **63 l.** Shutterstock.com/Alexander Peskov | **70 Banane** Shutterstock.com/Svetlana Serebryakova | **70 Affen** Shutterstock.com/Eric Isselee | **73 u.** stock.adobe.com/Tricia | **73 o.** adobe.stock.com/Ambrose | **77 r.** www.colourbox.de/Colourbox. com | **77 m.** www.colourbox.de/Anterovium | **77 l.** www.colourbox.de/Aleksey Odintsov | **85** www.coulorbox.de/Colourbox.com | **91** Shutterstock.com/Olkita | **103** Shutterstock.com/Anatoli Styf | 107 ClipDealer GmbH/Thielemann | **117** stock.adobe.com/Kzenon | **120 Haus oben** stock.adobe.com/cmfotoworks | **120 Karte** Shutterstock.com/Paul Stringer | **120 Haus unten** stock.adobe.com/kaczmarek104 | **123** www.colourbox.de/ThinkFoto.dk | **130** Shutterstock.com/Eugenio Marongiu | **140** Shutterstock.com/Velishchuk Yevhen | **143** Shutterstock.com/Nataly Reinch | **150** Imago Stock & People GmbH/CoverSpot | **161** Imago Stock & People GmbH/imagebroker | **171** akg-images/Science Photo Library | **176** Shutterstock.com/Kloudmedia | **179** www.coulorbox.de/Colourbox. com | **182** stock.adobe.com/Jens Ottoson | **185** www.colourbox.de/Bicci Marco | **197** stock.adobe.com/clicbird

Operatorenliste

In den Aufgaben findest du immer einen Arbeitsauftrag. In der Liste kannst du nachlesen, was du jeweils bei den Aufgaben machen musst.

Arbeitsauftrag	Was von dir erwartet wird
Begründe, Zeige	Du unterstützt eine Aussage mithilfe von Argumenten, indem du mathematische Begriffsdefinitionen und Regeln nutzt. Du kannst hier auch Gegenbeispiele zum Widerlegen einer Aussage nutzen.
Berechne	Du ermittelst die Lösung mithilfe einer Rechnung und stellst den Rechenweg dar.
Beschreibe	Du gibst in eigenen Worten unter Verwendung von Fachbegriffen einen Lösungsweg oder andere Informationen wider. Eine Begründung ist hier nicht notwendig.
Bestimme, Ermittle	Du kannst den Lösungsweg selbst wählen, z. B. mithilfe einer Rechnung oder einer Skizze. Du musst den Lösungsweg und das Ergebnis darstellen.
Beurteile, Bewerte, Nimm Stellung	Du prüfst eine Aussage oder Möglichkeiten, um ein Urteil zu fällen. Dies musst du begründen.
Entscheide	Du wählst eine Möglichkeit aus.
Erkläre	Du stellst in eigenen Worten einen Sachverhalt/Lösungsweg übersichtlich und nachvollziehbar dar und machst Zusammenhänge deutlich.
Erläutere	Du beschreibst einen Sachverhalt/Lösungsweg mithilfe von Informationen, so dass dieser nachvollziehbar ist.
Gib an, Nenne	Du gibst eine Lösung ohne Begründung an.
Prüfe	Du nutzt dein fachliches Wissen, um Sachverhalte/Aussagen zu untersuchen und stellst deine Überlegungen dar.
Skizziere	Du fertigst eine Zeichnung an, die die wesentlichen Eigenschaften eines Sachverhaltes darstellt.
Stelle dar	Du stellst einen Sachverhalt, z. B. einen Term, in einer übersichtlichen und strukturierten Form dar, z. B. in einem Gliederungsbaum.
Stelle grafisch dar, Zeichne	Du fertigst eine exakte, saubere Zeichnung bzw. grafische Darstellung an. Verwende dazu einen Bleistift.
Untersuche	Du kannst den Lösungsweg selbst wählen, z. B. mithilfe einer Rechnung oder einer Skizze. Du musst den Lösungsweg und das Ergebnis darstellen.
Vergleiche	Du stellst Gemeinsamkeiten, Ähnlichkeiten und Unterschiede dar.